전략의 제왕

위기를 기회로 바꾼 경영의 해결사들

전략의 제왕

월터 키켈 3세 지음 | **차백만** 옮김 | **이동현** 감수

21세기북스
www.book21.com

:: CONTENTS ::

전략혁명의 최전선에 서 있는 사람들

60년대 전략이라는 분야가 태동했을 무렵만 해도, 전략이란 그저 예산을 배분하기 위한 계획 정도에 지나지 않았다. 특별한 이론도 없었고, 그저 기업 현실을 묘사한 사례를 읽고 토론하는 것이 전략 교육의 전부였다. 그 시절엔 경영자들도 오늘날 전략의 핵심이라 할 수 있는 경쟁, 원가, 고객 욕구 등에 대한 체계적인 이해가 절대적으로 부족했다. 이 책의 저자는 이렇게 소박하게 시작된 '전략'을 기업 경영의 핵심으로 만든 실질적인 주체로 컨설팅 업체들을 꼽고 있다. 그리고 그들이 만들어낸 기법, 현실 경영에 미친 영향, 그리고 컨설팅 비즈니스를 성장시킨 숨은 노력 등을 흥미진진한 이야기로 풀어내고 있다.

우리나라에서도 IMF 외환위기 이후 한 때 컨설팅 붐이 불었고, 그 덕분에 이 책에 소개된 맥킨지, BCG, 베인 등의 글로벌 컨설팅 업체들이 널리 알려지게 되었다. 물론 이들 컨설팅 회사에 대한 경영자들의 평가는 극과 극이다. 기업 스스로 풀지 못한 난제를 해결하는 최고의 지식 집단으로 주목받기도 하지만, 때로는 비싼 비용만 받고 속 시원한 해결책을 제시하지 못하는 불신의 대상이 되기도 한다. 그럼에도 불구하고 전략 분야에서 이들 컨설팅 업체들이 엄청난 공헌을 한 것은 사실이며, 지금까지도 이론과 현실의 경계에서 문제 해결사 역할을 담당하고 있다. 그렇다고 저자가 컨설팅 업계를 무조건 찬양하는 입장을 취하는 것은 아니다. 객관적인 입장을 유지하면서, 경우에 따라서는 상당히 냉철하게 컨설팅 회사나 업계의 리더들을 비판하고 있다.

이 책의 가장 큰 매력은 지금까지 널리 알려지지 않은 주요 컨설팅 회사들의 비하인드 스토리를 접하면서 자연스럽게 전략 이론의 흐름을 이해할 수 있다는 점이다. BCG의 창업자이자 회사를 세계적인 기업으로 만든 장본인인 브루스 헨더슨은 왜 BCG에서 쫓겨났고, 베인이 거의 파산할 뻔했던 스캔들은 무엇이었으며, BCG의 성장에 위기감을 느낀 맥킨지가 어떻게 난관을 극복했는지 독자들은 이 책을 통해 알 수 있다.

또한 단순히 컨설팅 회사를 소개하는 데 그친 것이 아니라, 저자의 통찰력과 전략에 대한 깊은 안목 덕분에 주요 전략 이론이나 기법들을 쉽게 터득할 수 있다. 이 책에는 경험곡선, BCG 매트릭스, 베스트 프랙티스, 산업구조분석 모델, 가치사슬, 7S 모델, 시간기준경쟁, 자원거점이론, 핵심역량, 리엔지니어링, 블루오션 등 오늘날 전략 교과서에 소개되는 거의 모든 기법과 이론들이 어떤 목적과 배경 하에서 개발되었고, 실제 경영에 어떤 도움을 주었는지 자세히 기술되어 있다.

오늘날 전략은 기업 경영에서 사업의 방향성을 결정하고, 치열한 경쟁에서 생존할 수 있는 방법을 모색하는 데 핵심적인 역할을 하고 있다. 비록 2008년 미국에서 시작된 금융위기 때문에 전략 혹은 컨설팅 업체 무용론이 대두되기도 했지만, 지난 50년 동안 학계, 산업계, 컨설팅 업계로 구성된 세 가지 지식 집단들은 비교적 잘 협력해 많은 난관들을 극복해 왔다. 이 과정에서 경험이나 직관보다는 자료와 분석을 통해 문제를 풀어나가는 컨설팅 업체들이 큰 공헌을 했고, 이들은 분명 전략혁명을 주도한 선구자들이다.

이제 전략은 축적된 지식을 활용해 현실 문제를 해결하는 과학의 영역으로까지 발전했다. 하지만 전략혁명은 여기서 끝이 아니다. 새로운 도전들이 기다리고 있다. 산업 간 경계가 허물어지고, 혁신적인 기술이 쏟아지며, 치열한 경쟁이 가속화되는 21세기에도 여전히 전략혁명은 계속되고 있다. 그리고 이러한 전략혁명의 최전선에는 여지없이 컨설팅 업체들이 서 있을 것이다. 바로 이 점이 산업계이든 학계든 컨설팅 업체들의 목소리에 귀를 기울여야 하는 가장 확실한 이유다.

2011년 6월
가톨릭 대학 경영학부 교수
이동현

'통념'을 버려야 '혁명'이 산다

젊은 나이에 임원자리에 오른 브루스 둘린 헨더슨은 웨스팅하우스 역사상 두 번째로 어린 나이에 부사장이 된 인물이다. 하지만 그는 그곳에서 해고됐고 이후 옮긴 회사들에서도 계속 해고됐는데, 그는 그 사실을 자랑스럽게 말했다. 그러다가 그는 1963년에 세상을 바꾸게 될 보스턴컨설팅그룹을 설립했다. 〈파이낸셜타임스〉는 1992년 사망한 헨더슨에 대해 이렇게 평했다. "20세기 후반에 그만큼 전 세계 비즈니스에 막대한 영향을 끼친 사람은 없다." 그런데 여러분은 브루스 헨더슨이란 이름을 들어본 적이나 있는가?

　브루스 헨더슨과 그가 세운 컨설팅 회사는 기업전략 부문에서 하나의 혁명을 일으켰다. 혁신기술을 칭송하는 기자들이나 새로운 경영서적 저자들의 말을 듣다보면 비즈니스 세계에서 혁명은 일상적으로 일어나는 일처럼 보이지만 실제로는 그렇지 않다. 따라서 실제적인 전략의 부상이야말로 진정으로 기업가들 의식을 변혁시킨 사건이라고 할 수 있는 것이다. 진정한 전략은 기업들이 자신의 활동과 미래의 목표를 이해할 수 있는 이론틀이 되었고, 기업의 여러 활동들을 묶어내는 하나의 개념이 되었으며, 지난 50년간 비즈니스계에 상당한 지적 변화를 가져왔다.

전략혁명을 이해하려면 먼저 세 가지 통념을 버려야 한다. 첫째는 비즈니스에서 아이디어가 그다지 중요하지 않다는 생각이다. 물론 이런 주장을 하는 이들도 적어도 대량생산된 자동차나 개인용 컴퓨터 같은 위대한 신제품 아이디어가 엄청난 역할을 했다는 점은 인정한다. 하지만 비즈니스 자체를 사고하고 다양한 비즈니스의 역동성을 분석하는 아이디어에 대해선 인정하지 않는다.

비즈니스 아이디어를 믿지 않는 이들은 자신들의 시각을 곧이곧대로 드러내지 않는다. 대신 이런 식으로 돌려서 말한다. "비즈니스는 대체로 상식의 문제다(우리는 너무 쉽게 경제활동에도 상식이 통한다고 믿는다)." 또는 이렇게 말한다. "아무리 좋은 아이디어가 있어도 실행에 옮기지 않는다면……(결국 생각보다는 행동이 중요하다는 말이다)."

비즈니스 아이디어의 위력을 시답잖게 여기는 태도는 우리가 생각하는 것보다 훨씬 널리 퍼져 있다. 경영을 잘 아는 이들은 경영자를 대상으로 하는 최고의 경영잡지가 〈하버드비즈니스리뷰〉라는 점에 대체로 수긍할 것이다. 하지만 6만 5000명에 달하는 하버드 경영대학원 졸업생 중에서 이 잡지를 구독하는 이들은 4퍼센트도 안 된다. 〈월스트리트저널〉은 정기적으로 화제가 되는 경제, 정치, 정부정책에 대한 시시콜콜한 분석기사를 싣지만 막상 지난 40년간의 과거 기사를 아무리 샅샅이 들여다봐도 경험곡선이나 가치사슬, 시간기반 경쟁에 대한 자세한 분석기사는 찾아보기 힘들다. 나아가 대부분의 경영 컨설턴트들, 심지어 기사나 책을 쓰는 경영 컨설턴트들에게 정말로 자신들이 많은 것을 안다고 생각하느냐는 질문을 던지면 그들은 매우 불편한 기색으로 우물쭈물할 것이다.

하지만 같은 질문을 브루스 헨더슨에게 던졌다면, 그는 그렇다고 확실히 대답했을 것이다. 그가 그렇게 답할 수 있는 이유는 그에게 온갖 잡다한 아이디어가 많아서가 아니다. 오히려 그는 큰 틀에서 세상이 움직이는 원칙을 밝히려 노력했던 인물이다. 그의 입장에서 이런 노력은 기업들이 경쟁하는 원칙, 그리고 그런 원칙에 도달하게 된 미시경제학적 분석법을 밝혀내는 것이었다. 특히 그는 기업이 어떻게 경쟁우위에 서게 되는지를 이해하려 노력했다. 헨더슨은 지식인을 전사로, 선동자로, 사업가로, 이단아로, 그리고 지휘자로 만든 선구자적 인물이다.

그는 경쟁에 관한 다방면의 연구를 통해 얻은 이론을 활용해 비즈니스 세계를 변화시키려 했다. 그 시작은 고객기업의 행동방식과 성과에 대한 연구였다. 이런 점에서 그의 포부는 전략혁명의 모든 점을 완벽하게 대변한다. 전략혁명 과정에서 아이디어와 분석기법들은 계속해서 등장하면서 하나같이 기업들의 시선을 끌고 기업의 돈을 노린다.

다시 말해 이런 아이디어들은 언제나 뚜렷한 목적을 지니고 있었다. 이른바 기업을 괴롭히는 문제를 해결하는 것이었다. 새로운 기업세계에서 진행된 비즈니스 전략의 역사는 1970년대 일본기업들과의 경쟁부터 21세기 초반의 세계 금융위기까지 기업들이 겪었던 도전의 역사이자 동시에 그에 대응하는 해결책의 역사라고 할 수 있다. 그런 점에서 이 책에 담긴 이야기는 오늘날 우리가 살아가는 세계와 경제가 어떻게 지금 상황으로 변모해왔는지를 보여준다. 주식시장은 올랐다가 내려가고 다시 오르다가 얼마 전 그랬던 것처럼 갑자기 폭락한다. 국가들은 성쇠를 반복한다. 먼 나라에서는 전쟁이 발발한다. 하지만 이런 혼란스런 세상에서 전략은 놀랄 만큼 일관된 성공을 누렸고, 기업들이 눈앞에 벌어지는 상황을 이해하고 그에 맞게 취해야 할 조치를 도출해낼 수 있는 지속적인 이론틀이 되어왔다.

물론 헨더슨이 없었던 50년 전에는 기업전략이란 개념이 아예 없었다고 말한다면 그건 어불성설이다. 아마도 도대체 그게 무슨 말이냐, 이전에도 성공적인 기업들의 수장들에겐 언제나 전략이 있지 않았느냐는 비판의 목소리가 나올 것이다. 스탠더드오일의 록펠러가 그랬고, 포드의 헨리 포드가 그랬으며, IBM의 왓슨이 그랬다고 지적하는 목소리도 있을 것이다. 이런 주장은 결국 전략에 과연 지적 변천사라는 것이 있는가라는 주장과 같은데, 이 또한 우리가 버려야 할 통념이다.

물론 역사적으로 영리한 기업들은 어떤 식으로 돈을 벌어야 하는지를 잘 알았다. 이런 기업들은 판매하는 상품과 서비스에 대해 잘 알았고, 고객들에 대해선 중간 정도만 알았으며, 경쟁자에 대해선 거의 아는 게 없었다. 그 이유는 이런 기업들의 위상이 독보적이었기 때문이다. (1980년대 미국 자동차 회사들이 일본기업들의 도전 때문에 심각한 곤경에 처했던 사실을 떠올려보라. 당시 최고경영자였던 헨리 포드 2세는 도요타와 닷선 같은 일본기업들이 미국에 수출하는 자동차에 대해 '쓰레기 같은 장난감 자동차'라고 폄하했다.) 매년 기업들은 사업계획을 세웠지만 그 사업계획은 대체로 이미 해오던 활동을 더 잘하자는 것 정도에 불과했다. 따라서 사업계획이 아닌 전략이란 말은 1960년 이전까지는 기업에서 거의 사용되지도 않던 것이었다.

전략혁명이 일어나기 전까지 기업들은 회사의 미래를 결정짓는 모든 요소들을 체계적으로 묶어낼 수 있는 방법을 몰랐다. 특히 모든 뛰어난 기업전략의 핵심인 3C는 더더욱 몰랐다. 당시 기업들은 비용(Cost), 특히나 경쟁자와 비교한 자신의 상대적인 비용에 대해 몰랐다. 기업이 섬기는 시장, 이른바 고객(Customer)에 대해서도 잘 알지 못했고, 경쟁(Competition) 포지셔닝에도 무관심했다. 기업들은 보유한 여러 사업들을 구태의연한 시각, 예를 들어 "일단 라디오 사업에 진입하면 TV 시장에도 진입할 수 있을 거야" 같은 식으로 바라보거나 자원배분을 해줘야 하는 골치 아픈 문제로 인식했다. 결코 이를 일련의 사업군으로 인식하지 못했고, 육성하거나 투자회수를 해야 하는 개별 사업으로 보지도 않았으며, 회사 전체 목적에 부합하게 매각하거나 인수할 수 있다고는 생각조차 못했다. 가장 심각했던 문제는 전략혁명이 일어나기 전까지 기업들이 경쟁역학을 전혀 이해하지 못했다는 점이다. 즉 기업들은 "우리가 이렇게 하면 상대방은 저렇게 나오겠지"라는 생각을 전혀 못했다. 그건 마치 물리학의 법칙을 모른 채 대형 엔지니어링 프로젝트를 추진하는 것과 마찬가지였다. 많은 비즈니스 아이디어의 통합체라고 할 수 있는 전략은 이런 결점을 보완하려는 노력이었다.

그리고 그 노력에 앞장선 이들이 바로 경영 컨설턴트들이다. 헨더슨과 그의 무리였던 것이다. 많은 독자들에게 이런 사실은 보다 단단한 통념을 깨트리는 것일 수 있다. 그 통념은 컨설턴트들이 기껏해야 가끔씩, 아주 제한적인 면에서만 유용한, 기업에 얹혀가는 이들, 그러니까 오래된 재미없는 농담에 따르면 상대방의 시계를 보며 시간을 말해주는 이들과 마찬가지라는 통념이다. 심지어는 컨설턴트들이 기업에서 경영자가 귀가 얇고 약하며 불안해한다는 점을 보여주는 탐욕스런 기생충들이라는 통념이다.

컨설턴트들은 부류도 다양하고 처지도 다 다르다. 그리고 최고의 컨설턴트들도 마치 한 몸에 암수가 같이 존재하는 자웅동체처럼 한순간에는 명쾌한 이론을 추구하는 전문가의 열정을 보여주다가 갑자기 돌변해서 사기꾼도 울고 갈 만한 영업능력을 보여주곤 한다. 나의 주장 중 하나는 이런 이중적인 조합이야말로 헨더슨과 그의 동료들이 전략혁명을 시작할 수 있는 원동력이 됐다는 것이다.

오늘날 전략혁명은 전 세계 비즈니스 구석구석에 영향을 미치지만 시작 단계에서는 매우 미국적인 성향이 강했다. 특히 아이디어에 접근하는 방식이 그랬는데, 그런 면에서 이 책에 영감을 준 책이 있다. 루이스 메넌드가 남북전쟁 이후의 미국사상을 네 사람의 전기로 풀어낸《메타피지컬 클럽(The Metaphysical Club)》이 바로 그것으로, 메넌드는 서문에서 아이디어에 대한 4명의 공통된 생각을 이렇게 밝히고 있다.

이들 간의 개인적인 그리고 철학적인 차이를 걸러냈을 때 이 네 사람의 사상가들(올리버 웬델 홈스, 윌리엄 제임스, 찰스 S. 피어스, 존 듀이)이 공통적으로 가지고 있었던 것은 일군의 사상들이 아니라 단 하나의 사상, 즉 사상들에 대한 사상이라고 할 수 있다. 이들은 모두 사상이 '저 멀리에서' 발견되기를 기다리고 있는 그 무엇이 아니라 사람들이 자신들이 속한 세계에 대처하기 위해서 고안해낸 포크와 나이프, 마이크로칩과 같은 도구라고 믿었다. 이들은 개인이 아니라 개인들로 이루어진 집단들이 사상을 만들어낸다고 생각했다. 즉 사상이 사회적인 것이라고 생각했던 것이다. 이들은 사상이 내적 논리에 따라 발전하는 것이 아니라 세균처럼 인간이라는 매개체와 환경에 전적으로 의존하는 것이라고 믿었다. 그리고 그들은 사상이 특수하고 반복되지 않는 환경에 대한 일시적인 반응이기 때문에 사상의 생존은 그것의 불변성이 아니라 적응성에 달려 있다고 생각했다.

브루스 헨더슨은 법학자도 철학자도 아닌 경영 컨설턴트였다. 하지만 전략혁명의 기저에 깔린 아이디어에 대한 그의 생각은 메넌드의 책에 등장한 사상가들의 생각과 정확히 일치한다. 그렇다면 그를 비롯한 전략의 대가들이 어쩌면 약간이나마 이들의 지적 전통을 계승하고 있다고 볼 수 있지 않을까? 많은 독자들은 이런 주장이 터무니없다고 생각할 수도 있다. 하지만 적어도 경영 컨설턴트들과 비즈니스 사상가들의 아이디어에 홈스와 듀이가 누리는 권위의 극히 일부분 정도는 부여해도 좋을 것이다.

헨더슨을 비롯한 전략혁명가들이 아이디어에 접근하는 데 있어서 비즈니스에 새로운 지적 긴장을 불어넣었다는 것은 부인할 수 없는 사실이다. 그리고 이런 모습은 우리가 일반적으로 생각하는 독단적이고 무익한 컨설턴트의 모습과는 완전히 다르다. 이 책은 이런 전략혁명가들의 사례, 그들 생각의 오류, 도덕적 결점 등을 모두 다룰 것이다. 내가 아는 한 독자 여러분이 손에 쥐고 있는 이 책은 전략혁명을 책 한 권 분량으로 다룬 최초의 사례다. 따라서 이 책의 목적과 목적이 아닌 것에 대해 분명히 밝히고자 한다. 이 책은 학술적인 연구가 아닌 저널리즘의 산물이다. 적어도 나는 이 책이 비즈니스 아이디어에 대한 저널리즘이라고 생각한다. 비즈니스 아이디어는 내가 지난 30년간 포춘매거진과 하버드비즈니스퍼블리싱에서 근무하면서 가장 흥미를 느꼈던 분야다.

저널리즘의 산물이기에 이 책은 100건이 넘는 인터뷰를 바탕으로 쓰였다. 그중에서 어떤 인터뷰도 한 시간 이내에 끝난 적은 없었다. 일부 인터뷰는 며칠이 걸리기도 했다. 나는 브루스 헨더슨의 이야기를 이전에도 여러 번 다뤘는데, 그와는 죽기 전 세 번에 걸쳐 인터뷰를 했다. 그를 제외하고 이 책에 나오는 전략의 대가들은 대부분 아직도 생존해 있고 여전히 왕성한 활동을 하고 있으며 취재에 기꺼이 응해줬다.

마지막으로 밝힐 점은, 이 책은 비즈니스 역사를 다루기도 했지만 한

편으론 개인적인 에세이기도 하다는 것이다. 이 말은 이 책에 나의 개인적인 생각과 선입견이 담겨 있다는 말이다. 자존심이 강한 학자라면 결코 용납하지 않겠지만, 나는 이 책에서 전략 아이디어가 발전해온 과정을 최대한 알기 쉽게 쓰려고 노력했다. 그런 점에서도 이 책은 에세이며, 전략혁명이란 주제를 다룬 최초의 책이다. 이 책을 계기로 이 주제에 대한 논쟁과 추가적인 연구조사, 그리고 더욱 사려 깊은 책들이 나오길 기대한다.

PART 01

비즈니스 전략가들의 위대한 탄생

THE LORDS OF STRATEGY

●

언제부턴가 전략은 우리가 기업 활동을 고민하는 데 있어 핵심적인 사고틀로 자리잡았다. 전략은 이미 너무나 중요해져서 이제는 과거에 과연 그렇지 않았던 시절이 있었는지조차 떠올리기 힘들 정도다. 하지만 전략이 없었던 시절로 돌아가려면 딱 50년 이전으로만 거슬러 올라가면 된다.

제1장

전략혁명의 출발은 사례분석이다

피터 드러커는 언젠가 자신이 "경영을 발명했다"고 말했다고 한다. 도대체 어떻게 그게 가능하냐고, 이미 수백 년 수천 년에 걸쳐 사람들은 조직을 운영해오지 않았냐고 상대방이 되묻자, "맞는 말일세"라고 이 경영의 현자는 답변했다. 하지만 1930년대와 1940년대에 피터 드러커가 처음으로 경영이란 주제를 연구하기 시작했을 무렵, 경영에 포함될 수 있는 기능을 다룬 책은 겨우 두세 권 정도만 존재했다. 경영자들은 피터 드러커가 이런 기능들을 '경영'이란 명칭 아래 하나의 주제로 묶고 난 뒤에야 비로소 자신들이 하는 일이 경영이라는 사실을 깨닫게 됐다. 나아가 경영의 기술을 연구하고 개선할 수 있는 새로운 방법도 배우게 됐다.

이 책에서 주장하는 바는 이와 똑같은 상황이 바로 기업전략 발명에서도 벌어졌다는 점이다. 단지 차이라면 기업전략은 한 명의 위대한 인물이 고안해냈다기보다는 수많은 지적 투쟁과 기업 간의 전쟁에서 생겨났다는 점이다. 기업전략이 생겨난 패러다임의 전환은 하루아침에 벌어진 일이 아니다. 이 책은 회사가 경쟁하고 승리하고 살아남기 위해 가장 중요한 요소들이 협력해 전략이라는 하나의 포괄적인 패러다임을 조금씩 창조하게 된 과정을 다룬다.

이 이야기에는 하나의 몸통을 이루는 세 개의 큰 줄기가 있다. 첫 번째 줄기는 기업전략에 관한 결정적인 아이디어들이 역사적으로 어떻게 생겨났고 어떤 선구적인 생각에서 비롯됐으며 어떤 문제를 해결하기 위해 등장했는지에 관한 내용이다. 두 번째와 세 번째 줄기는 브루스 헨더슨, 마이클 포터와 같은 인물들에 대한 이야기이자 이 새로운 개념을 현실에 적용하려 애쓴 조직과 기업의 이야기다. 동시에 기업전략에 관한 수많은 아이디어를 생각해낸 컨설팅회사에 관한 이야기이고 전략을 학문으로 발전시킨 경영대학원에 관한 이야기이기도 하다. 수많은 전략의 대가들은 과거에도 존재했고 지금도 존재한다. 그들 중에는 전략에 관한 독창적인 아이디어를 최초로 고안해낸 이들도 있지만, 기업전략을 현실에 적용하는 과정을 겪으면서 대가의 반열에 오른 경영자들도 점차 늘어나고 있다.

기업종말의 4대 기수

역사적으로 모든 시대는 새로운 변화를 추구하는 힘에 위협받기 마련이다. 기업의 세계에서는 지난 50년간 위협적인 변화가 유난히 많았는데, 그에 대한 대응책으로 등장한 것이 바로 전략이다. 이런 위협적인 변화들은 어쩌면 성경의 요한계시록에 적힌 인류의 종말 때 등장하는 4대 기수와 흡사하다. 그럼 기업종말의 4대 기수에 대해 먼저 살펴보자. 일단 첫 번째 기수는, 시간 순서로는 맨 먼저 등장하진 않았지만, 정부규제 덕분에 전통적으로 경쟁에서 안전했던 항공, 금융, 통신 분야에서 일어난 탈규제화라고 할 수 있다. 두 번째 기수는 지속적으로 증가하는 신기술의 위력인데, 컴퓨터 성능의 증대, 개인용 컴퓨터를 통한 신기술의 확산, 인터넷 등장이 여기에 포함된다. 세 번째 기수는 자본시장의 자유화인데, 이를 통해 자본시장이 적대적 인수합병에 대항하는 힘을 발휘할 수 있게 되면서 기업을 효과적으로 통제할 수 있는 진정한 시장경제 구조가 완성됐다. 네 번째 기수는 우리가 흔히 세계화라고 말하는, 즉 기업들의 구매, 판매, 경쟁 영역이 전 세계로 넓어진 현상이다.

4대 기수의 공통점은 이들이 하나같이 사업 영토를 확장시켰고, 그 결과 경쟁영역이 조지프 슘페터의 '창조적 파괴' 이론을 신봉하는 이들조차 감히 다루지도 않았던 분야로까지 확산됐다는 점이다. 경영자들이 경쟁전략을 배우면서 확실하게 인식하게 된 사실 하나는 바로 자신들도 모르는 사이에 누군가가 자신들의 고객을 빼가려 하고 있고, 어쩌면 누군가가 매일 자신과의 격차를 좁혀오고 있으며, 게다가 발음하기도 어려운 어떤 지역에서는 새로운 이단아가 늘 출몰하고 있을지 모른다는 지속적인 걱정이다. 1996년에 인텔의 CEO 앤디 그로브는 자신이 저술한 전략서의 제목을 《편집광만이 살아남는다(Only the Paranoid Survive)》(국내에는 《승자의 법칙》이라는 제목으로 출간-옮긴이)라고 지음으로써 당시 시대상황을 제대로 짚어냈다.

오늘날 경쟁과 경쟁력이란 개념은 우리 머릿속에 너무나 확고하게 자리잡고 있기에 우리는 그 개념들이 상대적으로 최근에 발견된 것이라는 사실을 잊고 지낸다. 특히 제2차 세계대전 이후 30년간 번영에 취해 지냈던 미국기업들은 더욱 그러하다. 1970년대에 최초로 기업전략을 다뤘던 두 권의 학술서적을 보면, 경쟁은 각각 두 쪽과 네 쪽 분량에 걸쳐 다뤄졌을 뿐이다. 이는 당시 기업상황을 어느 정도 그대로 반영했다고 볼 수 있는데, 당시에는 기업을 위협하는 경쟁을 걱정하기보다는 커져만 가는 기업의 영향력을 견제할 방법에 대해 걱정해야 했다.

그 당시 상황과는 대조되는 사례로 경쟁에 대한 브루스 헨더슨의 생각을 살펴보자. 경쟁에 매료됐던 브루스 헨더슨은 경쟁을 통해 더 높은 성과를 이끌어낼 수 있다고 믿었다. 그 사실을 너무나도 확신했던 그는 1960년대 후반 진화인류학에 대한 책을 읽은 후에 보스턴컨설팅그룹(Boston Consulting Group, BCG)을 내부적으로 3개의 소규모 회사(레드, 블루, 그린)로 나눈 다음 서로 경쟁시켰다. 기대했던 대로 성과는 더 높게 나타났다. 문제는 결론이 헨더슨이 전혀 예상치 못했던 형태로 전개됐다는 점인데, 3년이 채 지나지 않아 당시까지 가장 성과가 좋았던 블루 부서 전체가 독립해서 회사를 차린 것이다. 그들이 독립해서 차린 회사가 베인앤컴퍼니(Bain & Company)였고 이 회사는 향후 15년간 BCG의 가장 강력한 경쟁자가 된다.

헨더슨은 또 다른 면에서도 선견지명이 있었다고 할 수 있는데, 그는 고객들이 직면한 어려움을 일종의 수수께끼로 봤다. 그리고 그 수수께끼는 방대한 데이터를 독창적인 방식으로 수집해서 전략적 가설에 끼워넣거나, 또는 데이터를 해석하기 위한 전략적 가설을 세우면 풀 수 있는 문제라고 생각했다. 베인앤컴퍼니의 오릿 가디쉬 같은 거물 전략컨설턴트는 여전히 최고의 지적 전율이 "사례분석에 있다"고 말한다. 사례분석이라는 표현은 경영대학원에서는 흔히 쓰는 말이지만, 실제로 현실에서 사례를 해결하기 위해서는 경영대학원 교수라면 감히 상상조차 할 수 없을 만큼 수많은 컨설턴트의 노력이 필요했다.

이 책에서 주장하는 내용 중 하나는 기업전략이 사례분석이자 누구나 이해해야 하는 개념이지만 동시에 상대적으로 새로운 개념이라는 것이다. 분명 전략을 수립하려면 이전에는 상상도 못했을 만큼 방대한 데이터를 수집해야 한다는 생각은 새로운 발상이다. 또 전략을 수립하려면 외부 전문가 집단의 도움을 받아야 하고, 이런 전문적인 도움을 제공하기 위해 수십억 달러 규모의 컨설팅 산업이 존재한다는 사실도 이전에는 감히 상상조차 못했다. 실제로 이 책에서 전략이라는 개념 자체도 중요했지만, 그보다는 전략을 적용하는 데 필요한 강력한 직관이 더 중요했고, 나아가 전략이 기업들로 하여금 절박하게 비용과 시장, 경쟁자에 대해 전례없이 방대한 분량의 데이터를 수집하도록 만들었다는 점이 더 중요하다는 사실을 알게 될 것이다.

테일러주의의 확장

테일러주의(Taylorism)가 우리 삶에 미친 영향에 대해서는 지금까지도 비즈니스 역사가들 사이에서 의견이 분분하다. 이들은 19세기 말 프레드릭 윈슬로 테일러의 이론대로 노동자의 작업시간 대비 작업동작에 대한 연구와 시간을 재가면서 노동자의 작업효율성을 관리감독하려는 노력이 과연 옳았는지에 대해 여전히 논쟁한다. 하지만 테일러주의가 기업환경에 중대한 변화를 가져왔다는 점에서만큼은 모든 이들이 동의한다.

전략혁명은 내가 이 책에서 소위 '확장된 테일러주의'라고 칭한 현상에서 일부 기인했다. 테일러주의가 과거 기업들이 개인 노동자의 성과, 즉 얼마나 빨리 선철강을 투입할 수 있는지, 또는 얼마나 신속하게 기계를 다시 시작할 수 있는지를 날카롭게 분석했던 것이라면, 확장된 테일러주의는 오늘날 기업들이 전체 기능과 프로세스에 대해 폭넓게 분석하게 된 현상을 말한다. 우리 회사는 강철을 생산하는 데 비용이 얼마나 드는가? 어떻게 일본기업들은 우리보다 더 낮은 비용으로 강철을 생산하는가? 우리는 어떤 식으로 연속적인 작업활동, 즉 원재료 구매부터 완제품 배송까지 일련의 단계를 새롭게 설계함으로써 일본기업들과 경쟁할 수 있는가?

확장된 테일러주의는 기업환경뿐만 아니라 대기업들이 21세기 자본주의를 실천하는 모든 곳, 다시 말해 전 세계로 확대됐다. 확장된 테일러주의는 왕성한 식욕을 바탕으로 보다 많은 수치와 데이터를 요구하며, 정보를 처리할 수 있는 컴퓨터 환경이 갖춰짐에 따라 이런 요구는 점차 심해지고 있다. 그리고 확장된 테일러주의는 갈수록 빠른 결과를 원한다. 어쩌면 그 이유가 지금은 하루만 지나면 곧장 시장으로부터 수치를 뽑아낼 수 있기 때문일 수도 있다. 확장된 테일러주의의 심화는 피할 수 없는 흐름이다. 그리고 단기간에 성과를 내도록 지속적으로 압박받는 사모투자 회사야말로 이런 흐름의 맨 앞에 서 있는 가장 최근에 등장한 돌격대라고 할 수 있다.

확장된 테일러주의와 같은 실증적 현상의 집요하고 지속적인 확장은 전략혁명을 불러일으킨 일련의 개념보다는 여러 면에서 훨씬 단순하고 이해하기 쉽다. "전략의 초기 역사는 꽤나 단순했다." 하버드 경영대학원 교수이자 해당 분야의 선도적 학자인 판카즈 게마와트의 말이다. 그러다가 1980년대 중반에 이르면서 "전략은 미지의 영역에 들어섰다." 그리고 그곳에서 각각의 길은 마구 헝클어진 가설과 이론으로 이어졌다. 또한 같은 시기에 전략의 목적이 보다 고차원적이라는 사실도 명백해졌다. 적어도 월스트리트는 전략의 목표가 주주를 배부르게 하고 주가를 높이는, 이른바 주주 자본주의에 있다고 생각했다.

3단계에 걸친 전략 아이디어의 역사

주주 자본주의라는 강한 햇살 아래 여기저기 퍼져 있는 나무들을 보느라 숲은 보지 못하는 실수를 범하지 않기 위해서라도, 전략의 성장단계를 이해하기 위한 기본적인 틀을 살펴보는 것은 큰 도움이 될 것이다. 오랫동안 BCG 런던 사무소에서 고위직 파트너로 근무했던 배리 존스는 3P라는 틀을 제공한다. 물론 지나친 단순화일 수도 있지만, 사실 이런 종류의 모든 틀에는 그런 측면이 없잖아 있다. 하지만 배리 존스의 3P는 결코 맞지 않는 침대에 몸을 억지로 늘리거나 줄여서 맞추는 것처럼 지적 구성요소들을 억지로 틀에 끼워넣진 않는다.

배리 존스의 주장에 따르면, 전략의 역사 첫 단계는 1960년에 시작돼 1980년대 중반까지 계속됐던 포지셔닝(Positioning)이다. 당신 회사 비용과 경쟁회사 비용을 비교한 경험 곡선 상에서 당신 회사는 어디에 위치하고 있는가? 시장점유율 같은 수치에 따르면, 당신 회사가 영위하는 모든 사업군에서 특정 사업이 차지하고 있는 위치는 어디인가? 그 사업을 더욱 강화해야 하는가 아니면 매각해야 하는가?

1980년대 후반에 시작돼서 지금까지 이어지는 전략의 두 번째 단계는 프로세스(Process)에 초점을 맞추었다. 다시 말해 기업의 일처리 절차와 일상적인 반복업무에 집중한 것이다. BCG는 자신들이 고안해낸 시간기반 경쟁(Time-based competition)이 프로세스 중심 전략에서 위대한 발명품이라고 주장한다. 시간기반 경쟁은 제품의 설계와 생산을 경쟁자보다 더 빨리 할 수 있다면 경쟁우위를 확보할 수 있다는 주장이다. 1990년대에 기업들이 앞다투어 자신들의 핵심역량(Core competency)을 파악하려 했던 열풍의 바탕에도 프로세스 중심 전략이 자리한다. 리엔지니어링이라는 명칭으로 인기를 끌었던(그리고 종종 사람들을 질색하게 했던) 비즈니스 프로세스 개선은 1990년대에 하늘을 찌를 듯한 기세로 맹위를 떨치다가 얼마 안 있어 거의 같은 속도로 사그라졌다. 그 결과 리엔지니어링은 어리석은 경영이론의 일시적 유행을 언급할 때 가장 많이 인용되는 사례가 됐다.

배리 존스가 제시한 세 번째 단계는 인간(People)중심 전략이다. 인간중심 전략은 앞의 두 가지 전략이론에 비해 상대적으로 개념이 명확하지 않다. 어쩌면 최근에 등장한 개념이라서 그럴 수도 있고, 어쩌면 인간에 집중한다는 의미가 사람마다 달라서 그럴 수도 있다. 가장 합리적인 투자자라는 사모투자 회사들은 관리자들이 언제라도 교체 가능한 부속품이라고 생각한다. 사모투자 회사 입장에서 관리자들은 필요할 때는 언제라도 투입할 수 있고 동시에 잽싸게 폐기할 수도 있는 존재다. 이런 생각의 반대편에는 합리적이라기보다는 사색적인 이들이 있다. 그중 한 명인 BCG의 필립 에반스는 전략가들이 고려해야 할 가장 기초적이면서 핵심적인 요소는 더 이상 회사가 아니라 직원이라고 주장한다. 그의 주장에 따르면, 회사는 결코 회사를 구성하는 최소 단위인 직원들로부터 최고 역량을 끌어내지 않고서는 경쟁에서 이길 수 없다. 이런 두 입장의 중간에 보다 폭넓게 자리잡고 있는 주장은 인간이 혁신의 핵심열쇠이며 혁신이야말로 경쟁에서 승리하기 위한 필수조건이라는 주장이다.

전략 역사에서 인간에 집중해야 한다는 주장을 받아들이기 쉽지 않은 이유는 인간중심 전략이 역사적으로 전략 수립 과정에서 철저하게 외면받아왔기 때문이다. 융 학파가 인간 본성에 그림자가 있다고 주장했던 것처럼, 인간중심 전략은 전략 역사에서 융의 그림자와 같은 존재라고 할 수 있다.

스위스 심리학자인 칼 융이 주장한 그림자 이론에 따르면 개인의 무의식은 세 가지 요소인 열정, 욕망, 야심으로 이뤄져 있는데 이 요소들은 개인이 성장하는 동안 지속적으로 억제된다. 한 전문가는 이 그림자에 대해 "우리의 억압받은 자아이자 아직 제대로 개발되지 않은 잠재력"이라고 정의했다. 전략 개념의 창시자, 컨설턴트, 데이터 수집 전문가들에 의해 억압된 부분, 가끔은 가혹할 만치 억압된 부분이 바로 기업 구성원들의 내적 의식인데, 이 내적 의식이 전략 수립과 실행에서 중요하다는 점 또한 무시돼왔다. 물론 기업 세계의 광야에서 구성원의 중요성에 대해 울부짖던 목소리가 아예 없었던 건 아니다. 실제로 이런 목소리들은 피를 토하는 웅변이자 외침으로 존재했다. 특히 톰 피터스의 목소리가 그랬다. 문제는 이런 목소리에 전략 컨설팅 회사들이 귀를 기울이지 않았다는 점이다. 실제로 톰 피터스, 그리고 그와 함께 《초우량 기업의 조건(In search of Excellence)》을 저술했던 밥 워터맨은 맥킨지에서 쫓겨났다. 특히 워터맨의 경우는 맥킨지에서 21년을 근무했음에도 불구하고 결국 쫓겨나는 신세가 됐다.

이런 상반된 의견을 해소하고자 등장한 더 부드럽고 무난한 시각도 존재하는데, 바로 전략의 역사를 전략에 대한 두 가지 관점의 상호 투쟁으로 보는 시각이다. 전략을 보는 두 가지 관점은 전략을 포지셔닝으로 보는 관점과 전략을 조직학습으로 보는 관점이다. 하버드 대학의 마이클 포터가 주도하는 포지셔닝 학파는 전략을 선택의 문제로 본다. 즉 전략 수립이란 기업이 어느 분야에서 경쟁할지를 선택하고 어떤 산업에서 경쟁할지, 나아가 해당 산업의 어떤 위치에서 경쟁할지를 선택하는 과정이다. 기업은 또한 어떤 식으로 경쟁할지도 선택한다. 가격으로 경쟁할지, 차별화된 제품으로 경쟁할지, 아니면 틈새시장을 공략할지를 선택하는 것이다.

대조적으로 조직학습을 주장하는 학파는 이미 사업을 영위하고 있는 기업이라면 결코 어떤 경우에도 마치 아무것도 없는 백지에 새로 그림을 그리는 것처럼 전략을 자유롭게 선택할 수 없다고 주장한다. 이 학파는(적어도 가장 큰 목소리를 내는 맥길 대학의 헨리 민츠버그는) 포지셔닝 학파를 비꼬는 걸 즐기면서 애초 계획한 바대로 전략이 실행되는 경우는 없다고 말한다. 이들의 주장에 따르면, 중요한 점은 사업의 방향을 정하고 시장과 경쟁자의 반응에 따라 그에 맞게 사업 방향을 끊임없이 조정하는 것이다.

두 학파 모두 거리낌없이 상대방을 비난한다. 한 하버드 경영대학원 교수는 "마이클 포터의 전략론에 도대체 인간이란 요소가 존재하긴 하냐"고 신랄하게 비난한다. 또 다른 교수는 "도대체 민츠버그 주장에는 새로운 게 하나도 없다"고 말하면서 조직학습 학파의 엄밀하지 못한 논리, 구체적인 사례 부족, 미시경제학에 대한 전반적인 외면을 지적한다.

사실상 이런 논쟁을 통해 전략의 역사를 정의하는 것은 〈저널오브 스트래터직매니지먼트(Journal of Strategic Management)〉 지면에서 벌어지는 학술 논쟁만큼이나 한계가 있다. 한편 기업 성공에서 구성원의 필수불가결성을 노래했던 《초우량 기업의 조건》은 600만 부가 넘게 팔렸다. 이는 전략이론을 장황하게 늘어놓은 어떤 책보다 더 많이 판매된 수치다. 《초우량 기업의 조건》은 또한 경영서적과 경영 아이디어를 판매하는 대중적인 시장을 개척했다. 이 부분도 이 책에서 다뤄질 내용의 일부다. 전략에 대한 협소한 정의는 또한 다음과 같은 질문을 교묘하게 회피하는 것일 수도 있다. "기업전략 역사에서 도대체 인간은 어떤 의미인가?" 이 질문에 대한 대답도 이 책에서 제시하고자 한다.

자본주의의 흉포화

하나의 P에서 또 다른 P의 단계로 넘어가는 전략의 발전 과정, 그리고 인간이라는 그림자와 화해하려는 투쟁 이외에도 전략의 역사는 다른 두 가지 거대한 테마로써 다뤄졌다. 첫 번째 테마는 한 시대에 걸쳐 진행된 자본주의의 고도화, 좀 더 구태의연한 표현을 쓰자면 자본주의의 흉포화다. 전략이 자본주의 흉포화를 가져온 유일한 요소는 아니지만 분명 그에 필요한 핵심 개념과 분석기법 대부분이 전략에서 나온 것만은 사실이다.

오늘날 자본주의의 흉포화는 과거 개인의 삶에 훨씬 가혹했던 자본주의 형태와는 상반된 요소를 지니고 있다는 점에서, 굳이 말하자면 더욱 특이한 흉포화 현상이라고 할 수 있다. 지난 50년간 전반적으로 풍요는 증가했고 빈곤은 감소했다. 이는 미국뿐만 아니라 새롭게 자본주의 복음을 받아들인 중국이나 인도 같은 나라도 마찬가지다. 지난 2년간 벌어진 전 세계 금융위기는 이런 경향을 잠시나마 둔화시키긴 했지만 결코 멈추진 못할 것이다.

그럼에도 저소득층과 일부 중산층은 자본주의에서 창출된 부가 과도할 정도로 특권계층인 사업가 집단이나 투자자 집단, 예를 들어 빌 게이츠나 워렌 버핏 같은 이들, 또는 적어도 그들이 보기엔 새로운 엘리트 집단인 최고경영자들과 금융전문가들에게 흘러들어가고 있다는 점을 특히 우려한다. 비록 최근에는 투자은행가, 부동산 대출전문가, 파생상품 판매자들의 보수가 집중적으로 비난을 받긴 했지만 기업이란 조직에서 더욱 큰 문제가 되어왔던 것은 최고경영자의 보수다. 기업수장들이 지금까지 잘해오긴 했어도 그 정도로 엄청난 보수를 받을 만큼 나머지 직원들보다 훨씬 더 잘해왔던 것은 아니다.

이 문제에 전략이 직접적 또는 간접적으로 일부 원인을 제공했다는 점은 비난받아야 마땅하다. 브루스 헨더슨은 기회의 평등을 중시하는 전형적인 미국인이긴 했지만 그에 걸맞지 않게 엘리트주의의 신봉자이기도 했다. 그는 하버드 경영대학원 학생들의 분노를 자아낸 적이 있었는데 학교 신문에 이런 광고를 실었기 때문이다. 광고에는 BCG가 하버드 경영대학원 졸업생이라고 해서 누구나 고용하는 게 아니라 오직 상위 5퍼센트에 속하는 장학생(로즈 장학생, 마샬 장학생, 베이커 장학생)만을 고용한다고 적혀 있었다. 브루스 헨더슨은 최고 중에서도 최고만을 원했고 최고 인재를 끌어들이기 위해서라면 명백한 약점이 있더라도 기꺼이 눈감아주었다. 초창기 BCG 직원 7명 중에서 헨더슨을 제외하고 컨설팅 경험이 있는 사람은 단 한 명뿐이었다.

이런 엘리트주의는 전략혁명의 원동력이 됐지만 동시에 회사와 사회 내에서 계급화를 가속화시켰다. 다시 말해 같은 사람이라고 해서 모두 평등하지는 않다는 생각, 그리고 일부는 더 똑똑하기에 다른 사람들보다 더 많은 보수를 받아야 마땅하다는 생각은 오늘날 자본주의를 더욱 흉포화시키는 데 일조했다. 무엇보다도 엘리트주의적인 태도는 전혀 색다른 형태의 컨설팅 회사들을 등장하게 했다. 이 컨설팅 회사들은 백발이 성성하도록 특정 산업에 몸담았던 이들의 경험을 내세워서 고객에게 신뢰를 주는 방법을 쓰지 않았다. 대신 뛰어난 아이디어와 그 아이디어를 설명하는 데 능숙한, 반짝이는 재능을 지닌 이들을 전면에 내세웠고 그들 나이가 채 스물여덟 살밖에 안 돼도 전혀 개의치 않았다. 바로 이들이 새롭게 등장한 비즈니스 두뇌집단인 것이다. 헨더슨은 '가장 뛰어난' 경영대학원을 다니는 가장 재능 있는 인재들 간의 경쟁을 촉발시켰다. 그리고 그 경쟁은 지금도 계속되고 있다.

전략을 기업의 존재 이유로 정의한 기업들(여기에는 요즘 대부분의 기업들이 해당한다)은 알게 모르게 자신들이 헨더슨의 엘리트주의에 영향받고 있다는 사실을 깨닫게 된다. 물론 '관리자 계층'과 나머지 직원을 구분하는 기준은 1940년대에 피터 드러커가 경영이란 기능을 밝혀내던 시기부터 상당히 명확하게 존재하긴 했다. 하지만 지금도 최고경영진이 어떤 직원을 가장 중시하는지를 알아보려면 딱 한 가지 질문만 던지면 된다. "이 회사에서 전략을 수립하는 직원이 누구죠?"

오늘날 최고경영자라는 고귀한 자리에 오른 이가 수행해야 할 다양한 임무 중에서 가장 중요한 임무는 기업전략을 수립하고 수립된 전략을 명확하게 전달하는 것이다. 그러니 최고경영자가 전략 컨설팅 회사 출신이라면 당연히 도움이 될 수밖에 없다. 아메리칸익스프레스 경우(CEO가 베인앤컴퍼니 출신)가 그랬고, 이베이(베인), 유나이티드테크놀로지(BCG), 제록스(맥킨지)를 비롯해서 전력 컨설팅 회사 출신들은 갈수록 많은 유명 기업들의 수장 자리를 차지하고 있다(전략 컨설팅 회사 출신들은 아주 색다른 자리를 차지하고 있기도 하다. 지금 하버드 경영대학원 학장을 맡고 있는 제이 라이트는 초기에 BCG에서 일했는데 빌 베인은 그를 스카우트하려고 애썼다. 이스라엘 총리가 된 벤저민 네탄야후도 같은 예다).

헨더슨처럼 엘리트를 신봉하는 컨설팅 회사들이 전략 컨설팅 서비스를 제공하게 되면서 엘리트주의는 기업에 자연스럽게 스며들었다. 하지만 바로 이 엘리트주의 때문에 박식한 기업인들조차 컨설턴트들을 싫어한다. 미국에서 가장 큰 기업들의 4분의 3, 그리고 거의 같은 비중의 프랑스 회사들이 현재 BCG, 베인앤컴퍼니, 또는 두 회사로부터 모두 서비스를 받는데도 불구하고 기업인들은 컨설턴트들을 싫어한다.[1] 심지어 이 기업들은 반복적으로 전략 컨설팅 서비스를 받고 있는데도 말이다.

최고경영자들의 보수가 점차 평균 직원 보수의 수백 배를 넘어서게 되자 최고경영자들에게 쏟아지는 비난의 목소리는 갈수록 이전에 컨설턴트들에게 쏟아졌던 비난의 목소리와 유사하게 변모해가고 있다. 도대체 뭐 그리 대단한 일을 한다고 그렇게 많은 보수를 받는단 말인가? 그들이 정말로 다른 모든 이들보다 훨씬 영리하단 말인가?

수백만 달러에 달하는 보수를 받는 최고경영자들은 이런 비난에 대한 대답으로 자신들이 헤쳐나가야 할 흉포화된 자본주의 시대의 가혹한 시장환경을 들먹인다. 그들은 상품을 판매하기 위한 경쟁부터 아웃소싱을 하기 위한 경쟁까지 기업환경의 모든 분야에 경쟁과 시장논리가 깊숙이 침투했다고 말한다. 예상 실적을 달성하지 못한 기업과 최고경영자에 대한 주식시장의 처벌은 가혹하다. 이건 2008년 말, 주식시장이 전반적으로 붕괴했을 때도 예외가 아니었다. 최고경영자들은 더 자주, 더 빨리 해고된다. 기업과 특정 사업부문은 전례 없이 빠른 속도로 매입되고, 해체되며, 새로운 환경에 맞추어 변모된다. 이런 모든 현상은 특히 전략이 세상의 모든 이들에게 기업의 유일한 목적이 주주의 이익을 극대화하는 데 있다는 점을 주지시키면서 생겨난 현상이다.

심지어 전략이 마술과 같은 효력을 발휘해야 할 기업 내부에서조차 자본주의의 흉포화와 비슷하지만 더 혼란스런 흉포화 현상이 나타나고 있다. 혁신적인 소수의 회사를 제외하면, 일반적인 기업들의 경쟁우위는 이전보다 훨씬 빨리 사라진다. 비즈니스 모델의 수명은 이전보다 훨씬 짧아졌다. 동시에 일부 산업에서는 더 많은 자산과 시장 지배력이 이전보다 더 소수의 대기업에 집중되고 있다. 예를 들자면 금융, 통신, 소매, 제약산업이 그렇다. 이런 대기업들은 전략 컨설팅 회사들이 생각하는 가장 이상적인 고객들이자 실제 주요 고객들이기도 하다. 글로벌 금융위기가 닥치기 바로 전까지 BCG 매출의 약 40퍼센트는 금융산업과 의료산업 분야에서 발생했다. 초기에는 전략 컨설팅 서비스를 이용하지 않았던 월마트도 지금은 맥킨지의 고객이 됐다.

나아가 이런 대기업들의 탄탄한 시장 지위가 더 이상 안전한 미래를 보장하는 것도 아니다. "지난 수년간 마이크로소프트는 연구와 신제품 개발에 수십 억 달러 자금을 써왔다." 하버드의 한 교수는 지적한다. "그런데 가시적인 성과가 있는가? 천만에. 전혀 없다." 부를 창출하는 혁신은 대기업에서 나온다기보다는 오히려 변화에 따른 기회를 알아채고 그 기회를 움켜잡을 수 있는 신생회사, 중소기업, 그리고 전혀 다른 사업군에 몸담고 있는 기업에게서 나온다. 또는 작은 기업으로 시작해서 갑자기 대기업이 된 경우가 그렇다. 그 한 예가 구글이다. 물론 구글도 점점 경쟁력을 잃어가고 있다고 볼 수 있지만 말이다. 따라서 최근의 전략은 어떻게 하면 이미 일정한 위치에 도달한 기업을 신생기업만큼 혁신적으로 변모시킬 수 있는가에 집중되고 있다.

비즈니스의 지식화

이 책을 관통하는 또 하나의 테마는 전략이 비즈니스를 지적으로 바꿔놓았다는 점이다. 실제로 많은 사업가들은 이 의견에 동의하지 않을 것이고, 심지어 컨설턴트조차 그러할 것이다. 하지만 비즈니스는 실천적인 것이지 결코 허풍 섞인 거창한 개념이 아니다. 곧 사라지는 일시적인 유행도 아니며, 나아가 가장 최근에 등장한 터무니없는 전문용어로 설명될 만한 것도 결코 아니다. 사업이란 직업과 사업기회는 모두에게 공평하게 제공돼야 한다. 그렇지 않은가? 사실상 컨설턴트라는 직업이 존재한다는 사실 자체가 비즈니스는 곧 실천이라는 통념을 부정한다는 점도 많은 이들이 컨설턴트들을 싫어하는 이유 중 하나이긴 하다.

하지만 당신이 냉정하게 이 사안을 들여다본다면, (과거에 그랬고, 기업 통념 상 당연히 그래야 하는 것처럼) 비즈니스를 직접적인 경험을 통해 배우기도 하지만 간접적으로 정형화된 이론을 통해 배운 사람들이 지난 50년간 증가한 증거를 찾을 수 있다. 이에 대한 세 가지 명백한 예를 살펴보자. 경영서적 시장은 1982년에 《초우량 기업의 조건》이 출간되면서 폭발적으로 증가하기 시작했고, 현재는 매년 신간만 8만 권이 쏟아져나온다. MBA 학위를 획득하려 하거나 이미 획득한 이들의 수는 1948년 미국의 경우 매년 4000명이 채 못 됐지만 지금은 연간 14만 명에 달한다. 마지막으로, 당연히 전략 컨설팅 산업도 성장했다. 전략 컨설팅 산업은 고작해야 이론과 분석, 일반적인 조언과 같은 지식을 판매하는데도 불구하고 규모가 전 세계적으로 연간 50억 달러에 달한다.

언제부턴가 전략은 우리가 기업 활동을 고민하는 데 있어 핵심적인 사고틀로 자리잡았다. 동시에 전략은 새롭게 등장한 지식집단들이 현재의 기업환경을 창조하는 데 중심적인 사상으로 이용돼왔다. 전략은 이미 너무나 중요해져서 이제는 과거에 과연 그렇지 않았던 시절이 있었는지조차 떠올리기 힘들 정도다. 하지만 전략이 없었던 시절로 돌아가려면 딱 50년 이전으로만 거슬러 올라가면 된다.

제2장

브루스 헨더슨, 전략을 전략화하다

회사 초기 역사에 관한 공식기록에 따르면 보스턴컨설팅그룹은 1963년 7월 1일 "사무실에 책상 하나만 있고 전화, 비서도 없는 상태로" 사업을 시작했다. 설립자 브루스 헨더슨은 당시 '보스턴세이프디파짓앤트러스트(Boston Safe Deposit and Trust)'라는 회사의 경영 컨설팅 사업부문으로 처음 사업을 시작했고, 그 자신이 그 부문의 유일한 직원이 됐다. 그 당시까지 그의 경력만 봐서는 누구라도 헨더슨이 결코 사업가 타입은 아니라고 생각했을 것이다. 왜냐하면 이 마흔여덟 살 사내는 그때까지 자신의 경력 전부를 안정적인 직장에서 보냈기 때문이다.

어린 나이의 성공

브루스 헨더슨은 1915년 4월 30일에 태어났다. 그의 아버지는 내슈빌에서 성경책을 출판하고 판매하던 인물이었다. 헨더슨의 아버지가 소유했던 사우스웨스턴퍼블리싱은 1850년에 사업을 시작한 회사로 지금까지도 자신들이 미국에서 최초로 '직접판매' 활동, 그러니까 가정집을 직접 방문해가면서 영업을 한 최초의 회사라고 주장한다. 후에 헨더슨은 친구들에게 자신의 아버지가 고객 앞에선 매일 성경책을 읽는 것처럼 굴었지만 실제론 그렇지 않았다고 말했다. 그는 아버지와 그다지 가깝지 않았고 권위적인 이들과는 언제나 잘 어울리지 못했다. 그는 대부분의 직장 생활 동안 영업사원들을 맘대로 부릴 수 있는 권한이 있는 구매 담당자로 근무했다.

헨더슨은 가끔씩 아버지 회사에서 일하면서 성경책을 팔긴 했지만 어느 순간 다른 진로를 찾아보기로 결심한다. 처음에는 버지니아 주립대학에서 공부했다. 당시 그는 변호사가 되고 싶어했다. 그러다가 밴더빌트 대학으로 학교를 옮겨서 1937년에 기계공학 학사 학위를 받게 되는데 향후 공학 학위는 전략의 대가가 되려면 꼭 갖춰야 할 기본자격이 된다.

헨더슨은 제너럴모터스의 냉장고 부서에 근무하면서 처음으로 제대로 된 직장생활을 시작하지만, 이곳에서 처음으로 대기업의 붕괴 또한 맛보게 된다. 그는 9개월 만에 구조조정으로 해고되는데, 헨더슨은 그때 전체 1만 3500명의 직원 중에서 6300명이 해고됐다고 회상했다. 헨더슨은 그 일에 그다지 당황하지는 않았고, "여기저기 기웃거리다가" IBM 전신이 되는 회사에서 입사제안을 받았지만 그 제안을 거절한 뒤 오하이오 주 데이튼에 위치한 리랜드일렉트릭에 입사한다.

리랜드는 상대적으로 작은 회사였지만 주유 펌프에 사용되는 폭발방지 모터를 생산하는 선두기업이었기에 그 틈새시장을 지배할 수 있었고, 웨스팅하우스와 같은 더 큰 규모의 대기업에 맞설 수 있었다. 도대체 어떻게 이럴 수 있는 거지? 헨더슨은 궁금했다. 그가 회사에서 맡은 업무

중에는 영업부서로부터 올라오는 보고서를 모으는 일도 있었다. 헨더슨은 보고서에서 많은 양의 데이터를 꾸준히 얻을 수 있었는데 데이터에는 제안가격, 실제 합의된 가격, 주문수량, 고객의 특수한 요구사항 등이 포함돼 있었다. 헨더슨은 이 많은 데이터에 자신이 대학 시절에 익힌 두 가지 이론을 적용했다. 하나는 미적분으로, 후에 헨더슨은 자신이 택했던 과목 중에 가장 도움이 되었던 것이 미적분이라고 말했다. 밴더빌트 대학 시절에 배운 미적분은 변화율의 관점에서 어떤 현상이 벌어지고 있는지를 지속적으로 들여다보게 했다. 예를 들어 그는 한 요소가 변화할 경우 나머지 요소에는 어떤 변화가 생기는지를 관심 있게 연구했다. 다른 하나는 버지니아 주립대에서 배운 경제학이었는데, 헨더슨이 평생 동안 전통적인 경제학을 무시했다는 사실을 생각하면 뜻밖이다. 어쨌든 헨더슨은 경제학을 통해 사업과 시장을 계량화해서 실제 사업과 시장을 움직이는 시스템을 파악하려 했다.

이 두 가지 이론에 식을 줄 모르는 호기심이 더해지면서 헨더슨은 공부를 더 해야겠다고 결심한다. 그리고 우연하게도 어느 날 친구로부터 동네에 있는 하버드 클럽에서 열리는 강연회에 함께 가자는 제안을 받게 된다. 당시 강사는 마빈 바워라는 이였는데 그는 한창 맥킨지앤컴퍼니라는 컨설팅 회사를 재편하고 있는 중이었다. 하버드 법대와 경영대학원을 졸업한 마빈 바워는 강연에서 하버드 경영대학원에 대해 언급했고 그 말에 이끌려 헨더슨은 하버드 경영대학원에 입학 지원서를 내기로 결심한다.

1941년 하버드 경영대학원에 입학한 헨더슨은 남과 다를 바 없는 과정을 이수하다가 졸업을 90일 정도 남겨둔 어느 날 갑자기 자퇴한다. 이후에 그는 자신의 입으로 직접 자퇴한 이유를 말한 적이 없지만 다행히도 그를 아는 지인들이 그럴 만한 이유를 들려줬다. 당시 웨스팅하우스가 그에게 솔깃한 입사제안을 한 것이 그 이유였는데, 빨리 결정하지 않으면 다른 이에게 넘어갈 수도 있는 자리였던 것이다. 아울러 전쟁이 일어날지도 모르는 사회 분위기 때문에 헨더슨은 조급할 수밖에 없었다. 헨더슨이 학교를 쉽게 떠났다고 해서 경영대학원과의 관계를 소중하게 여기지 않은 것은 아니었다. 그는 하버드 경영대학원 시절을 자랑스럽게 말하곤 했다. 교직원들과도 친했고 가끔씩 그곳에서 특강도 했다. 무엇보다도 자신이 설립한 회사의 인재고용 과정에서 하버드 MBA 졸업생들의 연봉을 매우 높여놓은 것도 사실이다.

헨더슨은 이후 18년 동안 웨스팅하우스에서 근무했다. 오랜 기간 구매부서에서 일했고 1953년에는 회사의 부사장이 됐다. 그러나 오랜 재직 기간과 출세에도 불구하고 헨더슨이 웨스팅하우스에서 어떤 일을 했고 어떤 교훈을 얻었는지는 그 자신도, BCG 동료들도, 기록도 회상하는 바가 없다. 다만 당시의 헨더슨이 어땠는지를 제대로 보여줄 수 있는 한 가지 일화를 소개하겠다.

웨스팅하우스 합류 초기에 회사 사장과 저녁식사를 하게 된 헨더슨은 사장에게 자신의 이전 직장에 대해 이야기했다. 그리고 3일 뒤 헨더슨은 소형모터 사업부문에 배치됐다. 소형모터 사업부문은 다양한 제품군을 생산했는데 그중에는 리랜드일렉트릭과의 경쟁상품도 있었다. 헨더슨은 리랜드에서 근무하던 시절에 접했던 생산단가, 가격, 이익 등을 여전히 잘 기억하고 있었기에 곧장 그 데이터를 웨스팅하우스의 데이터와 비교할 수 있었다. 비교한 결과는 너무나 놀라웠다.

웨스팅하우스는 주유 펌프에 쓰이는 모터를 해당 분야 선두주자인 리랜드와 같은 가격에 판매했지만 리랜드는 판매하는 모든 모터에서 이문을 남긴 반면 웨스팅하우스는 오히려 손해를 봤다. 잠깐 역사를 거슬러 올라가면 1776년에 애덤 스미스는 자신의 책《국부론》에서 전문성의 미덕을 지적했고, 1890년대 영국의 위대한 경제학자 알프레드 마샬은 규모의 경제라는 개념을 제시했다. 그리고 1920년대 헨리 포드는 대량 생산을 통해 가격을 인하할 수 있음을 몸소 보여줬다. 하지만 당시에는 만약 두 회사(경제학자 용어로는 '기업')가 동일한 사업을 영위하고 똑같거나 유사한 제품을 생산한다면 두 기업의 생산비용은 동일하다는 생각이 지배적이었고, 경제학자들은 현실과는 다른 이런 인식을 극복할 만큼 이론을 발전시키지 못하고 있었다. 당시 제조업체에서 근무하던 임원의 말은 이러한 통념을 한마디로 보여준다. "비용은 별로 중요치 않다. 만약 당신 회사가 경쟁회사와 같은 원재료를 구매하고 직원들에게 동일한 임금을 지불한다면 당신 회사의 전체 생산비용도 동일할 것이다." 물론 이 말 뒤에 숨겨진 의미는 비용에 대해 회사가 할 수 있는 일은 아무것도 없다는 것이다.

웨스팅하우스는 왜 손해보는 제품을 붙잡고 있었던 걸까? 헨더슨은 후에 웨스팅하우스가 전체 제품군을 생산해야 할 필요성을 느끼고 있었다고 설명하면서 약간은 경멸하는 어조로 "사내 문화가 그랬다"고 말했다. 헨더슨의 분석은 또 다른 역설적인 결과를 보여줬다. 웨스팅하우스와 리랜드는 각각 상대방보다 판매규모가 작거나 이익이 낮은 제품을 보유하고 있었다. 만약 두 회사가 서로 자신들이 손해보는 제품을 바꿔치기한다면 판매량과 생산비용이 변하지 않더라도 두 회사 모두 영업이익이 10퍼센트 증가할 수 있었다. 헨더슨의 말로는 그 정도면 '어마어마한' 수준이었다. 이런 깨달음이 이후 전략혁명에서 두드러지게 나타나는 더 일반화된 결론을 가져오게 되는데, 1985년에 헨더슨은 그에 관해 이렇게 말했다. "내가 아는 거의 모든 기업들은 결코 영위해선 안 될 많은 사업에 몸담고 있다."

헨더슨은 웨스팅하우스의 구매를 총괄하면서 자신이 관찰한 내용을 적용했고, 공급업체들에게 그들의 공급량에 비춰봤을 때 헨더슨이 추산한 대략적인 생산비용에 맞게 공급가격을 인하하도록 요구했다. 그는 또한 비공식 자문단을 구성했다. 자문단에는 컨설턴트, 엔지니어, 과학자, 동료 임원들이 포함됐고 헨더슨은 이들과 함께 생산비용, 가격, 경쟁에 대한 의견을 나눴다. 헨더슨이 이들과 이러한 요소들을 움직이는 근본적인 시스템에 대해 논의했다는 점은 매우 흥미롭다. 하지만 이런 모든 노력도 헨더슨의 승진에 도움을 주진 못했다. 오히려 그는 자신의 야망, 멈추지 않는 호기심, 그리고 종종 보여지는 괴팍함 때문에 상사들과 마찰을 빚게 된다(1992년 헨더슨의 장례식에서 첫 번째 조문 연설을 한 이는 헨더슨에 대해 "상대하기가 늘 쉬웠던 사람은 아니었다"고 말했다). 헨더슨은 후에 '일련의 해고 과정'이라고 표현한 과정을 거친 후 1959년에 웨스팅하우스를 떠나 매사추세츠 주 보스턴에 위치한 아서디리틀(Arthur D. Little, ADL)이란 컨설팅 회사에 합류하게 된다. 그 회사에서 헨더슨은 경영 서비스 부서의 수석 부사장에 임명된다.

MIT 공대교수였던 설립자의 이름을 따 1886년에 설립된 아서디리틀은 최초의 경영 컨설팅 회사로 인정받는 회사다. ADL은 대체로 기업들과 정부의 기술 연구에 집중했다. 예를 들어 본사 건물 로비에는 비단 지갑이 전시돼 있었는데, 그 지갑은 ADL 연구원들이 사업 초기에 외부 관심을 끌기 위해 암퇘지 귀에서 추출해낸, 좀 더 정확하게는 많은 돼지 귀의 젤라틴에서 추출해낸 실로 만든 지갑이었다(〈보스턴글로브〉 보도에 따르면 2002년 ADL이 청산되면서 이 지갑은 채권자들 빚을 갚기 위해 경매에 부쳐졌다).

헨더슨은 이후에 인정한 바대로 "컨설팅에 대해 당시에는 아는 게 없었지만" ADL에서 중책을 맡게 됐는데 그의 고객 중에는 셸오일과 유나이티드푸룻도 포함돼 있었다. 헨더슨은 후에 ADL이 '위대한 회사'였다고 말했다. 하지만 헨더슨에게 주어진 일은 그가 고민해왔던 이론을 실험할 만한 것들이 아니었다.

헨더슨은 40대 중반에 접어들면서 다시 독립하고픈 마음이 생겼고 권위에 반항하는 성격도 다시 고개를 들었다. 헨더슨은 ADL 수장들과 권력 다툼에 빠져들었다. 제2차 세계대전 때 공수부대 지휘관으로 유명세를 떨쳤던 제임스 M. 개빈 장군은 1957년에 예편한 뒤 ADL 수장으로 합류했는데, 1961년 프랑스 대사로 임명되면서 자리에서 물러났다가 2년 뒤 다시 ADL로 돌아왔다. 이때 헨더슨이 회사 내에서 좀 더 중책을 요구했지만 개빈이 이를 허락하지 않았고, 얼마 뒤 헨더슨은 ADL을 떠나게 된다.

시장세분화라는 수수께끼

ADL에서 근무하면서 헨더슨은 보스턴세이프디파짓앤트러스트와 그 회사 수장인 윌리엄 W. 울바크를 알게 된다. 보스턴세이프디파짓은 오래된 회사로서 역사의 대부분 동안 로웰 가문의 재산을 관리했는데 울바크는 새로운 사업을 통해 이 잠자는 회사를 크게 성장시키고 싶어했다. 울바크와 헨더슨은 경영 컨설팅 사업을 시작하고 그 수장에 헨더슨이 앉기로 합의했다. 보스턴세이프디파짓은 고객 중에 컨설팅 회사의 고객이 될만한 기업고객이 없었다는 점을 생각하면, 컨설팅 회사의 모회사가 되기엔 좀 특이했다. 하지만 이후 BCG의 수장 자리를 역임했던 사람은 헨더슨이 BCG를 설립할 때 도대체 어떤 의도였냐는 내 질문에 이렇게 답했다. "헨더슨이 당시 무직 상태였다는 걸 감안해야죠."

헨더슨에겐 진행 중인 컨설팅 프로젝트도 없었고 대상 고객 명단도 없었다. 그 결과 설립 첫 해 회사는 마구잡이로 일을 맡았는데, 그중에는 중서부 회사에서 의뢰한 평판 조회 서비스, 보스턴에 위치한 리서치 회사들에 대한 조사, 사무실에서 종이 구매에 영향을 미치는 요인들에 대한 연구 등이 포함돼 있었다. 그런데도 수입(첫 달에는 500달러였다)은 매달 두 배로 뛰었다.

헨더슨에겐 수시로 변화하는 경쟁환경을 설명할 수 있는 이론에 대한 열정 말고도 뛰어난 인재를 알아보는 안목이 있었다. 헨더슨은 인재들을 고용하기 시작했다. 대학교수를 파트타임으로 일하게 했고 어느 정도 경력이 있는 컨설턴트도 고용했다. 이들을 끌어당긴 힘은 대체로 헨더슨이 지닌 이론에 대한 열정이었다.

헨더슨에게 고용돼 일한다는 건 결코 쉽지 않은 일이었다. 당시 보스턴 대학 재무관리 부교수였으며 이후 헨더슨의 뒤를 이어 BCG 수장이 된 앨런 제이컨은 1966년 헨더슨과 처음으로 통화한 일을 이렇게 회상한다.

"브루스 헨더슨이라고 합니다. 당신이 우리 회사에서 컨설팅 업무를 봐줬으면 좋겠는데요."

"그러죠."

"보수는 얼마면 될까요?"

제이컨은 아주 적은 돈으로도 일할 마음이 있었지만 헨더슨이 회사에 대해 너무나 자랑을 하는 바람에 대단한 회사라고 생각해 보수를 높여 불렀다.

"하루에 125달러입니다."

"아니, 말도 안 됩니다. 너무 높아요."

헨더슨이 전화기에 대고 소리쳤다.

"당신 연봉을 365로 나누고 4를 곱한 다음 22를 더하시오."

제이컨은 그 짧은 시간에 그런 계산을 할 수 있다면 애당초 컨설팅을 할 필요도 없다고 생각하며 이의를 제기했다. 긴 침묵이 흐른 뒤 헨더슨이 한 발 물러섰다. "100달러를 주겠소. 내일부터 출근하시오."

제이컨은 그 말대로 했고 이듬해부터는 대학을 떠나 풀타임으로 BCG에서 근무하기 시작했다.

1964년 초에 이 신생회사는 처음으로 대형 고객을 확보하게 된다. 노튼이라는, 매사추세츠 주 우스터에 많은 공장을 둔 90년 된 다국적 기업이었다. 노튼의 주요 제품은 그리 대단하지 않은 연마기계였다. 이 가족 소유의 회사는 다양한 종류의 연마기계를 내놓았는데 그중 일부 제품들은 자동차 회사에게 대량으로 판매되거나 보다 전문화된 제조회사에 소량으로 판매됐다.

웨스팅하우스의 모터 제품군처럼 노튼의 연마 제품군도 종류가 너무 다양하다는 게 문제였다. 오로지 대량판매가 가능한 제품에만 집중하는 소규모 경쟁회사들은 더 낮은 비용에 제품을 판매해서 노튼의 고객들을 빼앗아가고 있었다. 노튼은 전체 제품군의 평균 가격이 낮아지고 동시에 비용이 상승하는 참담한 상황에 처해 있었다.

그런 점에서 노튼은 컨설턴트들이 반복적으로 접하게 되는 사례의 초기 예라고 할 수 있다. 바로 시장 세분화(Market segmentation)라고 불리는 사례다. 당신 회사가 몸담고 있는 모든 시장들, 그리고 당신 회사가 각기 다른 제품과 서비스를 판매하는 모든 고객층을 들여다보라. 당신이 이익을 보는 곳과 그렇지 않은 곳을 가늠할 수 있는가? 그 총액을 계산할 수 있는가? 고객별로, 제품별로, 지역별로 나눠 가늠할 수 있는가? 나아가 고객, 제품, 지역을 모두 합해서 총액을 계산할 수 있는가? 만약 "그냥 가격에서 생산비용을 제하면 되지"라고 생각하는 사람이 있다면 그는 분명 대기업에서 일해보지 않은 사람이다.

확장된 테일러주의가 성행한 지 이미 40년이나 지났고 손쉽게 방대한 데이터를 컴퓨터에서 처리할 수 있게 된 오늘날, 이런 질문들은 어렵지 않은 것처럼 보일 수 있다. 하지만 여전히 대답하기 쉽지 않은 질문들이다. 과거 30년간 전략 컨설턴트들은 잠재 기업고객의 최고경영자에게 다음과 같은 질문을 던지는 게 영업에 가장 효과적이라는 사실을 알아냈다. "사장님은 귀사의 가장 큰 고객이 귀사의 전체 사업군에 걸쳐 얼마나 많은 매출을 발생시켜주는지 정확히 알고 계십니까? 그리고 실제로 수익이 어떻게 생기는지 아십니까?" 그러면 놀랄 정도로 자주 민망해하는 답변이 돌아온다. "어흠, 그렇게 딱 꼬집어서 물으면……."

헨더슨과 컨설턴트들은 자신들이 수립한 해결책에 '노튼 플랜'이란 이름을 붙였다. 노튼 플랜에는 생산경제학과 재무, 노튼과 고객들의 자본비용에 대한 이론을 복합시킨 내용이 담겨 있었다. 1960년대까지도 기업들은 여전히 1936년에 제정된 가격차별 금지법을 어길까봐 전전긍긍하고 있었다. 이 법은 본질적으로 각기 다른 고객에게 각기 다른 가격에 제품을 판매하는 행위를 금지했다. 일부분 그로 인해서 노튼 플랜은 대형 고객들을 대상으로 일련의 상세한 계약조항을 제시했다. 계약 조항에 따르면 대형 고객들은 노튼에게 연마기계 가격을 좀 더 높게 지불하는 대신 노튼으로부터 소규모 경쟁회사들이 제공하지 않는 기술지원과 더불어 재고에 대한 자금융자를 받았다. 과거 관련자들의 기억에 따르면 노튼 플랜은 성공적이었다. 노튼은 이 계획안을 채택했고 새롭게 맺은 계약으로 일시나마 시장점유율 감소를 멈출 수 있었다.

비즈니스 아이디어를 판매하다

1964년 말까지도 보스턴세이프디파짓의 경영 컨설팅 사업부문은 직원이 고작 6명뿐이었고 명성도 거의 외부에 알려지지 않은 상태였다. 고객 관심을 끌기 위해 회사는 두 가지 혁신적인 변화를 시도했는데, 그에 관해 초기 BCG 고위임원은 "비즈니스 이론을 판매하는 방법을 발명해냈다"고 표현했다. 이 시도는 또한 컨설턴트들의 상호 경쟁방식을 바꿔놓은 전환점이기도 했다. BCG는 유구한 역사와 고위 파트너들의 전문성에 의존하기보다는 이론을 구체적으로 도표화함으로써 자신들의 서비스를 판매하기로 한 것이었다.

그 첫 번째 수단은 이후 〈BCG 전망(BCG Perspective)〉이라고 알려진 새로운 이론이나 골치 아픈 사업문제에 대한 짧지만(대체로 800단어 정도) 강력한 글을 담은 책자를 출간하는 것이었다. 책자는 외투 주머니에 쏙 들어갈 정도로 작은 소책자 크기로 제작됐다. 물론 그전에도 일부 컨설턴트들은 가끔씩 〈하버드비즈니스리뷰〉에 글을 기고했고 몇몇 컨설팅 회사들은 자체적으로 고객 사무실에 놓고 올 만한 잡지를 발간했다. ADL은 〈프리즘(Prism)〉을, 맥킨지는 1964년부터 〈맥킨지쿼털리(McKinsey Quarterly)〉를 발간했다. 하지만 "벼랑에 몰린 사업"이나 "차입금, 늘릴 것인가, 없앨 것인가?"와 같은 자극적인 제목을 붙인, 중요한 사안에 대한 핵심적이고도 강력한 주장을 담은 책자를 발간하는 컨설팅 회사는 BCG 말고는 한 곳도 없었다.

〈BCG 전망〉은 처음에 〈리더스다이제스트〉처럼 이미 출간된 기사들을 모아서 발간하려는 생각에서 출발했다. 실제로 첫 기사는 1963년 〈하버드비즈니스리뷰〉에 실렸던 "기업전략을 어떻게 평가할 것인가"의 요약기사였다. 기사를 쓴 사람은 전에 하버드 경영대학원에서 강의했던 세이모어 '사이' 틸스였는데 그는 후에 BCG 임원으로 합류하게 된다. 하지만 헨더슨은 얼마 안 가 다른 이들이 발표한 논문들로는 결코 BCG 이론을 정확하게 전달할 수 없다고 느꼈다. 그래서 그는 직접 기사를 쓰기 시작했고 이 일에 적극적으로 동료들을 참여시켰다.

이후 수십 년간 BCG는 〈BCG 전망〉을 400호 넘게 찍어냈는데 가장 인기가 좋았던 때에는 연간 15호나 찍어냈다. 일부 BCG 임원들은 〈BCG 전망〉 독자수가 〈비즈니스위크〉와 맞먹을 정도였다고 말한다. 초기 발행된 〈BCG 전망〉을 읽어보면 매우 신선한 놀라움을 느낄 수 있다. 왜냐하면 요즘 난무하는 비즈니스 기사나 책들과 비교할 때 헨더슨의 글은 매우 간결하고 평이하며 수식이 없고, 심지어 무미건조하기 때문이다. "사업가는 표준원가와 누적 경험 간의 관계를 이해함으로써 표준원가를 장기적으로 예측할 수 있다." "간접비용은 시장점유율의 가치를 직접적으로 반영한다." 이렇듯 글에서 보여지는 저자의 확신은 확고하다.

헨더슨 때문에 꽤나 골머리를 썩었던 동료들도 그가 글을 잘 썼다는 점만은 인정했다. 그는 공을 들여 글을 가다듬었다. 매번 〈BCG 전망〉에 실린 기사를 열 번에서 열다섯 번이 넘게 교정했다. 그는 자신의 기사를 가다듬는 데 전문적인 도움을 받기도 했는데 1964년 말에 있던 직원 6명 중 한 명은 전문 편집자였다.

반면 글과는 너무 대조적으로 헨더슨의 화술은 종종 논리와 궤변의 경계를 넘나들었다. 헨더슨은 논쟁에서 지는 것을 싫어했다. 어쩌면 자신 주위에 영리한 이들이 많아지면서 갈수록 심해진 불안감 때문일 수도 있다. 그는 논쟁에서 불리해지면 절반 정도만 말이 되는 거창한 아이디어에 대해 궤변을 늘어놓았다. "헨더슨은 자신이 큰 그림을 누구보다도 잘 이해한다는 점을 보여주고 싶어 늘 안달했다. 심지어 별로 대단하지도 않은 내용에 대해서도 그랬다." 헨더슨과 가까웠던 이의 말이다. 하이젠버그에겐 미안하지만 다른 동료들은 헨더슨의 이런 성향을 하이젠버그의 불확실성 이론에 빗대 헨더슨의 불확실성 이론이라고 이름붙였다. 사람들은 헨더슨이 말하는 요점을 알아듣거나 또는 그가 논쟁을 어디로 끌고 가는지 눈치챌 수 있었지만 두 가지를 한꺼번에 이해하는 건 불가능했다.

하지만 헨더슨은 〈BCG 전망〉에서만큼은 명쾌했다. 글을 쓰면서 그의 공격적인 에너지는 하나의 형태를 갖추게 됐는데, 그건 말하자면 전통적인 사고와 검증된 아이디어에서 풍겨나오는 권위에 대한 도전이었다. 그는 1984년에 발행된 기사들을 모은 책의 머리말에서 이전보다 약간 온순한 말투로 기사의 목적에 대해 다음과 같이 적었다. "이 기사들에서는 고위 경영자가 이미 굳게 믿고 있는 내용들을 굳이 다루지는 않았고 오직 도발적인 주장들만 다뤘다. 기사 주제들은 일부러 도발적인 것들로 골랐는데 이것들은 중대한 의미가 있으며 모두 기업 경쟁과 관련된 정책 결정에 관한 것들이다."

브루스 헨더슨은 파격적이었다. 그리고 전략은 파격이어야 했다. 어느 현자의 말에 따르면 "전략은 곧 변화"였다. 전략은 결코 조용히 지금처럼 해왔던 방식으로 사업을 하려는 이가 감히 손대선 안 될 것이었다.

1964년에 시도한 또 다른 혁신적인 마케팅 방법은 초대받은 이만 참석할 수 있는 비즈니스 컨퍼런스였다. 기업 컨퍼런스, '엑스포'나 '사상 리더들의 모임' 등은 오늘날에는 너무나 흔하다. 그래서인지 사람들은 비즈니스 컨퍼런스가 상대적으로 최근에 생겨난 현상이라는 사실을 잊곤 한다. 미국의 저널리스트 멘켄의 말을 좀 꼬아서 인용하자면, 길 가다 돌을 던지면 컨퍼런스에 참석하러 가는 이의 머리에 맞을 정도라고나 할까. 하지만 예를 들어 다보스포럼으로 알려진 세계경제포럼도 기껏해야 1971년부터 시작됐다. 다보스포럼의 초기 목적은 미국의 최신 비즈니스 이론을 유럽기업들에게 전파하는 데 있었다.

BCG는 1964년 7월, 매사추세츠 주 데드햄에 위치한 MIT의 엔디콧하우스에서 세미나 토론 형식으로 최초의 비즈니스 컨퍼런스를 개최했다. 주제는 기업의 장기사업계획 수립에 관한 것이었다. 당시 컨설턴트들이 보기에 그 주제는 갈수록 많은 기업들이 흥미를 보이는 것이었다. 장기사업계획 수립에 대한 관심은 일부분 로버트 맥나마라와 그의 '천재 부하'들이 포드와 미국 국방부에서 근무하면서 보여준 위대한 성과에서 촉발됐다. 컨퍼런스에는 총 8명이 참석했는데 그중 4명은 꽤 큰 기업에서 근무하는 수석 부사장들이었다. 사회는 사이 틸스가 맡았고 논의는 활발했다. 컨설턴트들은 실제로 참가자들보다는 자신들이 배운 게 더 많다고 결론내렸다. 컨퍼런스가 열린 지 1년이 채 지나지 않아 참석했던 회사 중 여섯 곳이 BCG의 고객이 됐다.

그럼에도 BCG의 컨퍼런스에는 문제가 있었는데, 하나는 주제였고 또 하나는 운영방식이었다. 나중에 공개적으로 인정한 것처럼 헨더슨은 사업계획 수립에는 그다지 관심이 없었다. 사업계획 수립이 효과적이라고 생각하지도 않았고 '기획'이나 '기획자'라는 직함을 지닌 부서와는 별로 어울리고 싶은 생각도 없었다. 비록 당시까지만 해도 헨더슨과 그의 동료들이 '전략'에 대한 명확한 정의를 내리지는 못한 상태였지만, 적어도 기업들이 급박하게 해결책을 내놓아야 할 문제, 예를 들어 경쟁자와 비교해서 기업이 어떤 위치에 있고 어떻게 경쟁에 반응해야 하는지에 대한 해답이 사업계획에는 포함돼 있지 않다는 사실을 잘 알고 있었다.

사업계획과 전략, 나아가 전략계획과 전략을 구별하려는 시도는 이후 상당수 전략의 대가들이 취한 태도다. 이런 구별에 대해 이의를 제기하는 컨설턴트와 학자들에게 다음과 같은 질문을 던져보자. "한 기업을 고객으로 끌어들이거나 컨설팅 프로젝트를 따내려고 한다면 해당 기업의 누구와 상대하겠는가. 최고경영자? 아니면 사업기획자?" BCG와 베인앤컴퍼니, 맥킨지는 이 질문에 대해 명확히 대답했다. 그들은 사업계획이 비효과적이라는 점을 단적으로 보여주는 사례를 보려면 캐나다 학자인 헨리 민츠버그가 저술한 《전략기획의 흥망성쇠(The Rise and Fall of Strategic Planning)》를 읽어보라고 말한다.

다음으로 BCG 컨퍼런스의 또 다른 문제였던 운영방식과 관련해 모든 참석자들이 헨더슨에게 앞다투어 말한 것처럼, 참석자 중 어느 누구도 다른 참석자의 의견을 듣기 위해 컨퍼런스에 온 게 아니었다. 그들은 컨퍼런스에서 새롭고 흥미로운, 회사로 돌아가 적용할 수 있는 이론을 원했다. 그리고 운 좋게도 마침 헨더슨과 그의 동료들은 그런 이론 개발에 박차를 가하던 참이었다.

전략의 기원

1965년이 되자 '경영 컨설팅 사업부문'이란 이름을 바꿔야 한다는 점이 분명해졌다. 회사 연혁에 적혀 있는 바대로 경영 컨설팅 사업부문에서 근무하는 컨설턴트들은 늘 고객을 만나면 세 가지 질문부터 받았다. "보스턴세이프디파짓 고객이 아닌 회사들과도 일합니까? 재무 컨설팅 말고 다른 컨설팅도 해주나요? 컨설팅을 받으려면 돈을 내야 하나요?"

그렇게 보스턴컨설팅그룹은 탄생했다. 다만 모기업은 여전히 동일했다. 회사 명칭 변경은 시의적절했는데, 마침 이 새롭게 탄생한 회사는 어느 분야에 전문성을 집중해야 하는지 막 깨달아가던 참이었기 때문이다. 그 분야가 바로 전략이었다.

전략(Strategy). 옥스퍼드 영어사전에 따르면 전략이란 단어는 '장군의 지휘 또는 지휘소'를 뜻하는 그리스어 'stategos'에서 출발했다. 이 말을 들으면 호머 시대에 투구를 쓴 백발의 장군이 이제 곧 언덕을 넘어올 적군 보병에 맞서 부대를 배치하는 장면이 떠오를 것이다(전형적인 군대용어에 따르면 일단 적군들이 언덕을 넘어 시야에 들어오면 그다음부터는 전술tactics이 된다). 기업 수장들이 전략이란 단어를 좋아하는 이유 중 하나는 이 단어에서 희미하게 전투명령이 느껴지기 때문이다.

19세기 초반에 전략이란 단어는 군사이론가 칼 본 클라우제비츠가 사용하면서 유명해지지만 기업에서 전략이 일상용어로 사용되기 시작한 때는 20세기 중반에 이르러서다. 하버드의 판카즈 게마와트에 따르면 뉴저지 벨의 임원이었던 체스터 바나드가 1938년에 쓴 고전 《관리자의 역할(The Functions of Executive)》에는 '전략적 요소들'에 주의를 기울여야 한다고 적혀 있다. 〈포춘〉의 유명한 기자였던 존 맥도날드는 포커에 대한 기사를 쓰다가 게임 이론에 심취한 나머지 1950년에 《포커, 비즈니스, 전쟁의 전략(Strategy in Poker, Business, and War)》이란 책을 펴내기도 했다.

1960년대 중반이 되자 전략이란 단어는 기업에서 더 자주 사용됐는데, 대체로 회사의 사업계획이나 조직구조를 고민하는 이들의 입에 자주 올랐다. 1962년, 역사학자 알프레드 D. 챈들러 주니어는 《전략과 구조(Strategy and Structure)》라는 또 다른 고전을 출간했다. 그는 이 책에서 제너럴모터스나 듀퐁 같은 거대 미국기업들의 형태가 (생산, 마케팅과 같은) 기능 중심의 단일 조직에서 어떻게 회사 전략이 전개됨에 따라 독립된 사업체 형태를 띤 여러 개 사업부문으로 해체됐는지를 설명했다.

하지만 전략에 대한 챈들러의 정의는 그가 예로 든 회사의 전략을 따라 하려는 이들에겐 실질적인 도움이 못됐다. 전략에 대한 챈들러의 정의는 다음과 같았다. "전략은 기본적인 장기 사업목표와 세부목표에 대한 단호한 결정, 목표를 실행하기 위한 방식의 채택, 목표를 달성하기 위한 자원의 배분이다." 여러 자료를 통해 전략이란 단어와 그 내용에 익숙해진 챈들러는 경영지식의 역사에 푹 빠진 이들이나 좋아할 만한 책에 큰 기여를 하기도 했다. 1956년에 존 맥도날드가 알프레드 P. 슬로언과 함께 저술 중이던 책의 자료조사를 맡기기 위해 당시 MIT에서 미국 산업역사를 연구하던 학자였던 챈들러를 고용한 것이다. 이후 이 책은 《제너럴모터스에서 보낸 나의 인생(My Years with General Motors)》이라는 경영 분야의 고전이 된다.

전략에 관한 챈들러의 정의가 지나치게 포괄적이라면 이고르 앤소프가 1965년에 쓴 책 《기업전략(Corporate Strategy)》에서 내린 전략에 대한 정의는 지나치게 구체적이었다. 수학박사였던 앤소프는 비영리 국제정책 연구기관인 랜드(Rand)에서 연구원으로 근무했으며 이후 록히드 항공의 수석 사업기획자를 거쳐 카네기 멜론 대학으로 자리를 옮긴 인물이었다. 앤소프의 주장은 당시 하버드 경영대학원에서 고민하던 내용과 일부 비슷했는데, 이른바 전략의 목적이 기업역량을 외부환경에서 주어지는 기회에 맞추는 것이라는 주장이었다. 하지만 앤소프는 책의 말미에서 독자에게 한 쪽에 걸친 도표를 작성하게 한 뒤 57개에 달하는 목표와 고려요소를 네모 안에 적어넣게 함으로써 사업계획 수립 절차에 돌입하게 했다. 그리고 독자는 이 모든 과정을 '이상한 나라의 앨리스'에나 나올 법한 지그재그 화살표를 따라서 정해진 순서에 맞춰서 진행해야만 했다.

이처럼 여기저기서 관심은 증가하고 있었지만 여전히 기업전략이란 개념은 헨더슨과 BCG가 향후 집중할 수 있는 미개척 분야였다. 당시 상황은 BCG 설립 일화에 잘 드러나 있다. 다만 다른 많은 설립 일화처럼 약간은 신비스런 각색이 더해졌을 뿐이다. 그 일화에 따르면 헨더슨이 동료들과 함께 회사 전문분야에 대한 다양한 의견을 나누던 중 마침내 전략을 전문분야로 삼자고 제안하면서 〈BCG 전망〉 창간호에서 전략을 다루기로 한다. 이때 한 직원이 전략을 다루면 아무도 무슨 뜻인지 못 알아들을 거라며 반대했는데, 그 말에 헨더슨은 이렇게 대답했다고 한다. "그러니까 더더욱 그렇게 해야지. 바로 우리가 전략에 대한 정의를 내리는 거라고."

전략 등장의 토양이 마련되다

이런 와중에 헨더슨과 동료들은 시대사조 변화 덕을 톡톡히 보게 된다. 피터 드러커는 1964년에 쓴 자신의 책 《성과 중심의 경영(Managing for Results)》(국내에는 《창조하는 경영자》로 출간-옮긴이) 원제목이 사실은 '사업전략(Business Strategy)'이었다고 20년이 지난 뒤에 회고했다. 하지만 당시 출판사는 물어본 이들마다 전략이란 말이 "군대나 선거 운동에서 쓰일 뿐 비즈니스에서는 쓰이지 않는다"는 답변을 이유로 들어 피터 드러커를 설득하는 데 성공했다. 어쨌건 드러커는 겸손하게 자신이 쓴 책이 '사업 전략을 다룬 최초의 책'이었다고 주장하면서도 한편으론 책제목을 바꾼 게 다행이라고도 말했는데, 왜냐하면 '성과 중심의 경영'이란 표현이 "기업은 외부에서, 시장에서, 경제에서 성과를 도출하기 위해 존재한다"는 책의 메시지를 정확하게 반영했기 때문이다.

거의 모든 관리자들 이력서에 '성과 중심적'이란 말이 적혀 있는 오늘날 "기업은 성과를 도출하기 위해 존재한다"는 메시지가 독자의 주의를 끌던 시대를 상상하기란 쉽지 않다(이력서에 적힌 '성과 중심적'이란 표현은 '밥

값은 한다' 정도로 해석하면 되지 않을까). 피터 드러커가 1954년에 발표한 《경영의 실제(The Practice of Management)》에서부터 꾸준하게 관철해왔던 주장, 즉 경영자들은 기업 성과를 도출하기 위해 적극적이고 의도적으로 기업을 경영해야 한다는 개념도 오늘날에는 흔한 인식이지만 과거에는 깜짝 놀랄 만한 내용이었다. 과거 경영자들은 자신들이 비즈니스에 적극적으로 개입하는 것을 두려워했다. 하지만 전략혁명이 그 두려움을 없애주게 된다.

그렇다면 당시 경영자들은 정말로 소극적이었을까? 존 D. 록펠러는 안 그랬지 않은가? J. P. 모건은? 대기업들 수장들은? 이런 지적에 대한 너무나 당연한 답변은 지금 여기서 말하는 관리자들이 결코 록펠러나 모건과 같은 정신자세를 지닌 이들이 아니라는 점이다. 이들은 어느 시대에 태어났어도 비범했을 인물들이고, 여기서 우리가 말하는 경영자는 20세기 중반의 전형적인 경영자다. 그리고 20세기 중반이 되면서 미국 자본주의는 법률과 규제(일부는 제2의 J. P. 모건이 등장하지 못하도록 하기 위해 제정됐다)로 통제되고 전쟁 후 복구와 유럽 및 일본 공장들의 파멸로 인해 풍요를 누리게 되면서 더욱 점잖아졌다.

판카즈 게마와트는 자신이 쓴 교재인 《전략과 사업환경(Strategy and Business Landscape)》에서 기업들이 사업계획 수립에 관심을 갖게 된 과정에 대해 설명하는데, 내가 보기에 그 내용은 전략에 대한 기업의 인식이 발전해간 과정을 잘 보여주고 있다. 게마와트가 1차 산업혁명이라고 표현한 1700년대 중반부터 1800년대 중반까지 시장은 불안했고 경쟁은 종종 처절했으며 대부분의 기업들은 규모가 작았다. 경제환경을 자신들에게 유리하게 바꾸거나 스스로 미래를 개척해나갈 수 있다는 자신감이 있는 기업들은 없었다. 애덤 스미스에겐 실례가 될지 모르겠지만 시장의

'보이지 않는 손'이 모두를 지배했다.

이런 상황은 2차 산업혁명과 더불어 변했는데, 19세기 후반에 2차 산업혁명의 거대한 바퀴는 미국에서 힘차게 굴러가기 시작한다. 게마와트는 1850년대에 등장한 철도로 인해 "처음으로 대량판매시장이 생겨났다"고 지적한다. 그리고 대량판매시장은 대기업이 "생산에서는 규모의 경제를, 판매에서는 범위의 경제"를 추구할 수 있게 했다. 이전에는 존재하지 않았던 대기업들은 록펠러가 석유산업에서, 카네기와 모건이 철강산업에서 증명했듯이 경제환경의 방대한 부분을 새롭게 변화시킬 만한 충분한 능력이 있었다. 이런 대기업들이 광범위한 사업을 벌이려면 계층화된 다양한 기능조직이 필요했다. 그리고 이런 기능조직을 움직이려면 챈들러가 재치 있게 표현한 것처럼 전문적인 경영자들의 '보이는 손'이 필요했다.

나아가 그 손의 움직임을 지시할 지능도 필요했는데, 이런 지능은 시장의 전국적 확장과 함께 경쟁도 함께 증가하면서 야기된 새로운 문제들을 해결할 수 있어야 했다. 예를 들어 헨리 포드는 1920년대에 대량생산의 현대적인 형태를 창조함으로써 자동차 산업 선두주자가 될 수 있었지만, 알프레드 슬로언이 경영했던 제너럴모터스는 시보레, 폰티악을 비롯한 다양한 차종을 출시해도 될 만큼 시장이 충분히 성장했다는 사실을 깨달은 덕분에 1930년대에 선두 자리를 탈환할 수 있었다.

게마와트가 관찰한 바대로 제2차 세계대전은 사업계획 수립과 전쟁에 쓰일 새로운 물품들 개발에 원동력이 됐다. 모든 산업이 전쟁물자 생산에 매진해야만 했던 것이다. '운영과학(Operations research)'이란 학문도 더 깊이 연구됐다. 1950년대 말이 되자 이후 전략혁명에 사용될 선구적인 이론과 분석기법이 서서히 등장하기 시작했다.

그렇다면 이런 새로운 이론과 분석기법을 쓰려는 욕구, 다시 말해 개인이 기업 운명을 바꿀 수 있고, 바꿔야만 한다는 강렬한 인식은 어디서 비롯된 것일까? 비록 피터 드러커가 이런 주장을 부르짖긴 했지만 여전히 그의 목소리는 고독한 외침이었다. 드러커는 "전통적인 경제이론은 시장을 '개인의 개입을 허용하지 않으며 사업가와 기업의 통제를 벗어난 존재'로 인식했다"고 지적했다. 그러면서 경영의 현자는 이 주장이 틀렸고 설명도 부족하다고 주장했다. 드러커는 경영이란 "기업의 자유로운 활동을 제약하는 경제적 환경의 한계를 지속적으로 확장시키기 위해 의도적으로 경제적 환경을 바꾸고 경제적 환경 내에서 변화를 계획하고 시도하는 것"을 의미한다고 말했다.

　하지만 전후 시대의 번영에 취해서 반대 의견에 귀를 기울이지 않던 이들의 꽉 막힌 귀에 이 단호하고도 가슴 설레는 주장이 들릴 리 만무했다. 결국 이 주장은 기업들로부터 어떤 변화도 이끌어내지 못했다. 1956년 〈포춘〉 기자인 윌리엄 H. 화이트 주니어는 《조직인간(The Organization Man)》이란 또 한 권의 고전을 발표한다. 화이트는 책의 소재가 된 기사를 취재하는 과정에서 중산층의 교외거주라는 새로운 현상 이외에 기업들이 차세대 관리자들을 육성하기 위해 운영하던 교육 프로그램에 대해서도 조사했다.

　기업들의 교육 프로그램을 조사하던 과정에서 화이트는 대단한 불안감을 느끼게 된다. 그리고 책을 통해 독자들에게 그 불안감을 전달했다. 화이트는 이 차세대 관리자들 사이에서 미국의 청교도적 윤리의식을 전혀 찾을 수 없으며 직업의식 또한 마찬가지라고 결론지었다. 그들은 전문성을 갖춘 엔지니어거나 관리자들이었지만 그들 관심사는 오로지 회사에 잘 적응하는 것이었다. 화이트는 그들이 "사회에서 언제라도 바꿔

끼울 수 있는 부속품이 돼가고 있다"고 지적했다. 화이트 말에 따르면 "그들은 그런 역할을 순순히 받아들였고 그들의 말마따나 모두 한 배에 타고 있었다."

"그렇다면 그 배는 어디로 향하고 있단 말인가?" 화이트는 덧붙였다. 그의 주장은 긴 지면을 할애해서 인용하기에 충분한데, 당시 기업들의 안일한 태도를 너무나도 잘 보여주기 때문이다. "어느 누구도 전혀 눈치 채지 못하고 있다. 심지어 의문을 제기하기도 않는다. 한때 인간들은 생각하길 좋아했고 적어도 자신들의 운명을 스스로 통제할 수 있다고 생각했다. 하지만 이런 생각을 하는 조직인간들은 이젠 없다. 그들은 대체로 스스로를 능동적이기보단 피동적으로 움직이는 대상으로 여긴다. 그렇기에 스스로가 자신들의 미래를 결정하기도 하지만 그만큼 시스템에 의해 결정된다고 믿는다." 누구도 비용 따위에 신경쓰지 않았다. 조직인간들은 과거부터 유유히 흘러오던 기업이란 강에서 신나게 뱃놀이만 하고 있었다.

하지만 저편에서 폭풍우가 서서히 다가오고 있었고, 유유자적하며 노를 젓던 조직인간들은 이제 자신들을 괴롭힐 새로운 위협에 대해 서서히 인식하기 시작했다. 다행히도 BCG는 그들을 도와줄 수 있었다. 일단 BCG는 경험곡선이란 막대한 영향력을 지닌 전략이론을 그들에게 소개할 참이었다.

제3장

시장을 뒤흔들 경험곡선의
충격적 등장

거대한 경제적 변화가 닥치자 기업가들은 앞다투어 세상을 이해하는 새로운 방법을 찾았다. 1960년대가 시작되면서 비대하고 안일한 미국기업들은 새로운 곳에서 밀려오는 예상치 못한 경쟁에 직면하게 되는데, 바로 외국 제조업체와 자신들 등 뒤에서 치고 올라오는 작은 신생기업들이 그들이었다. 도대체 무슨 일이 벌어지고 있는 건가? 어떻게 해야 하는가? 이 두 가지 질문에 대해 BCG는 경험곡선이란 해답을 제시한다.

경험곡선은 한마디로 말하자면 전략혁명을 태동시킨 가장 중요한 개념이다. 비록 경험곡선의 실증적 기반이 약간은 탄탄하지 못했고 학자들에게 그 한계를 지적받았으며 1970년대 중반에 이르자 더 혁신적인 개념으로 교체되긴 했지만, 경험곡선이야말로 기업 의식에 가장 큰 변화를 불러일으킨 이론이었다.

경험곡선 개념은 비용에 대한 기업의 관념을 송두리째 바꿔놓았다. 경험곡선에 담겨 있는 기본적인 진리는 현재 너무나 깊숙이 기업들의 의식에 내재돼 있어, 우리는 그 주장을 영속적이고 불변하는 자연법칙으로 여긴다. 하지만 '지금은 누구나 알고 있는 진리'인 경험곡선에 담겨 있는 주장은 처음 소개됐을 때만 해도 매우 깜짝 놀랄 만한 개념이었다. 그것은 바로 기업 비용이 시간이 지날수록 체계적으로 낮아지기 마련이며 그 낮아지는 정도를 정확하게 예측할 수 있다는 주장이었다. 즉 똑같은 일을 갈수록 적은 비용에 할 수 있다는 말이다. 동일한 제품을 만들더라도 기업마다 생산 비용은 다를 수 있으며(이 주장은 당시 경제학자들에겐 이단의 주장과도 같았다) 기업의 비용은 기업의 시장점유율을 반영한다는 것이다(이 주장은 어딘가에 당신보다 더 낮은 비용으로 똑같은 행위를 하는 기업이 존재한다는 말이다). 시장점유율이 더 크다는 것은 대체로 경험이 더 많다는 것을 의미했다. 즉 시장점유율이 크다면 더 많은 제품을 생산할 수 있고 이는 곧 비용이 더 낮다는 말이기도 했다. 따라서 기업은 덩치를 키우든지 경쟁에서 도태되든지 둘 중 하나의 상황에 처하게 된다.

이런 인식은 확장된 테일러주의가 태동하는 계기가 된다. 오늘날 기업의 비용인하 노력으로 고통받거나 '중국의 낮은 비용'에 쩔쩔매는 이는 결국 경험곡선에 저항하고 있는 것이다.

비용은 왜 낮아질 수밖에 없는가

BCG는 1966년에 경험곡선을 고안해냈다. 고객이었던 제너럴인스트루먼츠는 텔레비전 부품사업에서 경쟁자들의 비용을 따라잡지 못하고 있었다. 브루스 헨더슨은 고객사에 하버드 경영대학원을 갓 졸업한 존 클랙슨(그는 20년 뒤 BCG의 수장이 된다)을 파견해서 무엇이 문제인지 조사하도록 했다. 헨더슨은 또한 젊은 클랙슨에게 경험곡선에 관한 자료를 최대한 많이 모으라고 지시했다. 경험곡선은 헨더슨이 오랫동안 관심을 가져왔던 주제였다.

자료가 없진 않았다. 그중에는 1964년에 〈하버드비즈니스리뷰〉에 실렸던 "경험곡선에서 수익을 취하는 방법"이라는 화학공학 교수인 윈프레드 허쉬만의 글도 있었다. 허쉬만의 주장에 따르면, 빠르게는 1925년부터 비행기 제조업체들은 비행기 제조수량이 증가하면 비행기 제조에 투입되는 노동량이 예측할 수 있는 정도로 감소한다는 사실을 발견했다. 일반적으로 네 번째 비행기를 제조하는 데는 두 번째 비행기를 제조하는 데 필요한 노동력의 80퍼센트 정도가 필요했다. 여덟 번째 비행기에 이르면 네 번째 비행기의 80퍼센트에 달하는 노동력이면 충분했다.

비행기 한 대를 제조하는 데 투입되는 노동시간량(비용)을 세로축에 놓고 비행기의 누적 제조수량을 가로축에 놓으면, 실제 생산량의 결과는 우아한 하향곡선을 보였다(그림 3-1, 그래프 A 참조). 더 재미난 점은 만약

[그림] 3-1

경험곡선

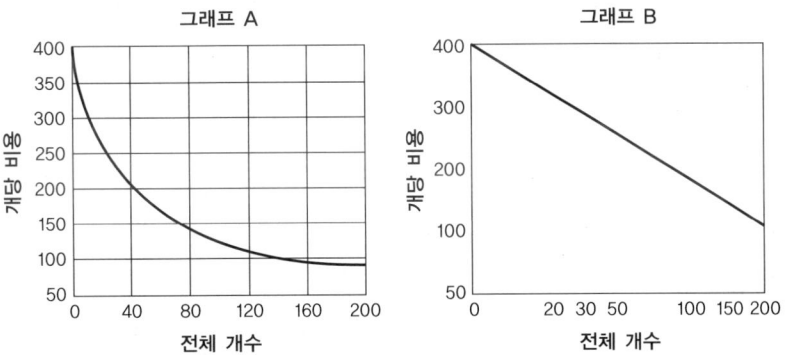

각각의 축에 로그값을 적용하고 그에 맞게 비용이 두 배로 증가하거나 절반으로 감소하는 지점이 도표에서 동일한 거리로 표시되도록 하면 훨씬 멋진 직선을 만들어낼 수 있고 이 직선의 각도는 쉽게 계산할 수 있다는 것이었다(그래프 B 참조). 비행기 제조의 경우, 직선은 하향 20도 각도로 꺾였다. 산업전문가들은 1950년대 중반에 이르자 동일한 효과가 각기 다른 종류의 비행기(전투기, 폭격기, 수송기)에서도 발견된다는 사실을 알게 됐고, 따라서 일반화가 가능한 현상이 벌어지고 있다고 믿었다.

하지만 그렇다고 한들 뭐가 대수란 말인가? 이런 현상은 집합적 요소들에 의한 현상이었을 뿐 전체적인 결과의 원인이 되는 개별요소에 대해선 여전히 아는 것이 없었다. 허쉬만을 비롯한 BCG 컨설턴트들은 이런 현상을 설명할 수 있는 요인이 학습효과에 있다고 결론지었다. 이는 경험곡선이 종종 학습곡선(learning curve)이라고 불리는 이유다. 하지만 그 학습효과는 개인들의 개별적 학습효과(프레드릭 테일러가 시간을 재가며 측정했던 과정)뿐만 아니라 조직의 전체적 학습효과(확장된 테일러주의에서 '확장'이란 단어를 쓰게 된 이유)도 의미했다. 허쉬만은 자신이 쓴 글에서 이런 현상을 일컫는 다른 표현들을 언급했는데, '제조과정 함수' '비용 곡선' '효율곡선' 그리고 무엇보다 '경험곡선'이란 표현을 사용했다. 하지만 허쉬만은 '학습곡선'이 이런 현상을 가장 잘 표현한다고 주장했다. 허쉬만은 또한 학습곡선이 다른 산업, 예컨대 정유, 중장비 제조, 철강과 심지어 전력생산에서도 통용된다는 점을 증명했다.

당연히 클랙슨은 텔레비전용 구리배선 시장에서도 자신이 조사하던 제너럴인스트루먼츠 제품에 학습곡선 효과가 나타나고 있다는 사실을 발견했다. 비록 경쟁회사 비용에 대한 정보는 쉽게 손에 넣을 수 없지만, 대체로 경쟁사의 가격 정보는 언제나 공개돼 있었다. 산업동향을 조사하면서 BCG는 가격을 비용에 대한 지표로 봤고 생산량이 증가하면 가격이 떨어진다는 사실을 발견했다. 그 패턴은 학습곡선이 예측하는 결과와 같았다.

그다음으로 클랙슨과 그의 동료들은 두 가지 지적 사고를 적용시킴으로써 일반적인 학습곡선을 대단히 설득력 있는 BCG만의 경험곡선으로 변모시켰다. 첫 번째는 학습곡선을 계산하는 데 있어 고려하는 비용 범위를 확대시켜서 제품에 투입되는 노동량뿐만 아니라 '전체 비용'을 계산해낸 것이다. BCG 문서에 따르면 전체 비용은 "자본비용, 간접비용, 연구비용과 광고선전비를 포함"했다. 이런 비용은 회계장부 상의 비용이 아닌 실질 현금흐름에 기반한 비용이었다. BCG는 제조량이란 표현 대신 회사 또는 산업의 축적 '경험치'라는 표현을 사용했다. 경험치가 두 배가 되면 가격은 일정 수준 낮아졌는데, 대체로 15퍼센트에서 25퍼센트 정도 낮아졌다.

두 번째는 더욱 중요했는데 BCG가 경험곡선 상의 기업 위치, 다시 말해 비용과 시장점유율 간의 관계를 명확히 밝혀냈다는 점이다. 시장점유율이 가장 높고 제품을 가장 많이 판매하는 기업은 가장 많은 '경험치'를 지닌 회사였다. 경험치가 많은 기업일수록 BCG가 경험곡선에 작용한다고 주장하는 모든 요소들에서 더 큰 장점을 누렸는데, 그 요소들은 규모의 효과, 비용의 합리화, 재설계, 연구개발에서의 기술적 개선과 같은 것들이었다.

경험곡선에서 도출된 가장 핵심적인 교훈은 당신 기업이 어떤 상황에 처해 있는지에 따라 현재를 대단히 고무적인 상황으로 볼 수도 있고 대단히 암울한 상황으로 볼 수도 있다는 점이다. 어떤 산업에서든 시장점유율 1등 기업은 생산비용도 가장 낮았다. 만약 이 기업이 계속해서 다른 경쟁자들보다 더 많은 양의 제품을 생산해내고 그에 맞게 경험곡선을 더욱 낮출 수 있다면, 그 기업은 최저비용 생산자란 위치를 영원히 유지할 수 있었다. 나아가 이런 상황은 절대 변하지 않을 수도 있었다. 이 기업은 제품 가격을 더 낮출 것이고, 그 결과 더 많은 제품을 판매할 것이며, 비용과 가격에서 영속적인 경쟁우위를 누릴 수 있었다. "청중들에게 경험곡선을 설명하는 슬라이드를 보여준 적이 있다." 초기 BCG 컨퍼런스에서 발표했던 한 BCG 임원의 경험담이다. 경험곡선에 대한 이론이 점점 청중들을 사로잡기 시작하면서 "일부는 고개를 끄덕이며 조용히 미소를 지은 반면 나머지는 마치 토할 것처럼 거북한 표정을 지었다."

결국 이 메시지는 당시 많은 기업들에게 충격적으로 들렸고, 경쟁회사와 대비해서 자신의 기업이 어떤 위치에 있는지를 모르면 절대로 사업의 현재와 미래를 알 수 없다는 강력한 메시지를 전달했다. 당신의 시장점유율은 경쟁자와 비교해서 어떤가? 당신의 비용은 경쟁자보다 낮은가 아니면 높은가? 비용에서 우위가 없다면 당신은 어떤 식으로 제품을 차별화할 것인가? 경험곡선과 함께 전략혁명은 서서히 기업 의식세계에 경쟁에 대한 강렬한 인식을 불어넣고 있었다.

오늘날 기업들은 모든 경쟁자에 대해 과민한 반응을 보인다. 이는 지극히 정상적인 현상이어서 과거에 그렇지 않았던 시절이 있었다는 점을 떠올리기란 쉽지 않다. 하지만 1950년대와 60년대는 경쟁에 대한 인식이 없던 시대였다. 당시 기업들이 얼마나 경쟁에 무감했는지를 보여주기 위해 여기서 한 가지 일화를 소개하고자 한다. 이 일화의 일부는 기록에 의존했고 일부는 사람들 증언에 의존했다.

전략에 대한 초기 서적에서 '경쟁'이란 단어를 색인에서 찾아보라. 1964년에 발간된 피터 드러커의 《성과 중심의 경영》 색인을 보면 '경쟁'

은 달랑 한 쪽에만 언급돼 있고 '독점을 참조할 것'이라고 적혀 있다. 반면 '의사결정'은 거의 20쪽에 언급돼 있다. 피터 드러커의 《경영의 실제》 색인에는 아예 경쟁이란 단어가 빠져 있다. 알프레드 챈들러의 《전략과 기업구조》에서도 '다각화'라는 단어가 80쪽에 언급돼 있는 것과는 대조적으로 경쟁이란 단어는 아예 찾을 수조차 없다. 1965년에 발간된 이고르 앤소프의 《기업전략》에는 경쟁이 딱 세 쪽에만 언급돼 있다.

전략이 보편화되기 이전 시대에 컨설턴트로 일했던 이들은 당시 고객사들이 전략에 대해 거의 안일할 정도로 관심이 없었다고 증언한다. "전략에 대해선 아예 말도 꺼내지 않았다." 한 컨설턴트는 과거를 회상하며 놀랍다는 듯 천천히 고개를 저었다. "누구도 전략에 대해 얘기하지 않았다."

그렇다면 당시 기업들이 그리도 경쟁의 위협에 둔감할 수 있었던 이유는 무엇일까? 니틴 노리아, 데이비스 다이어, 프레드릭 디엘의 공저 《부의 변화(Changing Fortunes)》는 제2차 세계대전 이후 대기업의 성장과 쇠락에 대한 흥미로운 연구결과를 보여준다. 이 연구결과에 따르면 1948년부터 1973년까지 지속됐던 미국 자본주의 '황금시대' 동안 미국경제는 대기업 주도하에 연평균 3.7퍼센트 성장했다. 당시 미국경제 기반은 제조업에서 서비스로 이미 전환을 시작하고 있었다. 하지만 당시 그 사실을 알아챈 기업은 없었다(노리아와 공저자들에 따르면 국내총생산에서 제조업체들이 차지하는 비중은 1953년부터 1957년에 정점을 이뤘다. 하지만 나는 개인적으로 고용지표가 당시 상황을 더 잘 보여준다고 생각한다. 제조업에 종사하던 미국 노동자들의 비중은 1940년대에 32퍼센트로 최고점에 달했다. 하지만 오늘날 이 수치는 10퍼센트 미만이며 '과거 미국인들의 좋은 직업'이 해외로 이전됐다는 사실을 충격적으로 받아들이는 이들은 그것이 역사적 필연성에 의한 것임을 이해해야 한다).

1954년부터 〈포춘〉은 매년 500대 기업 명단을 발표하기 시작했는데

이는 경제 생태계에서 대기업들의 중요성을 반영하려는 시도였다. 당시 사람들은 이런 대기업들이 경쟁 때문에 타격받을까를 우려하기보다는 오히려 대기업들이 지나치게 거대한 힘을 휘두르는 것을 우려했다. 노리아와 공저자들이 지적한 바대로 당시의 이런 일반적 통념은 하버드 대학 경제학 교수였던 에드워드 메이슨의 《현대 사회에서의 기업(Corporation in Modern Society)》(1957)이나 존 케네스 갤브레이스의 《새로운 산업국가(New Industrial State)》(1967)와 같은 책에서 비롯됐다. 갤브레이스는 자신의 책에서 현대 기업들이 무시무시한 악령이며 "정부는 안중에도 없고 기업 소유자, 종업원, 노동조합 위에 군림하는 거대하면서 통제되지 않는 힘"이라고 주장했다.

따라서 정부는 대기업들의 위협에 급히 제동을 걸었다. 1950년에 미국 의회는 셀라키포버 법안을 통과시켜서 '모든 산업에서' 경쟁을 감소시키거나 억제하는 인수합병을 법으로 금지했다. 그러자 대기업들은 비전문적 산업분야로 다각화를 추진했고 그 결과 상황은 엉망진창으로 치달았다. 이런 상황은 후에 전략혁명이 일어나고 나서야 겨우 정리될 수 있었다. 미국 의회는 1960년 초반까지도 기업들의 시장지배력을 억제하고자 AT&T나 IBM과 같은 대기업들을 상대로 반독점 기소를 하겠다며 지속적인 협박을 가했다.

사실 그 정도로 기업의 막대한 힘을 우려할 필요는 없었는데, 왜냐하면 기업 종말의 4대 기수가 다가오고 있었고, 4대 기수의 도래와 함께 치열한 경쟁환경이 등장하면서 감히 어떤 정부정책으로도 불가능했던 대기업에 대한 제동이 걸렸기 때문이다. 노리아, 다이어, 디엘은 1974년에 100대 기업들의 힘이 절정에 달하면서 미국경제생산량의 3분의 1을 차지했다고 계산했다. 하지만 1998년에는 대기업 비중이 예상한 수치의 절반에도 못 미치게 되었다.

적어도 1980년대까지 BCG를 비롯한 전략 컨설팅 회사들의 고객들 대부분은 대기업들이었다. 따라서 전략혁명 이야기를 다루려면 이런 대기업들이 결국 자신들의 쇠퇴를 가져오게 된 경쟁을 피하고자 전략 컨설턴트와 같은 전문가들로부터 어떤 조언을 바랐는지에 대한 이야기를 상당부분 다룰 수밖에 없다. 경험곡선은 몽유병에 걸린 대기업들을 잠에서 깨운 최초의 전략이론이었다. 나아가 이런 대기업들이 다급하게 도움을 요청하며 손길을 뻗쳤을 때 가장 먼저 손에 잡힌 전략개념이기도 하다.

경험곡선을 활용한 블랙앤데커

"새로운 장난감처럼 매력적이었다." 존 클랙슨은 BCG가 경험곡선을 창안해낸 뒤 벌어진 일들에 대해 이렇게 말했다. "이후 5년 동안, 아니 어쩌면 그보다 더 긴 기간 동안 우리는 모든 것에 경험곡선을 적용했다." BCG는 산업별로 가격 정보를 수집하고, 가능하다면 비용 정보도 수집하면서 경험곡선 효과가 대부분의 기업환경에 적용된다는 사실을 알아냈다. 적용대상은 화학산업, 트랜지스터, 가전제품, 원유, 화장지, 심지어 일본 맥주까지 광범위했다.

BCG 컨설턴트들은 또한 경험곡선에서 기업전략에 적용할 수 있는 요소들을 도출해냈다. 그리고 그 과정에서 그들은 경험곡선에 이 책에서 등장하게 될 다양한 전략이론들과는 전혀 다른 특성이 있다는 점을 발견하게 된다. 바로 경험곡선이 매우 활용도가 높다는 점이었다. 실제로 경험곡선은 과거의 변화를 추적하고 심지어 미래 변화를 예측하는 데도 활용할 수 있었다. 경험곡선을 활용해서 예측할 수 있는 요소는 비용 이외에도 많았다. 그리고 경험곡선 논리를 쫓아가다보면 기업 간 경쟁이 어떤 식으로 전개될지도 예측할 수 있었다.

초기의 〈BCG 전망〉에는 이런 논리가 놀랄 만큼 상세하게 설명돼 있다. 경험곡선에 따르면 기업은 신제품을 판매할 때 판매 규모가 일정 수준에 도달하기 전까지는 비용보다 낮은 가격에 신제품을 판매해야만 할수도 있었다. 만약 시장에 다른 경쟁자가 있다면 가격은 결국 비용만큼이나 빠르게 낮아질 수밖에 없었다. 가장 큰 시장지배력을 보유한 경쟁자는 영원히 최저비용 생산자 자리에 머물 수 있지만, 선두자리를 노리는 기업이 경쟁력을 유지하려면 경험곡선을 계속해서 낮춰야만 했다. 만약 제품을 구매하는 시장이 빠르게 성장한다면 그 시장에 대한 점유율을확보하는 것은 매우 가치가 높다고 할 수 있었는데, 심지어 경험곡선을활용하면 그 가치를 상당히 정확하게 측정할 수 있었다. 동일한 시장에서 개별 기업들의 점유율은 계속해서 오르락내리락했다. 이런 상황은 한기업이 지배적인 위치를 확보해서 시장점유율 선두가 된 뒤 다른 경쟁자들이 도저히 시장점유율을 늘리지 못할 만큼 비용과 가격을 낮추거나 또는 시장 자체가 아예 성장을 멈추기 전까지 계속됐다.

경험곡선 이론을 전폭적으로 받아들인 기업은 두 곳이 있다. 그리고두 회사 모두 초기 BCG의 주요 고객이 된다(이 두 회사는 1973년에 베인앤컴퍼니가 출범했을 때에도 주요 고객이 된다). 당시 블랙앤데커에서 한창 잘나가던젊은 임원이었던 프랜시스 루시에는 BCG로부터 우편물을 받았다. 그리고 BCG 컨퍼런스에 몇 번 참석하기 시작하면서 점점 BCG 이론에 흥미를 느끼게 된다. 그는 메릴랜드 주 토슨에 위치한 블랙앤데커 본사로 헨더슨을 초청해서 임원들을 대상으로 강연을 하게 했다.

"브루스 헨더슨은 우리에게 경험곡선에 대해 들려줬다." 루시에는 당시 상황을 이렇게 회상했다. "그리고 경험곡선이 왜 매우 뛰어난 마케팅

도구인지도 들려줬는데, 경험곡선을 활용하면 누적 생산량에 따라 비용이 얼마가 될지를 예상할 수 있었기 때문이다. 그리고 일단 비용을 알게 되면 그에 맞게 제품 가격을 책정할 수 있었다. 그건 과거에 신제품을 출시하면서 비용을 만회하기 위해 무작정 높은 가격을 책정하고 경쟁자들도 똑같은 방식으로 가격을 책정하는 것과는 전혀 다른 방식이었다." 경험곡선 이론에 깊은 인상을 받은 블랙앤데커 경영진은 루시에에게 헨더슨을 "무조건 고용하라"고 지시했다. "헨더슨은 자신을 고용할 수는 없다고 말했다." 루시에는 회상했다. "그래서 내가 물었다. '그럼 당신과 똑같은 사람은 없습니까?' 그러자 헨더슨은 '빌 베인'이라고 답했다." 1967년에 BCG에 합류한 빌 베인은 당시 여러 컨설팅 프로젝트에 파견돼 일하고 있었다.

여러 면에서 블랙앤데커는 BCG의 경험곡선 이론을 적용하기에 매우 이상적인 고객이었다. 블랙앤데커는 1910년부터 전동공구를 제조해왔는데, 대공황 시절에 잠시 청산위기를 맞았다가 전쟁물자 생산에 집중하면서 기사회생했고, 전쟁 이후에는 업계 선두주자가 되면서 기업의 안정과 성장은 다각화에 있다고 결론지은 기업이었다. 블랙앤데커가 다각화한 분야에는 소비자용 전동공구 시장도 있었다. 그럼에도 1950년 후반까지 회사는 전동공구 시장에서 20퍼센트 시장점유율에 머물고 있었다. 루시에는 소비자용 시장으로의 진입을 가속화하기 위해 고용됐는데, 당시 소비자용 시장은 회사의 주요 사업인 제조기업과 건설회사들을 대상으로 한 전동공구 사업과 비교할 때 곁다리 사업에 불과했다.

BCG를 알기 전부터 루시에가 이끄는 팀은 시장조사를 통해 두 가지 중요한 사실을 발견해냈다. 블랙앤데커의 소비자용 제품은 대체로 철물점이나 프랜차이즈에 속한 소형 대리점들을 통해 판매됐다. 대리점들은 소비자들에게 전동공구를 판매하면서도 자신들의 경쟁자가 누구인지를 전혀 몰랐는데, 그들의 경쟁자는 전문가용 제품군과 함께 전국적인 판매망을 갖춘 시어스였다. 두 번째로 루시에 팀은 만약 블랙앤데커가 제품가격을 인하하면 판매량이 크게 증가한다는 사실을 알아냈다. 가격 인하는 회사 마진을 줄이거나 대리점 마진을 줄이면 가능했다. 그리고 실제로 전동 드릴과 전동 톱의 사례를 통해 그럴 수 있다는 점도 이미 확인한 뒤였다. 전동 톱 소매가격을 30달러에서 35달러로 유지했을 때 연간 판매량은 5만 개에 불과했지만 가격을 19달러 95센트로 내리자 연간 판매량은 60만 개로 증가했다. 하지만 마진에만 집착하는 대리점을 대상으로 가격 인하를 설득하려면 마진을 낮추더라도 더 많은 수량을 팔면 대리점과 회사 모두에게 돌아오는 전체 이익이 더 크다는 점에 대한 조직적 홍보와 설득이 선행돼야만 했다.

경험곡선은 루시에 팀에게 자신들의 주장을 펼 수 있는 이론적 근거를 제시했다. 나아가 루시에 팀은 만약 동일한 논리를 신제품이 출시될 때마다 적용한다면 시장점유율을 확대하고 잠재 경쟁자의 시장 진입을 막을 수 있다고 확신했다. 일례로 루시에는 블랙앤데커가 새롭게 워크메이트 공작대를 출시했을 때, 지인에게 들은 경쟁자 스탠리툴즈의 반응에 대해 들려줬다. "스탠리툴즈의 최고경영자는 TV에서 우리 회사의 공작대 광고를 본 뒤 이렇게 소리쳤다. '맙소사, 저건 우리 사업이잖아. 우리 사업이라고. 도대체 저 자식들이 우리 사업에 뛰어들어와서 뭘 하는 거지?' 하지만 막상 경쟁회사는 우리 가격을 보고 원가를 계산하면 이렇게 말할 수밖에 없었다. '저 가격에는 도무지 남는 게 없어'라고 말이다. 사실 우리 가격은 경험곡선에 비춰볼 때 미래에 부과할 수 있는 가격에 맞춘 것이었다. 그리고 덧붙이자면 스탠리툴즈는 결코 그 사업에 진입하지 못했다. 더 이상 어떤 말이 필요한가?" 그리고 이를 통해 경험곡선이 어떤 효과가 있는지도 증명됐다.

블랙앤데커가 BCG 컨설턴트들로부터 얻은 건 경험곡선만이 아니었다. "우리는 컨설턴트들로부터 진정으로 경쟁자를 파악한다는 게 뭘 의미하는지를 배웠다." 루시에의 말이다. "우리는 컨설턴트들에게서 제품별로 우리 회사 위치에 대한 시장정보를 입수할 수 있었다. 그 정보는 너무나 소중했다." 이 시장정보는 특히나 블랙앤데커가 향후 사업 방향을 결정하는 데 매우 유용했다. 루시에는 "경쟁자들의 수치를 읽어봄으로써" 경쟁자가 투자금이 필요했지만 "투자금을 마련하지 못해서 쩔쩔매고 있다는 사실을 알 수 있었고, 우리가 오히려 더 비용을 낮추면 그 시장에서 이길 수 있다는 사실을 알 수 있었다"고 말했다. 루시에의 말로는 그에겐 "시장조사 인력이 없었다." 하지만 루시에는 이후 다른 기업들도 알게 된 것처럼 "전략 컨설팅 회사에는 밖에 나가서 정보를 입수하는 직원들이 따로 있다"는 사실도 깨닫게 된다.

0.25인치 드릴과 같은 제품 가격이 1963년 15달러 98센트에서 1970년에 7달러 99센트로 지속적으로 인하되면서 회사 매출도 1964년 1억 달러에서 1969년에는 2억 달러, 1974년에는 5억 달러 이상으로 증가했다. 블랙앤데커의 주식은 월스트리트에서 가장 각광받는 종목이 됐고, 1960년대 후반부터 70년대 초반까지 계속된 주식시장 활황 시절에 소위 최고의 50대 종목에 포함됐을 뿐만 아니라 '한 번만 결정하면 되는 종목'으로 통했다. 즉 수익이 너무나도 꾸준했기에 일단 매입하고 나면 팔지 않고 계속 쥐고 있으면 되는 종목이었다. 1970년에 고위임원으로 임명된 루시에는 1975년 최고경영자 자리에 올랐는데, 회사 역사상 블랙 가문이나 데커 가문 출신이 아닌 이가 최고경영자에 오른 건 그가 처음이었다.

추락으로 끝난 TI의 경험곡선

텍사스인스트루먼츠(Texas Instruments, TI)는 개인용 계산기 사업에서 경험곡선의 쓴맛을 본 경우다. TI는 원래 원유 개발 기술에 집중하다가 1950년대에 이르러 전자제품 분야에서 급성장하는 제조기업으로 성장했는데 대부분의 제품은 미국 국방부에 판매했다. TI는 차츰 신기술을 개척했다. 웨스턴일렉트릭으로부터 기초적 발명에 대한 사용권을 획득한 후 새로운 트랜지스터를 개발했다. 1958년에 TI 기술자인 잭 킬비는 게르마늄 기반의 집적회로를 만들어냈다. 집적회로는 트랜지스터와 저항기 같은 부품들을 반도체 소재에 '찍어넣은' 것을 말했다. TI가 집적회로를 만든 시기는 마침 페어차일드세미컨덕터가 실리콘 기반의 집적회로를 개발한 시기와 거의 같았다. 1966년에 두 회사가 상호 사용권 허용 계약을 체결하기 전까지 두 회사는 집적회로 기술에 대한 특허를 둘러싸고 전투를 벌였다.

집적회로가 초기에는 그다지 인기를 끌지 못했다는 점은 믿기 어려울 수도 있다. 하지만 당시만 해도 집적회로의 마지막 형태라고 할 수 있는 컴퓨터가 이제 갓 등장하던 때였다. 그리고 다른 새로운 발명품의 경우처럼 집적회로는 당시 대량으로 생산되던 회로에 비해 상대적으로 비쌌다.

TI는 고객을 확대하기 위해 집적회로를 내장하면서 동시에 소비자 시장에서 사용될 수 있는 제품을 찾기 시작했다. 해답은 개인용 계산기에 있었다. 킬비와 동료들은 1967년에 집적회로를 사용한 개인용 계산기에 대한 특허를 출원하게 된다. 하지만 TI가 직면한 도전은 기술적인 문제가 아닌 경제적인 문제였다.

2005년에 킬비는 집적회로를 발명하던 당시에 이후 벌어질 상황을 예측했냐는 질문에 이렇게 답했다. "문제의 핵심은 생산비용 인하였다."

그는 1958년에 하나의 신호를 처리할 수 있는 저사양 트랜지스터 가격이 10달러 정도였다고 말했다. 그런데 지금은 10달러면 거의 2000만 건 신호를 처리할 수 있는 트랜지스터를 구매할 수 있다고 덧붙였다. 그는 과거를 회상하며 이렇게 말했다. "초기 계산기는 약 400달러에서 500달러 정도에 판매됐지만 지금은 썩 괜찮은 계산기도 4달러나 5달러면 살 수 있다."

1960년대 중반에 이르자 반도체의 전체적인 생산비용 인하가 가능하다는 조짐이 여기저기서 보이기 시작했다. 1965년에 〈일렉트로닉스매거진〉은 '집적회로에 더 많은 부품을 집어넣다'라는 제목의 기사를 실었다. 기사에서 이후 인텔의 공동설립자가 된 고든 무어는 나중에 무어의 법칙으로 유명해진 이론을 최초로 소개했는데, 집적회로에 포함되는 트랜지스터 수가 18개월마다 두 배로 증가한다는 이론이었다(사실 원래 무어가 주장한 기간은 18개월이 아닌 2년이었다). 이는 뒤집어 말하면 동일한 컴퓨팅 능력을 생산하는 데 드는 비용이 같은 기간마다 절반으로 줄어든다는 말이기도 했다.

이런 이론들은 여기저기 떠돌긴 했지만 TI가 계산기 사업을 그 이론에 맞추어 영위할 만큼 확립된 것은 아니었다. 대신에 TI는 계산기 사업을 BCG의 경험곡선 이론에 의존해 전개하기로 결정했다. 헨더슨과 아는 사이였던 야심찬 TI의 임원 J. 프레드 버시는 BCG를 고용해서 집적회로의 최신 동향과 계산기 사업기회에 대한 조사를 맡겼다.

TI는 당시 캐논에 집적회로로 구성된 칩셋을 납품하고 있었다. 캐논은 1970년에 소형계산기의 초기 모델을 시장에서 400달러에 판매하고 있었다. TI는 또한 바우마에도 칩셋을 납품했는데, 이 회사의 바우마브레인이란 브랜드의 소형계산기는 가격을 250달러까지 낮췄다. 계산기 시장에서

TI의 미래는 갈수록 복잡해지면서 동시에 갈수록 흥미진진해졌는데, 바로 또 하나의 기술적 도약이 일어났기 때문이었다. 1971년, TI의 기술자들은 최초로 단일 칩 마이크로프로세서를 개발했다. 오늘날 마이크로프로세서는 일반적으로 '칩이 장착된 컴퓨터'를 의미한다. 하지만 같은 시기에 자체적으로 단일 칩 마이크로프로세서를 개발했던 인텔과는 대조적으로 TI는 마이크로프로세서 기술을 칩이 장착된 계산기로 봤다. 그리고 이 새로 개발된 마이크로프로세서가 소형계산기 생산비용을 대폭적으로 낮출 것이라고 기대했다.

하지만 얼마나 빨리, 얼마나 낮게 비용을 낮출 수 있을까? 이전까지 마이크로프로세서 기반의 소비자용 제품을 시장에 출시한 업체는 한 곳도 없었다(최초의 개인용 PC는 1978년이 돼서야 시장에 등장한다). 이에 대한 해답을 도출하기 위해 BCG는 엘리트 팀을 구성했다. 이 팀 구성원들은 이후 3개 전략 컨설팅 회사를 설립하게 되고, 시티그룹의 투자은행 부문을 총괄하게 되며, 그중 한 명이었던 제이 라이트는 하버드 경영대학원의 학장이 된다. 그리고 이 엘리트 팀의 리더는 빌 베인이었다. 빌 베인은 케이스 매니저로 조지 베넷을 임명했다. 조지 베넷은 웨스트버지니아 출신으로 공학을 전공했고 카네기 멜론에서 박사학위를 받은 인물이었다. 베넷의 박사학위 논문은 인공지능, 다시 말해 컴퓨터 파워를 이용해서 조립 라인의 균형을 맞추는 것에 관한 내용이었다.

문제해결의 핵심은 수많은 종류의 제품에 사용되는 부품을 생산할 경우, 예를 들어 계산기와 미사일 시스템에 공통적으로 쓰이는 부품을 생산할 경우 전체 제품군에 걸쳐 경험곡선 효과가 측정돼야 한다는 데 있었다. 베넷은 이렇게 회상했다. "우리는 거대한 공유비용 체계를 고안해냈다. 반도체 생산 분야의 50대 주요 활동에 대한 경험곡선을 일일이 산출했고 모든 데이터를 분류했으며 매우 상세한 모델을 만들었다. 그 결과 10달러짜리 계산기를 시장에 출시해서 연간 200만 개에서 300만 개를 판매할 경우 미사일에 사용되는 반도체 가격 또한 대폭 낮출 수 있다는 점을 보여줄 수 있었다."

베넷은 "실제로 프레드는 그렇게 했다"고 말했다. 10달러로의 급속한 가격인하는 1972년 7월에 TI-2500 데이터매스 계산기 출시와 함께 시작됐다. 〈일렉트로닉스매거진〉 기사에 따르면 소매점들 반응은 폭발적이었다. 한 소매점 주인은 TI가 "다른 회사들보다 훨씬 체계적인 것 같다"고 말했다. 또 다른 소매점 주인은 이렇게 덧붙였다. "이 정도 가격(149달러 99센트)이면 판매는 거의 폭풍처럼 휘몰아칠 것"이라고 말했다. 실제로 시장 반응은 초대형 태풍이었던 갈베스토 허리케인만큼이나 폭발적이었다.

계산기 판매는 급증했고, BCG 컨설턴트들에 따르면 판매량이 어느 때는 한 달 만에 40퍼센트씩이나 증가했다. TI는 1971년에 300만 개를 팔았고, 1973년에는 1700만 개, 1974년에는 2800만 개, 1975년에는 4500만 개를 팔아치웠다. 그러면서 소형계산기 연간매출액은 1억 달러에 근접했는데 이는 TI 전체 매출액 중 10퍼센트를 차지하는 수치였다. 예상대로 생산비용과 가격은 낮아졌고 BCG 컨설턴트들은 분석자료를 제시하면서 확신 어린 어조로 실제 구매수요가 있기 전에 미리 새로운 반도체 제조설비에 투자하도록 TI 경영진들을 설득했다. 그리고 예측대로 TI는 다시 계산기 시장에서 지배적인 시장점유율을 확보할 수 있었다.

하지만 이 이야기의 결말은 해피엔딩이 아니다. 오히려 이 이야기의 결말은 경험곡선과 시장점유율에 기반한 전략이 대단히 치열한 경쟁구도를 야기할 수 있음을 보여줬다. 그건 마치 경쟁자들이 TI와는 전혀 다른 방식으로 사업을 영위하는 것과도 같았다. 계산기 시장이 급속하게 성장하면서 내셔널세미컨덕터나 락웰 같은 새로운 경쟁자들이 시장에 뛰어들었다. 설상가상으로 제조업체라기보다는 단순 조립업체에 가까웠던 바우마(바우마는 아주 오랜 뒤에야 자체적인 반도체 제조공정 라인을 설립했다)도 TI에게 순순히 시장을 양보하려 들지 않았다. 1974년에 불황이 닥치면서 사업 성장에 제동이 걸렸고, 규모가 작은 경쟁자들은 TI 가격에 견줄 만한 제품들을 생산해냈으며, 그 과정에서 처절한 가격전쟁이 벌어졌다. 1975년에 이르자 계산기 가격은 폭락했다. TI 재고물량은 부풀어올랐고, 결국 2분기에 회사는 1600만 달러 손실을 기록했다.

하지만 TI 매출은 온갖 종류의 마이크로프로세서에 대한 시장의 폭발적인 수요 덕분에 1973년부터 1979년까지 세 배로 증가했다. 그 정도면 특정 제품군에서 벌어지고 있는 근본적인 문제를 감추기에 충분했다. 버시는 1976년에 회사 고위임원으로 승진했고, 1984년에는 최고경영자에 오르지만 이듬해에 은퇴했다. 그는 회사에 머무는 동안 세 번이나 더 조지 베넷을 다시 고용해서 컨설팅 서비스를 받았다.

초기 BCG에서 근무했던 컨설턴트들 중 적어도 한 명 이상은 다음과 같은 이야기를 털어놓는다. 컨퍼런스에서 BCG 컨설턴트가 발표를 마치고 나면 언제나 한 사람의 최고경영자가 다가왔는데, 그는 대체로 BCG 고객이 아닌 회사의 최고경영자인 경우가 많았다. 그 또는 그녀는 화가 난 표정으로 악담을 퍼부었고 심지어 눈가에 눈물이 맺힌 채로 BCG 컨설턴트에게 삿대질을 하면서 이렇게 말했다. "네놈들이 우리 회사를 망쳐놓았어." 그 최고경영자의 회사는 경험곡선 전략을 채택한 뒤 시장점유율을 높이려 가격을 인하했다가 결국 끝없는 가격전쟁이란 수렁에 빠지고 만 것이다. 물론 BCG 컨설턴트는 이 이야기를 마치면서 그 이유가 경험곡선 전략을 성급히 적용해서 그렇다고 서둘러 덧붙였다. 어쩌면 시장층을 제대로 파악하지 못했을 수도 있고 경험곡선 효과가 전체 비용체계의 어떤 부분에 적용되고 적용되지 않는지를 제대로 인식하지 못해서 그랬을 수도 있다고 말이다.

물론 그럴 수도 있다. 하지만 1980년대 초에 이르면서 학자들과 저널리스트들은 경험곡선의 한계에 대해 신나게 떠들어대기 시작했다. 1985년에 판카즈 게마와트는 〈하버드비즈니스리뷰〉에 발표한 글에서 경험곡선의 한계에 대해 자세히 설명했다. 경험곡선의 기울기는 산업마다 차이가 컸는데, 종종 기업들이 예상한 정도에서 적게는 15퍼센트, 많게는 25퍼센트 정도 벗어났다. 경험곡선은 반도체처럼 제품에 대한 수요가 급격하게 증가하는 시장에서 가장 잘 들어맞았다. 하지만 맥주나 시멘트처럼 이미 성숙한 시장에서는 전략으로 채택하기엔 부적합했는데, 이런 시장에서는 누적 경험치가 두 배가 되기까지 아주 오랜 시간이 걸렸고, 사업에서 비효율성이 이미 상당히 제거된 경우가 많았기 때문이다.

지속적으로 저비용만 추구하는 경험곡선 전략에만 집착하면 고객 기호나 기술 변화에 기업이 둔감해질 수도 있었다. 여기서 가장 많이 등장하는 사례가 바로 헨리 포드의 모델 T 자동차다. 헨리 포드는 경험곡선이란 단어가 등장하기 전부터 경험곡선 전략을 추구했다. 그 결과 보다 다양한 차종과 날렵한 몸체, 보다 공기역학적인 자동차에 대한 소비자들의 변화하는 기호를 파악하지 못했고, 그 과정에서 20세기 내내 제너럴모터스에게 시장점유율 선두자리를 내주고 말았다.

하지만 경험곡선에 대한 이런 비판 중 어느 것도 경험곡선이 실제로 존재한다는 사실을 부정하거나, 경험곡선이 기업들에게 지속적인 비용인하에 대한 인식을 심어줬다는 점을 부정할 수는 없다. 경험곡선은 21세기에도 여전히 설득력이 있으며 동시에 위협적인 개념이다. 한 전략 컨설팅 회사의 고위임원은 이렇게 말한다. "경험곡선은 뉴턴의 만유인력 법칙과도 같다. 근본적인 자연법칙이란 말이다. 이 법칙을 거역하는 건 스스로 고난을 자초하는 것과 마찬가지다."

제4장

기업회생의 매트릭스가 탄생하다

1960년대 후반부터 1970년대 초반까지 BCG에 몸담았던 이들은 하나같이 월요일 아침 8시 회의를 이렇게 기억한다. 의견이 난무하고 격론이 벌어지며 심지어 지나치게 흥분하는 회의로. 월요일 아침마다 BCG에서 근무하는 직원들(직원수는 1970년에 이르자 약 85명에 달했다)은 모두 모여 다른 동료들이 최근에 진행 중인 컨설팅 사례에 대한 발표를 들었다. 컨설팅 가설이 소개되면 모두는 그 가설을 검증하면서 이런저런 질문을 해댔고 문제점을 지적했다. 새로운 아이디어가 쏟아지면서 회의실 전체에서 격론이 벌어졌다. 이윽고 8시 30분이 되면 헨더슨이 회의실에 모습을 드러 낸다. 당시 교외에 살고 있었던 헨더슨은 기차를 타고 와 8시 30분이 돼야 회사에 도착했다. 한 참석자의 회상에 따르면 회의실에 나타난 헨더슨은 일단 "모든 결론을 가차 없이 폐기해버렸다." 그런 다음 더 많은 질문을 퍼부었고 계속해서 더 나은 해법을 요구했다.

월요일 회의에 참석했던 이들은 당시 회의에서 뭔가를 발견해가면서 느꼈던 흥분을 잘 기억하고 있다. 그들은 30년이 지난 지금까지도 당시 회의에 대해 말할 때면 목소리가 커지고 말이 빨라진다. 그 열의에 찬 모습은 우리가 일반적으로 떠올리는 컨설턴트들의 모습, 즉 어떻게 하면 고객으로부터 최대한의 컨설팅 비용을 뽑아낼지를 궁리하는 모습과는 천양지차다. 그리고 월요일 회의에서 벌어지는 지적 자극이 종종 컨설턴트들에게 재무적 성공이나 직업적 성공만큼이나 매력적이었다는 점은 몇 가지 사실을 보면 분명하다.

일단 헨더슨은 무조건 가장 똑똑한 인재들을 고용하려 했다. 이는 어느 정도 당시 시대정신에 부합했다고도 할 수 있는데, 당시는 데이비드 할버스탬이 이른바 "가장 뛰어나고 가장 영리한 이들의 시대"라고 정의한 시대였다. 컨설팅 경력은 필요 없었다. 오히려 컨설팅 경력은 불합격을 의미했다. 헨더슨은 가장 뛰어난 지적 능력을 지닌 인재들을 찾았다. 그리고 가능하면 가장 입학하기 힘든 소수의 일류대학에서 다른 수재들과 경쟁했던 이들을 원했다. BCG의 1970년도 공식 기록에 따르면, "다른 회사들이 기껏해야 한 명이나 두 명 정도 고용한 데 반해, 하버드 경영대학원 졸업생 중에서 성적 우수자의 4분의 1을 고용했다"고 적혀 있다. 또한 "다른 일류 경영대학원을 수석으로 졸업한 이를 적어도 두 명 이상 고용했다"고 적혀 있다.

BCG는 세 가지 점에서 매력적인 직장이었다. 첫째는 보수였다. 헨더슨은 의도적으로 다른 회사들보다 더 많은 보수를 지급했다. 헨더슨은 베넷에게 입사한다는 조건 하에 그가 여전히 대학원을 다니던 동안에도 매달 1000달러의 보수를 지급했다. 당시 베넷이 내는 한 달 치 집세는 고작 85달러였다. 두 번째는 일류라는 자부심이었는데, 적어도 동급생들 사이에서 BCG에 입사한다는 건 곧 최고라고 인정받는 것과 같았다. 사실 일류 경영대학원과 경영대학 학생들 사이에는 맹목적으로 남을 따라가려는 경향이 있다. 이런 학생들은 가장 뛰어난 대학교에 입학하려 서로 경쟁한다. 그런 다음에는 최고 경영대학원에 입학하려 경쟁한다. 그러고 나면 다음 차례는 모든 동급생들이 들어가려고 기를 쓰는 회사에 입사하기 위해 경쟁하는 것이다.

물론 BCG에서 고용하려는 인재들은 대체로 BCG 이외에도 여러 회사의 입사제안을 받는다. 하지만 이런 이들을 결국 BCG로 마음을 굳히게 한 것이 바로 세 번째 요소였다. 현상의 근본원리를 밝혀내려는 헨더슨의 지적 열정, 기존의 지식을 부수고 기업경쟁의 근본원칙을 밝혀내려는 끝없는 탐구욕이 바로 그것이었다. 일부 사람들은 이런 연구를 응용미시경제학이라고 불렀는데, 헨더슨의 탐구는 결코 경제학자들이 케케묵은 데이터를 통합해서 도출해낼 수 있는 그런 성질의 것이 아니었다. 오히려 헨더슨의 탐구는 뜨겁게 펄펄 끓어오르는 새로운 지식에 대한 열정이자, 비즈니스 지식화를 향해 내딛는 거대한 발걸음이었다.

헨더슨의 열정은 입사 후보자를 대상으로 오랜 시간에 걸쳐 고통스러울 정도로 진행되는 면접과정에서 잘 드러났다. 하버드 대학에서 경제학으로 박사학위를 받은 산드라 무스는 1967년 BCG와의 입사면접에 대해 이렇게 회상했다. 그녀는 헨더슨과 장기평균비용곡선에 대해 "세 시간 동안 격한 논쟁을 벌였다." 인터뷰가 끝난 뒤 헨더슨이 말했다. "컨설팅 회사에서 여성이 근무한다는 건 전례가 없는 일이지만 한 명 정도 근무한다고 해서 나쁠 건 없겠군." 그녀는 이후 BCG에서 여자로서는 처음으로 고위임원 자리까지 오른 인물이 된다.

거의 같은 시기에 고용된 또 다른 이는 BCG에서 일하면서 많은 직원들이 겪는 경험을 다음과 같이 요약했다. "나는 원래 아이디어에 미친 사람이었다. 그리고 내 주변에는 다른 영리한 사람들이 가득했고 그들은 나만큼이나 아이디어에 미쳐 있었다. 정말이지 내겐 BCG가 천국이나 마찬가지였다."

당시 BCG 직원들이 진정으로 지적 열의에 빠져 있었다는 주장에 설득력을 부여하는 또 다른 요소는 BCG가 상대적으로 사업확장에는 무관심했다는 점이다. 1970년대에 BCG에서 근무했던 앨런 제이컨은 특유의 유머를 섞어가며 이렇게 말했다. "우리는 남에게 부끄러워 말을 못할 정도로 일이 없었다." 물론 과장된 표현이긴 하다. BCG는 1960년대에 해마다 성장했고 더 많은 직원을 고용했으며 1968년에는 독자적인 회사로 독립했다. 하지만 제이컨의 말은 당시 BCG 내부의 태평스런 분위기를 잘 보여준다. BCG의 초기역사 10년을 기록한 자료에 따르면 1969년에 대한 기록에는 다음과 같은 내용이 있다. "우리는 신규고객 발굴보다는 신규인재 채용에 더 많은 시간과 비용을 썼다."

간략하게 말하면, 헨더슨은 자신의 지적 탐구에 집중했고 그 탐구를 같이할 열의에 찬 이들을 주변에 두려고 애쓰는 것에 비해 회사 성장에는 관심이 적었다. 좀 더 신랄하게 표현하자면, 헨더슨은 다른 기업들의 중대한 전략적 문제에 대한 자문을 제공하기 위해 회사를 설립했지만 그 자신은 실제로 좋은 기업가가 아니었던 것이다.

"한마디로 영업에는 소질이 없었다." 초기 동료는 헨더슨에 대해 이렇게 회상했고, 헨더슨을 잘 아는 다른 이들도 이 의견에 동의한다. 헨더슨은 아이디어를 놓고 논쟁을 벌이거나 데이터를 올바로 해석하길 좋아했다. 그리고 그의 이런 열의는 종종 고객과의 다툼으로도 이어졌다. 나아가 논쟁에서 절대 지지 않으려는 헨더슨의 태도 또한 도움이 안 됐다. 여기에 헨더슨이 권위적인 것에 대해 염증을 느끼고 늘 불안해하는 성격이었다는 점을 고려한다면 이 설립자이자 기업가의 어깨가 얼마나 무거웠을지 쉽게 상상이 된다.

오랫동안 BCG에서 근무했던 또 다른 직원은 이런 일화를 들려줬다. 한번은 헨더슨이 짧게 전화통화를 하다가 다음과 같은 말을 내뱉고는 전화기를 세차게 내려놓았다. "누구시죠? 뭘 원한다고요? 이름이 뭐라고요?" 상대방은 레그 존스였는데 바로 제너럴일렉트릭의 최고경영자였다. "사실 헨더슨은 상대방이 누구인지 이미 알았다. 단지 자신이 웨스팅하우스에서 근무하던 시절에 제너럴일렉트릭과 경쟁하면서 당했던 울분에 대한 화풀이를 애꿎은 존스에게 했을 뿐이었다."

이 사건을 비롯해서 몇 가지 기이한 일이 벌어진 이후 헨더슨의 동료들은 영업을 하러 갈 때 그를 떼놓고 가기 시작했다. 한 직원은 눈보라가 휘몰아치던 어느 날 헨더슨과 제이컨을 데리고 잠재고객인 체이스맨해튼은행의 2인자를 만나러 갔던 일에 대해 들려줬다. "우리는 아주 화려한 사무실에서 그를 기다렸는데 몸에 달라붙은 눈이 녹기 시작했다. 그때 헨더슨이 모든 사람들이 쳐다보는 앞에서 갑자기 방수용 덧신을 벗었다. 그러고는 볼링공을 넣고다니는 가방을 열어 아주 천천히 약간은 뽐내면서 세 벌의 양복을 꺼내놓았다." 당연히 그들은 컨설팅 프로젝트를 따내지 못했다.

헨더슨이 제멋대로였고 영업에 대해 잘 몰랐다는 점은 다른 측면에서도 드러났다. 1965년에 헨더슨은 이제 막 출범한 BCG에 모기업과의 차별성을 부여하기 위해 이탈리아 밀라노에 위치한 컨설팅 회사의 인력과 채무를 승계하기로 결정했다. 그 컨설팅 회사의 규모는 BCG의 수배에 달했다. 결국 두 회사의 조직문화를 합치려는 시도는 실패로 돌아갔고 밀라노 사무소 직원들은 거의 다 회사를 떠났다.

또 한번은 1968년에 런던에 위치한 신생 컨설팅 회사를 대상으로 합자회사 형태의 유사한 합병 시도를 했지만 결과는 이전과 마찬가지로 실패였다. BCG가 다른 회사와 함께 해외 사무소를 설립하려는 시도는 그때가 마지막이었다. 대신 BCG는 이후부터 파견 정책을 취했다. 마치 선교사를 파견하듯이 일단 미국 본사에서 아이디어와 분석능력이란 복음을 익힌 직원들을 해외로 파견해서 새롭게 사무소를 개설하도록 하는 방식을 취한 것이다.

비록 큰 성공을 맛보진 못했지만 해외 사무소는 헨더슨의 생각이 1960년대 당시에 이미 동시대 다른 이들 생각을 크게 앞질렀다는 점을 잘 보여준다. 당시 이미 헨더슨은 세계화가 가져올 사업기회와 위협을 피부로 느끼고 있었다. 이런 통찰력은 비록 재무적인 성과보다는 지적인 성과를 더 많이 가져다주긴 했지만, 덕분에 BCG는 초기에 해외에서 벌인 모험적인 사업에서 큰 열매를 맺게 된다. 1965년에 헨더슨은 제임스 C. 아베글렌을 고용하여 직원 중에서 두 번째로 서열이 높은 자리에 임명한 다음 일본 사무소를 개설하는 책임을 맡겼다.

해병대에 복무하던 시절부터 일본어를 배우기 시작했던 아베글렌은 전쟁 이후 폭격 조사차 패전국 일본을 방문하게 된다. 얼마 뒤 미국으로 돌아와 시카고 대학에서 인류학과 임상심리학에서 박사학위를 받았지만 여전히 일본에 매료돼 있던 그는 1955년 포드재단 연구원으로 일본을 다시 방문한다. 그리고 자신의 일본방문 체험을 《일본 공장(The Japanese Factory)》이란 책으로 펴냈다. 그런 뒤 ITT의 극동지역 담당 임원으로 근무하다가 대기업에 염증을 느끼고는 아서디리틀에 합류한다. 그리고 그곳에서 헨더슨을 만나게 된다. 1962년, 아베글렌은 ADL을 떠나 맥킨지에 합류했지만 당시 맥킨지가 일본 사무소 개설에 별로 관심을 보이지 않자 헨더슨의 입사제안을 받아들인다. 이로써 아베글렌은 헨더슨과 친구 사이가 됐고 이후로도 오래도록 친구 사이를 유지하게 된다. 아베글렌은 헨더슨의 몇 안 되는 친구 중 하나였다. 하지만 2007년에 세상을 떠난 아베글렌은 "헨더슨이 심리적으로 자신을 방어하려는 성향이 너무나 강해서 깊은 우애를 나누기는 거의 불가능했다"고 말했다.

아베글렌이 개설한 동경 사무소는 BCG와 BCG 고객들에게 일본을 들여다볼 수 있는 창이 돼줬다. 당시만 해도 대부분의 미국기업들은 산업계 전반에 걸쳐 등장하게 될 경쟁위협에 대해 어렴풋이 느끼고 있을 때였다. 경쟁위협은 당시 BCG의 주요 관심사로 서서히 자리잡고 있던 '지속적인 생산비용 인하에 따른 급변하는 경쟁역학'을 제대로 보여주는 예였다. 1968년이 되자 BCG는 미국과 유럽 고객들을 대상으로 일본에 대한 컨퍼런스를 열었고, '무엇이 일본기업들을 성장하게 하는가'란 제목의 〈BCG 전망〉을 출간했다. 그에 대한 이유로는 낮은 인건비가 아니며 "이는 대단한 오해"라고 적혀 있었다.

1969년 말에 마침내 미국경제에 불황이 닥쳤다. 8년 만에 닥친 불황이었다. 그리고 불황은 BCG가 설립된 후부터 계속 답보 상태에 머물던 사업성장에 돌파구가 됐다.

1969년에 약 26명의 직원이 BCG에 합류했다. 이듬해 전체 직원수는 60퍼센트 증가했다. 전략이론을 판매하려는 BCG의 노력도 빠른 속도로 진행됐다. 컨퍼런스 참석자에게 1인당 1500달러가 넘는 비용을 부과했는데도 참석자 수는 갈수록 증가했고 희망자도 늘어갔다. 인기가 높아지면서 1972년부터는 참석자 수를 제한해야 할 정도였다. 초청받은 사람들만 참석할 수 있었고 대리참석은 허용되지 않았다. 나아가 BCG의 표현을 빌리자면 오직 "선별된 기업의 선별된 관리자들만" 참석할 수 있었다. 당시 BCG는 5개국에서 연간 2회씩 전략 컨퍼런스를 개최했다. 〈BCG 전망〉도 빠른 속도로 쏟아냈다. 1970년에는 총 10호, 1971년에는 총 15호를 발간했고 독자층은 BCG의 기존 고객뿐만 아니라 다른 기업들로 확대됐다.

그런데 문제는 이런 지적 활동이 컨설팅 고객의 확보로 직결되진 않았다는 점이다. BCG의 공식 자료에 따르면 1971년에 대한 기록의 첫 문장은 이렇게 시작한다. "이 해는 불황에 빠진 해였다." 그리고 이 말은 그해에 BCG의 매출이 단지 10퍼센트 성장하는 데 그쳤다는 걸 의미했다. 그러나 매출증가와 직원충원에도 불구하고 BCG는 지속적으로 회사를 유지할 만한 수익을 창출하는 데 어려움을 겪었다. 그리고 직원들 사이에 어쩌면 회사가 곧 문을 닫을지도 모른다는 소문이 퍼졌다.

회사를 살린 건 두 가지 요소였다. 첫 번째는 연이은 불황이었다. 1970년에 첫 불황이 닥쳤고 오일 쇼크로 인해 1973년부터 1975년까지 또다시 불황이 닥쳤다. 그러자 기업들은 경기가 좋았던 1960년대에는 관심도 주지 않았던 BCG의 전략 컨설팅 서비스를 원하기 시작했다. 두 번째 요소는 BCG가 1968년부터 준비해왔던 이론이었다. 그리고 이 이론에는 효과적인 기업전략에 필요한 모든 요소가 다 담겨 있었다.

부채와 현금을 최우선으로 삼다

BCG가 기업전략의 기본적인 이론틀을 마련하게 된 과정을 살펴보려면 일단 재무이론에 대한 BCG 주장부터 살펴봐야 한다. 헨더슨과 그의 동료들은 재무이론을 검토하던 중 전략혁명에서 매우 중요한 두 가지 결론을 도출해냈다. 첫째, 전략을 고려할 때 집중해야 할 요소는 재무제표 상에 기록된 이익금액보다는 실질적인 현금의 흐름이라는 것이다. 즉 사업이 얼마나 많은 현금을 창출하고 얼마나 많은 현금을 소비하는지를 집중적으로 봐야 한다는 것이었다. 둘째, 대부분 기업에서 부채는 오히려 도움이 된다는 것이다. 이 주장은 헨더슨이 1972년에 〈BCG 전망〉에 실은 논문의 표현을 빌리자면 다음처럼 표현할 수 있다. "경쟁자보다 더 많은 부채를 사용하든지 아니면 사업을 접어라."

BCG 컨설턴트들은 작은 석유회사를 매입하려는 고객을 위해 일하면서 매입대상 기업을 분석해본 결과 그 회사가 "과거와 현재에 달성한 이익은 무의미하다"고 결론지었다. 오로지 심각하게 고려해야 할 요소는 회사가 소유한 사업에서 미래에 얼마나 많은 현금이 창출될 것인가 하는 것뿐이었다. 헨더슨은 이런 생각을 발전시켜 경험곡선 이론과 결합시켰고, 이를 1972년 〈BCG 전망〉을 통해 "현금의 덫"이란 글로 발표했다. 그는 거의 모든 회사의 대다수 제품은 덫이나 마찬가지라고 단정지으면서 그 이유를 "그 제품들이 앞으로도 계속해서 벌어들이는 돈보다 더 많은 돈을 잡아먹을 것"이기 때문이라고 주장했다. 헨더슨은 만약 이런 제품들이 시장점유율이 가장 높은 제품들이 아닐 경우 "아무 가치가 없을 뿐더러 끊임없이 회사 자원만 고갈시킬 것"이라고 강조표시를 써가며 웅변했다.

헨더슨이 부채를 열렬하게 찬양한 이유 뒤에는 보스턴 대학의 재무관리 부교수로 근무했던 앨런 제이컨의 연구결과가 있었다. 1967년에 제이컨은 이전까지 BCG가 맡았던 고객 중에서 가장 큰 고객인 웨이어하우저의 컨설팅을 맡아 끙끙대고 있었다. 그는 웨이어하우저가 목재 산업으로부터 다각화를 해야 할지 아니면 오히려 더 많은 산림지를 매입해야 할지에 대해 분석했다. 웨이어하우저가 추가적인 산림지 매입에 관심이 없었던 것과 달리 일부 경쟁자들(루이지애나퍼시픽, 보이시캐스케이드, 조지아퍼시픽)은 영토확장 전쟁이라도 벌이듯 산림지를 매입하고 있었고 놀랍게도 투자 대비 많은 이익을 얻고 있었다. 제이컨은 거의 1년에 걸쳐 이 문제를 연구했고 웨이어하우저가 처한 난감한 상황을 이해할 수 있는 이론틀을 만들어내려고 노력했다. 그리고 결국 제이컨은 BCG 컨퍼런스에서 벌어진 지적 논쟁에서 힌트를 얻어 여러 분야에 폭넓게 적용될 수 있는 이론을 개발하는 데 성공하게 된다. 제이컨은 그 이론을 '지속 성장의 방정식'이라고 이름붙였다. 종종 BCG 출판물에 '지속성장 공식(Sustainable growth formula)'이라고 언급되는 것이 바로 이 이론이다.

제이컨의 연구에 따르면 웨이어하우저 경쟁자들이 성공을 거두는 원인은 목재가 이른바 '재생 가능한 자원'이라는 점에 있었다. 생산된 목재를 판매해서 벌어들이는 현금에 대지의 가격상승분이 더해지면서 전체 이익금은 해당 대지를 구매하는 데 필요한 부채의 조달비용과 이자비용을 넘어섰다. 웨이어하우저의 경영진은 경쟁회사들 경영진보다 연령이 높았는데 불황기라는 생각에 사로잡힌 나머지 차입을 꺼려했다. 제이컨은 이렇게 설명했다. "내가 마지막에 한 일은 적절한 부채를 이용해서 산림지를 매입했을 경우의 산림지 가치를 분석한 것이었다."

그가 제안한 내용의 이론적 토대는 "사업적 위험과 재무적 위험의 균형을 맞추는 것"에 있었다. 만약 목재회사들처럼 사업적 위험이 낮다면 "부채를 사용해서 재무적 위험을 늘리고 부채 비율을 사업에 적정한 수준까지 끌어올릴 필요가 있었다." 그로부터 얼마 뒤 웨이어하우저는 더 많은 산림지를 매입하기 위한 시도를 하게 된다.

헨더슨은 제이컨의 분석 결과에 매료됐는데 그 이유는 제이컨의 주장이 당시 지배적이던 통념을 송두리째 뒤집어엎는 것이었기 때문이다. 제이컨은 당시 상황을 단순하게 "당시에는 모딜리아니와 밀러의 재무이론이 성행했는데, 다시 말해 부채를 이용할 필요가 없다는 생각이 지배적이었다"고 말한다. 프랑코 모딜리아니와 머튼 밀러는 1958년에 발표한 획기적인 논문에서 투자자들 입장에서 기업의 자본구조, 즉 부채와 자기자본 구조가 변한다고 해서 기업의 가치가 달라지는 건 아니라고 주장했다. 당시 가장 많이 사용됐던 재무관리 교재는 이 주장을 하나의 이론으로 다음처럼 소개했다. "투자 결정은 재무구조에 대한 결정과는 별개의 사안이다." 제이컨은 이런 주장에 정면으로 반박했다.

제이컨은 헨더슨에게 만약 BCG의 지속성장 공식을 잠재고객들과 그들 자회사에 적용한다면 대단히 도움이 될 것이라고 강하게 주장했다. "지금 생각하면 매우 당연한 말이다." 제이컨은 말한다. "하지만 당시만 해도 어느 누구도 이자율, 부채 활용, 배당정책, 사업의 고유수익을 하나로 묶어서 기업의 미래성장률을 측정할 수 있다고는 생각하지 못했다. 즉 아무도 그 연결고리를 생각해내지 못했던 것이다." 제이컨이 고안해 낸 실행중점적 이론이 BCG 컨퍼런스에서 소개되기 시작하면서 컨퍼런스의 성격도 변해갔다. 즉 다양한 학술적 이론을 논의하던 자리에서 '당장 적용할 수 있는 놀라운 이론'을 소개하는 자리로 변해간 것이다.

새삼 부채의 위력을 다시 실감한 헨더슨은 정보를 얻을 수 있는 모든 기업을 대상으로 부채비율을 조사하기 시작했다. 조사한 기업들 중에는 일본기업들도 포함돼 있었는데, 일본기업들은 미국기업들보다 대체로 부채가 더 많았다. 헨더슨은 또한 복리(compound interest)의 마법에도 매료됐는데, 동료들이 이해할 수 없을 만큼이나 지나치게 그 문제를 파고들었다. 샌디 무스는 당시 헨더슨의 모습을 이렇게 회상한다. "당시 열렸던 BCG 컨퍼런스에서 헨더슨이 자리에서 일어나더니 이렇게 말했다. '만약 당신 회사가 연간 15퍼센트로 성장한다면 정확히 회사 규모가 지금의 두 배가 되는데 몇 년이 걸릴지 아십니까? 5년입니다!' 그런 다음 그는 그 자리에 선 채로 복리율 표를 읽기 시작했는데 꼬박 15분에서 20분이 걸렸다. 나머지 사람들은 그저 자리에 앉은 채 '제발 어서 끝나길' 바랄 뿐이었다." 여기서 또 하나 이상하면서도 의미심장한 점은 헨더슨이 복리 법칙에서 또 하나의 논리를 발견해내게 되는데 그 논리가 헨더슨을 운명처럼 정해진 미래로 이끌게 된다는 점이다.

지식을 통합하다

이후 일어난 과정은 지적 통합작업이었다. 그 작업은 전략을 하나의 포괄적인 형태로 구현해내는 중요한 첫걸음이었다. 또는 제이컨의 표현을 빌리자면 "직관을 이용해서 모든 것을 하나로 묶어내는 거대한 과정"이었다.

그는 여러 지적 요소들이 어떻게 하나로 결합하는지에 대해 아래와 같이 자세히 설명했다.

여기 한 일본기업이 있다고 가정해보자. 이 일본기업은 낮은 수익을 이용한 재무정책을 활용하는 기업이다. 그리고 이 일본기업의 사례는 낮은 수익과 많은 부채에도 불구하고 여전히 회사가 성장할 수 있다는 사실을 보여준다. 여기에 경험곡선을 적용해보자. 경험곡선은 가장 빨리 성장하는 기업이 경쟁자보다 비용을 더 낮출 수 있다는 점을 잘 보여준다. 따라서 만약 이 일본기업이 가격을 낮추면 수익도 적어진다. 하지만 이 회사는 적어진 수익을 부채로 충당한다. 나아가 배당금도 지급하지 않는다. 그럼으로써 이 일본기업은 여전히 빠른 속도로 재투자를 할 수 있다. 그 결과 경쟁자보다 더 빠른 속도로 경험곡선을 낮출 수 있다. 그러면 비용이 경쟁자들보다 빠르게 낮아지면서 가격을 또 낮출 수 있게 된다.

보라. 이제 이 일본기업은 기업전략을 갖게 됐다. 이 회사는 가격정책, 경쟁자에 대한 시각, 부채정책, 일관된 재무정책을 하나로 통합했고, 여기에 사업에서 벌어들이는 수익과 회사가 원하는 성장률을 더할 수 있다. 놀랍지 않은가?

무스는 덧붙였다. "이런 이론에서 우리 모두가 깨닫게 된 점은 누적된 경험치가 어느 정도 시장점유율과 동등하다는 사실이었다. 따라서 기업의 목표는 단기수익의 극대화가 아니라 시장점유율의 확대여야 했다."

이후 다른 전략의 대가들은 낮은 비용만이 유일한 기업전략이 아니라는 점을 밝혀낸다. 특히 학자들은 시장점유율이 기업의 주요 사업목표가 되어야만 한다는 주장을 조금씩 허물어뜨리기 시작한다. 하지만 비판적인 이들조차 무시할 수 없는 사실은 BCG의 초보적인 이론이 기업전략의 패러다임을 바꿔놓았다는 점이다. 즉 BCG의 이론 덕분에 기업들은 '이럴 경우에는 이렇게 하면 된다'는 효과적인 논리를 기업 미래를 결정하는 중대한 요소들(고객, 경쟁, 비용, 재무정책)에 적용할 수 있게 된 것이다.

하지만 BCG는 여전히 이 새로운 패러다임을 '완제품'처럼 판매할 수 없었다. 경험곡선과 지속성장 공식은 한 분야에서만 사업을 하고 오직 하나의 경험곡선을 따라 움직이는 기업의 전략을 수립하는 데는 탄탄한 이론적 토대를 제공했지만 문제는 BCG의 고객들 대부분이 이런 회사 범주에 속하지 않았다는 점이었다. 당시의 시대적 상황은 기업들의 다각화를 부추겼다. 나아가 일부 기업들 경우에는 그 정도가 지나쳐 거대복합기업으로 성장하도록 압박을 받고 있었다. 반독점법 때문에 기존 산업에서 인수합병을 하기란 불가능했다. 전후 시대의 폭발적인 성장에 힘입어 벌어들인 돈을 주주들에게 배당금으로 지급할 수는 있었지만 그러기엔 세율이 너무 높았다. 따라서 기업들이 이익금을 다시 회사로 유입하고 지속적으로 규모를 키워갈 방법은 하나뿐이었다. 바로 이미 몸담고 있지 않은 산업군에 위치한 다른 회사들을 매입하는 것이었다.

　무분별한 다각화의 결과는 종종 너무나 참담했다. 한 산업에서 잔뼈가 굵은 경영자들은 자신이 배운 내용을 전혀 다른 산업에서 벌어지는 문제와 환경에 적용하면서 극심한 어려움을 겪어야 했다. 1960년대 후반, BCG는 고객들이 직면한 다각화 문제를 해결해주려는 시도를 하면서 성장점유율 매트릭스(Growth-Share Matrix)를 고안해내게 된다. 그리고 이 매트릭스는 향후 10년 동안 다각화 회사의 경영에서 가장 유용한 도구가 된다.

따분한 생각이 위대한 매트릭스로

제이컨의 말에 따르면 BCG 매트릭스는 직원이었던 켄트 앨더쇼프의 생각에서 비롯됐다. 그는 어쩌면 월요일 아침 회의에서 아이디어를 떠올렸을 수 있다. 앨더쇼프는 투자에는 딱 세 가지 종류가 있다고 주장했다. 첫 번째로 저축계좌는 "은행에 돈을 넣어두면 복리가 붙고, 비록 도중에는 전혀 돈이 나오지 않지만 저축 기간이 만료되면 목돈을 쥐게 된다." 두 번째로 채권은 "구매하고 나면 매년 현금이 들어오고, 만기가 되면 원금을 돌려받는다." 마지막으로 담보부 대출은 대출을 해주는 채권자 입장에서 보면 "투자기간 동안 수익금과 원금을 같이 돌려받기에 만기가 되면 더 이상 돌려받을 것이 없게 된다." 제이컨은 처음에는 그 구분이 그때까지 자기가 들었던 가장 '따분한 생각' 중 하나라고 느꼈다.

그러다가 1966년과 67년에 샌디 무스와 함께 미드코퍼레이션 다각화에 대한 컨설팅 프로젝트를 수행하게 된다. 미드코퍼레이션은 오하이오주에 위치한 회사로서 제지를 주요사업으로 했다. BCG 컨설턴트들은 회사의 개별 사업부문, 각 사업부문의 전망, 현금 수요에 대한 방대한 정보를 수집하고 난 뒤, 회사가 제지 사업을 계속하는 데 필요한 투자 규모가 회사가 창출하는 현금을 다 합친 것보다 더 많다고 결론내렸다. 만약 제지사업에서 철수하길 원한다면 회사는 고성장 산업군으로 다각화를 해야 했는데 그에 필요한 자금은 제지사업에서 끌어내야 했다. 그리고 그 말은 주요 사업인 제지사업에 추가적인 재무적 지원을 끊음으로써 그 사업이 점차 시들어가는 상황을 감내해야만 한다는 의미였다. 회사 전략을 총괄하는 임원이었던 윌리엄 왐먹은 컨설팅 결과를 본 뒤 제이컨에게 "결론은 마음에 드니 보기 좋게 꾸며보라"고 말했다.

제이컨은 처음에는 어찌해야 할지 몰랐다. 그러다가 갑자기 앨더쇼프의 말이 기억났다. "저축계좌는 신성장사업과 같다는 생각이 갑자기 떠올랐다. 신성장사업은 자동적으로 복리가 붙는 것처럼 빠르게 성장했지만 중간에 현금을 창출해내진 않았다. 안정적인 시장점유율을 가진 사업은 채권과도 같았는데, 왜냐하면 이런 사업은 현금과 함께 동일한 양의 수익을 벌어들였고 시간이 지나도 사업적 가치는 변함이 없었기 때문이다. 사양세에 접어든 사업은 담보부 대출과 같았는데, 이런 사업은 최대한 현금을 짜내는 방식으로 경영해야 마땅했다."

제이컨은 이 세 가지가 회사의 사업 포트폴리오라고 결론내렸다. 하지만 "세 가지만으로는 어찌해야 할지 몰랐다." 어쩌면 제이컨은 우아한 균형을 맞추려면 한 가지 요소가 더 필요하다는 점을 직감적으로 느꼈을 수도 있다. 그래서 그는 "네 번째로 탐사용 유정(원유 매장지인지 분명하지 않은 곳에 뚫어놓은 유정-옮긴이)을 추가했다. 탐사용 유정은 순전히 요행을 바래야 하는, 즉 돈이 될지 안될지 판단이 안 서는 사업을 의미했다." BCG 컨설턴트들은 이 네 가지 요소를 4개 사각형으로 이뤄진 도표에 배치했다. 저축계좌는 좌측 상단에, 채권은 좌측 하단에, 담보부 채권은 우측 하단에, 탐사용 유정은 우측 상단에 배치했다(그림 4-1 참조).

제이컨과 그의 동료들이 설명하는 이 일화를 들여다보면 초기에는 각각의 사각형 또는 칸 간의 연관관계, 그러니까 어떤 사업이 어디에 포진되어야 할지를 결정하는 요소들이 향후 성장점유율 매트릭스로 발전된 뒤의 모습보다는 불명확했다는 점을 쉽게 알 수 있다. 도표로 말한다면 가로축과 세로축은 각각 무엇을 의미하는가? 각각의 칸 사이에 존재하는 밀접한 논리적 관계야말로 매트릭스에 설득력을 부여하는 요인이다. 하버드 경영대학원의 클레이튼 크리스텐슨이 지적한 것처럼 4개 박스로

[그림] 4-1

성장점유율 매트릭스 : 초기 버전

저축계좌	탐사용 유정
채권	담보부 채권

출처 : BCG 내부자료

이뤄진 매트릭스는 단순하게 말하면, 이차방정식에서 보여지는 관계를 다른 방식으로 보여주는 것과 같다. 그리고 만약 당신이 회의실에 앉아서 대형 슬라이드 화면을 뚫어져라 쳐다보고 있다면, 당신은 각각의 사각형에 재치가 넘치는 기호가 새겨진 매트릭스를 보길 바라겠는가 아니면 기억하기 힘든 변수와 등호로 이뤄진 공식이 새겨진 매트릭스를 보길 바라겠는가?

논리적 약점에도 불구하고 어쩌면 시각적 효과 때문인지 매트릭스를 본 미드코퍼레이션 임원들의 반응은 컨설턴트들 기억에 따르면 '거의 미칠 듯이' 열광적이었다. 미드코퍼레이션은 BCG의 도움을 받아 회사의 각기 다른 사업을 어떤 식으로 경영할지에 대한 지침을 마련했다. 현금 창출을 목적으로 운영할 것인지 아니면 성장을 목적으로 운영할 것인지를 결정했고, 각 사업에서 기대하는 수익 규모도 결정했다. 이 사건에 대해 제이컨은 BCG가 출범한 이후 처음으로 "사업 포트폴리오를 이용해서 어떻게 회사를 운영해야 할지를 보여주는 실질적인 컨설팅 제품"을 개발해냈다고 말했다.

제이컨과 그의 팀은 새로 개발한 내용을 보스턴 본사로 가지고 와서 헨더슨과 나머지 직원들에게 보여줬다. 직원들은 이 새로운 매트릭스가 다방면에서 이용될 수 있지만 동시에 부족한 면도 있다고 느꼈다. 매트릭스는 대체로 현금과 관련된 문제에 대한 해법을 제공했다. 예를 들어 매트릭스는 기업의 사업 포트폴리오 중에서 어떤 사업이 현금을 창출하고 어떤 사업이 현금을 소비하는지를 보여줬다. 이 점은 사업다각화를 고민하던 고객들에게 매우 귀중한 교훈을 제공할 수 있었다. 당시 컨설턴트로 근무했던 이들은 지금도 당시 상황을 생각하면 고개를 절로 흔든다. 당시 수많은 회사들은 성장사업을 매입하면서도 그들이 매입하는 성장사업이 사업 초기에는 막대한 현금을 소비하고 그 현금은 다른 곳에서 끌어와야만 한다는 사실을 전혀 몰랐다.

하지만 매트릭스는 매트릭스에 포함된 사업들의 경쟁상황을 직접적으로 보여주지 못했다. 게다가 투자수단을 이용해서 이름붙인 명칭(저축계좌, 담보부 대출)은 그 의미가 헷갈렸고 앨더쇼프의 분류 방식에 대해 제이컨이 처음에 느꼈던 것처럼 약간은 따분했다. 하지만 새로 고용된 한 주니어컨설턴트(BCG 하부 직급으로서 박사학위를 취득한 뒤 BCG에 입사하면 최초로 받게 되는 직급-옮긴이)의 제안으로 이 발명품은 컨설팅업계에서 만들어낸 매트릭스 중에서 가장 유명하고 가장 영향력이 크면서도 가장 논란이 많은 매트릭스가 된다.

스타를 새겨넣다

적어도 한 명 이상의 BCG 동료들은 다트머스 대학과 스탠포드 경영대학원을 졸업한 캘리포니아 출신의 리처드 K. 로크리지에 대해 '타고난 컨설턴트'라는 표현을 썼다. 그 이유는 로크리지가 풍부한 아이디어를 지닌데다 동료 및 고객들과의 관계도 매우 원만했기 때문이며, 어쩌면 매일 6시 퇴근 시간 전에 모든 일을 끝마칠 수 있는 능력을 지니고 있었기 때문이기도 했다. 로크리지는 1969년 6월에 BCG에 합류했다.

그의 획기적인 사고는 BCG가 유니온카바이드를 위한 컨설팅 프로젝트를 수행하는 과정에서 나왔다. 그 프로젝트는 로크리지가 두 번째로 맡은 프로젝트였다. 그전까지 BCG는 유니온카바이드를 위해 소규모 프로젝트들을 수행해왔었는데 그러던 중 빌 베인은 유니온카바이드로부터 그때까지 BCG가 수주했던 프로젝트 중에서 가장 큰 프로젝트를 수주하게 된다. 프로젝트는 6개월간 유니온카바이드의 전체 사업군을 분석하는 작업이었다. 로크리지는 당시 상황을 회상하며 "결코 잊을 수가 없다"고 말했다. 당시 그는 스물여섯 살이었고 프로젝트 리더로 내정된 상태였다. 그는 빌 베인이 유니온카바이드에게 한 약속에 대해 약간은 겁을 먹고 있었다. "빌 베인은 유니온카바이드에게 이런 약속을 했다. '귀사의 사업군 전체를 한쪽 축에 배치하고 다른 쪽 축에는 귀사의 경쟁자들을 배치할 겁니다. 이 모든 자료를 통합해서 귀사가 몸담고 있는 사업군의 현황을 한눈에 보여드리죠. 그리고 향후에 어떤 일이 벌어질지도 보여드리겠습니다.'" 그것은 그전까지 BCG가 단 한 번도 해본 적이 없는 프로젝트였다.

BCG는 데이터를 수집하고 정돈할 방법을 궁리하기 위해 10명의 컨설턴트를 모아서 팀을 꾸렸는데 모두 로크리지보다 경력이 적은 이들이었다. "암흑 속을 헤매는 아이들 같았다." 로크리지는 당시 상황에 대해 이렇게 말했다. "우리는 조금씩 그림을 완성해갔다. 그것은 화학사업에 대한 일종의 직관적이고 총체적이면서 부분을 합쳐서 전체를 조합해낸 그림이었고, 엄청난 양의 데이터를 소화해서 만들어낸 그림이었다. 그 그림을 보면 다우는 전투에서 이기고 있었고 유니온카바이드는 전황이 좋지 못했으며 듀퐁은 많은 전투에서 패하고 있다는 점을 알 수 있었다." 그리고 마침내 팀의 일원이었던 론 베이는 정확히 어떤 일이 벌어지고 있는지를 제대로 보여주기 위한 새로운 방법을 제안하게 된다.

그 방법은 특정 사업을 두 개 축 위에 포진시키는 방법이었다. 세로축에서는 해당 사업이 목표로 하는 시장의 최근 성장률을 보여줬다. 특히 목표시장에서 모든 경쟁자들의 매출 총합이 얼마나 빨리 증가하는지를 측정했다. 가로축에서는 한 개 사업의 성장률만을 보여줬는데 이것은 회사가 소유한 사업의 성장률일 수도 있었고 경쟁자가 소유한 사업의 성장률일 수도 있었다. 좌측 하단에서 45도 각도의 대각선이 뻗어나가면서 도표를 양분했다. 사업이 대각선 좌측에 위치하면 시장점유율 감소를 의미했고 오른쪽에 위치하면 시장점유율 확대를 의미했다. '점유율 추세 도표(Share-momentum graph)'란 명칭도 여기서 유래됐다(그림 4-2 참조).

로크리지는 고객과 함께 "그 도표를 가지고 세 번 정도 회의를 했다"고 말했다. 그때까지 그와 베인이 조사한 내용은 거의 두꺼운 책 한 권 분량에 달했다. 하지만 전체적인 내용이 지나치게 복잡했기에 유니온카바이드 임원이자 담당자였던 워렌 앤더슨에게 제대로 설명하기가 어려웠다. "우리는 조사한 내용을 설명하는 연습을 수차례 반복했다. 페이지를 여기저기 펼쳐 보이면서 이야기를 풀어나갈 셈이었다"고 로크리지는

[그림] 4-2

점유율 추세 도표

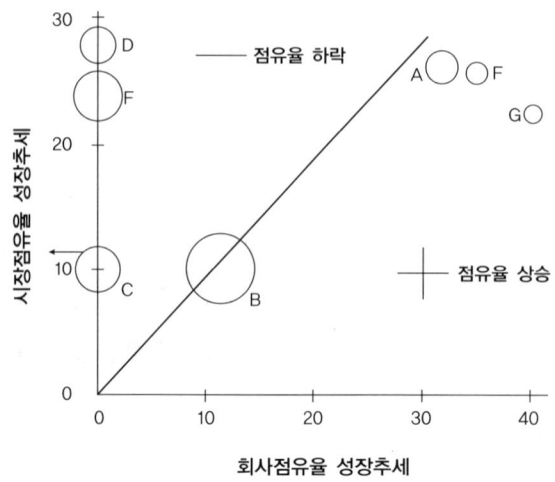

출처 : BCG 내부자료

회상했다. 앤더슨과 만나기로 약속된 날 아침, 갑자기 앤더슨이 회의를 오후 3시로 늦췄다.

베인과 함께 유니온카바이드 사무실에서 기다리던 로크리지는 엔지니어링 부서에 들러 세미로그 모눈종이(한 축에는 정비례하는 단위를 취하고 다른 축에는 로그값 단위를 취하는 그래프가 그려진 용지-옮긴이)를 얻었다. 그런 다음 빌 베인의 도움을 받아 매트릭스의 기본적인 초기 개념을 이용해서 처음으로 완전히 발전된 형태의 점유율 추세 도표를 만들어냈다. 오후 3시에 둘은 회의에 참석했다. "베인이 말했다. '워렌, 말씀드릴 게 많습니다만', 그러면서 그는 워렌 앞에 한 장의 종이를 내려놓았다. '일단 이게 귀사의 사업 포트폴리오입니다.'" 로크리지가 기억하는 바로 앤더슨은 그 내용을 "그때까지 본 것 중에서 최고"로 여겼다.

로크리지의 발명이 위대한 점은 두 개 축을 정량화해서 매트릭스를 구성한 뒤 그 두 개 축을 따라 사업들을 포진시켰다는 점이다(그림 4-3을 함께 보라). 세로축은 사업이 참가하는 시장의 예상되는 실제 성장률을 나타냈는데, 세로축 맨 밑에서 맨 위까지는 성장률 0퍼센트부터 25퍼센트를 나타냈다. 따라서 연간 12퍼센트 미만의 낮은 성장률을 보이는 시장은 매트릭스 하단에 위치했고 그보다 훨씬 높은 성장률을 보이는 시장은 상단에 위치했다.

가로축은 상대적 시장점유율을 나타냈는데, 회사의 특정 사업 매출이 동일한 시장에서 경쟁하는 경쟁회사 매출과 비교해서 어떤지를 보여줬다. 시장점유율은 로그값 단위로 매트릭스 상의 위치가 정해졌는데, 높은 점유율(예를 들어 경쟁자보다 20배 정도 점유율이 높은 경우)은 가장 왼쪽에 위치했고 낮은 점유율(경쟁자의 10분의 1일 경우)은 오른쪽에 위치했다. 이 축에서 도표 중간은 대체로 사업 규모가 가장 근접한 경쟁자의 1과 1/2배

[그림] 4-3

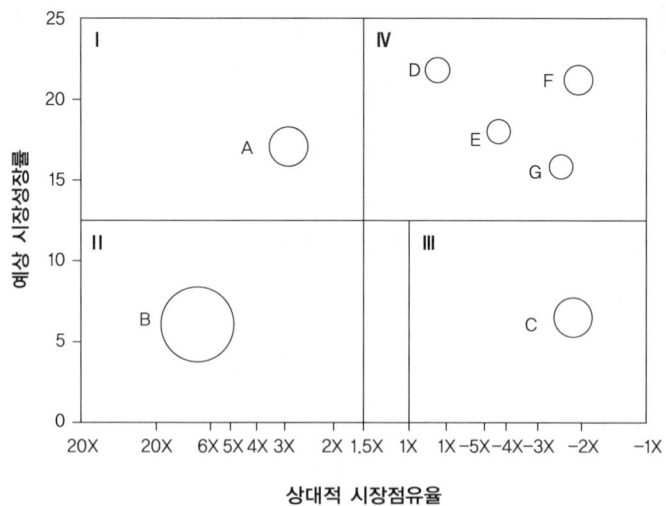

성장점유율 매트릭스 : 중간 버전

에 달하는 경우를 나타냈고 그보다 점유율이 높으면 왼쪽에, 낮으면 오른쪽에 위치했다.

컨설턴트들은 이 매트릭스에 기업의 사업군을 포진시키면서 각각의 사업을 동그라미로 표시하고 동그라미 크기가 사업 규모에 정비례하게 증가해야 한다고 결정했다. 따라서 기업의 가장 큰 사업은 큰 동그라미로 표시됐고, 가장 작은 사업은 거의 점 정도 크기의 동그라미로 표시됐다.

로크리지와 그의 팀은 앤더슨의 열광적인 반응에 고무돼 2주에 걸쳐 하루 18시간씩 일하면서 유니온카바이드의 주요 경쟁회사 세 곳을 대상으로 동일한 내용을 보여주는 도표를 작성했다. 사업군은 기업별로 빨강, 초록, 보라, 파랑 등 다른 색깔로 표시했다. "베인이 기막힌 아이디어를 냈다. 고객들에게 각각의 색깔들이 누구를 의미하는지를 말해주는 대신 고객에게 먼저 분석해보도록 한 다음 어떤 일이 벌어지고 있는지를 우리에게 설명하도록 하기로 했다." 로크리지의 말이다. "그런 뒤 맨 마지막에 이렇게 말할 작정이었다. '이게 귀사고 이건 다우케미컬, 이건 듀퐁, 그리고 이게 몬산토입니다.'" 이렇게 BCG는 약속을 지켰고 고객사의 전략적 상황뿐만 아니라 경쟁사들 상황도 한 장의 그림으로 보여줬다.

매트릭스가 완벽해지기 위해서는 오직 한가지만 수정하면 되었는데 그 작업은 BCG의 다른 직원들에게 맡겨졌다. 각각의 사분면에 새로운 명칭이 필요했던 것이다. 여러 대안들, 예를 들어 제이컨이 이름붙인 '담보부 대출' 대신 촛불을 쓰자는 주장 등을 모두 검토한 뒤 BCG는 아주 고전적인 명칭을 생각해냈다. 우선 고성장 시장에서 높은 시장점유율을 지닌 좌측 상단에 속한 사업들은 스타(Star)라고 명명됐다(그림 4-4 참조). 높은 시장점유율을 가지긴 했지만 저성장 시장인 좌측 하단에 속한 사업들에는 캐시카우(Cash cow)라는 이름을 붙였는데 그 명칭을 들은 사람들

[그림] 4-4

성장점유율 매트릭스 : 최종 버전

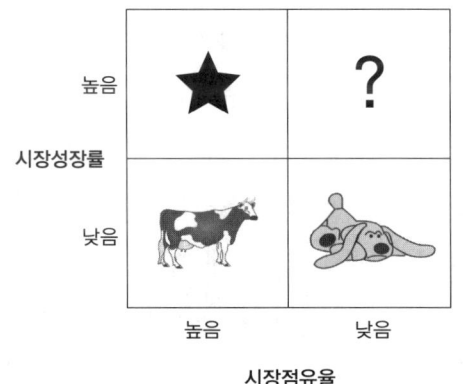

은 곧장 이 사업들이 더 나은 사업에 투자될 현금을 짜내는 사업들이라는 생각을 떠올릴 수 있었다. 우측 하단의 저성장 시장에서 낮은 시장점유율을 가진 사업들은 도그(Dog)라 이름붙였는데, 여기에는 종종 해당 사업의 절망적인 미래를 보여주기 위해 축 늘어진 귀에 슬픈 표정을 짓고 있는 비글을 그려넣었다. 마지막으로 제이컨이 탐사용 유정을 배치했던 우측 상단에는 물음표를 끼워 넣었다. 여기에 속한 사업들은 고성장 시장에 속해 있긴 했지만 경쟁자와 비교해서 낮은 시장점유율을 가지고 있었다. 그 말은 사업을 성장시킬지 말지를 결정해야 한다는 의미였다.

잠시 그 아름다움을 감상해보자. 보스턴컨설팅그룹은 단 하나의 개념적인 도표라는 수단을 사용해서 3C를 포함해 전략에 필수불가결하다고 생각되는 모든 요소들을 하나로 묶어냈다. 사업의 시장점유율에 포함된 내용들은 그 자체로 경쟁자와 대비해서 해당 사업이 어떻게 운영되고 있는지를 보여주는 가장 중요한 지표였는데, 바로 해당 사업이 경험곡선 상에서 어디에 위치해 있고 비용은 어떠한지를 한눈에 보여줬다. 시장점유율을 누적 경험치 척도로 본다면 시장점유율이 가장 큰 사업은 비용도 가장 낮아야만 한다는 걸 의미했다. 한편 시장의 성장은 고객에 대한 많은 내용을 시사했다. 고객층이 어떻게 성장하고 있는지를 알려면 우선은 얼마나 많은 고객층이 있는지를 알아야 했다. 나아가 어떤 요인이 고객층의 양적 증가와 소비 증가를 야기하는지도 알아야 했다.

과연 성장점유율 매트릭스가 그저 기업의 현재 상황만을 보여주는지 아니면 기업이 미래에 무엇을 해야 하는지까지도 보여주는지에 대해서는 BCG 컨설턴트들도 명쾌한 답변을 내놓지 못한다. 하지만 분명한 점은 이 매트릭스를 활용하는 이들이 대체로 후자의 용도로 매트릭스를 활용한다는 점이다. 스타 사업은 철저하게 보호돼야 했고 자금도 넉넉히 지원돼서 전체 시장의 성장속도를 사업의 성장속도가 따라잡아야 했다. 그래야만 시장의 성장이 둔화돼도 높은 시장점유율을 유지할 수 있었다. 저성장 시장에서 높은 시장점유율을 가진 캐시카우는 철저한 통제하에 운영돼야 했고, 캐시카우에서 짜낸 현금은 스타나 물음표 같은 더 나은 사업기회에 투입돼야 했다. 나아가 캐시카우 사업에 대한 추가적인 투자도 피해야 했다. 물론 생산비용을 계속 낮출 수 있는 경우라면 약간의 신중한 재투자는 허용됐다. 물음표는 기업 입장에서는 매우 유망한 사업들이었지만 시장점유율을 높이려면 적극적인 자금 지원이 필요했다. 하지만 많은 기업들은 물음표에 속한 사업 모두에 자금을 지원하면서 그중 어느 한 사업에도 충분한 자금을 지원하지 못하는 실수를 범하고 있었다. 따라서 가장 유망한 사업만을 선별해서 자금을 지원해야 했다. 하지만 결코 단기간에 수익을 내리라고 기대해선 안 됐다.

도그(Dog)의 경우는 처지가 딱했다. 도그에 속한 사업들은 저성장 시장에서 낮은 시장점유율을 가지고 있었기에 헨더슨이 주장한 현금의 덫에 걸린 가장 좋은 예였다. 이런 사업은 현금을 최대한 짜내거나 경쟁자들의 시장진입을 막기 위한 장치로 활용돼야 했다. 하지만 동시에 도그에 속한 사업들은 투자 회수에 가장 적합한 후보들이었다. 이런 사업들은 매각돼야 마땅했고 매각대금은 더 나은 사업에 투자돼야 했다.

일단 고객사의 실제 사업들이 매트릭스에 배치되고 나면(그림 4-5 참조), 종종 일부 컨설턴트들(대부분은 베인앤컴퍼니 소속)은 그 결과물에 대해 '100만 달러짜리 슬라이드'라고 말했다. 즉 기업의 전략적 상황에 대한 방대한 정보를 포착해서 한 장의 이미지로 전달하는 그 슬라이드는 그 자체로도 100만 달러에 달하는 컨설팅 비용을 벌어들일 만한 가치가 있었다. 마침내 BCG는 진정한 의미의 '완제품'을 가지게 된 것이었다.

[그림] 4-5

성장점유율 매트릭스의 실제 사용 예(제너럴푸드, 1980~1982)

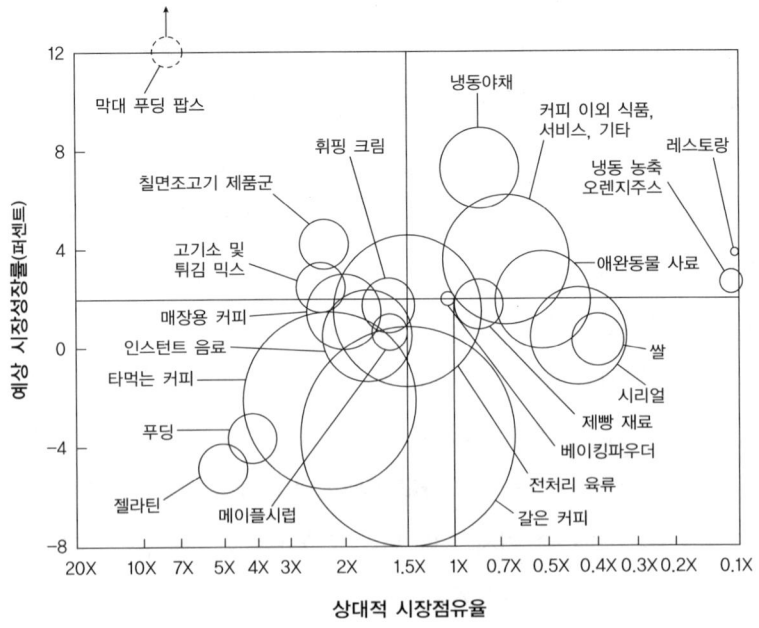

출처 : 마커스 보그 · 엘우드 버파, 《기업전략 분석(Corporate Strategy Analysis)》

BCG는 즉각 성장점유율 매트릭스를 컨퍼런스에서 발표했다. 매트릭스 탄생에 관여했던 이들 중에서 매트릭스를 공개적으로 발표하는 것을 꺼린 사람은 원래 고객이었던 미드코퍼레이션이 유일했다. "미드코퍼레이션은 대단히 기분 나빠했다." 제이컨의 말이다. "매트릭스를 자신들의 전유물이라고 생각했다. 왜냐하면 왐먹이 매트릭스에 포함된 일부 요소의 이름을 짓는 데 도움을 줬기 때문이다. 그는 거의 9개월 정도 나와는 말도 안했다. 하지만 나중에는 다시 관계가 회복됐다."

사실 이 사건은 전략혁명 과정에서 컨설팅업계를 비난하는 이들이 자주 들먹이는 논점 중 하나라고 보면 된다. 만약 전략혁명에서 등장하는 전략 아이디어들이 컨설턴트들이 고객과 일하는 과정에서 도출된 것이라면 그 아이디어의 진정한 주인은 과연 누구겠는가?

어쨌건 초기에 BCG에 몸담았던 이들은 나름대로 BCG가 결코 자신들이 고안해낸 이론에 대해 지적재산권이나 상표권, 특허를 받으려는 시도를 하지 않았다는 점을 자랑스럽게 여긴다.

사업부문 통제가 강화되다

성장점유율 매트릭스 발명과 더불어 서서히 전략은 개별 사업부문 수장의 손을 벗어나 기업의 최고경영자 또는 종종 기업의 중앙기획부서로 넘어가기 시작했다. 샌디 무스는 매트릭스가 등장하기 전까지 "ITT나 아메리칸스탠더드 같은 거대 복합기업들이 자신들이 보유한 모든 사업군에 대해 자세히 안다는 건 사실 불가능했다"고 주장한다. 당시 미국 대기업들은 이미 다각화한 상태였기에 BCG 매트릭스에 대한 고객들 반응은 즉각적이었다. "그전까지만 해도 경영진은 개별 사업부문에서 올라오는 사업계획이 현실적이지 못하다는 점을 알면서도 어떻게 그 사업계획들을 수정해야 하는지는 알지 못했다." 무스는 말한다. "BCG 매트릭스는 그럴 수 있는 이론틀을 제공했다. 최고경영자는 매트릭스를 활용해서 이렇게 말할 수 있게 됐다. '자네의 사업계획을 보면 수익도 늘어나고 이 많은 현금을 다 벌어들인다고 돼 있군. 하지만 현재 자네 사업 위치는 여기라네. 이걸 정말로 바꿀 수 있겠는가? 그러려면 이전과는 달리 어떤 액션을 취할 것인가?'"

새로운 이론틀 때문에 경영진과의 사업계획 논의는 이전보다 훨씬 치열해졌고, 특히 도그 사업군으로 분류된 사업 관리자들에게 이는 더욱 고통스러웠다. "그 점을 예상하지 못했다는 건 우리 실수다. 도그 사업 관리자들은 자신들 사업이 도그로 분류됐다는 점을 좋아하지 않았다." 제이컨도 그게 실수였음을 인정한다. 샌디 무스는 중서부에 위치한 제조업체 매니저와 그의 직속상관을 대상으로 프레젠테이션을 했던 일화를 들려줬다. 그 회사의 성장점유율 매트릭스는 많은 사업군이 우측 하단에 몰려 있다는 사실을 보여줬다. 발표를 마치자 잠시 고통스런 침묵이 이어지다가 마침내 최고경영자가 씁쓸하게 말했다. "뭐, 어쨌든 나는 늘 개를 좋아하긴 했지." 컨설턴트들은 또 다른 교훈을 배웠다. "우리는 회사 내 모든 직원들에게 발표하기에 앞서 먼저 최고경영자와 발표 내용을 검토해야 한다는 점을 배웠다."

영리한 고객들은 약간의 도움만 주면 매트릭스에 담긴 의미가 무엇인지를 즉각 알아챘다. 예를 들어 아메리칸스탠더드의 경우, 컨설턴트들의 분석은 회사의 소형 에어컨 사업이 고성장 시장에 속하긴 하지만 시장점유율은 커리어의 20분의 1 정도인 전형적인 물음표 사업임을 보여줬다. 컨설턴트들은 회사가 거의 모든 여유자금을 이 작은 사업에 쏟아붓고 있었지만 "매년 점유율을 잃어가고 있다"고 결론내렸다. 제이컨은 당시 상황을 이렇게 기억한다. "최고경영자인 빌 마쿼드가 말했다. '자네도 알겠지만 그 사업은 우리 회사가 보유한 사업 중에서 가장 유망한 사업일세. 하지만 자네 말이 옳아. 우리는 그 사업을 지속할 만한 자금이 없네. 그러니 매각하겠네. 그리고 매각 가격은 아주 높게 받을 걸세. 왜냐하면 그 사업은 고성장산업에 속해 있으니까 말일세." 아메리칸스탠더드는 즉각 그 말을 실천에 옮겼다. BCG는 아메리칸스탠더드를 토대로 해서 회사의 실명을 숨긴 다음 사례연구로 만들었고 이를 컨퍼런스에서 떠들썩하게 소개했다.

매트릭스의 모든 요소가 쉽게 정량화될 수 있다는 점을 고려한다면(사실 매트릭스가 반박할 수 없을 정도로 설득력이 있었던 이유도 그 때문이었다) 왜 고객들은 매트릭스 내용에 익숙해지고 난 뒤에도 그들 스스로 매트릭스를 직접 작성하지 않았을까?

이 질문에 대해 컨설턴트들은 예상했던 답변을 말한다. "보기보다 쉽지 않기 때문이다." 시장점유율과 성장률에 대한 데이터를 수집하는 데도 고난도 기술이 필요하지만 매트릭스를 작성하는 과정 또한 기업의 현재 상황에 대한 매우 객관적인 시각을 필요로 한다. 문제는 기업들이 이런 정직한 시각을 갖기가 쉽지 않다는 점이었다. 무스는 한 고객의 일화를 들려줬다. 그 고객은 잔디 깎는 기계를 제조하는 회사였는데 BCG 컨설턴트에게 다음처럼 불만을 토로했다. "당신들 논리가 맞을 리가 없소. 우리는 우리 시장층을 확실히 지배하고 있지만 돈을 벌어들이지 못하고 있을 뿐이오."

그 말에 컨설턴트들이 질문했다. "귀사는 시어스나 기타 자체브랜드 상품을 판매하는 대형 소매점을 통해서 제품을 판매합니까? 이런 대형 소매점 전체 시장의 몇 퍼센트를 차지하는지요?" 그 말에 임원이 대답했다. "천만에요. 비록 대형 소매점이 전체 시장의 45퍼센트를 차지하지만 우리는 그쪽을 통해서 제품을 판매하진 않소." "그렇군요. 그럼 JC페니, 몽고메리워드, K마트 같은 대형 할인점은 어떻습니까?" "아니, 그쪽을 통해서도 판매하지 않소. 그리고 그들의 시장점유율도 약 45퍼센트 정도요." 그러면 체인형 철물점은 어떠냐고 묻자 이렇게 답했다. "아, 그래요. 그게 우리 시장이오. 하지만 전부는 아니오. 캘리포니아 주는 제외해야 하니까. 왜냐하면 캘리포니아에는 우리 회사 제품으로는 깎을 수 없는 풀들이 자라기 때문이오." 결국 그 회사가 지배하고 있다고 추정하는 시장은 전체 시장 규모의 5퍼센트 정도에 불과했고 그 정도 규모로는 도무지 수익이 날 수가 없었다.

이후로 특히 학자들은 성장점유율 매트릭스와 그 매트릭스의 근간이 되는 논리가 지나치게 단순해서 심지어 위험하기까지 하다고 비난했다. 그들은 시장점유율이 언제나 낮은 비용, 수익성, 또는 경쟁우위에 직접적인 영향을 끼치는 건 아니라고 지적했다. 도대체 회사 사업들 간에 현금흐름을 조정해야 한다고 신께서 정해놓기라도 했단 말인가? 스타 사업이라면 외부에서 추가적인 자금을 조달할 수도 있었다(물론 자금조달도 사실 매트릭스가 고안됐기 때문에 더 쉬워진 것이다). 매트릭스를 비난하는 이들은 특히나 저성장 시장에서 낮은 시장점유율을 가진 기업이 경영진 교체 후에 수익성이 크게 나아지는 사례에 열광했다. 실제로 한 학자는 이 주제에 대한 자신의 논문 제목으로 '나쁜 개들은 없다(No Bad Dogs)'를 고려하기도 했다.

선도적인 매트릭스를 만들어낸 BCG 컨설턴트들은 도그 사업에 대해서는 명칭뿐만 아니라 다른 부분에서도 약간 실수를 했다는 점을 지금은 인정한다. "우리가 사업적인 경험은 부족했지만 그렇다고 해서 불쑥 나타나서 경영자들에게 그들 사업에 감놔라 배놔라 한 건 아니었다." 제이컨의 말은 결코 비꼬는 게 아니다. "그때만 해도 도그 사업을 경영하는 바른 방법이 굶겨 죽이는 게 아니라 차입매수(Leveraged buyout, LBO)라는 걸 몰랐다." 즉 차입매수 방식으로 도그 사업을 경영진에게 매각하거나, 1980년대에 등장해서 초기 LBO 기법의 선도자였던 콜버그 크라비스 로버츠와 같은 인수합병 전문회사에 판매하는 방법도 있다는 것을 몰랐다는 의미다. "우리는 당장 눈에 보이는 것에만 매달렸다. 우리가 생각했던 것보다 도그 사업은 더 큰 돈을 벌어들일 수 있었는데 우리는 그렇게 하지 않았다."

1970년대 나머지 기간 동안 BCG는 지속적으로 성장점유율 매트릭스를 강하게 추진했고 계속해서 다듬어갔다. 시간이 지나면서 다른 컨설팅 회사들도 자체적으로 BCG와 유사한 매트릭스들을 고안해내며 대세에 합류했다. 1979년, 프랑스 인시아드 경영대학원 교수인 필립 해스피스락은 〈하버드비즈니스리뷰〉의 지원을 받아 연구조사에 착수했다. 연구조사 목표는 성장점유율 매트릭스와 같은 사업 포트폴리오 이론이 대기업 전략수립에 얼마나 폭넓게 활용되는지를 알아내는 것이었다. 그는 조사에 응한 345개 기업 자료를 바탕으로 포춘 500대 기업 중 45퍼센트, 그리고 포춘 1000대 기업 중 35퍼센트가 어떤 식으로든 매트릭스를 활용하고 있다고 추정했다. 매트릭스를 사용하는 기업들 수는 연간 25퍼센트에서 35퍼센트씩 증가했는데, 그중에서 특히나 다각화한 회사들의 매트릭스 활용도가 빠르게 증가했다.

조사에 응한 기업들은 사업 포트폴리오 이론이 실행에 일부 어려운 점이 있지만 그로 인한 혜택이 이런 어려움을 훨씬 뛰어넘을 만큼 크다고 답했다. 기업 번영에 컨설턴트들이 기여한 바가 전혀 없다고 주장하는 이들은 이 점을 되새겨봐야 할 것이다. 해스피스락의 연구조사결과 요약본은 1982년 〈하버드비즈니스리뷰〉에 실렸다. 그 내용을 인용하면, 기업들은 매트릭스를 통해 "사업에 대해 더 잘 이해"할 수 있게 됐고 '적절한 전략적 의사결정'을 할 수 있게 됐는데 그 이유가 "몸 담고 있는 시장이 움직이는 원리를 더 잘 이해하게 됐고" 경쟁 위치에 대해 더 잘 인식하게 됐기 때문이라고 답했다. 그리고 만약 매트릭스가 오직 기업의 의사결정 과정에만 도움을 줬다고 생각하는 이들이 있다면 "매니저들은 매트릭스가 운영 측면에서도 개선을 가져왔다고 믿었는데, 사업에 대한 집중, 객관적인 이해, 헌신을 부추겼기 때문이었다"는 말을 다시 한번 생각해봐야 할 것이다.

성장점유율 매트릭스는 성공적인 '제품'으로 판명됐고, 그 결과 BCG는 탄탄한 사업적 발판을 마련하게 되면서 지적 명성에 어울릴 만한 사업적 성공을 거두게 된다. "고객사의 경험곡선을 작성해주는 건 돈이 안 됐다." 제이컨은 말한다. "반면 고객사의 사업 포트폴리오를 분석해주는 건 엄청난 돈이 됐다. 우리가 첫 번째로 판매한 서비스는 고객의 사업 포트폴리오였다. 일단 고객에게 회사의 모든 사업군을 한눈에 보여준 다음 시장점유율과 점유율의 추세를 볼 때 해당 사업이 강력한지 아니면 약한지를 보여줬다. 그러면 최고경영자는 이 자료를 가지고 이사회에 가서 이렇게 말할 수 있었다. '자, 이제부터 매각을 시작하겠소. 회사 전략을 완전히 바꾸겠소. 전임자가 망쳐놓은 걸 고쳐놓겠소. 하지만 그러려면 우선 구조조정이 필요하오.' 사업 포트폴리오 분석은 믿을 수 없을 만큼 설득력이 강했다."

BCG가 판매한 두 번째 서비스는 "매각되지 않은 사업들도 자세히 들여다볼 수 있게 해주는 것"이었다. 실제로 샌디 무스는 수년 동안 아메리칸스탠더드의 각기 다른 사업부분 전략을 수립하면서 이 두 번째 서비스를 판매했다. "전체 사업군의 전략을 수립하는 데 약 5년이 걸렸다." 제이컨은 회상했다. "그리고 5년이 지나면 다시 전략을 수립할 시점이 돌아왔다." 무스는 "실제로 그렇게 했다"고 강조했다. 제이컨은 이 결코 끝이 없는 컨설팅 프로젝트에 대해 "그건 마치 조지 워싱턴 대교를 그리는 것과 마찬가지"라고 말했다(조지 워싱턴 대교가 오랜 기간에 걸쳐 지속적으로 확장

작업이 일어났다는 점을 빗대어 말한 것 – 옮긴이).

　이 점을 컨설팅 회사들이 기업의 피를 빨아먹고 산다는 주장의 단적인 예로 봐야 할까? 컨설턴트들은 그렇지 않다고 말한다. 특히 이 일화의 역설적인 결말을 생각한다면 더욱 그렇다. 다시 제이컨의 말을 들어보자. "아메리칸스탠더드 최고경영자였던 빌 마쿼드는 마땅히 해야 할 일을 했는데, 많은 사업을 매각한 일이었다. 당시 아메리칸스탠더드는 거의 파산을 눈앞에 둔, 한창 힘든 과정을 겪고 있었다. 그리고 회사를 구해낸 건 마쿼드였다. 약 7년이 지난 후 마쿼드는 엄청난 캐시카우를 얻게 됐는데, 그 이유는 손해보던 사업들을 모두 매각했기 때문이었다. 이로써 회사는 엄청난 현금을 벌어들였고 미국에서 경영이 가장 잘 되는 5대 기업에도 들었다. 하지만 마쿼드는 동시에 물에 빠져 허우적대고 있었다." 왜냐하면 아메리칸스탠더드가 가장 유망한 사업분야였던 에어컨 사업 역시 매각했기 때문이다.

　"그래서 마쿼드는 우리에게 다각화에 대해 조사해달라고 부탁했다." 제이컨이 말을 이었다. "그 과정에서 우리는 트레인이라는 대형 에어컨 기업의 인수를 고려하게 됐다. 트레인은 아주 성공적으로 사업을 벌이고 있었고 회사 매각에는 전혀 관심이 없었다. 1년이 지났고 누군가 트레인에게 인수제안을 했다. 그러자 트레인은 아메리칸스탠더드에 연락을 취해왔다. 우리는 트레인에 대한 실사를 진행했다. 트레인은 우리가 회사 상황을 신속하게 파악할 수 있게 많은 도움을 줬다. 하지만 그보다 더 중요한 점은 우리가 이미 마쿼드에게 그 인수건을 꼭 진행해야 한다고 설득해놓은 후였다는 점이다. 트레인 인수는 아메리칸스탠더드가 다시 에어컨 시장에 진입할 수 있는 기회였고, 트레인의 시장점유율도 매우 컸다. 그리고 아메리칸스탠더드는 우리 말을 따랐다." 에어컨 시장으로의 재진입은 1984년 트레인의 인수와 함께 시작됐다. "현재 아메리칸스탠 더드가 보유한 여러 사업 중에서 가장 규모가 크고 수익성이 좋은 사업 이 바로 트레인이다."

빌 마쿼드는 2006년 10월 22일 여든여섯 나이로 세상을 떠났다. 여러 부고기사는 그의 뛰어난 업적을 보도했다. 〈월스트리트저널〉은 마쿼드 가 "1970년대에 기업을 획기적으로 개선해서 오래된 미국기업인 아메리 칸스탠더드를 살려냈다"고 보도했다. 나아가 그의 투철한 직업의식(그는 최고경영자 시절 단 한 번도 결근한 적이 없었다)에 찬사를 보냈고, 그가 1970년 대에 이전에 매입했던 수많은 사업들을 매각하면서 아메리칸스탠더드 부채를 현저하게 줄였다는 일화를 들려줬다. 기사는 그가 "일선 관리자 들로 하여금 시장점유율을 늘리고 각각의 사업에서 저비용 생산자가 되 도록 했다"고 언급했고, 또한 일선 관리자들과 자신 사이에 존재하던 관 리자 계층을 없앰으로써 일선 관리자들을 더욱 자세히 관찰할 수 있게 했다고 보도했다. 트레인 인수에 대해 〈월스트리트저널〉은 마쿼드의 말 을 인용했다. "트레인 인수는 회사 능력을 약간은 벗어나는 일이었지만 그래도 일생에 한 번 있을까 말까 한 기회였다." 하지만 내가 본 마쿼드 의 부고기사 중에서 아메리칸스탠더드 회생에 기여한 BCG 컨설턴트들 역할에 대해 언급한 기사는 단 하나도 없었다.

3과 4의 법칙

앞으로 살펴보겠지만 1980년대에 이르자 BCG 같은 전략 컨설턴트 회 사들이 전략수립에는 도움을 줄 수 있지만 전략실행('이행' 또는 '집행')에 는 거의 도움이 안 된다는 비난의 목소리가 증가했다. 특히 BCG는 이런 비난이 상당히 일리가 있다는 점을 이후 깨닫게 된다.

하지만 BCG의 항변을 들어보자면 이 선도적인 전략 컨설팅 회사는 전략혁명 초기였던 1970년대에는 대부분의 전략이행이 아메리칸스탠더드 경우처럼 사실 투자와 투자회수에 대한 의사결정에 집중됐다고 주장한다. 당시에는 전략실행이 지금보다 훨씬 쉬웠는데, 그 이유는 당시엔 전략이행이 기껏해야 최고경영자나 사업부문 수장에게 일부 사업을 매각하고 다른 사업을 인수해야 한다는 점을 인식시켜주는 것에 국한됐기 때문이다. 다시 말해 전략혁명의 초기 시절, 전략 컨설팅 회사들은 기업이 제대로 사업군을 '포지셔닝'하도록 도와주는 것에 집중했다.

1976년, 브루스 헨더슨은 〈BCG 전망〉에 〈3과 4의 법칙〉이란 글을 기고했다. 그 글에서 그는 이렇게 주장했다. "경쟁상황이 크게 변하지 않는 시장에서는 결코 주요 경쟁자가 셋 이상 존재하지 않는다. 그리고 그 중에서 가장 큰 경쟁자의 시장점유율은 가장 작은 경쟁자의 시장점유율의 네 배를 넘지 못한다." 헨더슨은 이 법칙이 "엄밀한 증거가 뒷받침되지 않은" 가설이라는 점은 인정했지만 다양한 산업군, 예를 들어 항공기, 자동차, 유아식, 청량음료, 증기 터빈 등과 같은 사업에 걸쳐 공통적인 현상이라고 주장했다.

헨더슨의 글은 경험곡선, 비용경쟁, 시장점유율의 중요성에 대한 BCG의 생각을 일목요연하게 재정리했다. 아울러 이 글이 발표된 시기는 BCG의 초기 성공에 기반이 됐던 이론들이 정점에 달했던 시기였다. 실제 그 이후로 높은 시장점유율이 반드시 경쟁에서의 승리를 의미하지는 않는다는 비판적인 학자들의 주장이 갈수록 커졌다. 이들은 경험곡선의 주장처럼 비용이 예측 가능하게 또는 자동적으로 낮아지는 건 아니라고 보았다. 나아가 일부 산업에서는 시장점유율 선두기업보다는 틈새를 공략하는 다수의 경쟁자들이 오히려 더 큰 성공을 거둔다고 주장했다.

하지만 BCG 이론은 전략이행에 뛰어난 기업들 사이에선 여전히 통용되고 있는 여전히 강력한 이론이다. 1981년에 GE의 최고경영자가 된 잭 웰치는 증권분석가들과의 첫 만남에서 향후 GE가 성장시장에 집중할 것이며 시장에서 1등이나 2등이 아닌 사업에서는 철수할 것이라는 유명한 발언을 한다(한 발 더 나아가 1983년에는 BCG에서 9년간 근무하면서 GE의 컨설팅을 이끌었던 마이클 카펜터를 고용해서 GE의 전략수립에 대한 총책임을 맡겼다).

1976년에 헨더슨이 명상록 분위기가 물씬 풍기는 이 글을 썼던 또 다른 이유는 아마도 그때가 BCG 역사상 처음으로 강력한 경쟁자들이 등장하던 시기였기 때문이었을 수도 있다. 맥킨지앤컴퍼니는 BCG의 갑작스런 성공을 눈치챈 뒤 자체적으로 지적 부흥을 일으키고 있었다. 나아가 더욱 큰 위협은 BCG의 최고 세일즈맨이었던 빌 베인이 1973년에 BCG를 박차고 나가 직접 컨설팅 회사를 차렸다는 점이었다.

제5장

멋진 신세계의 개척자
빌 베인의 성공전략

빌 베인은 큰 성공을 거두었는데도 불구하고 학력에 대해서만큼은 약간 민감해한다. 위대한 전략 컨설팅 회사를 역사상 두 번째로 설립했음에도 불구하고 놀랍게도 그는 MBA 학위도 없고 전략의 대가들에겐 기본이라고 할 수 있는 공학학위도 없다. 하지만 다른 전략의 대가들처럼 빌 베인 또한 천재이자 혁명가이며, 무엇보다도 자신의 방식대로 일을 처리해야만 속이 시원한 인물이었다.

1937년 7월 30일, 12명의 자녀 중 한 명으로 태어난 빌 베인은 테네시 주 존슨 시티에서 자랐다. 부친은 농사꾼 집안 출신으로 초등학교만 졸업했지만 이후 열심히 일해서 소규모 식품 도매상이 됐다. 베인은 고향에 있던 이스트 테네시 주립대를 다니면서 처음에는 공학을 전공했지만 얼마 안 있어 한 가지 주제에 대한 모든 요소들을 마법처럼 하나로 묶어내는 재주가 있던 한 교수의 영향을 받아 미국역사로 전공을 바꾸게 된다.

2년 뒤 그는 박사학위를 딴 뒤에 역사선생이 되겠다는 생각에 밴더빌트 대학으로 편입했고, 부친은 추가적인 학비를 대기 위해 모든 보험을 해약해야만 했다. 베인은 우드로 윌슨 장학생이 되면서 대학원 등록금을 지원받을 수 있었지만 곧 도서관에서 조그만 메모지를 채워가면서 온갖 자료조사를 해야 하는 생활에 싫증을 느끼기 시작한다. 베인은 여름방학 때마다 임시직으로 일했던 철강 유통회사로 되돌아갔다. 하지만 얼마 안 있어 회사에 어려움이 닥쳤고 베인은 구조조정의 일환으로 해고당한다.

그 뒤 베인은 친구로부터 밴더빌트 대학으로 돌아가 육성회비 모집부서에서 근무해보는 게 어떻겠냐는 제안을 받는다. 당시 밴더빌트 대학은 아주 흥미로운 상황에 처해 있었다. 밴더빌트 대학은 포드 재단으로부터 기부금 제안을 받은 다섯 개 대학 중 하나였는데, 만약 포드 재단이 주기로 한 기부금과 동일한 액수의 기부금을 특정일까지 모으면 포드 재단의 기부금을 받을 수 있었다. 하지만 만약 그러지 못할 경우에는, 빌 베인의 표현에 따르면 "땡전 한 푼도 받을 수 없었다." 베인은 포드 재단의 제안이 이후 미국 대학에서 고통스런 관습으로 자리잡은 기부금 모금 캠페인의 시초였다고 회상했다.

아무튼 베인은 즉각 그 일을 받아들였고 스물여덟 살에 육성회비 모집부서 수장이 됐다. 그리고 그 일을 하면서 일생 동안 간직하게 될 두 가지 교훈을 얻게 된다. 첫 번째로 베인은 자신이 기업의 고위임원들과 일하는 걸 즐긴다는 점을 깨달았다. 그의 기부금 모집 대상지역에는 뉴욕이 포함돼 있었다. 덕분에 그는 코닥, JP모건, 케미컬뱅크, 뱅크오브뉴욕 등과 같은 회사 임원들과 많은 시간을 보낼 수 있었다. "나는 그들이 고위임원 자리에 올라선 과정, 그들의 일, 직업에 대한 그들 생각에 매료됐다." 베인은 회상했다. 그는 자신과 고위임원들 간에 공통 관심사가 많다는 걸 발견했다. 그는 공통 관심사로 '스포츠, 여자, 사업, 경쟁, 목표'를 꼽았다. "나는 그들 모두를 하나같이 좋아했고 그들도 나를 좋아했다. 그들과 함께 있으면 매우 마음이 편했다."

베인은 또한 결과물에 집중하는 법을 배웠다. 매주가 마무리될 때면 기부금 모집 직원들은 모두 모여 팀 미팅을 했다. 그들은 음식을 나눠 먹으면서 모집활동이 어떻게 진행되고 있는지에 대한 이야기를 나눴다. 베인은 직원들의 사기를 칭찬하면서도 미팅 때마다 늘 빼놓지 않고 한 가지 질문을 했다고 말했다. "그런데 돈은 어디 있지?" 베인은 이후 사회생활을 하면서 입버릇처럼 이 질문을 반복했는데, 이 질문은 그의 회사가 고객들에게 컨설팅 서비스를 제공하는 데 있어 하나의 표어가 됐다.

베인이 전화를 걸던 밴더빌트 동문 중에는 브루스 헨더슨도 있었다. 둘이 처음 만난 건 헨더슨이 아서디리틀에서 근무할 때였다. 밴더빌트가 경영대학원 설립을 고민할 무렵 베인은 헨더슨을 다시 찾았는데 당시 헨더슨은 BCG를 설립한 후였다. 베인은 헨더슨에게 내슈빌에 방문해서 경영대학원 설립을 고민 중인 기업가들을 대상으로 강연을 해달라고 요청했다. 점심을 먹으며 진행된 모임은 순조로웠다. 헨더슨은 특히나 젊은 베인이 모임을 사전에 준비하는 모습에 깊은 인상을 받았는데, 그는 모임 참석자들 개개인이 원하는 바를 해부하듯 분석해줬고, 모임이 끝난 뒤에는 헨더슨의 강연에 대해 평가를 내리기까지 했다. 평가 내용 중에는 헨더슨이 강연 도중에 너무 말을 뚝뚝 잘랐다는 내용도 있었다.

둘은 그날 밤 베인의 집에서 함께 저녁식사를 했다. 헨더슨의 질문을 받은 베인은 기업 임원들을 대상으로 자신이 하는 모금 일에 대해 설명하면서, 임원들과 자신의 관계가 매우 돈독하며, 그들로 하여금 어떻게 속마음을 털어놓게 하는지를 설명했다. 베인의 회상에 따르면 이튿날 아침 헨더슨은 떠나기 전에 베인에게 이렇게 말했다. "나는 아주 영리하면서 고위임원들을 이해하고, 그들과 함께 일하면서 그들의 마음을 움직이고, 그들의 존중을 받을 수 있는 인재를 원하네. 그리고 그 인재는 비즈니스도 이해해야 하지. 대체로 나는 비즈니스를 잘 아는 아주 똑똑한 사람들만 고용한다네. 그렇다고 해서 그들이 비즈니스가 어떻게 돌아가는지를 아는 이들이라는 말은 아닐세. 다만 경영대학원을 나왔으니까 비즈니스에 대한 지식을 갖추고 있다는 말이지. 자네는 경영대학원만 빼고는 나머지 두 가지 조건을 모두 갖췄네. 나는 자네가 하버드 경영대학원을 졸업한 이들보다 못할 건 없다고 보네. 왜냐하면 하버드 졸업생들이 다른 이들과 친해지는 법과 최고경영자를 겁내지 않는 방법을 배울 동안 자네는 경영대학원에서 가르치는 기본적인 지식을 배울 수 있을 테니까." 헨더슨은 베인에게 BCG에 들러 면접을 한번 보라고 제안했다.

때는 1967년이었고 당시 밴더빌트 육성회부 모금부서는 모집금액을 거의 달성할 수 있다고 확신하던 참이었다. 베인은 자신의 인생에 찾아온 또 다른 기회에 대해 알아봐야겠다는 생각에 헨더슨의 초청을 받아들였다. 그는 보스턴으로 와서 BCG에서 헨더슨 다음으로 직위가 높았던 사이 틸스, 짐 아베글렌, 아서 콘타스, 그리고 컨설턴트 중에서 떠오르는 기대주였던 찰스 파리스 앞에서 면접을 봤다. 면접이 끝나자 헨더슨은 베인에게 인터뷰 평가지의 복사본을 갖다줬다. "칭찬이라곤 거의 찾아볼 수가 없었다." 베인은 웃으며 말했다. "그들은 헨더슨이 나한테서 봤던 좋은 점을 하나도 못 봤다. 그들 눈에 비친 나는 영리하긴 했어도 결국 경영대학원을 졸업하지 못한 인물에 불과했다. 영리하긴 신부님들도 마찬가지다. 그렇다고 BCG가 신부님들을 고용할 리가 없지 않은가?"

그럼에도 불구하고 헨더슨은 입사를 제안했다. 그에 대해 베인은 이렇게 말한다. "헨더슨은 자신이 찾는 세 가지 조건을 알고 있었다. 나는 그중 두 개의 조건을 충족했는데 그가 이미 고용한 많은 직원들은 오직 한 개 조건만 충족했다." 제안한 연봉은 1만 4000달러였는데 이는 BCG가 하버드 MBA 졸업생에게 제안하는 일반적인 연봉 수준이었다. 문제는 베인이 밴더빌트 대학에서 받던 연봉이 1만 8000달러였다는 점이다. "내 연봉이 좀 높은 편이었다"고 베인은 말했다. 둘은 연봉협상을 벌였고 헨더슨이 연봉을 1만 7000달러로 올리자 베인은 합류하기로 결심했다. "나는 내 아이들에게 내가 이직할 때마다 연봉을 낮췄다고 말하곤 한다." 베인은 말했다.

베인은 곧 경영에 대한 지식을 배워갔는데 그중에는 헨더슨과 함께 출장을 다니면서 배운 지식도 포함돼 있었다. 베인은 BCG에 합류한 뒤에 유럽으로 10일간 출장을 갔던 일을 회상하면서, 그 여행에서 적어도 "200시간이 넘게 낮이건 밤이건 헨더슨과 얘기를 했다"며 "헨더슨은 불면증이었지만 나는 아니었다"고 말했다. 또한 베인은 BCG의 가장 큰 고객들이었던 제너럴인스트루먼츠, 다우코닝, 텍사스인스트루먼츠와 함께 일하면서 경영에 대한 지식을 습득했다. 베인은 자신이 이런 회사들과 좋은 관계를 구축하고 유지하는 데 타고난 재능이 있다는 점을 보여줬다. 1968년이 되자 베인은 BCG에 고객이 부족하다는 점에 자극을 받아 헨더슨과 함께 잠재고객들을 대상으로 판촉 전화를 걸기 시작했다. 그 일은 다른 직원들이 꺼려하는 어려운 일이었다. 헨더슨은 베인에게 반복적으로 지도를 받아가면서 자신의 마음속에 당장 떠오르는 아이디어를 설명하기보다는 먼저 고객에게 질문부터 하면서 대화를 풀어나가는 방법을 배웠다.

이 기간 동안 헨더슨은 경쟁에 대단히 매료돼 있었다. 그래서 비즈니스를 벗어난 다른 영역에서 한 존재를 다른 존재와 대적하게 만드는 기본적인 원인에 대해 깊이 파고들었다. 1960년대에 헨더슨은 책을 읽다가 고인류학 영역까지 연구하게 된다. 고인류학 학자들은 작은 무리를 이뤄 사냥을 하고 자투리 땅을 지키기 위해 다른 무리들에 맞서 싸웠던 원시시대 조상들의 공격성이 여전히 현대 인간들 행위에 영향을 미친다고 주장했다. 헨더슨은 로버트 아드레이와 같은 이들의 연구(아드레이는 1966년에 《영토적 본능(The Territorial Imperative)》을 출간했다)에 영감을 받아 회사를 블루, 그린, 레드라는 3개의 상호 경쟁하는 소규모 그룹으로 나눴다.

당시 BCG에서 근무했던 이들은 그 사건을 대재앙으로 여기는데, 그 이유는 그 사건이 의도와는 달리 이후 베인앤컴퍼니가 생겨나게 된 계기가 됐기 때문이다. 각각의 그룹은 당시 BCG의 고위 직급이었던 두 명의 그룹 임원(다른 컨설팅 회사의 고위 파트너에 해당한다)을 됐고 그들과 함께 일할 임원들과 매니저들로 구성됐다, 이후 베인앤컴퍼니의 공동설립자가 되는 패트릭 그레이험과 베인이 이끌던 블루 그룹에는 조지 베넷, 딕 로크리지, 존 헬펀, 랠프 일라드가 포함돼 있었다. 이 중 딕 로크리지를 제외한 모두는 후에 빌 베인을 따라 새로 설립된 회사에 합류하게 된다.

앞에서 봤듯이 베인은 블랙앤데커, 텍사스인스트루먼츠와 같은 BCG의 대형 고객들과의 관계를 총괄하던 인물이었다. 3개 그룹으로 나뉜 후 베인이 이끌던 블루 그룹은 BCG의 매출과 수익 대부분을 차지했다. 베인의 말에 따르면, 헨더슨은 그에게 여러 번에 걸쳐 만약 BCG 설립자들에게 무슨 일이 벌어진다면 차기 수장은 그가 될 거라고 말했다고 한다.

고전적 전략연구의 등장

빌 베인에겐 그를 헐뜯는 무리들이 있었는데 그가 사회생활을 하면서 동료들에게 불신과 혐오감을 심어준 경우가 여러 번 있었기 때문이다. 그중 첫 번째는 베인이 1973년에 BCG를 떠나 회사를 차렸을 때였다. 베인이 독립한 이유에 대한 여러 의견을 모두 적는다면 아마 지면이 부족할 것이다. 아무튼 지배적인 의견은 "베인이 BCG를 이어받길 원했지만 헨더슨이 허락하지 않았다"는 것이다. 하지만 이 이야기의 취지상 가장 중요한 건 왜 떠나야만 했는가에 대한 베인 자신의 의견이다. 그러니 일단 그가 BCG 사업 방식에서 보게 된 문제점에 대해 이야기를 시작해보자.

베인은 일단 1960년대 후반부터 1970년대 후반까지 BCG의 컨설팅 과제들이 대체로 6주 정도 지속됐고 고객에게 서면으로 보고서를 제출하는 것으로 종결됐다고 지적한다.

BCG는 고객에게 최종보고서를 제출하고 나면 실제로 고객이 컨설팅 보고서를 제대로 활용하는지 확인하지 않았는데 베인은 이 점에 대해 실망감을 느꼈다. 나아가 기업의 기획자들과는 달리 의사결정자들은 오로지 최종보고서의 요약 부분만 읽는 것 같았다. 베인은 BCG의 컨설턴트들이 정말 훌륭한 보고서 즉 멋진 데이터에 기반한 놀랄 만한 통찰을 담은 보고서를 작성하는 이유가 어쩌면 고객들에게 실질적인 도움을 주기 위해서라기보다는 오히려 동료들에게 자랑하기 위한 게 아닌지 의심스러웠다.

그 무렵 그는 동료에게 이렇게 말했다. "난 내가 무인도에 사는 컨설턴트인 것처럼 느껴져. 보고서를 쓴 다음에 병에 집어넣고 바다에 던진 다음 다른 보고서를 쓰는 것처럼 말이야." 지금도 그는 당시에 쌓여만 가던 절망감에 대해 이렇게 회상한다. "당시 나는 내가 제대로 컨설팅을 하고 있는 건지 알 수 없었고, 어쩌면 영원히 알 수 없을지도 모른다고 생각했다." 그리고 이런 생각은 결국 단 하나의 질문으로 이어졌다. "진정 우리가 고객에게 돈이 되는 일을 하고 있는가?"

컨설팅 회사들도 기존 고객으로부터 충분히 돈을 벌어들이지 못하고 있긴 마찬가지였다. 밴더빌트 대학에서 기부금 모집을 하면서 베인은 "이미 기부를 한 이로부터 기부금을 받아내는 게 한 번도 기부를 안했던 이로부터 기부금을 받아내는 것보다 훨씬 쉽다"는 점을 배웠다. BCG가 수행하던 과제들은 대체로 짧은 기간 동안 단발적으로 수행되는 과제들이었는데 적어도 성장점유율 매트릭스가 등장하기 전까지는 지속적인 매출로 이어지지 않았다. 그건 곧 계속해서 신규고객을 찾아야만 했다는 의미였다. 그리고 더 많은 〈BCG 전망〉을 배포하고 더 많은 컨퍼런스를 개최해야 했기에 마케팅 비용도 따라서 증가했다.

베인은 유니온카바이드의 가장 큰 사업부문 수장이었던 워렌 앤더슨에게 제출할 제안서를 작성하면서 '베인앤컴퍼니를 세워야겠다는 생각'을 진지하게 고민하게 됐다. BCG가 수행한 소규모 프로젝트에 깊은 인상을 받은 앤더슨은 맨해튼에 위치한 본사로 빌 베인을 초청했다. 15분 정도 대화를 나누다가 앤더슨은 그의 상사였던 최고경영자 페리 윌슨에게 전화를 걸더니 그가 흥미를 느낄 만한 일이 있다고 말했다. 앤더슨과 베인은 윌슨의 사무실로 불려갔다.

이 일이 있기 얼마 전 베인은 런던에서 열린 BCG 컨퍼런스에서 강연을 한 적이 있었다. 강연에는 베인이 오랫동안 흥미를 느꼈던 체스에 대한 내용이 포함돼 있었다. 베인은 강연에서 경쟁자가 사업에 피해를 끼칠 경우 경쟁자의 다른 취약한 사업에 피해를 끼치는 방법으로 대응할 수 있다고 주장했다. 헨더슨은 그 개념에 대해 "매우 흥미롭다"고 말했고 베인은 어떻게 하면 유니온카바이드에게 영업을 하면서 그 개념을 써먹을 수 있을지 고민했다.

사실 베인앤컴퍼니의 성공은 고객사의 최고경영자와 돈독한 관계를 맺을 수 있는 빌 베인의 능력 때문이라고 할 수 있다. 이 점은 베인앤컴퍼니를 좋아하던 이들이든 헐뜯던 이들이든 모두 인정하는 사실이다. 심지어 베인을 헐뜯는 이들은 베인이 마치 조지 뒤모리에 소설에 등장하는 최면술사처럼 상대방의 마음을 사로잡아 자신의 뜻대로 조종할 수 있는 스벵갈리 효과(Svengali effect)를 활용한다고 말하기도 했다. 그런 면에서 유니온카바이드에서 진행됐던, 훗날 큰 영향을 미칠 이들 대화는 매우 흥미롭다. 대화의 주제는 두 가지였다. 그리고 이 두 가지 주제는 동전의 양면과도 같이 서로 밀접한 관계가 있었다. 앞면은 기회, 즉 시장을 지배할 수 있는 기회를 의미했다면 뒷면은 위태로움, 위험, 실패를 의미했다.

"우린 조그만 탁자를 앞에 두고 앉았는데, (공교롭게도) 그 탁자는 체스를 두는 탁자였다." 베인의 말에 따르면 커다란 창문을 통해 들어온 빛이 거대한 사무실로 비쳤고 대화가 길어지면서 빛이 잦아들자 분위기가 '환상적으로' 변했다. 베인의 말을 들어보자.

나는 유니온카바이드가 보유한 모든 사업의 가격 경험곡선을 보여줬다. 그들은 이미 그 내용을 잘 알고 있었다. 그런 뒤 나는 내가 늘 가지고 다니는 노트를 꺼내 거기에 런던 컨퍼런스에서 강연했던 내용을 적어가면서 경쟁과 경쟁역학에 대해 설명했다. 그리고 어떻게 특정기업이 돈을 벌 수 있는지를 결정짓는 요소가 경쟁역학에서 도출되는지에 대해 설명했다. 그런 다음 이렇게 말했다. "분명한 점은 현실은 이 이론보다 훨씬 복잡하다는 겁니다." 둘은 고개를 끄덕였고 나는 "나 같은 컨설턴트들에겐 다행이죠"라고 덧붙였다.

내가 말했다. "만약 목숨을 걸고 게임을 한다면, 그리고 그 상대방의 IQ가 110이라면, 틱택토 게임을 하겠습니까? 체커스 게임을 하겠습니까? 아니면 체스를 두겠습니까? 당연히 체스겠지요. 자, 그렇다면 상대방이 당신과 IQ가 똑같다면, 그리고 다시 한 번 목숨이 걸려 있는 게임이라면, 당신은 체스 관련서적을 몇 권이나 읽어보겠습니까? 이전에 체스의 대가들이 뒀던 게임을 몇 개나 복기해보겠습니까? 그러니까 내 말은 당신이 머리가 훨씬 좋거나 아니면 상대방보다 훨씬 많이 준비해야만 더 전략적으로 생각할 수 있다는 말입니다." 그런 뒤 결론으로 들어갔다.

"현실은 너무나 복잡하고, 내가 알기로는 귀사 정도의 규모와 수준이 되는 기업들 중에서 이런 대화를 하고 있는 건 전 세계에서 오직 귀사밖에 없습니다. 따라서 귀사는 경쟁자보다 훨씬 앞서가는 겁니다. 하지만 만약 내일 내가 다른 기업과 이런 대화를 나눈다면, 결국 귀사는 남보다 딱 하루만 앞서가게 되는 겁니다. 만약 여기서 일이 더 진척돼서 우리가 귀사의 모든 사업을 검토하게 된다고 가정해보시죠. 귀사의 사업은 아주 복잡한 경쟁환경에 처해 있고 그곳에는 강도떼가 들끓고 있습니다. 그리고 그날 귀사의 수익과 주가는 이 강도떼 틈 속을 귀사가 어떻게 헤쳐나갈지에 달려 있습니다…… 이런 관점에서 우리가 귀사의 사업을 분석해드린다면 귀사는 마땅히 얻어야 할 수익을 얻을 수 있으며 경쟁자보다 훨씬 앞서갈 수 있습니다."

세 사람은 거의 다섯 시간 동안 이야기를 나눴다. 윌슨과 앤더슨은 베인의 제안에 흥미를 느꼈고 베인에게 회사로 돌아가면 서면으로 제안서를 작성해서 보내달라고 말했다. 그리고 제안서에 BCG가 제공할 서비스 내용, 프로젝트 기간과 비용에 대해 자세히 적어달라고 말했다. 베인은 이렇게 말한다. "베인앤컴퍼니는 어떤 면에서는 바로 그 순간에 탄생됐다고 할 수 있다. 그 대화는 전략에 대해 내가 아는 모든 지식을 총동원해서 만들어낸 가장 뛰어난 이론을 세상에서 가장 크고 중요한 회사의 1인자와 자유롭게 논의했던 최초의 대화였다. 그리고 그 대화에서 나는 내가 할 수 있는 최선을 다해 가장 아름다우면서 복잡한 방식으로 전략을 설명했다. 그리고 그들은 내 말을 이해했다. 아니 내 말에 넋을 잃었다."

작성된 제안서에는 '친애하는 워렌에게'로 시작하는 긴 편지(베인은 이 형식을 헨더슨에게서 배웠다고 말했다)와 한 문단에 달하는 의례적인 인사말이 적혀 있었다. 그런 다음 "고전적인 전략연구는 다음과 같은 방식으로 진행된다"라는 문구와 함께 본론이 시작됐다. 베인은 회사의 모든 사업부문에 속한 사업을 면밀히 검토하겠다는 컨설팅 프로젝트에 대해 대략적으로 설명했고, 조사결과에 가장 최신 이론틀을 적용할 것이며 조사결과를 하나의 통합된 전략으로 엮어냄으로써 유니온카바이드가 다른 경쟁자들은 감히 기대조차 할 수 없는 경쟁우위를 확보하게 될 것이라고 적었다.

얼마 뒤 베인은 자신이 쓴 제안서를 일부 동료들에게 보여줬다. 베인은 동료들이 그 보고서를 보자 "크게 웃었다"고 말했다. 그 이유는 '고전적인 전략연구'라는 건 사실 존재하지 않았고 만약 있다 해도 BCG가 그런 연구를 해본 적이 없었기 때문이었다. 제안서는 현실을 반영했다기보다는 베인이 생각하던 전략연구의 이상적인 모습을 담고 있었다.

제안서 내용에는 일반적인 BCG 컨설팅 방법과는 확연히 다른 특징들이 많았다. 이런 특징들은 또한 이후 베인이 베인앤컴퍼니에서 거의 완벽할 정도로 가다듬게 된 사업모델의 핵심이라고 할 수 있었다. 그때까지 BCG는 일반적인 컨설팅 회사들처럼 프로젝트 단위로 서비스를 수행했다. 고객과의 관계는 향후 상황에 따라 단발적으로 유지됐다. 게다가 BCG는 당시 전략분야에만 집중했기에 미드코퍼레이션과 같은 예외적인 경우를 제외하고는 기업의 모든 부분을 다루는 컨설팅 과제를 수행해본 경험이 부족했다.

이와 달리 빌 베인이 제안한 내용은 그 범위가 너무나도 넓어서 고객에게 기간이 얼마나 소요될지 그리고 산출물이 정확히 무엇인지를 예측할 수 없을 정도였다. 베인은 또한 유니온카바이드에게 컨설팅 비용으로 고정된 비용을 청구하지 않았다. 대신 매달 2만 5000달러를 지급해달라고 했다. 그 금액은 당시로는 매우 큰 금액이었는데, 당시 BCG가 수행했던 프로젝트 중에는 전체비용이 1만 5000달러짜리였던 프로젝트도 있었다. 그리고 베인은 그 비용을 받는 대가로 프로젝트 기간 중에 정기적으로 보고서를 제출하기보다는, 매달 컨설턴트와 고객 간의 미팅을 진행해서 이미 이행된 사안들이 무엇이고 앞으로 이행해야 할 사안들이 무엇인지를 합의하는 과정을 갖겠다고 약속했다.

하지만 베인의 제안이 BCG의 기존 방식과 가장 차이가 났던 부분은 이보다는 좀 더 미묘했다. 나아가 이 점은 사람들이 향후 베인앤컴퍼니의 사업방식이 사악하다고 비난하게 된 이유이기도 했다. BCG가 아이디어를 제품으로 판매하는 방식에는 암묵적으로 그 아이디어가 다른 모든 고객들에게 제공될 수 있다는 뜻이 담겨 있었다. 반면에 빌 베인은 자신이 고객에게 제공한 아이디어가 고객의 특성에 맞춰진 것이자 고객의 전유물이라고 생각했고 심지어 기밀로 취급돼야 한다고 믿었다. 어쩌면 다른 컨설턴트들과는 달리 빌 베인은 전략과 경쟁우위의 효력을 지나치게 중시했을 수도 있다.

베인의 말에 따르면 BCG를 떠나야겠다는 결심을 굳히게 된 계기는 제안서에 대한 BCG 임원들의 반응이었다. 유니온카바이드가 그랬던 것처럼 BCG 임원들도 베인이 제안한 내용에 대해 매우 만족스러워했다. 심지어 브루스 헨더슨도 베인의 아이디어에 대해 찬탄을 마지않았다. 그리고 열흘 정도가 지난 후, 베인은 다른 BCG 임원이 다른 회사에 영업을 하면서 베인의 제안서를 토씨 하나 안 바꾸고 그대로 사용했다는 사실을 알게 된다. 그 회사는 유니온카바이드의 경쟁업체였다. 화가 치솟은 베인은 유니온카바이드의 경쟁업체에 동일한 서비스를 제공하는 건 기껏해야 이해관계의 충돌을 가져올 뿐이라고 주장하는 핸더슨과 논쟁을 벌였다.

"제안서를 읽어보면 3차원적 경쟁세계에서 승자가 되는 내용이 담겨 있다. 그리고 그 말은 어느 정도는 당신이 특별한 행동을 취함으로써 다른 경쟁자들을 특정한 상황에 처하게 만든다는 의미다. 그러면 경쟁자들은 이유도 모른 채 특정한 행동을 취할 수밖에 없다. 제안서는 고객을 그 조그만 경쟁세계의 지배자로 만들고 나머지 경쟁자들을 고객사의 피지배자로 만드는 데 목적이 있다. 그런데 이런 만병통치약을 피지배자에게도 준다는 건 말이 안 된다."

헨더슨은 베인에게 그냥 참으라고 말했다. 기업들은 마음대로 컨설턴트들을 고용하거나 해고할 수 있었고 따라서 컨설팅 회사들이 특정 산업군에서 오직 한 회사와만 관계를 유지할 수는 없다고 말했다. 하지만 헨더슨은 빌 베인이 앤더슨에게 BCG 정책에 대해 설명하는 것은 허용했고, 빌 베인은 그렇게 했다.

베인의 예상과는 달리 유니온카바이드는 베인의 제안서에 담긴 모든 내용을 수락했고 새로운 형태의 컨설팅 비용에도 동의했다. 베인은 BCG에서 최고의 직원들로 팀을 구성했고(월 2만 5000달러면 그래도 괜찮았다), "유니온카바이드의 주요 경쟁자들을 제거"하는 데 집중했다. 그리고 마침내 각각의 경쟁자에 대한 자세한 성장점유율 매트릭스를 최초로 만들어내게 된다. 베인의 말에 따르면 BCG 컨설턴트들은 "유니온카바이드의 개별 사업들이 수행해야 할 중요한 사안들을 추려냈고" 유니온카바이드가 향후 취해야 할 방향도 정했다.

프로젝트가 3개월 정도 진행될 무렵 베인은 BCG 간부 회의에 참석했다. 동료들은 그에게 질문을 해댔고 약간은 비판적인 어조로 '무기한 지속되는 고객과 관련된 문제'에 대해 우려를 표명했다. 동료들이 제기한 문제 중에는 컨설턴트들이 한 프로젝트에 계속해서 묶이게 되면 향후 다른 프로젝트에 투입될 수 있는지의 여부를 알 수 없다는 것도 있었다. 일부 동료들은 프로젝트의 종료 시기가 정해져 있지 않아서 최종보고서를 준비하려면 충분한 여유를 두고 사전예약이 필요한 편집부서 일정에도 무리를 준다고 우려했다. 심지어 자기 스스로가 일정에 무리를 주는 걸로 유명한 헨더슨마저도 이런 우려에 대해 어느 정도 동의하는 것 같았다.

결국 몇 달 뒤 1973년, 베인은 자신이 속해 있던 블루 팀의 고위직 임원들 대부분을 데리고 BCG를 떠나 베인앤컴퍼니를 창업하게 된다.

확장된 테일러주의를 폼나게 수행하다

빌 베인은 오랫동안 전략에 대해 숙고해왔음에도 불구하고 신생회사의 새로운 전략을 짜내는 데 몇 달을 소요했다. 초기 베인앤컴퍼니는 베인의 비컨 힐 아파트를 사무실로 썼다. 회사는 또한 설립 파트너 중 한 명이었던 조지 베넷이 개발해낸 전략분석용 컴퓨터 모델들을 상품화할 수 있으리라고 생각했다. 하지만 그 컴퓨터 모델들은 실패했다. 베넷은 씁쓸한 마음에 다른 길을 찾아나섰고, 이후 스스로 컨설팅 회사인 브랙스톤어소시에이츠를 설립하게 된다.

빌 베인과 남은 직원들은 자신들만의 신개념 컨설팅을 가다듬었다. 그 과정은 오래 걸리지 않았다. 직원수를 기준으로 보면 베인앤컴퍼니는 미국경제가 오일쇼크와 반복되는 불황으로 주춤하던 1970년대와 1980년대에 연간 40퍼센트에서 50퍼센트씩 성장했다.

컨설팅업계를 제외하고 이런 사실을 아는 이들은 드물었다. 빌 베인과 그의 동료들은 회사가 대형 상장기업들을 고객으로 확보할 수 있을 때까지는 비밀리에 움직이면서 자신들의 성과를 숨기려고 노력했다. 혹시라도 고객기업의 경쟁사가 자신들의 존재를 눈치챌 경우, 고객이 새로운 전략을 취할 것이라는 점을 경쟁사가 알아챌까 염려했기 때문이었다. 그 때문에 초기에 베인 컨설턴트들은 명함을 가지고 다니지 않았다. 라이벌 회사들은 베인앤컴퍼니에 대해 '컨설팅업계의 KGB'라고 우스갯소리를 했다(라이벌 회사들은 문선명의 추종자를 '무니스Moonies'라고 부르는 것을 흉내내서 빌 베인을 추종하는 직원들을 '베이니스Bainese'라고 불렀다).

하지만 음지에서 일하는 KGB가 종종 양지에서 일하는 경쟁자들보다 더 많은 성과를 낼 수 있는 것 아니겠는가? 어느 면에서 1970년대와 1980년대 초반에 빌 베인이 고객들과 일했던 방식은 다른 컨설턴트들이 고민했던 전략이론보다 기업활동 변화를 가져오는 데 더 큰 영향을 미쳤다고 할 수 있다. 사실 베인앤컴퍼니의 성공은 회사가 비밀리에 움직여서라기보다는 오히려 회사가 고객과 오랫동안 깊은 관계를 유지했기 때문이다. 또한 직원들이 고객의 비용절감, 수익개선, 그리고 무엇보다 경쟁자를 뛰어넘는 주가 상승처럼 이른바 측정 가능한 결과물에 집중하도록 자유로운 활동을 보장해줬기 때문이다.

　오랫동안 베인앤컴퍼니에서 고위 파트너를 역임했던 스티브 슈퍼트는 이렇게 표현했다. "우리는 전략 수준을 일선에서 근무하는 직원도 실행할 수 있는 수준까지 낮추려고 노력했다." 이미 1970년대 중반부터 전략 수립과 전략이행은 별개 문제라는 목소리가 들려오기 시작했다. 베인앤컴퍼니는 '고객과 처음부터 끝까지 함께한다'는 접근방식 덕분에 전략이행 작업에서 경쟁자들을 서서히 앞지를 수 있었다. 실제로 베인은 전략혁명 초기 단계에서 도출된 전략이론들을 실행 가능한 개념으로 전환하고 있었는데, 이런 방식은 이미 차세대 킬러 전략이론을 찾고 있던 BCG의 방식과는 전혀 다른 것이었다.

　이런 접근방식은 경험곡선이 기업에게 실질적인 도움이 되게 했다. "우리는 경험곡선이 낮아진다고 해서 비용도 저절로 낮아지는 건 아니라는 걸 깨달았다." 슈퍼트는 말한다. "비용은 의도적으로 낮춰야만 낮아질 수 있었다." 비록 베인앤컴퍼니가 자랑스레 떠벌리진 않지만 처음으로 확장된 테일러주의가 가장 적절하게 적용된 사례는 베인앤컴퍼니가 고객들을 대상으로 수행한 컨설팅 작업에서 찾을 수 있다.

　베인앤컴퍼니는 한 산업군, 아니 더 정확하게는 한 경쟁분야에서 딱 한 회사와만 일했다. 그리고 오직 회사가 지속적인 컨설팅을 받겠다고 약속했을 때에만, 그리고 종종 다년계약을 수락했을 때에만 컨설팅을 수행했다. 고객과의 장기계약 덕분에 명확하게 컨설팅 종료시기가 정해져 있지 않았기에 베인앤컴퍼니는 오랜 기간에 걸쳐 꼼꼼히 데이터를 수집하고 분석할 수 있었다. 필요하다면 많은 컨설턴트들을 고객사에 파견해서 그곳에서 직접 작업을 수행하도록 했다.

　베인앤컴퍼니가 내놓는 결과물은 보고서나 연구결과가 아니었는데,

지금도 베인앤컴퍼니 컨설턴트들은 이런 단어를 듣기만 해도 얼굴에 경멸하는 표정을 짓는다. 베인앤컴퍼니는 보고서보다는 전략을 도출해내려 애썼고 가시적인 성과를 내놓으려 애썼다. 그리고 그 성과는 고객사의 손익에서 드러나야 했고 나아가 고객사의 주가에 반영돼야 했다. 이런 가치제안은 얼마 안 있어 효과적인 영업용 표어로 표현됐다. "우리는 컨설팅을 해주고 시간당 비용이나 청구하는 그런 회사가 아니다. 우리는 낮은 가격에 회사에게 수익을 올릴 수 있는 방법을 판매한다." 현실에서 이 말은 대체로 3C(비용, 고객, 경쟁자)에 집요할 정도로 집착한다는 걸 의미했는데, 3C는 지금도 베인앤컴퍼니가 숭상하는 전략의 핵심 요소이자 정수이다. 특히 비용이 그렇다.

예를 들어 베인앤컴퍼니가 1980년대 초반에 콘택트렌즈 제조업체인 바슈롬과 일했던 사례를 살펴보자. 갓 고용된 컨설턴트로 해당 프로젝트에 투입됐던 크리스토퍼 주크는 이후 베인의 전략부문 수장이 된다. 그는 바슈롬 프로젝트가 "80년대에 가장 전형적인 컨설팅 프로젝트이자 우리가 그 시절에 수행했던 모든 활동을 한눈에 보여주는 완벽한 사례"라고 표현한다.

1853년에 설립돼 회사 역사 전반에 걸쳐 렌즈 제조업체로 알려져 있는 바슈롬은 안경, 카메라, 군사용 장비, 기타 렌즈를 사용하는 모든 제조업체에 렌즈를 납품했다. 1960년대에 바슈롬은 미국에서 소프트렌즈를 최초로 개발하기 시작했다. 1971년 바슈롬이 소프트렌즈를 출시하자 주가는 급등했다. 소프트렌즈 시장이 급성장하자 워너램버트 같은 신규 경쟁자들이 시장에 진입하기 시작했다. 그렇지만 1970년대가 끝날 무렵까지 바슈롬의 시장점유율은 여전히 50퍼센트가 넘었고 소프트렌즈는 여전히 회사 전체 수익의 거의 3분의 2를 차지하고 있었다.

소프트렌즈 사업을 성공시킨 공로는 상당부분 대니얼 E. 길에게 돌아갔는데, 그는 1978년에 애봇 래보라토리즈에게 고용돼 소프트렌즈 사업의 수장을 맡은 인물이었다. 그는 1980년에 바슈롬의 고위임원으로 승진했고 이듬해에 이사회 의장이자 최고경영자 자리에 올랐다. 여러 면에서 그는 베인앤컴퍼니가 함께 일하길 선호하는 최고경영자 축에 들었다. 지금도 베인앤컴퍼니에 오래 몸담았던 이들은 빌 베인이 잠재고객을 발굴할 때 '베인앤컴퍼니와 죽이 맞는 최고경영자'를 찾으려 했고 '현상유지로는 성에 안 차는 경영자'를 찾으려 했다고 말한다.

이후 언론기사에 따르면 길은 "집요하고 높은 성과를 요구하며 수치를 매우 중시하는" 인물이었다. 길은 한때 회계사로 일했기에 바슈롬이 여전히 너무 많은, 오래된, 비효율적인 사업들 때문에 어려움을 겪고 있다고 걱정했다. 그래서 안경 사업을 비롯해서 이런저런 사업들을 매각하기 시작했다. 그는 또한 바슈롬이 핵심적인 콘택트렌즈 사업 분야에서 존슨앤존슨이나 시바가이기 같은 경쟁자들과의 격렬한 경쟁에 직면해 있다는 사실을 알았다. 이 두 회사는 장기간 착용할 수 있는 소프트렌즈나 산소투과 렌즈 같은 신제품을 출시하고 있었는데, 그에 반해 바슈롬은 해당 분야에선 더 나은 제품이 없거나 아예 제품조차 없었다. 베인앤컴퍼니가 컨설팅을 해줄 분야가 바로 이 분야였다.

"우리는 매우 자세한 비용경쟁력 분석을 수행했다." 주크는 말한다. "심지어 경쟁자였던 쿠퍼비전이 새롭게 영국 남부에 세웠던 공장의 비용구조를 분석하기 위해 영국 여왕이 그 공장을 시찰하는 광경을 촬영한 BBC 테이프를 입수하기까지 했다. 우리는 영국 여왕이 지나가면서 손으로 가리키는 기계에 붙어 있던 명판을 확대할 수 있었고, 그런 다음 그 공장에 장비를 납품하는 업체를 일일이 방문해서 '이런 종류의 조형기계와 선반기계를 구매할 의사가 있다'고 말해서 가격을 파악했다. 그런 다음 리버스엔지니어링을 통해 처음에는 설비를, 나중에는 전체 공장을 다시 재구성할 수 있었고, 바슈롬의 엔지니어들로 하여금 그 공장의 비용이 정확히 어느 정도인지 파악하게 할 수 있었다." 이 조사에는 거의 3개월이 소요됐다.

"고객에 대한 조사도 유사한 방법으로 진행했다. 우리는 미국 전역의 검안사, 안경사, 안과의사들을 일일이 방문했다. 우리는 그들과 함께 앉아서 아주 자세한 대화를 나눴고 그 결과 안과의사에는 오직 세 부류가 있고, 안경사에는 네 부류, 검안사에는 두 부류가 있다는 사실을 알게 됐는데 그건 시장에 대해 대단히 자세하게 이해하게 됐다는 것을 의미했다." 다시 이 조사에도 3개월이 소요됐다.

베인앤컴퍼니는 마지막 단계로 분석한 내용을 활용해서 바슈롬이 추진해야 할 일련의 전략과 바슈롬이 확보해야 할 역량을 도출해냈다. 베인앤컴퍼니는 바슈롬에게 인수를 통해 산소투과 렌즈 사업에 진입할 것을 제안했고 바슈롬은 그 말에 따랐다. 컨설턴트들은 쿠퍼비전이 이용하던 캐스트 몰딩 방식이 바슈롬이 생각했던 것보다 더 큰 위협요소라고 주장했다. 콘택트렌즈를 만드는 방식에는 본래 세 가지가 있었는데, 가장 복잡한 렌즈를 제조하는 데 사용되는 플라스틱 원반을 절삭하는 방식, 당시 바슈롬이 전문적으로 사용하던 스핀 캐스팅 방식, 그리고 '가장 저비용 방식'이었던 캐스트 몰딩 방식이 있었다.

컨설턴트들은 바슈롬이 기존제품에서 확보한 마케팅 역량과 판매망을 총동원해서라도 세 시장 모두에 진입해야 한다고 제안했다. 베인앤컴퍼니는 바슈롬이 캐스트 몰딩 시장에 진입해서 쿠퍼비전과 맞서기 위해 인수할 만한 '몇몇 회사'를 찾아냈다. 만약 적절히 대응하지 못한다면 쿠퍼비전이 바슈롬보다 제품 가격을 인하할 것은 분명했다. 제이컨은 "그 일은 무조건 막았어야 했다"고 말한다. "우리는 쿠퍼비전을 비롯해서 해당 사업에 진입할 의사가 있는 회사들에게 그 시장에서 돈 벌기가 만만치 않다는 사실을 명확히 알려줄 필요가 있었다." 그런 후 바슈롬은 기존의 스핀 캐스팅 제품들을 '더 고급의, 더 편안한 렌즈'로 새롭게 포지셔닝할 수 있었다. 컨설턴트들은 또한 바슈롬이 최첨단 제품분야에 진입해야 한다고 주장했다. 왜냐하면 렌즈 착용자들에겐 없어선 안 될 렌즈 용액과 같은 제품이라면 검안사, 안경사, 안과의사 시장에서 바슈롬이 확보한 강력한 시장점유율은 마케팅에서 경쟁우위를 가져올 수 있기 때문이었다.

"그 전략은 1980년대에 가장 성공적인 전략으로 평가받았다." 주크의 말이다. "바슈롬은 '눈에 착 달라붙는 렌즈' 시장에서 50퍼센트에서 60퍼센트에 달하는 시장을 점유했고, 결국 50퍼센트에 달하는 비용우위를 차지할 수 있었다." 쿠퍼비전은 바슈롬의 행보에 대응해 가격전쟁을 벌였지만, 바슈롬은 적어도 1980년대 중반까지 시장을 지배할 수 있었다.

베인앤컴퍼니는 이후 이와 유사한 종합적인 컨설팅 프로젝트를 여러 회사들, 예를 들어 백스터인터내셔널, 던앤브래드스트리트, 몬산토 같은 회사들을 대상으로 제공했다. 베인앤컴퍼니가 1981년 내셔널스틸과 일하게 됐을 당시, 내셔널스틸의 냉연강판 생산비용은 다른 미국 경쟁자들과 비교해 가장 높았고, 회사는 일본기업과의 무시무시한 경쟁에 직면해 있었다(전 세계 강판 생산량 중 미국이 차지하는 비중은 1947년에 50퍼센트가 넘었지만 1960년에는 10퍼센트 미만으로 줄어들었다). 주크는 당시 내셔널스틸이 겪었던 어려움이 '순전히 비용 문제' 때문이었다고 말한다.

해당 사례를 다뤘던 베인앤컴퍼니의 또 다른 고위 파트너는 이렇게 말한다. "내셔널스틸 직원 중에서 미시경제학적 수준까지 회사 비용을 철저하게 파악하고, 나아가 이런 미시경제학적 요인들이 회사 성과와 어떤 관련이 있는지를 이해하는 사람은 단 한 명도 없었다." 반면 베인앤컴퍼니는 분석을 통해 이를 해냈다. 분석결과에 따르면 내셔널스틸은 시장 내 위치를 개선하려면 일부 자산을 매각해야 했고(1983년 웨스트버지니아 주 위어튼에 위치한 거대한 사업부문 매각도 그 일환이었다), 연속주조와 같은 새로운 기술을 받아들여야 했으며, 그 밖에 운영방식도 고쳐야 했다. 베인은 그 내용을 제안했다. 그리고 베인앤컴퍼니가 컨설팅을 마칠 무렵 내셔널스틸의 비용은 미국 내 다른 경쟁자들과 비교해서 가장 낮았다. 바로 확장된 테일러주의가 제대로 적용된 사례였다.

최고 중의 최고 모범사례를 찾아나서다

기술과 경쟁, 경제 변화로 인해 더 많은 기업들이 베인앤컴퍼니를 찾게 된 동안에도 회사는 여전히 자체적인 전략이론을 더욱 정교하게 가다듬고 있었다. 그리고 이를 통해 포지셔닝에 중점을 뒀던 전략에서 벗어나 포지셔닝과 프로세스를 포괄하는 새로운 전략영역 개척을 선도하고 있었다.

베인앤컴퍼니는 고객 비용과 일처리 방식(둘을 합쳐서 '프로세스'라고 부른다)이 경쟁사 프로세스에 비해 어떠한지를 측정하기 위해 일련의 벤치마킹 기법을 개발해냈다. 초창기에는 알려진 최상의 모범사례(Best demonstrated practice)를 쫓았다. 그러다가 1970년대 후반과 1980년대 초반이 되자 여러 산업군에서 벤치마킹과 그 활용법에 대한 책, 기사, 학술적 연구들이 보편화됐다. 외부에 공개된 자료 중에서 어떤 정보가 고객에게 도움이 될 것인가? 어떤 것들이 모방할 수 있고 실천할 수 있는 행위로 전환될 수 있는가?

베인앤컴퍼니는 정보자유법을 활용해서 경쟁자가 정부에 제출하는 자료에서 정보를 입수하는 데 갈수록 익숙해졌다. 나아가 바슈롬 사례에서 사용했던 리버스엔지니어링 기법에도 더욱 능숙해졌다. 이러한 노력은 점차 경쟁산업에서 최상의 경쟁사례(Best competitive practice)를 찾아내는 작업으로 진화해갔다.

하지만 컨설턴트들은 이런 노력도 그 범위가 너무 한정적이라고 결론 내렸다. 산업군의 경계가 갈수록 무너지는 시대에 고객이 몸담고 있는 산업군에서만 교훈과 통찰을 얻어야 할 이유는 없었다. 혹시라도 제조업에 몸담고 있는 고객이 모방해서 경쟁우위를 확보할 수 있는 프로세스(예를 들어 판매망이나 고객서비스)를 어쩌면 소매업체가 개발해냈을 수도 있었다. 이쯤 되자 목표는 실행 가능한 최상의 모범사례(Best feasible practice)를 찾는 것으로 변모했다.

1980년대 초반, 베인앤컴퍼니의 방법론은 적어도 다른 전략 컨설턴트들 눈에는 승승장구하는 것처럼 비쳤다. 다른 컨설팅 회사들은 컨설턴트 활용도가 대체로 50퍼센트에 머물러도(나머지 50퍼센트는 새로운 고객을 확보하는 데 투입됐다) 수익을 내는 사업모델에 의존한 데 반해 베인앤컴퍼니는 기존 고객으로부터 지속적으로 많은 일을 따냈기에 컨설턴트 활용도가 90퍼센트에 달했다. 그 결과 많은 매출은 수익에 직접적으로 반영됐을 뿐만 아니라 회사 설립 파트너들의 호주머니도 두둑하게 불려줬다. 그중 가장 많은 돈은 빌 베인의 호주머니로 들어갔다.

아울러 측정 가능한 성과물에 대한 베인앤컴퍼니의 집착도 갈수록 강해졌다. 1980년대부터 파트너들이 서로 연간성과를 평가하는 회의가 열렸다(이 회의에서 성과급이 정해졌다). 회의에서 개별 파트너들은 자신이 맡았던 고객의 주가실적과 같은 산업군에 속한 경쟁자들의 주가실적, 그리고 전체 주식시장의 주가실적을 비교한 도표를 발표해야 했는데 이건 너무나도 시의적절한 시도였다.

초기에 전략 컨설팅 회사들이 고객의 주가를 절대적인 성공의 잣대로 보지 않았던 가장 큰 이유는 1970년대에 걸쳐 주식시장의 변동이 심하지 않았고 변동이 있다 해도 그다지 크지 않았기 때문이었다. 강세장이 지속됐던 1960년대와 달리 1970년대는 처음부터 끝까지 불황으로 점철된 시기였다. 30대 대기업의 주가실적을 종합하는 다우존스지수는 1972년 11월 14일에 사상 최초로 1000선에 도달했다가 2년 후 577선으로 급락했고 1982년이 돼서야 겨우 다시 1000선에 도달할 수 있었다(물가상승률을 감안하면 1992년이 돼서야 1972년과 같은 수준에 도달했다). 이 기간 동안 전 세계는 미국기업들이 주식시장에서 얼마나 높게 평가받는지를 주시했다기보다는 미국기업들이 물가상승 압박과 해외기업들과의 심화된 경쟁에서 어떻게 버티고 있는지를 주시했다.

하지만 1983년에 이르자 이런 흐름은 바뀌기 시작했고 같은 시기에 베인앤컴퍼니는 자신들이 고객들에게 제공하는 성과가 매우 뛰어나다고 느꼈다. 그래서 베인앤컴퍼니의 이론을 외부에 널리 홍보하거나 아니면 적어도 베인앤컴퍼니가 어떤 일을 하고 있는지를 외부에 공개할 필요가 있다고 생각했다. 베인앤컴퍼니는 프라이스 워터하우스가 입증한 자료를 바탕으로 베인앤컴퍼니의 고객사 주가가 경쟁사들 주가보다 얼마나 높아졌는지를 보여주는 도표를 만들기 시작했다. 그 도표는 베인앤컴퍼니가 잠재고객들을 대상으로 한 마케팅의 핵심 메시지였다. 그리고 그 메시지는 베인앤컴퍼니가 제공하는 전략이론에 대한 고리타분한 설득이 아닌 눈에 보이는 명확한 성과를 보여줬다.

늘 기업가적 마인드를 지니고 있었고 늘 새로운 매출창출 방안을 찾고 있었던 설립 파트너들은 고객들이 주식시장에서 성공적인 성과를 내도록 도와주는 것을 넘어서 자신들도 그 성공에서 좀 더 효과적으로 돈을 벌 수 있는 방법을 고민하기 시작했다. 뮤추얼펀드를 조성하는 방법도 고려했지만 그럴 경우 고객사에 직접 투자를 하게 될 가능성이 높았고 윤리적인 측면에서, 또 컨설팅을 제공하는 실질적인 측면에서 문제가 될 소지가 많았다.

결국 설립 파트너들은 마침내 1983년 사모펀드 회사인 베인캐피털을 세우면서 자신들의 소망을 이루게 된다. 베인캐피털은 베인앤컴퍼니와는 독립된 회사로 운영됐다. 베인캐피털은 투자자들로부터 자금을 모은 다음 사업체들을 인수했다. 자금을 넣는 투자자 중에는 베인앤컴퍼니의 파트너들도 포함됐지만 꼭 파트너들에게만 투자 기회가 주어진 건 아니었다. 베인캐피털은 매입한 사업체에 베인앤컴퍼니의 성과개선 방법을 적용했는데, 여기에는 부채를 유입해서 자본구조를 바꾸는 방법도 포함됐다. 매입한 사업체의 성과가 월등히 나아지면 사업체는 상장되거나, 이상적인 형태라면 베인캐피털이 초기 매입한 가격의 수배에 다시 매각됐다. 나중에 독자들은 이 책에서 빌 베인과 다른 파트너들이 사모투자에 뛰어든 것이 매우 뛰어난 선견지명이었다는 점을 알게 될 것이다.

하지만 이들이 미리 예측하지 못한 게 있었으니, 베인앤컴퍼니가 적어도 빌 베인이 주도하던 초기성장기를 벗어나 내리막길에 접어들고 있었다는 점이었다. 베인앤컴퍼니는 1986년에 직원수가 900명을 넘어서고 연간매출액이 9000만 달러에 달하면서 보스턴컨설팅그룹을 넘어서게 된다. 하지만 기업 최고경영자에게 지나치게 전략을 의존하고 수많은 컨설턴트를 투입하는 베인앤컴퍼니의 컨설팅 방식은 점차 한계에 도달하고 있었다. 게다가 경쟁역학과 경쟁에서 승리하는 비결에 대한 탁월한 이해를 자부심으로 삼던 베인앤컴퍼니는 새롭고 강력한 경쟁자의 등장을 예상치 못했는데, 바로 맥킨지였다. 전 세계에서 가장 유명하고 가장 명성 높은 컨설팅 회사였던 맥킨지가 전략혁명이 쏘아대는 대포 소리에 서서히 잠에서 깨어나고 있었던 것이다.

제6장

잠들었던 사자, 맥킨지가 깨어나다

오늘날 프레드 글룩은 캘리포니아 주 산타바바라에 위치한 805제곱미터에 달하는 대저택에서 산다. 그곳에 가려면 사유도로를 타고 올라가 대문에 설치된 인터컴을 통해 직원과 통화해야 한다. 6미터에 달하는 자동문이 열리면 다시 야자수가 심어진 길을 따라 올라가야 한다. 밤이 되면 특별히 훈련된 독일산 셰퍼드가 순찰을 도는데, 몇 년 전에 프레드와 아내가 쓰는 침실에 두 명의 무장강도가 침입한 적이 있었기 때문이다. 저택은 카사 레오 린다라고 불리웠다. 카사는 집을 의미하고, 사자자리를 의미하는 레오는 현관 앞에 지키고 서 있는 사자 동상을 가리키며, 린다는 전직 은행 임원이었던 프레드의 세 번째 아내 이름을 따왔다.

이 저택은 프레드 글룩이 어릴 적 부모, 할머니, 5명의 형제자매와 함께 살았던, 뉴욕 브루클린의 천주교인들이 모여살던 동네와는 꽤나 떨어져 있는 셈이다. 당시 그의 가족은 방 하나짜리 아파트에서 살았다. 그나마 다행인 건 그의 아버지가 건설 현장에서 관리직으로 근무하면서 그린 란드에서 아루바에 이르기까지 이리저리 옮겨다니며 일하느라 집을 늘 비웠다는 점이다. 어쩌면 글룩의 인생 여정은 아메리칸 드림과 닮았다고 할 수 있는데, 가난한 소년이 열심히 일해서 성공했다는 점에서 꼭 틀린 말은 아니다. 하지만 글룩의 이야기는 전형적인 성공신화와는 다르다. 왜냐하면 그의 성공은 지적 노력과 조직적 노력이 합쳐지면서 가능했기 때문이다. 그리고 이 점은 이 책에서 결코 빼놓을 수 없는 내용이다. 브루스 헨더슨과 빌 베인의 경우처럼, 프레드를 끊임없이 앞으로 전진하게 만든 건 바로 전략혁명이었다. 하지만 프레드는 전략의 두 선도자와는 달리 스스로 회사를 설립하지 않았는데, 오히려 어떤 면에서 그는 더 힘든 일을 해냈다고 볼 수 있다. 왜냐하면 그는 이미 전 세계에서 가장 평판 높고 가장 뛰어나며 가장 자부심이 강한 컨설팅 회사였던 맥킨지앤컴퍼니에서 두 선도자와 맞먹는 전략혁명을 이끌었기 때문이다.

컨설턴트에 대한 선입견을 벗어나지 못하는 독자라 할지라도 다음 일화에선 21세기에도 유용한 경영교훈을 얻을 수 있을 것이다. 다트머스 대학 교수인 제임스 브라이언 퀸과 같은 학자들은 만약 이미 평범해진 회사를 향후 수십 년간 이끌어가기 위해 어떤 고민이 필요한지를 알아내려면 맥킨지 같은 서비스 전문회사가 현재 고심하는 문제가 뭔지를 들여다봐야 한다고 주장했다. 이 책을 읽으면서 기업이 미래에 생존하기 위해 갖춰야 할 모습을 이미 최고의 컨설팅 회사들이 갖추고 있다는 점을 기억하길 바란다. 그건 바로 진정한 세계화로서 전 세계에 걸쳐 인재를 끌어모으고 그들에게 큰 책임을 맡기는 것이다. 그리고 진정한 세계화는 지적 자본에 의존하는데, 맥킨지의 경우에는 컨설턴트들의 두뇌라고 할 수 있다. 그런 면에서 맥킨지의 방식은 어쩌면 가장 민주적인 방식일 텐데, 즉 시가총액이 수십 억 달러에 달하는 대기업 중에서 맥킨지처럼 고위직원들이 직접 수장을 선출하는 경우는 찾기 힘들다.

1970년대만 해도 맥킨지는 전략혁명을 가져온 변화의 광풍과 BCG나 베인앤컴퍼니 같은 새로운 경쟁자의 등장에 크게 흔들리면서 사실상 회사의 생존 자체가 불투명했다. 사라져버린 컨설팅 회사들 명단에는 전성기 시절에는 맥킨지만큼이나 강력했던 아서디리틀이나 크레셉맥코믹앤파젯 같은 회사들이 포함돼 있었다. 이런 어려운 상황에서 맥킨지를 살려낸 것이 바로 조직문화였다. 그리고 이 점이 미래 기업에게 필요한 적응성 중에서 우리가 배워야 할 첫 번째 교훈이다. 맥킨지의 조직문화는 맥킨지의 고상함에 전혀 어울리지 않았던 프레드 글룩마저 기꺼이 수용할 만큼 강력했다.

도대체 프레드를 어쩌면 좋지?

글룩의 어린 시절을 보면 그가 향후 아이비리그 출신들이 가장 많은 회사의 수장이 될 것이라는 조짐은 전혀 찾아볼 수 없다. 그의 아버지는 고아였고 고등학교도 졸업하지 못한 사람이었다. 글룩은 일곱 살 때부터 여러 아르바이트를 하면서 가톨릭 학교를 다녔는데 나중에는 맨해튼칼리지에서 전기공학을 전공했다. 그의 성적은 이후 콜롬비아 대학에서 운용과학 박사과정에 진학할 만큼 좋았다. 그의 박사 과정은 "수많은 통계이론과 선형계획을 배운, 한마디로 응용수학에 가까웠고" 그는 졸업 후에 벨랩스에 입사해서 유도 시스템을 설계하는 일을 했다. 그러다가 20대 후반에 스파르탄 미사일의 프로그램 매니저이자 엔지니어 팀의 리더를 맡게 된다. 글룩은 자신이 했던 일이 꼭 로켓공학자 같은 수재만이 할 수 있는 일은 아니었지만 어쨌건 자신이 로켓공학자였던 건 맞다고 인정한다.

글룩은 나름대로의 성공에도 불구하고 30대를 바라보는 자신의 나이와 부양해야 할 가족을 보며 불안해하다가 새로운 직업을 찾아나섰고, 1967년 서른한 살 나이에 맥킨지에 입사하게 된다. 맥킨지는 테크놀로지 회사와 일하려면 테크놀로지를 잘 아는 직원이 더 많이 필요하다고 여겼고 글룩은 회사가 찾던 지식을 지니고 있었다. 하지만 글룩은 회사가 그의 지식을 그다지 많이 필요로 하진 않는다는 사실을 곧 깨닫게 된다.

글룩이 합류한 맥킨지는 적어도 직원들이 보기엔 매우 존경받는 회사이긴 했지만 글룩의 눈에는 이상한 조직으로 비쳤다. 맥킨지는 회계학 교수였던 제임스 O. 맥킨지가 1926년에 시카고에서 설립한 회사였다. 초기에 회사는 대체로 '재무와 예산계획 서비스'를 제공했고 고객들은 대부분 문제를 겪고 있는 회사의 채권단이었는데 이들은 자신들의 투자금에 대한 보증을 원했다. 이후 맥킨지를 1900년대 중반 무렵 모습으로 변모시킨 이는 1933년 서른한 살 나이에 맥킨지에 합류한 클리블랜드 출신 변호사 마빈 바워였다. 제임스 맥킨지가 1937년에 사망한 뒤 회사는 두 개로 분할됐다. 이 중 한 개는 이후 제조업체를 대상으로 전문적인 운영관리 컨설팅을 제공한 A.T. 커니로 성장했고, 나머지 한 개 회사는 바워가 수장을 맡아 맥킨지라는 회사명을 유지했다.

바워는 또한 제임스 맥킨지가 초기에 '경영 기술자(Management engineer)'라고 정의했던 회사 모습을 바꿔놓았다. 그는 특히나 '기술자'라는 단어가 싫었다. 하버드에서 법학과 MBA를 전공한 바워는 컨설팅이 의사나 법조인처럼 고귀한 직업이라는 생각을 끊임없이 동료들에게 심어주었다(1989년에 〈포춘〉 편집자들이 미국 비즈니스 명예의 전당에 바워를 선정했다고 말하자 바워는 처음에는 자신은 사업가가 아니라며 선정을 거부했다). 바워는 고객의 이익을 최선으로 삼았고, 컨설팅이 도움이 안 되는 프로젝트는 거부했으며, 모든 직원에게 퇴근할 때 모자를 쓰게 했다.

　그렇다면 맥킨지는 정확히 어떤 서비스를 제공하는 회사인가? 맥킨지 앤컴퍼니가 '조직과 경영에 관련된 사안'을 다룬다는 점에는 모두가 동의했다. 하지만 정확히 어떤 사안까지 다룰 것인지에 대해선 시간이 지나면서 변해갔다. 맥킨지는 한때 고위임원 헤드헌팅 서비스를 제공하기도 했고 임원들의 보수협상에도 손을 댔다. 하지만 이런 서비스는 회사가 추구하던 큰 그림에 맞지 않는다고 결론지었다. 대신 조직과 관련된 사안들에 집중하기 시작했는데, 특히 1950년대와 1960년대에는 대기업들이 기능 중심 조직 체계에서 사업부 중심 조직 체계로 전환하는 데 도움을 줬다. 맥킨지는 알프레드 챈들러의 이론에 기반을 둔 미국식 사업부 조직을 로열더치셸을 필두로 전 세계 기업에 적용해가기 시작하면서 그 당시 이미 다국적 회사로 변모해가고 있었다.

　이런 과정 속에서도 지속됐던 한 가지 활동이 제임스 O. 맥킨지 시절부터 시작됐던 '종합 경영 진단(General management survey)'이었다. 이 진단은 초기에 많은 컨설팅 회사들이 고객사의 경영상태를 분석하기 위해 선호했던 방식인데 기업의 조직, 절차, 자료와 예산에 대한 일종의 표준화된 감사를 수행해서 고객사의 경영이 얼마나 효과적인지를 측정하는 데 목적이 있었다. 바워는 직접 맥킨지의 경영조사 방법을 새로 작성한 뒤 '종합 진단 개요(General Survey Outline)'라고 이름지었다. 새롭게 회사에 합류하는 모든 컨설턴트에게는 사본이 제공됐다. "당시에 바워가 작성했던 개요는 너무나 틀에 박힌 내용이었다." 경쟁사에서 근무하던 이의 말이다. 바워는 변호사답게 체크리스트처럼 개요를 작성했고, 마치 "이것이 모범사례니 따라야만 한다"는 식이었다. 분명한 점은 그 개요가 그다지 분석적이지 못했고 외부환경을 간과했으며 경쟁전략을 도출해내는 데 적합하지 못했다는 점이다.

1967년 글룩이 회사에 합류했을 때는 바워가 대표이사 자리에서 막 물러나던 무렵이었다. 바워는 1950년부터 대표이사를 맡으면서 맥킨지의 연간매출을 200만 달러에서 2000만 달러로 올려놓았고, 이후 1980년대까지 회사 자문위원회에 속해서 지속적으로 회사에 간섭했다. 바워가 창조했던 맥킨지의 신사다운 분위기는 짧은 머리에 브루클린 억양을 쓰는 엔지니어이자 운영과학 전문가인 글룩과는 애당초 맞지 않았다. 글룩은 이렇게 말했다. "맥킨지는 내가 지닌 배경을 원하긴 했지만 내가 회사에 실제 출근을 한 뒤 누구도 나를 고객과의 미팅에 데려가려 하지 않았다. 그리고 어쩌면 그들이 옳았다. 당시 나는 사업에 대해선 아는 게 없었다. 심지어 내 주변에는 사업하는 사람도 없었다."

이후 벌어진 일은 궁극적으로 글룩이 향후 맥킨지에 가져올 변화의 전조로 볼 수 있다. 아무런 할 일이 없던 그는 다시 불안감과 우려감을 느끼기 시작하면서 자신이 속한 그룹의 매니저에게 맥킨지에서 아무 일도 하지 않고 빈둥대려고 벨랩스를 떠난 게 아니라고 불평했다. 그룹 매니저였던 톰 멀레이니는 당시 코닝글래스의 컨설팅을 하고 있었는데, 글룩에게 그에게 맡길 업무는 없으니 대신 '환경사업 분야'를 조사해보고 혹시 코닝글래스가 관심을 가질 만한 사업기회가 있는지 알아보는 게 어떻겠냐고 권유했다.

일주일이 지났다. 글룩은 보고서와 두 권의 두꺼운 보충자료를 들고 멀레이니 사무실에 나타났다. "이걸 다 어디서 모은 건가?" 멀레이니가 놀라서 물었다. 대형 프로젝트를 관리하는 데 익숙했던 글룩은 맥킨지의 리서치 부서에 가서 그의 표현을 빌리자면 "팀을 꾸렸고 거의 모든 내용을 보고서에 담아냈다"고 설명했다. 그 말에 멀레이니는 딱 한 마디 했을 뿐이다. "대단하군."

맥킨지는 즉각 글룩을 코닝의 컨설팅 팀에 합류시켰다. 컨설팅 팀의 수장은 옥스퍼드 대학 졸업생이자 대학 시절 조정선수였던 로드 카네기라는 호주인이었다. 소문에 따르면 그는 로버트 맥나마라 이후 하버드 경영대학원을 가장 좋은 성적으로 졸업한 인물로, 코닝을 설립하고 경영하는 가문의 후계자였던 애머리 호튼과는 친구 사이였다. 맥킨지 특유의 분위기에 맞게 카네기는 자신이 개설한 맥킨지 호주 사무소에서 코닝의 컨설팅 업무를 진두지휘하고 있었다. 카네기는 새롭게 팀에 합류한 글룩이 자신을 소개하자 이렇게 대꾸했다. "아, 자네가 글룩이군. 10년 넘게 연구소에서만 일하던 자를 고용하다니, 회사가 대단히 멍청한 짓을 했어."

카네기는 글룩이 코닝 임원과 접촉하는 걸 절대 허용하지 않았다. 카네기는 뉴욕 주 페인티드 포스트(컨설턴트들이 묵을 수 있는 호텔이 있는 동네 중에서 코닝 본사와 가장 가까운 곳)에서 자주 저녁식사를 하면서 똑같은 이야기를 여러 번 반복했다. 글룩이 데이터 수집방법을 배우는 데 2년, 모은 데이터를 이해하는 데 다시 2년, 데이터를 고객에게 제대로 설명하는 데 또 2년이 걸릴 거라는 얘기였다. "그 과정을 다 거치고 나야 진정한 컨설턴트라고 부를 수 있는 거야." 글룩은 자신이 이미 그 방법을 모두 익혔다고 대답했다.

글룩은 시간이 지나 맥킨지에서 첫 연봉조정을 할 때가 돼서야 비로소 코닝과의 일부 회의에 참석해서 뒷자리에 앉을 수 있었다. 하지만 그게 전부였다. 그럼에도 불구하고 그는 계속해서 코닝에게 전략적 사업기회를 제공할지도 모르는 전자제품 분야에 대한 많은 엄선된 정보를 수집했다. 연봉조정 협상에서 새로 그룹임원으로 임명된 아키발드 알렉산더 '아치' 패튼은 글룩의 연봉을 올려주긴커녕 이렇게 말했다. "프레드, 알겠지만 상황이 계획대로 잘 돌아가지 않고 있네…… 그리고…… 자네 연봉을 다시 검토할 필요가 있을 것 같군." 어색한 순간을 모면하기 위해 패튼이 갑자기 물었다. "그건 그렇고 코닝 컨설팅 건은 어떻게 진행되고 있나?"

"그 순간 갑자기 많은 생각이 한꺼번에 들었다"고 글룩은 말했다. "이 자에게 무슨 말을 해야 하나? 진실을 말해야 하나? 난 브루클린의 거친 동네에서 자랐다. 그래서 솔직하게 말하기로 했다. '우리가 뭘 하고 있는지조차 모른다고 생각합니다.'" 글룩의 말에 패튼이 되물었다. "그게 뭔 소린가?" 글룩은 자세히 설명했다. "우리는 코닝을 찾아가서 차트를 보여줬죠. 그 차트에는 우리가 생각하기에 코닝이 달성해야 할 매출액이 적혀 있었습니다. 소위 우리가 전략적 갭 분석이라고 부르는 차트를 보여주면서, 여기 당신네 회사가 목표로 하는 매출액이 있는데 현재 매출액과는 큰 차이(gap)가 있다고 말했습니다. 그러자 코닝 측은 우리에게 이렇게 말했죠. '걱정 마십쇼. 우리는 그 차이를 우리 연구소에서 개발한 신제품으로 메울 겁니다.' 그 말은 아무런 일도 일어나지 않는다는 말입니다." 당황한 패튼이 말했다. "나중에 다시 얘기하세."

자신의 사무실로 돌아온 글룩은 코닝 건을 맡고 있던 팀의 책임자인 마이클 조던을 불렀다. 그는 이후에 다른 맥킨지 출신들이 그랬던 것처럼 맥킨지에서 기본적인 훈련을 받은 뒤 CBS 최고경영자가 됐다가 EDS 최고경영자가 된 인물이다(비슷하게 카네기는 이후 광물과 금속 분야 대기업인 리오 틴토의 최고경영자가 되며 기사작위까지 받게 된다). 글룩은 조던에게 패튼과의 대화 내용을 들려줬고 집으로 돌아가서 마티니를 연거푸 들이켰다. 다음 날 아침, 글룩은 언제나처럼 일찍 출근했는데 책상에서 손으로 쓴 메모를 발견했다. "프레드, 내 방으로 오게." 메모를 보낸 이는 맥킨지 뉴욕 사무소를 총괄하는 고위 파트너였던 딕 뉴셸이었다.

글룩은 그때를 이렇게 회상한다. "나는 뉴셸 사무실로 갔다. 그는 은으로 된 커피세트를 준비해놓고 있었다. 그리고 말했다. '어서 오게 프레드, 반갑네. 잘 지내는가? 커피 한 잔 하겠나? 크림, 설탕 다 넣지?'" 뉴셸은 자신이 지난 밤 늦게까지 호주에 있는 조던, 패튼, 카네기와 전화통화를 했다며 말을 이었다. "우린 자네가 한 말이 모두 맞다는 데 동의했네. 코팅 컨설팅 건은 전혀 진척이 없어. 우리는 컨설팅 건을 취소하고 받은 비용의 절반을 돌려줄 걸세. 그리고 자네에게 제대로 실력을 발휘할 수 있는 기회를 주지."

"그 일은 맥킨지에 대한 내 시각에 큰 충격을 줬다"고 글룩은 말한다. 이야기는 그게 끝이 아니다. 맥킨지에는 현재도 그렇지만 당시에도 정기적으로 직원들 성과를 평가하는 정책이 있었다. 하지만 글룩은 한 번도 성과평가를 받지 않았기에 자신이 회사에서 어느 정도 가치가 있는지 몰랐다. 하지만 맥킨지가 코닝에게 컨설팅을 그만두겠다고 말하자 코닝은 어차피 진척이 없으니 그러자고 동의하면서도 이런 요청을 했다. "글룩이란 친구가 진행하던 전자제품 산업에 대한 조사만은 계속 진행해주시죠." 글룩은 비록 자신이 코닝과의 회의 때 매번 뒷자리에 앉아 있었지만 "진짜 일을 하는 사람이 누구인지를 코닝은 제대로 알고 있었다"고 단정적으로 말했다.

맥킨지는 아이디어의 민주화란 원칙을 신봉하고 최대한 실천한다. 이 원칙은 모든 아이디어나 의견이 그 내용만으로 평가돼야 하며 결코 주장한 이의 직급 고하에 따라 평가돼선 안 된다는 원칙이다. 이 원칙은 직원들의 창조적인 아이디어에 의존하는 모든 회사에서 권장돼야 하는데, 이 말은 다시 말하자면 이 원칙이 21세기 모든 회사에 적용된다는 의미다.

이 원칙은 모두가 동의하지만 실제로 실행에 옮기기는 매우 어렵다. 이유는 어쩌면 우리가 자라면서 어느 정도 위계질서를 자연스럽게 몸에 익혔기 때문일지도 모른다. 프레드 글룩이 초기에 맥킨지에서 살아남았을 뿐만 아니라 이후에 성공까지 했다는 점은 위계질서를 파괴하는 민주주의의 힘이 얼마나 강력한지를 보여주는 증거다.

맥킨지에 로켓공학을 전파하다

맥킨지의 웹사이트에 적혀 있는 짧은 연혁에 따르면, 1970년대는 회사의 80년 역사에서 '가장 큰 시련에 직면했던 시기'라고 적혀 있다. 나아가 웹사이트에는 해당 시기를 겪었던 컨설턴트들이 당시를 회상하는 내용이 적혀 있다. "우리는 1960년대에 누렸던 성장이 회사의 소중한 자산인 '고객과의 관계'를 위협한다는 사실을 깨달았다. 그래서 컨설턴트의 고용과 평가 프로세스, 그리고 회사가 보유한 지식의 질적 수준에 대해 심각하게 검토했다." 이건 회사가 너무나 급하게 사업을 확장했고 기대치에 못 미치는 컨설턴트들을 너무 빨리 승진시켰다는 맥킨지식 표현이다. 특히 당시 맥킨지는 전 세계적인 경제 불황에 직면해 있었고, 나아가 BCG와 베인앤컴퍼니 같은 신생업체와의 경쟁도 갈수록 치열해지고 있었다. 마빈 바워의 뒤를 이은 대표이사들은 경영에 어려움을 겪으면서 회사 경비를 삭감해야만 했다. 나아가 그들은 바워의 그림자와도 힘든 싸움을 벌여야만 했는데, 그 상황은 다수의 파트너로 이뤄진 회사 구조상 피할 수 없는 상황이었다.

그에 비해 프레드 글룩은 순항하고 있었다. 1972년에 주니어파트너(Principal)로 선출됐고 1976년에는 고위파트너(Director)로 선출됐다. 그는 '비용절감을 연구'했던 ABC 텔레비전, AT&T, 웨스턴일렉트릭, 노던텔

레콤(나중에 노텔네트웍스가 된다)의 컨설팅을 수행했다. 그는 이런 활동을 하는 동안 자신의 이름에 테크놀로지 전문가라는 꼬리표가 따라다니지 않도록 조심했다, 하지만 다른 한편으로는 테크놀로지 회사에 대한 전문가로 인정받는 것만은 좋아했다. 글룩은 맥킨지의 사업부문(예를 들어 테크놀로지 부문, 금융 부문 등) 수장들이 큰 영향력을 지니지 못한 이유가 확고한 고객기반이 없기 때문이라고 결론지었다. 당시 맥킨지의 파트너들 대부분은 자신이 제너럴리스트(특정 분야 전문가 아닌 다방면에 걸쳐 폭넓게 아는 사람-옮긴이)라는 사실을 오히려 자랑스럽게 여겼다.

글룩은 데이터 수집광이라는 명성답게 비용, 기술, 경쟁자에 대한 방대한 데이터를 수집해서 일반적으로 맥킨지가 수행하던 분석보다 훨씬 자세한 분석을 수행했다. 일반적으로 다른 맥킨지 직원들이 재무제표 작성에 쓰이는 정도의 정보만을 활용한 데 반해 글룩은 동료들에게 "그 정도 정보로는 부족한데, 왜냐하면 실제로 벌어지고 있는 상황을 알려면 그런 정보보다 더 깊게 파고들어가야 하기 때문"이라고 말했다. 그 결과 "우리는 정말 많은 데이터를 만들어냈고 데이터를 분석하고 모아서 정리했는데 그런 데이터는 이전에는 없던 데이터였다." 하지만 방대한 데이터를 모았다고 해서 전략이 도출되는 건 아니었다. "당시 우리는 전략이 뭔지를 알지 못했다."

글룩이 실망했던 또 다른 사실은 각각의 컨설팅 프로젝트를 수행하면서 배운 지식들을 체계적으로 종합하는 절차가 맥킨지에 없었다는 점이었다. 이런 절차는 컨설팅을 하면서 발견된 문제에 적용할 수 있는 공통된 방법론을 도출하려면 꼭 필요했다. 컨설턴트들은 과제를 수행하고 프로젝트를 마친 후에 보고서를 작성해서 고객사에 제출한 후에 다음 프로젝트를 맡았다. 몇몇 초기 컨설팅 수행분야(가장 좋은 예는 소비재였다)를 제외하고 다른 컨설팅 과제에도 도움이 될 수 있는 일반화된 교훈을 도출하고 나아가 그 교훈을 전사 차원에서 공유하려는 시도는 없었다.

사실 글룩은 좀 더 높은 직위에 오르기 전부터 맥킨지를 이런 지식들을 모으고 공유하는 데 열성적인 조직으로 변모시키기 위해 노력했다. 1970년대 초반, 뉴욕 사무소의 컨설턴트들은 한 달에 한 번씩 토요일에 사무실에 출근해서 반나절 동안 특정 주제에 대해 이미 알고 있는 지식을 새롭게 상기시키고 보완하는 '재교육 과정'에 참여했는데, 재교육 훈련은 절대 만만한 교육과정이 아니었다. 한번은 재교육 과정 시간에 테크놀로지 부문을 맡고 있는 수장이 글룩에게 전자산업에 대해 강연해달라고 요청했다. 글룩은 처음에는 그 요청을 거절했다. 그러다가 테크놀로지 부문 컨설턴트들이 버뮤다로 와서 교육에 참여한다는 조건을 걸고 요청을 수락했다. 오늘날 글룩은 그 일이 이후 여러 면에서 맥킨지의 위대한 전통인 '신지식 창조를 위한 외부 세미나'의 첫 시작이었다고 주장한다.

제멋대로이고 늘 열정이 넘쳤던 글룩은 1976년에 D. 로널드 대니얼이 맥킨지의 대표이사가 되면서 좋은 기회를 맞이하게 된다. 그때나 지금이나 대니얼은 여러 면에서 가장 이상적인 맥킨지 파트너의 전형이었다. 그는 키가 컸고 잘생겼으며 우아했다. 웨슬리언 대학 학부에서 수학을 전공한 뒤 해군 장교로 복무하다가 하버드 경영대학원에 진학한 그는 1957년에 바워가 고용했던 최초의 일류 MBA 출신 직원이었다.

대니얼은 이후 3년 임기의 맥킨지 대표이사로 네 번이나 선출되면서 1970년대 정체됐던 맥킨지를 다시 일으켜세워 오늘날의 성장궤도에 올려놓았다. 나아가 맥킨지를 진정한 의미의 글로벌 기업으로 변모시켰는데 그는 독일, 이탈리아, 일본과 프랑스의 맥킨지 사무소에 미국인을 보내는 대신 해당 국가의 인물을 수장으로 삼았다.

대니얼은 처음 대표이사로 선출되자 맥킨지의 위대한 조직문화 중 하나인 지속적인 자기검토 활동을 시작했다. 그는 동료 파트너들에게 자신과 그들이 해결해야만 하는 문제가 무엇인지를 물었다. 그 요청에 글룩은 보고서를 작성해서 제출했다. 그는 보고서에 맥킨지가 다른 컨설팅 회사들에게 여러 방면에서 뒤지고 있으며 특히 전략, 운영, 조직 부문 컨설팅 역량이 열세라고 주장했다.

대니얼은 글룩의 보고서를 읽고 난 후 조치를 취하게 되는데, 그 조치는 이후 글룩도 종종 사용했던 조치였다. 바로 문제를 제기한 이에게 문제 해결을 맡기는 것이었다. 대니얼은 글룩에게 맥킨지의 전략 부문을 총괄해보라고 제안했다. 글룩은 그동안 전략을 다뤄보지 않았기에 전략 부문 수장을 맡을 수 없다고 거절했다. 대신 맥킨지의 전략지식을 개발할 전략경영 운영위원회 수장 자리는 맡겠다고 대답했다. 결국 이래저래 글룩이 사실상 맥킨지의 전략 부문을 총괄하게 된 것이었다. 동시에 대니얼은 조직과 운영 컨설팅 부문을 구성하기 위한 조치를 단행했다. 당시 맥킨지는 조직과 운영 분야에서 전문성이 없었는데, 제조업체들에게 더 나은 서비스를 제공하기 위해 운영 부문을 만들려는 노력은 헛수고에 그쳤다. 이와 달리 조직 부문을 만들려는 노력은 톰 피터스와 밥 워터맨의 업적으로 이어지지만 그와 더불어 전략의 약점을 지속적으로 비판하는 목소리도 낮게 된다.

전략교육을 실시하다

글룩은 대니얼이 준 과제를 수행하면서 전략 부문을 강화하는 일이 그전까지 맥킨지가 해오던 일반적인 관습과는 너무나도 많이 충돌한다는 사실을 깨닫게 된다. 이전까지만 해도 전략 컨설팅 의뢰가 들어오면 그 의뢰는 한 명의 파트너에게 전달됐다. 바로 GE와 함께 일하면서 전략에 흥미를 느끼게 된 빌 존슨이었다. "말도 안 된다고 생각했다." 글룩의 말이다. 글룩은 일단 "회사 여기저기에 박혀 있던 직원들" 30명을 한자리에 모아놓고 이틀 동안 "그들이 어떻게 전략 컨설팅을 수행하는지"에 대한 얘기를 들었다. 결과는 기대 이하였다. 글룩은 당시 상황에 대해 이렇게 말한다. "상황은 바벨탑과 같았다. 일관성이라곤 없었고 전략에 대한 정의도 없었다. 한마디로 전략에 대한 생각이 다들 달랐다." 그럼에도 그 와중에 몇몇 전략에 대한 재능을 지닌 인재들을 찾을 수 있었는데, 그중에서도 가장 눈에 띈 인재는 MIT에서 핵물리학 박사 과정을 졸업한 뒤 1972년에 맥킨지에 합류한 한 일본 청년이었다. 글룩이 참석자들 모두에게 모임 결과에 대해 공개적으로 평가해달라고 요청하자 런던 사무소에서 근무하던 한 파트너는 이렇게 결론을 내렸다. "크리스천스 0점, 라이온스 0점, 켄이치 오마에 100점."

혼란스런 상황에 실망한 글룩은 전략에 대한 연구를 이끌 소규모 그룹이 필요하다고 결론지었다. 글룩은 여러 사무소에서 근무하던 6명의 컨설턴트들을 모았다. 오마에는 당연히 포함됐다. 글룩은 공공연하게 그 팀을 슈퍼팀이라고 불렀다. 슈퍼팀은 전략에 대한 체계적인 연구를 시작했고, 자신들이 모르는 사실이 뭔지를 밝혀냈으며, 회사 내부와 외부에 걸친 여러 지식을 수집했다. 글룩은 "진도가 잘 나갔다"고 당시를 회상했는데, 당시 맥킨지에는 고객들뿐만 아니라 회사 다른 직원들 상대로도 지식을 뽐내는 분위기가 팽배해 있었다. 한 파트너는 글룩에게 전략이론을 도출하는 것은 지적으로 매우 어렵고 중요한 사안이기에 오직 맥킨지에서 가장 영리하고 경험이 많은 이들, 기껏해야 10명 정도가 다룰 수 있는 사안이라며, 따라서 그 10명이 전략 컨설팅을 수행해야 한다고 주장했다. 이에 대해 글룩은 말했다. "나는 그 말도 헛소리라고 생각했다."

글룩은 만약 전략이론을 만들어내려는 노력이 성과를 거두려면 맥킨지의 모든 파트너들에게 전략에 대한 교육을 시켜야 한다고 결론내렸다. 글룩은 대니얼의 후원을 등에 업고 스위스 브베에 있던 하버드 경영대학원 소유 시설을 임대했다. 브베는 제네바 호수 근처의 호화스런 소도시였다. 글룩은 그 시설에서 일주일에 걸쳐 진행되는 세미나를 개최하게된다. 글룩은 그 세미나가 '맥킨지가 전략을 개발하게 된 비법'이라고말한다. 글룩과 글룩의 팀은 15명에서 20명의 파트너들을 모아놓고 그때까지 개발해낸 '전략에 대한 기본적인 내용'을 보여줬다. 하지만 세미나는 강연을 떠나 참석자들이 의견을 토론하고 논쟁할 수 있는 기회가됐고 이 점은 나중에 매우 중대한 작용을 하게 된다. "세미나를 통해 우리는 맥킨지 파트너들 중에도 뛰어난 전략사상가들이 존재한다는 사실을 깨달았다. 그들은 우리가 강연하는 내용을 실제로 수행해봤던 이들이었다. 그러니 오히려 가르치는 우리가 배우긴 더 많이 배웠다."

이상한 점은 당시 세미나를 통해 도출된 맥킨지의 전략이론들이 너무나도 탁월했지만 지금은 그 내용을 아무도 기억조차 못한다는 것이다(이런 점은 맥킨지가 전략 역사에서 계속 약간은 이상한 처지에 놓여 있었다는 점을 잘 보여준다). 당시 맥킨지가 고안했던 전략이론들은 결코 경험곡선이나 성장점유율 매트릭스만큼의 관심을 끌지 못했다. 심지어 맥킨지가 걸어온 전략이론 개발 역사에 대한 보고서이자 장기간 맥킨지의 전략 컨설팅을이끌어온 존 스틱키가 저술한 38쪽짜리 내부보고서인 〈전략의 이해(Perspective on Strategy)〉에도 1980년대 중반 이전 맥킨지 전략이론에 대한 내용은 거의 언급조차 없다.

당시 상황을 잘 살펴보면, 글룩과 맥킨지가 당시에 고민했던 사안들이 고객기반이 넓은 대형 컨설팅 회사나 고민할 법한 사안들이었다는 점을 분명히 알 수 있다. 1970년대 후반 맥킨지 매출액은 연간 1억 달러가 넘었는데 이는 BCG의 거의 세 배 수준이었다. 그리고 맥킨지와 같은 대형 컨설팅 회사 고객들이 묻는 질문은 늘 이런 것들이었다. "도대체 전략이란 게 무엇인가? 전략이 우리 사업계획 수립절차와 어떤 연관성이 있는가? 우리는 어떤 방식으로 전략을 다뤄야 하는가?" 바로 맥킨지는 이런 질문들에 대한 답을 하려 했다. 따라서 맥킨지가 전략과 계획수립(Planning), 그리고 이른바 전략경영(Strategic management)이란 생소한 개념 간의 관계를 정의하려 했던 시도야말로 우리가 주목해야 할 점이다.

1978년에 글룩은 두 명의 슈퍼팀 팀원들과 함께 최초의 맥킨지 내부 보고서를 발간하게 되는데, 이 일은 글룩을 비롯한 맥킨지 직원들이 지금까지도 '맥킨지식 지식문화'라고 일컫는 전통의 시발점이 된다(어쩌면 빈정대길 좋아하는 이들은 그럼 그전까지 맥킨지가 지녔던 문화는 도대체 뭐였냐고 비꼴지도 모르겠다). 보고서 제목은 '전략경영의 진화(The Evolution of Strategic Management)'였는데 1981년에 발간된 맥킨지 내부보고서 20개 중 11개 제목에 '전략'이란 단어가 포함돼 있었다.

앞에서 살펴봤듯이 전략은 전략계획 수립과 혼동되기 쉬운데 이런 혼동은 위험하다. 전략혁명 초기에는 특히나 심했지만 아직까지도 전략을 보유한 기업들보다는 사업계획을 보유한 회사가 수적으로 훨씬 많다. 이런 사업계획을 깊숙이 들여다보면 결국 드러나는 핵심적인 메시지는 다음과 같다. "우리는 지금까지 해왔던 것들을 계속 해나갈 테지만 내년에는 그 활동을 올해보다 훨씬 더 잘하거나 더 많이 할 것이다." 일반적으로 기업이 사업계획 수립에 심각하게 매달리는 때는 각 부서가 이듬해 예산을 편성할 때다. 하지만 이런 사업계획, 심지어 '전략계획'조차 3C를 심각하게 고민해서 만들어진 계획은 아니다.

〈전략경영의 진화〉는 글룩의 견해를 기반으로 작성된 것으로 글룩은 사업계획 수립이 전략의 기본요소 중 오직 하나일 뿐이라고 주장했다. 그는 사업계획 수립만큼, 또는 그보다 더 중요한 요소가 전략적 사고('창조적이고 기업가적인 생각')와 시의적절한 의사결정('예상치 못한 사업기회와 문제에 대한 효과적인 대응')이라고 주장했다. 그리고 그는 이 세 가지 요소가 '시장에 대한 이해, 경쟁분석, 그리고 사업환경의 거대동향'에 단단히 뿌리를 내리고 있어야 한다고 주장했다.

글룩과 공저자들은 자신들의 주장을 뒷받침하고 고객들에게 가시적인 목표를 제시하기 위해 '많은 대기업들'의 사업계획 수립 절차를 조사해본 결과(자세한 조사 내용은 보고서에선 밝히지 않았다), 기업의 '전략적 의사결정'이 발전하는 과정에는 네 가지 국면 또는 네 가지 단계가 있다고 주장했다(그림 6-1 참조). 첫 번째 단계이자 가장 원초적인 단계는 재무계획 수립(Financial planning)이었다. 이 단계에서 계획수립은 "재무적 문제에 대한 해결로 간주됐고" 기껏해야 연간예산을 수립하는 게 전부였다. 컨설턴트들은 놀랍게도 "조사한 기업 중 절반 이상(여기에는 아주 성공적인 기업들도 포함돼 있었다)이 연간예산 수립을 넘어서는 사업계획을 수립하려 하지 않았다"는 사실을 발견했다.

맥킨지의 표현을 따르자면 네안데르탈인 수준이라고 할 수 있는 두 번째 단계는 예측 기반의 계획 수립(Forecast-based planning)이었다. 기업의 기획자들은 좀 더 먼 미래를 살펴볼 필요가 있다는 생각에 "좀 더 정교한 예측 수단, 예를 들어 동향 분석, 회귀 모형, 그리고 최종적으로 시뮬레이션 모델"을 사용하기 시작했다. 이 단계에 이르고 나서야 비로소 "기

[그림] 6-1

사업계획 수립 단계

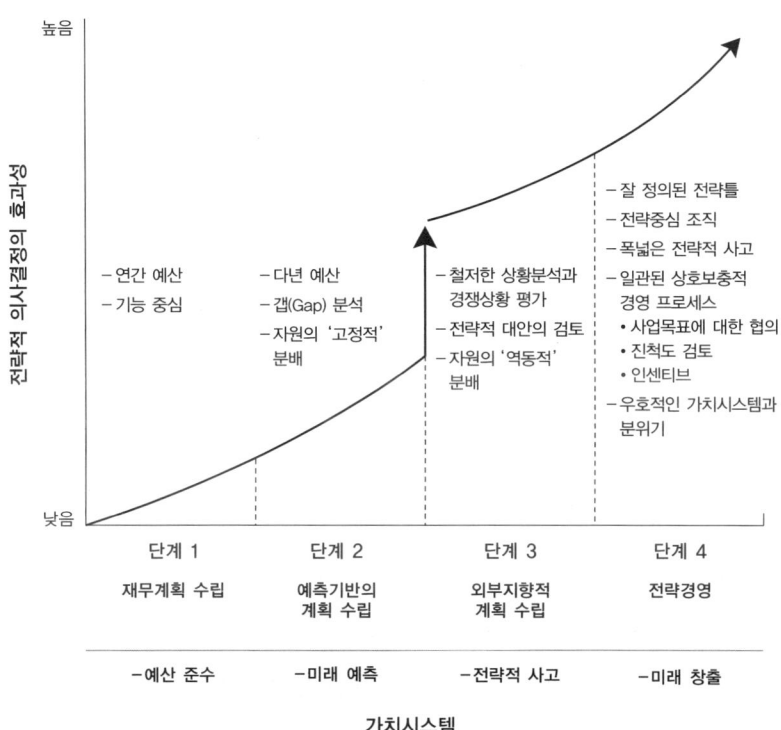

높음

전략적 의사결정의 효과성

- 연간 예산
- 기능 중심

- 다년 예산
- 갭(Gap) 분석
- 자원의 '고정적' 분배

- 철저한 상황분석과 경쟁상황 평가
- 전략적 대안의 검토
- 자원의 '역동적' 분배

- 잘 정의된 전략틀
- 전략중심 조직
- 폭넓은 전략적 사고
- 일관된 상호보충적 경영 프로세스
 • 사업목표에 대한 협의
 • 진척도 검토
 • 인센티브
- 우호적인 가치시스템과 분위기

낮음

단계 1	단계 2	단계 3	단계 4
재무계획 수립	예측기반의 계획 수립	외부지향적 계획 수립	전략경영
-예산 준수	-미래 예측	-전략적 사고	-미래 창출

가치시스템

획자들이 미래에 대한 창조적인 상상을 하고 진정한 의미의 전략계획이 태동된다"고 할 수 있었다. 이 단계에서 기획자들은 시야를 가렸던 구름들이 벗겨지면서 자신들의 임무가 "힘들게 애써가면서 미래를 계획하는 것이 아니라 경영자들이 의사결정을 내릴 수 있도록 회사가 직면한 중대 사안들을 나열하는 것"이라는 사실을 깨닫게 됐다. 그리고 맥킨지는 보고서에서 이런 갑작스런 인식에 대해 '중대 사안에 대한 깨달음'이란 시적 표현을 부여했다.

컨설턴트들은 연구를 통해 두 번째 단계에서 대부분의 기업이 가장 먼저 겪게 되는 문제가 자원 배분, 즉 각각의 사업에 얼마만큼의 자본과 기타 자원을 투자해야 할지를 결정하는 문제라고 결론지었다. 연구결과는 대부분의 기업들이 이 첫 번째 문제를 풀기 위해 활용하는 수단이 "포트폴리오 분석, 그리고 사업경쟁력과 시장매력도를 축으로 하는 2차원 도표에 기업의 다각화 사업을 늘어놓는 것"임을 보여줬다. 여기서 독자들은 성장점유율 매트릭스를 떠올릴 수도 있다. 하지만 실제 보고서에서 말하는 것은 성장점유율 매트릭스와 동일한 내용에 대한 맥킨지 특유의 변형된 매트릭스다. 맥킨지의 9개 박스로 이뤄진 '맥킨지 매트릭스'는 산업매력도(사업성장률만을 의미하진 않는다)를 세로축에 놓았고 사업경쟁력(마찬가지로 반드시 시장점유율을 구체적으로 의미하진 않는다)을 가로축에 놓았다(그림 6-2 참조). 30년 뒤에 글룩은 당시 자신에게 주어진 임무 중 하나가 맥킨지 매트릭스를 결국 다른 것으로 대체하든지 아니면 적어도 매트릭스를 구성하는 축을 더 좋은 이론으로 둘러싸든지 하는 것이라고 생각했다고 털어놓았다. 그 이유는 맥킨지가 구성해낸 매트릭스가 BCG 매트릭스보다 기능적인 면에서 수준이 떨어졌기 때문이었다.

그리고 컨설턴트들은 마오쩌둥 표현을 빌려가면서 세 번째 단계인 외부지향적 계획 수립(Externally oriented planning)이 기업의 사업계획 수립 역량에 있어 '대약진'을 의미한다고 표현했다. 이 크로마뇽인 단계에서 사업계획 수립은 "경쟁현황, 사업환경, 경쟁전략에 대한 자세한 상황분석에서 출발"한다는 점에서 이전 단계와 가장 큰 차별성이 있었다. 그리고 자세한 상황 분석은 "수개월의 노고가 필요한 자세한 분석 작업"을 의미하기도 했고, 그렇기에 이 부분은 능력 있는 컨설턴트가 고객사에게 큰 도움을 줄 수 있다는 뉘앙스를 풍기기도 한다. 무엇보다 마침내 이 단

[그림] 6-2

맥킨지 9개 박스 매트릭스

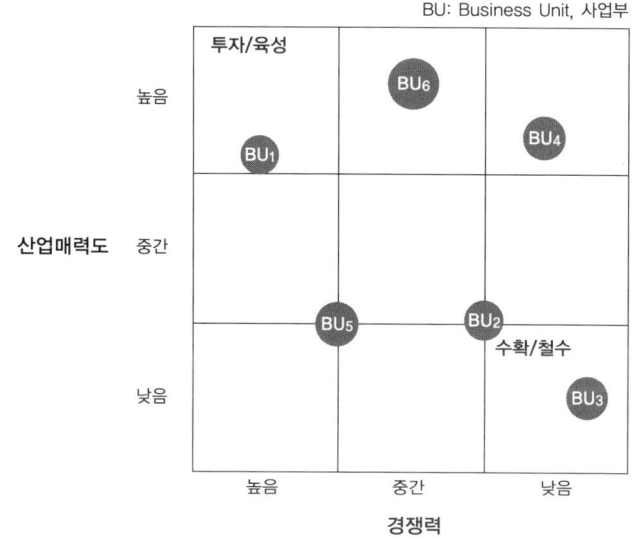

출처 : 맥킨지 내부보고서

계에서 3C가 등장한다. 이 단계에서 기업의 자원배분은 맥킨지 매트릭스 상에서 기업의 특정 사업이 점유한 위치를 다른 곳으로 옮길 수 있는 사업기회가 등장하면서 고정적이라기보다는 변동적이었다. 그리고 이러한 사업기회는 새로운 역량을 개발하거나, 시장을 재정의하거나, 또는 기업의 강점에 부합하도록 고객의 구매 판단 기준을 변모시킴으로써 창출될 수 있었다.

하지만 부정적인 부분도 있었다. 세 번째 단계를 완벽하게 실행하는 기업 기획자들은 "경영진에게 딱 하나의 사업적 방향을 제시하기보다는 여러 개의 사업적 방향을 제시"할 확률이 높았다. 컨설턴트들은 이 점이 "세 번째 단계가 경영진에게 매우 불편할 수밖에 없는 이유"라고 결론내렸다. 이 단계에서 기획자나 관리자들처럼 조직 하부에 위치한 직원들은 조직 상부에 위치한 경영진의 간섭 없이 의사결정을 내릴 수도 있었고 심지어 독단적으로 전략에 관한 의사결정을 내릴 수도 있었다.

다행히도 이런 뒤죽박죽 상황에서 야기되는 불쾌한 갈등을 해결할 수 있는 해법은 있었다. 바로 호모사피엔스 단계인 네 번째 단계, 즉 전략경영 단계로 발전하는 것이었다. 하지만 불행히도 기업이 네 번째 단계로 진입할 확률은 매우 낮았는데, 왜냐하면 "전 세계에서 오직 소수 기업만이 전략경영을 실천한다고 볼 수 있었기 때문"이었다.

기업경영의 최고점이라고 할 수 있는 이 네 번째 단계에서 "전략수립과 경영은 전략경영을 통해 하나의 절차로 통일됐다." 네 번째 단계에서는 사업계획 수립에 이용되는 보편적인 틀이 존재했고, 이 틀은 조직구조를 기업 전략에 맞도록 재정비하는 행위와 연관이 있었다(다시 한 번 1950년대와 1960년대에 맥킨지가 중점적으로 다뤘던, 전략이 조직구조를 결정한다는 전문적 논리가 여기서도 통용된다). 이 단계에서 전략적 사고 능력은 전사에 걸쳐 폭넓게 이뤄진다. 사업계획 수립절차는 "합리적인 대안들을 고려해서 목표를 도출하는 협의 과정"이었고, 따라서 성장률이 낮은 시장에서 시장점유율까지 낮은 사업부문 관리자가 겪는 고충을 경감시켜줄 수도 있었다.

800개 단어로 이뤄진 〈BCG 전망〉 기사부터 〈전략경영의 진화〉 내용에 이르기까지 우리는 꽤나 많은 내용을 살펴봤다. 맥킨지 전략이론은 일선 임원들만큼이나 기획자들을 대상으로 한 것인데, 어쩌면 그보다 더 폭넓은 층을 대상으로 한 것으로도 보인다. 맥킨지 전략이론은 전략에 대한 논의를 기업 프로세스에 대한 논의, 나아가 오래전부터 맥킨지가 강점을 지녔던 조직에 대한 논의로 변모시켰다. 맥킨지는 보고서에서 전략경영이란 개념을 활용해서 전략수립과 실행 간의 연결고리에 자연스럽게 다가갈 수 있었다. 그리고 적어도 내가 보기에 그 과정에서 비용과 경쟁자에 대한 날카로운 초점, 경쟁 상황은 피할 수 없다는 인식과 같은 전략을 구성하는 요소에 대한 명확했던 개념들은 실종되고 말았다.

하지만 맥킨지 전략이론이 지닌 결점이 무엇이건 간에 맥킨지의 많은 직원들은 전략에 매료됐다. 글룩과 그의 팀은 2년 동안 매달 한 번씩 세미나를 열었고 전 세계 거의 모든 맥킨지 파트너들을 세미나에 참석시켰다. "정말 재미있었다." 글룩은 세미나에 대해 이렇게 말했다. "다들 술에 흠뻑 취해 마음껏 즐겼다. 하루는 시간이 늦어 이미 문이 닫힌 호텔 디스코클럽 문을 직접 열고 들어가기도 했는데" 아침에 정신을 차리고 보니 실내는 여기저기 엉망이 돼 있었고 여자 스타킹이 의자에 걸려 있었다. 다음 날 아침 글룩이 호텔 지배인에게 사과하러 가서 배상을 하겠다고 하자 젊은 스위스인 지배인은 이렇게 답했다. "가끔씩 미치도록 놀 수도 있는 건데요, 뭐." 바로 그 점이 세미나가 노렸던 것이었고 글룩은 "세미나를 일부러 아주 즐겁게 진행했다"고 회상한다.

그보다 더 중요한 점은 고객들이 맥킨지가 제공하던 전략 컨설팅 서비스를 좋아했다는 점이다. 글룩은 1970년대 말에 이르면서 "맥킨지는 BCG를 시장에서 박살내고 있었다"고 말한다. 그는 1979년 무렵 맥킨지가 벌어들이는 컨설팅 수입 중 50퍼센트는 전략 컨설팅에서 발생했다고 추산했다. 맥킨지의 주장에 따르면 그 정도면 BCG와 베인보다 훨씬 큰 규모였다. 실제로 글룩은 대니얼에게 전체 컨설팅 수입에서 전략 컨설팅 수입이 차지하는 비중을 75퍼센트 정도로 상향조정할 경우 오히려 맥킨지의 운영 부문과 조직 부문 컨설팅 수입이 줄어들 수도 있다고 주장했다.

브루스 헨더슨에게 경의를 표하다

맥킨지가 전략과 관련해 승승장구하고 있긴 했지만 맥킨지의 전략 부문을 훨씬 강화하겠다는 프레드 굴룩의 야망은 아직 채워지지 않았다. 1979년에 대니얼은 굴룩에게 "맥킨지를 '1위 전략 컨설팅 회사'로 만들기 위한 프로그램을 설계하라"고 지시했다. 그 지시에 따라 굴룩이 대니얼에게 제안한 내용은 아주 흥미로운데, 전략 컨설팅 분야가 어떻게 발전됐는지에 대한 그의 시각도 그렇고 맥킨지가 아직 부족한 부분이 어떤 부분인지에 대한 인식도 그렇다.

굴룩은 BCG의 성공을 그의 말마따나 전략 열성분자들을 모아놓았기 때문인 것으로 보았는데 그 표현은 결코 비아냥대기 위한 것이 아니었다. 맥킨지는 "전략수립은 상황에 따라 다르다"는 점을 강조했다. 다시 말해 맥킨지가 전략수립이 "그때그때마다 다르다"고 생각한 반면, 경쟁 컨설팅 회사들은 전략에 대한 체계적인 접근 방식을 개발해냈고 나아가 실제로 그 '전략을 이행할 수 있는 역량'을 보유하고 있었다. 굴룩이 보기에 BCG의 전략 열성분자는 최신 전략이론에 정통했고 늘 "표준적인 분석방식에 기반한" 전략의 우수성, 그리고 특히 전략이행을 부르짖었다. 그들은 또한 맥킨지보다 전략을 다뤄본 경험이 훨씬 많았고 "고객을 육성하고 발굴해내는 데 필요한 대인관계 기술 개발에 훨씬 더 노력했다는 점에서 맥킨지와는 차별됐다."

"그중에서 가장 위대한 열성분자는 당연히 브루스 헨더슨이었다." 굴룩이 말을 이었다. "적어도 이전 15년 동안 헨더슨은 전 세계에서 가장 뛰어난 전략 옹호가이자 사상가로 자리매김해왔다. 실제로 지금도 감히 그의 자리를 넘볼 만한 사람은 없다." 적어도 굴룩이 보기엔 그랬다. 맥킨지에서 가장 큰 컨설팅 부문을 이끌며 떠오르는 스타였던 굴룩이 이런 말을 했다는 것은 그가 전혀 맥킨지 사람답지 않은 겸손함을 보여준다는 점에서 경탄을 자아낸다. "정면으로 공격해서 헨더슨과 그의 제자들을 전략이론 선두주자 위치에서 밀어낼 수 있는 기회는 이미 10년 전에 사라졌다. 전략에 대한 헨더슨의 기여는 시간이 지나도 가치 있다는 게 입증됐는데, 그가 설립한 BCG는 강하고 유능한 회사다. 전략 분야에서 맥킨지가 다시 선두자리를 차지하려면, 아울러 그동안 퇴색했던 맥킨지 이미지를 개선하려면, 우리 모두는 일단 헨더슨에게 경의를 표하고 그의 공로를 인정해야 한다. 그런 다음에라야 우리는 해야 할 일들을 할 수 있을 것이다."

글룩은 괜한 간섭을 막기 위해 프로그램 취지를 분명히 했다. 프로그램의 첫 번째 취지는 "전략에 대한 맥킨지의 이론, 기법, 도구, 지식, 컨설턴트, 대변인을 확대강화하기 위해 강도 높은 사내 교육 프로그램을 만들어내는 것"이었다. 또 다른 취지는 맥킨지가 하버드 대학의 마이클 포터 같은 "학자들, 또는 기타 교육기관에서 추가적인 전문성을 확보하는 것"이었다. 맥킨지는 또한 "외부로는 보다 개방적이고 정치적인 태도"를 취하기로 했다. 다시 말해 맥킨지는 전략 아이디어를 판매하기 위한 마케팅 전쟁에 임하는 데 있어 기존의 도도한 이미지를 버려야만 했다는 말이다.

맥킨지는 글룩이 제안한 내용의 많은 부분을 수용했다. '맥킨지식 지식문화'를 창출하기 위한 노력의 일환으로 컨설턴트들은 내부보고서를 만들어내기 시작했다. 맥킨지 내부보고서는 종종 20쪽에 달했는데 컨설팅을 수행하거나 내부 토론을 통해 얻은 경험을 담고 있었다. 그중 일부 보고서는 약간만 손보면 〈하버드비즈니스리뷰〉에 게재할 수 있는 것들이었다. 5년 만에 컨설턴트들은 총 23개 내부보고서를 쏟아냈다. 그중에는 '전략적 시장 세분화' '경쟁비용 분석' 심지어 '전략 도구로서의 경험곡선'이란 제목의 보고서들이 있었다. 맥킨지는 글룩을 대신해서 전략 세미나를 운영할 책임자로 리처드 포스터를 임명했고, 심지어 그다지 도움이 안 되긴 했지만 외부 홍보회사를 고용했다(글룩의 말에 따르면 당시 고용된 홍보회사 최고경영자였던 유명한 홍보전문가는 맥킨지의 전략이론을 전혀 이해하지 못했다). 그나마 이런 과정에서 고용된 하버드 MBA 출신 청년 빌 매타쏘니는 도움이 됐다. 그는 글룩의 오른팔 역할과 보좌역을 병행하면서 맥킨지가 많은 아이디어와 보고서, 책을 내는 것을 도왔고, 나아가 맥킨지 내부에 수집된 지적 자산을 운영하고 공유하는 시스템을 구축했다.

글룩은 1980년대 초반이 되면서 맥킨지도 점차 전략 열성분자가 가득한 회사로 변모했다고 주장한다. 물론 여전히 회사 내부적으로 저항이나 무관심이 없진 않았다. 이런 현상은 맥킨지의 많은 직원들이 오늘날까지도 간직한 시각으로부터 나온 것인데, 그 시각은 맥킨지의 가장 위대한 자산이 아이디어나 직원이 아닌, 놀랄 만큼 넓은 고객기반, 그리고 고객들과의 관계를 지속적으로 유지하는 역량에 있다는 시각이었다.

마빈 바워가 이끌던 시절부터 맥킨지는 '통일된 회사 형태'를 자부해왔다. 이 말은 맥킨지가 다수의 독립적인 수익집단으로 나뉘어 있는 게 아니라 하나의 통일된 수익집단으로 운영된다는 것을 의미했다. 나아가 맥킨지는 전 세계 사무소에 걸쳐 일관된 조직 문화를 유지했는데 이는 고용, 평가, 보상체계가 전 세계 사무소에 모두 동일하게 적용됐기에 가능했다. 하지만 놀랄 만큼 평등하고 민주적인 파트너십 체계에도 불구하고 더 큰 권력은 듣기에는 겸손한 직함인 '사무소 대표'에게 쏠렸다. 사무소 대표는 특정 지역과 그 지역에 속한 모든 고객과의 관계를 총괄하는 자리였다. 실제로 나는 최근 맥킨지의 한 최고위급 파트너에게 1점에서 10점까지 회사 내 역할별로 영향력에 평점을 매겨달라고 요청한 적이 있다. 그 파트너가 매긴 평점은 다음과 같다. 사무소 대표는 10점, 산업 부문 수장(예를 들어 약품 부문, 통신 부문)은 4에서 5점, 기능 부문 수장(기업 재무, 그리고 '전략')은 1점이나 2점이었다. 평점을 매긴 파트너는 당연히 사무소 대표로 대단히 성공적인 경력을 쌓은 인물이었다.

글룩은 맥킨지의 한 미국 사무소에서 전략에 대한 강연을 했던 일화를 들려줬다. 때는 맥킨지가 전략에서 '명실상부한 선두업체'가 되기 위해 애쓴 지 4년 정도 지난 무렵이었다. 컨설턴트들은 글룩의 강연을 경청했다. 하지만 사무소 대표는 글룩을 무시하며 이렇게 말했다. "프레드, 난 이런 말도 안 되는 소리엔 관심이 없네. 그냥 프로젝트를 따낼 수 있는 방법만 말해보게." 당시 글룩은 전략에 회의적인 사람들과는 굳이 상대하지 않으려는 생각을 품고 있었다. 그는 "그런 이들에게 전략을 억지로 강요할 생각은 없었다"고 말했다. 그래서 사무소 대표와의 대화를 한마디로 딱 잘라버렸다. "프로젝트를 따내려면 일단 머리에 든 게 있어야 할 거요. 그래야 자신이 무슨 말을 하는지 알 수 있을 테니까."

하긴 당시 글룩은 더 중대한 일 때문에 그런 사소한 일에 신경쓸 겨를이 없었다. 1980년에 글룩은 특정 부문과 산업에서 전문성을 체계적으로 구축하기 위한 맥킨지 구상의 총괄 책임을 맡고 있었다. 이야기를 약간 앞서나가자면, 얼마 안 있어 맥킨지는 자신들이 수행하는 모든 컨설팅 프로젝트에서 얻은 교훈을 1쪽짜리 보고서로 요약해서 내부적으로 공유하게 된다. 1986년에 네 번의 임기를 역임한 론 대니얼은 나이 때문에 더 이상 맥킨지의 대표이사를 역임할 수 없게 되고, 예상치 못하게 대니얼 후계자로 프레드 굴룩이 선출되면서 글룩은 마빈 바워의 발자취를 따르게 된다. 글룩은 사무소 대표를 역임한 적도 없었고 산업부문 수장

자리도 맡은 적이 없었던, 한마디로 최고 자리에 오르는 데 필요한 직책은 단 한 번도 맡아본 적이 없었다. 대표이사가 된 뒤 그가 이룬 업적은 맥킨지를 '전략 컨설팅 회사' 또는 회사 직원들과 일부 다른 이들 표현에 따르면 '대표적인 전략 컨설팅 회사'로 변모시킨 것이었다.

하지만 전임 사무소 대표들의 전략을 무시하는 태도는 여전히 맥킨지의 분위기를 대변했다. 그리고 이런 분위기는 글룩의 업적을 깎아내렸으며 동시에 전략의 역사 초기에 맥킨지가 기여한 성과와 한계를 모두 보여준다. 맥킨지는 "프로젝트를 따내려면" 전략에 대한 확고한 전문성이 필요하다는 점을 깨닫게 됐고 글룩과 그의 동료들은 곧 그 일에 착수하게 된다.

따라서 전 세계 최고 컨설팅 회사인 맥킨지가 전략을 모든 기업에 필요한 분야로 채택했다는 사실은 전략이란 새로운 패러다임이 등장했음을 만천하에 알리고 인정한 것과 마찬가지였다. 맥킨지가 전략을 내세우는데 감히 어느 누가 전략의 중요성을 부정할 수 있단 말인가? 사실상 맥킨지보다 더 높은 지적 권위를 내세울 수 있는 곳으로는 하버드 경영대학원이 유일했다. 그런데 지난 15년간 전략에 대해 침묵해오던 하버드 경영대학원도 서서히 목소리를 내기 시작하려 했다. 그 목소리는 바로 또 다른 전략혁명가의 목소리였다.

제7장

마이클 포터, 초현실 전략을 경험하다

어쩌면 당신은 전략혁명이 기업경영을 연구하고 기업리더들을 교육하는 곳인 경영대학원에서 태동했다고 예상했을 수도 있다. 하지만 사실은 정반대다. 경영대학원들은 갈수록 진화하는 현대 전략이론에 대해 처음엔 코웃음을 쳤다. 심지어 이후에는 그 흐름에 저항하기까지 했으며 나아가 경영대학원들은 전략이란 주제를 강단으로 끌어들인 이를 경멸하기까지 했다. 그리고 그 일군의 무시받은 세력 중에는 후에 역사적으로 가장 유명한 경영대학원 교수가 된 마이클 포터도 있었다. 하지만 마이클 포터는 그 자리에 오르기까지 그에게 경영대학원 교수직을 주길 거부하는 선배 학자들에 맞서 싸워야만 했고, 나중에는 하버드 경영대학원 교육과정과 교수법을 완전히 바꿔야만 했다.

전략 대신 사업정책을 가르치다

1970년대까지 하버드에서 제공하던 수업 중 그나마 전략에 가장 가까운 과목은 두 학기에 걸쳐 제공되는 '사업정책(Business Policy)'이었다. 사업 정책은 하버드 MBA 과정에 다니는 재학생이라면 졸업반인 2학년 때에 꼭 이수해야 하는 필수 과목이자 MBA 과정의 핵심이라고 할 수 있었다. 사업정책 과목을 통해 학생들은 자신들이 공부했던 각기 다른 분야(재무, 마케팅, 회계)를 통합할 수 있었고 기업 운영 전반에 걸쳐 수익을 책임지는 '총괄경영자(General manager)'로서의 자질을 연마할 수 있었다.

사업정책 과목의 기본적인 구조를 설계한 이는 두 사람이다. 그중 한 사람 롤랜드 '크리스' 크리스텐슨 교수는 강의시간에 전혀 필기를 안하 고 박사과정 논문을 쓴 이후로 저서를 단 한 권도 발표하지 않은 교수로 유명했다. 또 다른 인물 케네스 앤드류스는 바로 전략에 대한 초창기 서 적을 펴낸 이였다. 그가 1971년에 발표한 《기업전략의 개념》은 사업정책 과정에서 가르치는 내용의 이론적 뼈대를 제공하기 위한 노력의 일환이 었다. 그리고 이 책은 마이클 포터가 등장하기 전까지 전략에 대한 하버 드 경영대학원의 기본 학설이라고 봐도 무방하다.

이 책은 저자의 태도와 우려를 잘 보여준다. 2005년에 사망한 앤드류 스는 자기주장이 강하고 성격이 종잡을 수 없는, 가끔은 냉소적인 인물이 었다. 그는 세상 관점으로 봤을 때 전형적인 인문학자였다. 그는 웨슬리 언 대학을 우수한 성적으로 졸업한 뒤 영문학 박사학위를 땄고 마크 트웨 인에 대한 졸업 논문을 썼다. 비록 그가 죽기 바로 전 나와의 인터뷰에서 농담처럼 자신이 "숫자와는 안 친하다"고 말하긴 했지만, 그는 제2차 세 계대전 중에 HBS 교수들이 가르치던 미국 육군공군합동 통계제어 학교 에서 배웠던 내용과 관련된 일을 하면서 일병에서 소령으로 빠르게 승진할 만큼 수학에 능통했다. 전쟁이 끝난 후 그는 자신을 가르쳤던 교수의 권유에 따라 HBS에서 교편을 잡게 된다.

그는 거의 40년간 왕성하게 교수로 근무하면서 하버드 대학에서 혁혁한 공로를 세웠고 새로운 영역을 개척했다. 그가 HBS의 고급경영자 과정(MBA 학위가 없는 현직 기업임원들을 위한 교육과정) 수장으로 근무할 때 쓴 한 편의 보고서는 1970년대에 유사한 교육과정이 2개에서 12개로 증가하게 된 계기가 됐다. 나아가 그는 같은 시기 아내와 함께 하버드의 러브렛 기숙사 사감으로 근무하면서 '살아남든지 아니면 도태되든지' 양자택일의 가혹한 대학생활에 직면해 있던 수백 명 학부생들에게 부모 대신 많은 도움을 베풀었다.

앤드류스는 1979년부터 1985년까지 〈하버드비즈니스리뷰〉 편집장으로 일하면서 이 잡지가 오늘날 가장 뛰어난 경영사상을 골라 싣는 잡지로 자리매김할 수 있는 초석을 다졌다. 그는 편집장으로 근무하면서, 새로운 사상에 흥미를 느끼고 영어를 잘 읽고 쓰고 교정할 수 있는 편집자들을 고용하는 것이 가장 중요하며, 편집자들이 비즈니스에 대해 잘 몰라도 큰 문제는 아니라는 점을 깨달았다. 그는 기숙사 사감을 하면서 알게 된 인맥을 활용해서 하버드 대학에서 미국 문명사 박사과정을 다니는 이들 중에서 이런 드문 종류의 편집자들을 찾게 된다. 그중에는 1990년대에 〈하버드비즈니스리뷰〉 편집장으로 활동했던 낸 스톤, 그리고 맥킨지에서 파트너로 근무하면서 〈맥킨지쿼털리〉 편집장을 역임했고 이후 마이클 포터가 설립한 컨설팅 회사 모니터컴퍼니의 파트너가 된 앨런 캔트로가 있었다.

다른 성공은 접어두더라도 앤드류스가 역사에 남긴 가장 큰 발자취는 그가 1971년에 쓴 전략에 관한 일종의 신학대전이라고 할 수 있는 책

《기업전략의 개념》이다. 사실 오늘날 이 책을 읽는 사람은 거의 없지만 일단 읽어보면 이 책이 전략에 대한 아주 도도한 방향성을 제시하고 있다는 점을 알 수 있다. 앤드류스가 제시한 방향성은 결코 이후의 전략 사상가들 특히 HBS를 전략에 관한 가장 선두적인 학술기관으로 변모시키는 이들조차 감히 시도하지 못했던 것이다.

앤드류스는 전략에 대한 두 가지 핵심요소를 아주 정확하고 가시적으로 보여줬다. 전략에 대한 그의 정의에 따르면 전략이란 기업의 존재목적과 지향점을 결정하는 데 필요한 모든 요소들을 하나로 묶어낸 이론틀이었다. 물론 브루스 헨더슨의 간결한 문체와는 정반대인 앤드류스의 문체를 보면 모든 요소를 하나로 묶어내는 작업은 매우 복잡했다. 앤드류스에 따르면 "기업전략이란 기업의 주요 목표, 의도, 또는 지향점이 드러난 것이며 이런 목표를 달성하기 위해 필수적인 계획인데, 기업이 현재와 미래에 어떤 사업에 위치해 있는지, 나아가 기업의 존재목적이 무엇이고 무엇이 아닌지를 정의하려는 목적으로 기술된 것"이었다. 비록 장황한 글 속에 가끔씩 메시지가 파묻히긴 했지만 앤드류스는 또한 기업전략이 어느 정도는 리더들 선택에 따른 결과물이라는 주장에 상당히 공감했다. 이 주장은 당시 학자들 사이에선 상당히 신선한 주장이었다.

앤드류스는 무엇보다 스위스 시계산업에 대한 연구에서 자신의 주장을 입증할 수 있었다. 사례조사는 사업정책 과정에서 필수였다. 앤드류스는 동시대 경제학자들 예측과는 반대로 한 산업군에 속한 각기 다른 기업들이 실제로는 각기 다른 비용구조와 수익성을 지니고 있다는 것과 그 이유가 대체로 기업들이 서로 다른 제품과 영업전략을 추구했기 때문이라는 점을 깨달았다.

나와의 인터뷰에서 앤드류스는 공들여 자신의 전략이론을 설명했다.

그의 전략이론은 총괄경영자의 관점을 반영했다는 점에서 경제학자들의 그다지 도움 안 되는 관점과는 정반대였다. 그는 경제학자들이 다음과 같은 요소들을 간과했다고 주장했다. 즉 경제학자들은 기업 총괄경영자들이 기업 미래를 예측하는 데 고려해야 할 다양한 사안들, 예를 들어 사회와 환경, 총괄경영자의 개인적 가치관에 따른 요구가 전략에 영향을 미친다는 사실을 간과했다. 앤드류스에 따르면 경제학자들은 또한 '기업의 목적 달성'을 위해 '조직의 프로세스와 활동'이 어떻게 수행되는지를 분석하는 데 있어 기업의 총괄경영자들이 고려해야 할 사안들도 간과했다. 이런 면에서 그의 전략이론은, 그가 동의할 표현인지는 모르겠지만, 전략에 대해 '모든 것을 아우르는' 새로운 패러다임이었다. 책의 첫 장 제목인 '종합적인 것의 중요성(The Importance of Being General)'은 그의 이런 주장을 제대로 요약했다고 할 수 있다.

하지만 앤드류스가 전적으로 믿었던 전략의 다면적 특성은 HBS를 비롯해 이후 그의 주장을 계승했던 전략사상가들이 그와 애써 거리를 두게 만들었다. "경제학자들은 이후로 계속해서 내 경쟁전략 이론을 비난했다." 앤드류스가 말했다. "그 과정에서 전략의 인간적, 도덕적, 윤리적 측면은 무시됐다. 마이클 포터와 그의 학파는 이런 개념 내에서 움직이긴 하지만 윤리적, 도덕적 요소에는 전혀 흥미가 없기에 역시 차이가 있다고 할 수 있다."

또는, 어쩌면 그 이유는 후세 전략사상가들이 윤리적, 도덕적 요소가 논리정연하게 설명되기 어렵고 그다지 유용하지 않다고 느꼈기 때문일 수도 있다. 앤드류스와 그의 동료 교수들은 기업과 기업이 처한 경쟁상황을 분석하는 데 적용될 수 있는 하나의 표준적인 이론틀이 있다는 주장에 결코 동의하지 않았다. 앤드류스와 동료 교수들의 전략이론이 후세 전략 역사에서 사라져버린 가장 큰 이유도 이런 주장 때문이었다. 하지만 어쩌면 그들은 적어도 그런 이론틀이 하나 정도는 존재한다는 점에 동의했어야만 했다. 왜냐하면 그 틀을 만든 이들이 바로 자신들이었기 때문이다. 그 틀이 바로 SWOT 분석이다. 다만 SWOT 분석은 비록 기업의 장점(Strength), 단점(Weakness), 기회(Opportunity), 그리고 기업을 괴롭히는 위협(Threat)에 대한 분석은 가능했지만 결코 매우 일목요연한, 예리한 분석은 불가능했다. 왜냐하면 그러기엔 개별 기업과 산업군의 특성이 너무나도 달랐기 때문이다. 나아가 앤드류스가 기업전략의 중요한 요소라고 주장했던 경영자들의 야망과 가치관도 하나의 도식으로 표현하기엔 너무나 종류가 다양했던 것이다.

산업구조 분석의 탄생 배경

이런 생각은 마이클 포터가 1969년에 하버드 MBA 과정에 입학할 때만 해도 일반적인 견해였다. 토목기사였던 포터의 아버지는 조지아텍 대학을 졸업한 뒤 육군 장교로 복무했다. 약간 고지식한 아버지 성격을 이어받은 포터는 프린스턴 대학에서 항공우주공학을 전공했는데, 그는 과에서 가장 성적이 좋았으면서 동시에 전미 대학골프 대표선수로 선발되기도 했던 학생이었다. 지금 포터에게 어떻게 최초로 경쟁에 관심을 갖게 됐냐고 묻는다면 그는 이렇게 답할 것이다. "나의 성장과정이 남과 경쟁하는 스포츠로 점철됐기 때문이다." 포터는 미식축구, 야구, 농구를 모두 잘했다.

포터는 공학박사 학위를 취득할지 여부를 두고 고민하다가 자신의 표현에 따르면 "더 총체적이고 경영자와 관련된 과목"을 공부하기로 결심했다. 그가 다녔던 프린스턴 대학 교수 중에는 이후에 효율적 시장가설의 옹호자로 유명해진 버튼 맬키엘이 있었다. "그는 내가 꼭 하버드 경영대학원에 가야 한다고 우겼다." 포터는 웃으며 말했다.

포터는 경영대학원 1학년 때에도 성적이 나쁘지 않았지만 2학년 때 크리스 크리스텐슨의 지도를 받으면서 최상위권으로 도약했다. 그는 크리스텐슨에게 사업정책 과목의 첫 학기 과정을 배웠다. 포터는 강의실에서 발표하길 주저했다. 문제는 이른바 '앨드리치 빌딩의 마법에 걸리는 시간'이라고 불리는 하버드 경영대학원 수업에서 좋은 성적을 받으려면 활발한 발표가 반드시 필요했다는 점이다. 앨드리치 빌딩에 있는 강의실에서 학생들은 함께 논의 중인 사례에 대한 해법을 찾았고 수업은 위대한 교수들의 소크라테스식 문답법으로 진행됐다(이들은 진정 뛰어난 스승들이었다. 하버드 단과대학이나 법대와는 달리 HBS에서 종신교수가 되려면 학술성과도 중요했지만 무엇보다 학생들이 알아들을 수 있게 강의하는 능력이 필요했다). 지금도 포터는 크리스텐슨이 직접 손으로 써서 건네준 메모를 회상할 때면 그답지 않게 감정에 휩싸이곤 한다. 메모에는 이렇게 적혀 있었다. "포터군, 나는 자네가 수업에 더 열심히 참여할 수 있다고 믿네. 그러길 바라네." 실제로 포터는 그 말대로 했다.

"내가 전략에 흥미를 느끼게 된 진짜 이유는 롤랜드 크리스텐슨 때문이었다." 포터는 남들처럼 크리스라고 부르기보다는 크리스텐슨의 원래 이름인 '롤랜드'를 써가면서 이렇게 말했다. "나는 그가 가르친 과목과 그란 인물 둘 다에 매우 흥미를 느꼈다. 이 둘 덕분에 나는 나 자신이 총체적이고 통합적이며 모든 조각들을 하나로 맞추는 접근 방식에 매우 큰 열정을 지니고 있다는 점을 알게 됐다." 포터는 이 점이 그의 필생의 업적과도 연관이 있다고 말한다. "돌이켜보면 나의 가장 큰 재능은 아주 복잡하고 통합적인 다차원적 문제를 알기 쉬운 개념으로 정리해서 실제 현장에서 일하는 이들에게 정보를 제공하고 그들이 뭔가 행동을 취할 수 있도록 하는 것이다."

포터는 크리스텐슨으로 인해 변화된 후(그는 자신이 "수업에서 활발하게 발표할 수 있다는 점에 매우 흥분했다"고 표현했다), 좀 놀랍지만 그의 정확한 말로는 "어떻게 스스로를 교육할지"에 대해 질문을 품게 됐다. 그가 '틀에 박힌 방법'이라고 표현한 일반적인 진로에 따르면, 경영대학원을 졸업한 뒤에는 하버드 대학에서 경영학 박사학위를 취득해야 했다. 하지만 포터는 경영학 박사과정이 자신이 이미 MBA 과정에서 배운 내용의 반복이라고 생각했다. 그래서 대신 HBS와 하버드 단과대학 소속의 경제학부가 함께 제공하던 경영경제학 박사과정에 입학했다. 이 결정은 학술적 측면에선 별로 큰 차이가 없는 것처럼 보이지만 전략혁명에선 아주 큰 영향을 미치게 된다.

HBS는 순수학문 박사학위인 Ph.D가 아닌 DBA(Doctor of Business Administration) 학위를 제공했는데, 그 이유는 1908년에 청년들에게 경영학을 가르치겠다는 경영대학원의 순수한 지적 노력을 무시했던 "하버드 경제학 교수들에게 대항하기 위해" 경영학 박사과정을 개설한 데에도 일부 기인한다. 적어도 켄 앤드류스는 이렇게 주장했다. 나아가 변명을 좀 하자면 하버드 단과대학은 다른 대학원들도 Ph.D 학위를 주는 것을 용납하지 않았다. 포터가 나중에 HBS에서 단행한 개혁 중에는 이후 꾸준히 가치가 떨어지게 된 DBA들보다는 Ph.D들, 특히 경영경제학 박사들을 HBS 교수에 많이 임명한 것도 포함돼 있다.

포터는 박사과정 일환으로 산업조직론 과정을 듣게 된다. 그 과정은 젊은 경제학 교수였던 리처드 케이브스가 가르쳤는데 그는 이후 경영경제학 박사과정의 3대 학과장을 역임했다. 사업정책을 배웠던 포터에게 산업조직론은, 포터 표현에 따르면 '초현실적인 경험'이었다. 나아가 포터는 그 경험으로부터 경쟁과 전략에 대한 새로운 관점을 지니게 되는데, 그 관점은 당시 전략 컨설턴트들이 한창 개발하던 전략이론과는 완전히 다른 것이었다.

산업조직 경제학은 산업에 작용하는 여러 요소들의 효력을 설명하기 위한 다양한 모델로서, 가장 높은 단계에서는 왜 특정 산업에만 경쟁이 존재하는지, 따라서 왜 일부 산업은 다른 산업보다 훨씬 수익성이 높은지를 설명하는 데 목적이 있었다. 산업조직 경제학은 두 사람의 또 다른 하버드 경제학자에게서 발전됐는데, 한 사람은 1930년대의 에드워드 메이슨이었고, 다른 한 사람은 1950년대의 조 베인(빌 베인과는 무관하다)이었다.

다른 경제학자들처럼 메이슨과 베인은 처음에는 수익, 또는 적어도 시장 참여자들의 자본비용을 상회하는, 다시 말해 '정상적'인 수준을 넘어서는 수익이 어느 정도 일시적인 이상현상이라고 생각했다. 경제학자들이 가정하는 완벽한 세상에서 수요공급 법칙에 따르면 평균을 넘어서는 수익발생 기회는 즉각 사라져야 마땅했다. 그런데 만약 그렇지 않다면 그 원인은 무엇일까? 뭔가 불길한 징후가 나타나고 있는 것일까? 실제로 산업조직 경제학 이론, 특히 조 베인이 전개한 이론의 요지는 수익성이 있는 산업에서 벌어지고 있는 현상이 낮은 가격처럼 경쟁으로 인해 대중이 얻을 혜택을 부인하기 위한 기업들의 활동을 반영하는가와 연관이 있었다.

산업조직 경제학자들이 도출해낸 가장 중요한 결론은 구조(Structure), 행동(Conduct), 성과(Performance)의 줄임말인 SCP 패러다임이다(이 점은 또한 산업조직 경제학자들이 다뤘던 영역이 고도로 추상적인 영역이었음을 보여준다). 모든 산업들은 각기 다른 수요공급 상황에 대처해야 했는데 그 과정에서 등장한 것이 산업구조였다. 산업구조에는 다양한 규모의 공급자 및 수요자가 많이 존재했다. 산업구조는 또한 시장참여자들의 행동과 그들의 선택, 그리고 잠재적 선택을 결정지었고, 이 점은 다시 시장 참여자들의 성과 즉 판카즈 게마와트가 지적했듯이 수익성뿐만 아니라 효율성과 혁신성도 결정지었다. 진입장벽(Barriers to entry)이나 판매자 집중도(Seller concentration) 같은 개념도 산업조직론에서 나온 개념들이다.

사업정책 과목이 비즈니스에 대한 일반화된 이론이 존재하지 않는다고 가르친 것에 반해 산업조직론은 완전히 딴판이었다(포터의 2학기 사업정책 과목의 교수는 켄 앤드류스였다). 포터의 고상한 표현에 따르면 산업조직론은 "매우 양식화돼 있었다." 포터는 언제나 그랬듯이 부지런하게 조사했고 논문을 썼다. 그중 일부 작업은 케이브스와 함께 진행했으며, 둘은 철수장벽(Barriers to exit)이나 전환비용(Switching cost) 같은 개념을 탐구했다. 전환비용은 기업이 납품업체를 새로운 업체로 바꾸는 데 이론적으로 얼마만큼의 이득이 있어야 할지를 계산하는 것을 말한다.

포터는 또한 그때 자신이 소중한 기회를 포착했는데 그것은 바로 향후 10년간 연구할 내용의 토대를 증명해보는 것이었다고 말했다. 그는 왜 특정 산업은 경쟁이 치열하고 다른 산업은 그렇지 않은지를 설명하는 산업조직론 이론을 "거꾸로 뒤집어 적용해보기로 했다"(이 표현은 이 이야기를 아는 사람이라면 다들 사용하는 표현이다). 그리고 대신 기업이 경쟁우위를 확보하기 위한 산업내부 기회를 창출하는 구조적 요소가 무엇인지를 연구하기로 했다. 그런 다음 그 이론적 도구를 경영대학원으로 다시 가지고 가서 적용한다면 기업과 기업활동에 대한 이론을 매우 논리정연하게 가다듬을 수 있을 것이라고 믿었다.

"그건 급진적인 생각이었다"고 포터는 말한다. "지금도 나는 모든 기업은 다르고, 모든 기업은 유일무이하다는 전제를 철저히 믿는다." 하지만 포터는 동시에 이렇게도 생각했다. "경쟁에 대한 사고틀이나 구조는 일반화가 가능하다고 믿었다. 내 안에 있던 급진적인 목소리는 이렇게 말했다. '이봐, 크리스텐슨과 앤드류스의 주장을 믿는다고 해서 기업마다 고유한 전략을 찾는 데 필요한 의지와 통찰을 가져다줄 분석이론을 만들지 못할 이유는 전혀 없다고.' 그리고 그게 바로 내가 한 일이었다."

산업조직론 이론을 전략에 적용하는 일은 생각보다 훨씬 어려웠다. 특히 이론을 실제 기업에서 유용하게 쓰일 수 있을 만큼 세부적으로 해체하기란 매우 까다로운 일이었다. 포터 말에 따르면 당시 산업조직론 관점에서 볼 때 "산업구조를 압도적으로 지배하는 요소는 딱 두 가지였는데, 이는 시장집중도(산업 내에서 상위 4개, 또는 8개 업체가 차지하는 비중)와 진입장벽이었다." 진입장벽 종류에는 규모의 경제와 같은 몇 가지 요소들이 있었다. "나는 그 이론을 내가 경영대학원 시절에 봤던 산업에 대한 연구결과와 비교하면서 이렇게 생각했다. '안 맞아. 틀려. 충분치 못해. 너무 틀에 박혔어.'" 포터는 개별 산업과 기업에 대한 경영대학원 사례연구뿐만 아니라 〈포춘〉이나 〈포브스〉에 실린 기사들을 더욱 탐독했다. "나는 읽고, 읽고, 또 읽었다."

포터는 산업조직론 모델을 특정 기업의 상황을 설명할 수 있을 정도로 자세하게 다듬는 과정에서 후에 자신을 유명하게 만들어줄 첫 번째 사상적 틀을 고안해낸다. 바로 산업구조 분석틀(5-forces framework, 5가지 경쟁요소 분석틀이라고도 한다 - 옮긴이)이다. 여기서 '모델'이란 거창한 표현 대신에 '분석틀'이라고 이름붙인 데는 그럴 만한 이유가 있다. 포터는 자신의 이론이 실용적이고 지나치게 학술적이지 않다는 점을 강조하려 했다. 그의 핵심적인 주장은 1980년에 발표된 《경쟁전략(Competitive Strategy)》(한

국에는 《마이클 포터의 경쟁전략》으로 출간됐다- 옮긴이) 첫 장 첫 문장에 잘 기술
돼 있다. "경쟁전략 수립의 핵심은 기업을 기업이 속한 환경에 연관시키
는 것"이며 환경의 '주요한 측면'은 기업이 속한 산업, 그리고 해당 산업
구조다.

산업구조 분석틀은 다섯 가지 요인들로 구성돼 있었는데, 이 다섯 가
지 요인들이 시장참여자 입장에서 해당 산업이 얼마나 높은 수익성을 제
공하는지를 결정하는 요인들이었다. 아울러 이 다섯 가지 요소들은 산업
내에서 기업이 어느 부분에서 경쟁할 위치를 어떻게 확보할 수 있는지를
결정했다. 다섯 가지 요인을 그려 넣은 도식의 정중앙에는 기업 간의 경
쟁이 위치했다(그림 7-1 참조). 경쟁이 치열한 정도를 결정한 건 기업 간
경쟁 주변에 위치한 나머지 요인들이었는데, 그 요인들은 공급자 교섭
력, 구매자 교섭력, 신규진입자로 인한 위협, 대체재로 인한 위협이었다.
나아가 포터는 《경쟁전략》에서 자신이 보기에 특정 산업에서 각 요인들
의 강도를 결정하는 근거와 요소들을 자세하게 나열했다.

산업구조 분석틀에 대한 비판은 특히 컨설턴트들에게서 많았는데, 그
들은 산업구조 분석틀이 너무 유연하지 못하다고 비난했다. 말하자면 경
험곡선 같은 이론과는 달리 산업경쟁 상황이 어떻게 변화하고 시장 참여
자들 위치가 어떻게 변모하거나 쇄신될지를 예측하지 못한다는 비난이
많았다. 포터는 그 말을 인정하지 않았다. "산업구조 분석틀은 늘 변화하
는 시스템이다. 그리고 산업, 기술, 소비자 구매력 같은 모든 외부요인들
은 다섯 가지 요인에 늘 영향을 미친다. 산업구조 분석틀은 어떤 경우이
건 산업의 현재 수익성을 설명하는 데 활용될 수 있다. 산업구조가 고착
돼 있다는 내용은 사업과 산업구조에 대한 연구결과 어디에서도 찾을 수
없다." 물론 컨설턴트들이 고착됐다고 지적한 건 산업구조가 아닌 포터

[그림] 7-1

산업구조 분석틀

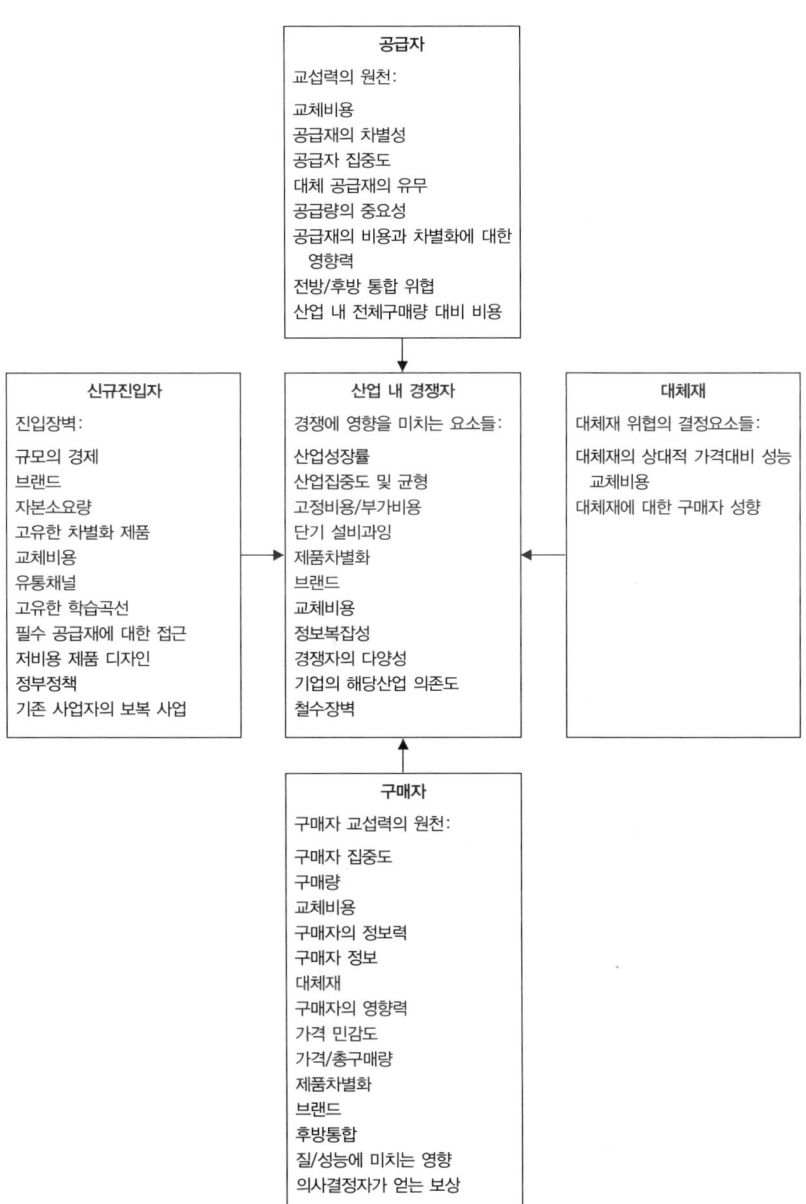

의 분석틀이다.

분석틀은 또한 산업조직론 학자들로부터 그 독창성에 대해 많은 의구심을 불러일으키게 된다. 하지만 적어도 포터가 최초로 경제학과 실제 비즈니스 간에 존재하는 단절을 메우기 위한 시도를 했다는 점만은 부인할 수 없는 사실이다. 게마와트가 쓴 전략의 역사에 관한 매우 뛰어난 글에 따르면 "다섯 가지 요소와 관련해서 1980년대 후반, 그러니까 포터가 처음 분석틀을 개발해낸 지 10년이 지난 뒤에 나왔던 실용논문들을 조사해본 결과, 산업조직론 분야에서 나온 논문들 중에서 포터의 주장을 지지한 논문은 극소수에 불과하다."

하지만 이런 비난에도 불구하고 많은 컨설턴트들, 학자들, 그리고 기업가들은 기업전략을 수립하기 위해 산업구조 분석틀을 활용하게 된다. 산업구조 분석틀은 시장점유율 매트릭스와 같은 예리한 계량적 요소들이 결여돼 있었지만, 대신 전략수립 과정에서 고려해야 할 수많은 요인들을 나열해놓았다. 덕분에 산업구조 분석틀을 사용하는 이들은 분석틀이 완벽하다는 만족감을 느낄 수 있었다.

경영대학원의 반발

만약 당신이 포터의 새로운 이론에 대한 당시 하버드 경영대학원의 반응을 목격했다면, 산업구조 분석틀이 성공을 거둘 것이라는 예상을 감히 못했을 것이다. 하버드 경제학과는 포터의 박사논문에 매년 최고 논문에 수상하는 웰스 상을 수여할 정도로 그의 연구결과를 좋게 평가했다. 하지만 포터에 따르면, 경제학과와 대립관계였던 HBS는 그의 연구결과에 대해 "엄청나게 반발했다." 싫어했다는 말이냐고 묻자 포터는 그렇다고 수긍했다. 적어도 사업정책 교수들은 그랬다.

포터는 1973년에 HBS 부교수로 임명돼 사업정책 과목을 가르치면서 자신의 이론을 강의실에서 적용해보려 노력했다. 당시 HBS에는 같은 날 같은 강의를 하는 모든 교수는 사전에 합의한 동일한 지식을 가르쳐야 한다는 확고한 원칙이 있었다. 포터는 교습방법에 관해 크리스텐슨으로부터 많은 도움을 받았는데, 크리스텐슨은 지금까지 사례연구 교습법에서 귀감이 되고 있다.

포터는 박사학위 논문을 끝마치기 전부터 매번 강의시간 전에 크리스텐슨이 준비한 토론 내용을 몇 시간씩 들여다봤고, 크리스텐슨 강의를 자세하게 관찰했으며, 강의가 끝나면 스승에게 가서 자신이 막 목격했던 마법 같은 소크라테스 문답법에 대해 토론했다. 이후 제자인 포터도 매우 인기 있는 과목을 가르치게 되긴 하지만 여전히 그는 교수로서 자신의 능력이 스승인 크리스텐슨에겐 못 미친다고 생각했다(사실 포터는 기업들을 대상으로 한 강연료만 몇 만 달러를 받는 수준이다). "나는 내가 아주 괜찮은 교수라고 생각한다." 포터의 말이다. "하지만 크리스텐슨 수준까진 오르지 못했다. 특히 나는 학생에 대한 관심이 상대적으로 부족한 편인데, 아마 수업시간에 나랑 똑같이 생긴 사람이 있어도 눈치채지 못할 것이다."

지금도 포터는 크리스텐슨의 도움을 매우 감사히 여긴다. 그럼에도 불구하고 포터는 이렇게 말한다. "내가 보기에 크리스텐슨은 당시 나의 시도가 얼마나 고상한 것인지를 이해하지 못했다. 그러니까 내가 두 가지 모두를 동시에 해낼 수 있다는 점을 몰랐다는 말이다." 이 말은 포터가 크리스텐슨과 앤드류스가 만들어놓은 이론 전통을 깨뜨리지 않으면서 동시에 여러 산업과 기업에서 즉각 적용할 수 있는 분석틀을 만들어낼 수 있었다는 뜻이다(앤드류스도 포터의 시도에 담긴 고상한 뜻을 이해하지 못한 건 마찬가지다. 물론 포터의 말로는 앤드류스도 크리스텐슨처럼 포터의 연구를 많이 후원해줬다).

1970년대 초반, 크리스텐슨과 앤드류스는 이미 사업정책 과목 수업을 젊은 교수들에게 맡기고 있었다. 크리스텐슨은 경영대학원생보다는 더 폭넓은 청중을 대상으로 사례연구 강의에 더 많은 시간을 쓰고 있었다. 앤드류스는 1971년 《기업전략의 개념》을 출간한 이후 MBA 학생들을 대상으로 한 사업정책 강의를 완전히 그만두고 대신 〈하버드비즈니스리뷰〉에 전념했다.

한편 포터는 경제학에 대한 연구를 지속하면서 자신의 연구결과를 경영대학원에서도 가르칠 수 있는 내용으로 바꾸려고 노력했다. 그중에서 가장 주목할 업적은 1975년에 포터가 쓴 노트(HBS는 당시 연구보고서를 노트라고 불렀다)였던 〈산업구조 분석〉이었다. 이 노트에는 산업분석틀에 대한 내용이 담겨 있었다. 포터보다 연배가 높았던 한 HBS 교수는 포터에게 그의 노트가 "의도는 고상했지만 실패로 끝난 실험에 그쳤다"고 평했다. 포터를 정교수로 임명할지에 대한 투표가 열렸을 때 사업정책 과목을 가르쳤던 교수 중 단 한 명을 제외한 모든 이들이 반대표를 던졌다.

포터, HBS에서 입지를 다지다

다행히도 현명했던 이들, 특히 마침 HBS 학장으로 임명될 참이었던 존 맥아더 덕분에 포터의 경력은 구원받게 된다. 맥아더는 포터의 정교수 임명 결정을 1년간 보류하자고 제안했다. 나아가 그 1년 동안 포터를 사업정책에서 빼내 기업 경영자들을 대상으로 한 비학위 과정을 가르치게 해서 포터가 자신의 아이디어를 시도해볼 수 있도록 배려했다. 포터는 관리역량 개발 과정을 가르치면서 사업정책 과목의 획일화된 교습법과 이론에서 벗어날 수 있었다. 관리역량 개발 과정을 듣는 학생들 대부분은 포터보다 나이가 많았다. 포터는 그들 이야기를 들으면서 자신의 관심분야가 산업에서 개별 기업과 그 기업들이 겪는 어려움으로 옮겨가게 됐다고 말한다.

포터는 HBS 주류에서 벗어난 이 시기(포터는 이 시기가 '우울한 시기'였다고 인정했다)에 두 개의 방대하면서도 이후 큰 성공을 거두게 될 프로젝트를 마치게 된다. 그는 MBA 교육과정을 위해 선택과목을 고안해냈는데 그 선택과목은 1978년에 '산업 및 경쟁 분석(Industry and Competitive Analysis)' 또는 약자로 ICA란 강의명으로 개설됐다. 강의는 시작과 동시에 엄청난 성공을 거뒀다. 수강신청이 넘쳐났고 학생들이 강의를 듣기 위해 몰려들면서 수요를 맞추기 위해 포터 지도하에 더 많은 교수들이 충원돼 추가 강의를 진행해야 했다. "HBS에서 동료들로부터 인정을 받는 방법은 두 가지다." 한 HBS 교수의 말이다. "아주 인기 있는, HBS 간판이 될 만한 강의를 개설하든지 아니면 대단한 기업의 이사회에 참여하는 것이다." 포터가 해낸 건 첫 번째 일이었다. 포터는 "동료들의 의심어린 목소리를 잠재운 것이 ICA 과목이었다"고 말한다. "상황이 그렇게 되자 HBS에서 실권을 꽉 잡고 있는 이들이 이렇게 말했다. '이건 거스를 수 없는 흐름이야. 그냥 받아들일 수밖에.'"

포터는 또한 2002년 인터뷰 기사에서 밝혔듯이, 새로운 과목을 가르치면서 "HBS에서 교습법에 관한 전쟁을 벌였지만 대체로 승리할 수 있었다." 포터의 수업을 듣는 학생들에겐 분석해야 할 사례뿐만 아니라 이론을 정리한 보고서와 사례에 적용할 분석틀이 주어졌고 거의 모든 수업마다 유인물이 배포됐다. 포터는 자신이 소크라테스 문답법이란 가면을 벗어던졌고, 심지어 일부 강의에서는 끝머리에 일방적인 강의를 했다고 인정한다. 학생들은 포터의 교습법을 쭉쭉 빨아들였다. 포터가 제시한 새로운 형태의 지식전달 방법은 전통적인 교습법을 파격적으로 넘어섰고 각각의 사례에는 각기 다른 교훈이 담겨 있었다. 수업에서 토론을 마친 학생들은 그날 자신들이 도대체 뭘 배웠는지를 의심하지 않아도 됐다. 그리고 매번 강의 때마다 다음 강의에 토론할 문제를 해결할 수 있는 도표, 서식, 목록 등이 배포됐다. "유인물이 엄청났다"고 포터는 말한다.

한편 포터는 이런 과정을 보면서 적절한 교육을 받고 적절한 분석기법을 배운 경영자라면 경험이 부족해도 충분히 전략을 수립할 수 있다는 자신의 신념을 확인하고 그에 대한 학술적 토대를 마련하게 된다. "천재가 아니어도, 그리고 평생 그 일을 해왔던 이가 아니어도 전략을 수립할 수 있었다." 포터는 말한다. "구시대적 방식으로 전략을 가르치는 또 다른 문제는 전략을 수립할 때마다 매번 다른 전략을 수립할 가능성이 매우 높았다는 점이다."

포터는 '광야'에서 머물던 기간 동안 1980년에 발표할 책 《경쟁전략 : 산업과 경쟁 분석 기법》을 완성하게 된다. 현재 60쇄까지 인쇄된 이 책은 전략 전문서적 중에서 사람들이 가장 많이 읽는 책으로서 이 책의 유일한 라이벌은 포터가 1985년에 발표한 저서 《경쟁우위(Competitive Advantage)》(국내에는 《마이클 포터의 경쟁우위》로 출간-옮긴이)라고 할 수 있다. 그리고 이 두 권의 책으로 포터는 유명세를 타게 된다. 그는 전략경영에 대한 학술논문에서 가장 많이 인용되는 인물이다. 그리고 피터 드러커가 2005년에 타계한 이후 포터는 현재 영향력이 가장 큰 경영대가로 손꼽힌다. 그런데 이런 인기에도 불구하고 포터의 책에 약간은 상식을 벗어나는 점들이 있다는 사실은 매우 흥미롭다.

일단 포터가 책에서 사례를 활용하는 방법은 일반적인 상식을 벗어난다. 컨설턴트들은 사례에서 고객의 문제해결을 도울 수 있는 이론을 도출했던 반면 포터는 일단 이론에서 출발했다(대부분은 그가 산업조직 경제학 이론을 가다듬은 것들이었다). 그런 다음 여러 글들(사례, 잡지 기사들)을 뒤져서 부합하는 사례를 제시했다. 이런 사례들은 그가 밝혀낸 원칙들이 실제로 어떻게 기업에서 작용하는지를 보여주는 것들이었다. 포터가 특정 기업에 대해 논의하면서 두 문장 이상을 할애하는 경우는 매우 드물었는데, 이런 특정 기업 사례는 논리적 주장 뒤에 살짝 추가된 정도에 그쳤다.

다음 장에서 우리는 전략의 '의도성'에 대해 좀 더 자세히 들여다볼 것이다. 하지만 이 장에서는 일단 이 정도만 언급하자. 포터가 사례를 활용하는 방식을 보면 경영서적을 읽다가 늘 떠올릴 수밖에 없는 질문이 생각난다. 이 질문은 전략이나 경영진 교체에 대한 주장을 펼치기 위해 특정 기업 사례가 나올 때면 독자들이 늘 머릿속에 떠올릴 수밖에 없는 질문이다. 이른바 "그 기업은 자신들이 당시 무슨 일을 하고 있는지 알고 있었을까? 그 기업은 의도적으로 그 전략을 취한 것일까?"

《경쟁전략》에서 발견되는 또 다른 이상한 점은 책의 대부분, 그러니까 전체 열여섯 장 중에서 열다섯 장은 사실 전략에 대한 내용이 아니라는 점이다. 오히려 책은 산업과 산업구조 분석에 대한 내용이다. 포터는 이 점을 순순히 인정했다. "《경영전략》은 기본적으로 산업에 관한 책이다. 왜냐하면 그 책을 쓰면서 내가 내내 고민했던 것이 바로 산업이었기 때문이다."

《경영전략》에서 눈에 띄는 예외는 바로 2장이다. 포터는 2장을 가장 나중에 썼다. 포터는 책에서 산업분석틀을 여러 번 다뤘고 지속적으로 확장해갔다. 그러다가 책을 거의 끝마칠 때가 돼서야 "포지셔닝을 약간이나마 다룰 필요가 있다"고 결심했다. 그러니까 포터는 산업에 작용하는 여러 요인들을 고려할 때 특정 산업 내에서 기업이 어떤 위치를 점유해야 하는지에 대해 언급할 필요가 있다고 느낀 것이다. "사례연구를 가르쳐왔기에 나는 기업에 대해 쓸 말이 있었다. 그리고 모든 기업들은 다 다르다."

2002년 학술지 〈아카데미오브매니지먼트이그제큐티브〉와의 인터뷰에서 포터는 자신의 사고 과정을 요약해서 들려줬다. "어떤 포지셔닝 이론도 결국 토대는 더 나은 수익성이다. 더 나은 수익성은 다시 경쟁우위를 필요로 하고, 경쟁우위에 대한 모든 이론은 결국 사업적 초점, 다시 말해 기업의 전략적 대상시장을 어디까지 한정할 것인지에 기반한다. 그리고 거기에서 본원적 전략(Generic strategy)이 탄생한 것이다." 이 본원적 전략이 포터가 《경영전략》 2장에서 다룬 내용이자 산업구조 분석틀과 함께 책이 유명세를 타게 된 또 다른 요소다. 그는 기업이 선택할 수 있는 전략이 세 가지가 있다고 주장했다. 바로 저원가 선두기업이 되거나(경험곡선 팬들이 가장 선호하는 전략), 제품 차별화를 하거나(고객에게 더 높은 가격을 부과할 수 있는 아주 특별한 제품을 만드는 전략), 또는 시장전문화를 하는 것(틈새 시장을 발견하고 지배하는 전략)이다.

이후 살펴보겠지만 1970년대 중반에 이르면서 심지어 보스턴컨설팅그룹의 지식 청부업자들조차도 저비용과 경험효과에 기반한 전략이 어쩌면 기업이 선택할 수 있는 유일한 전략이 아닐 수도 있다는 점을 깨닫기 시작했다. 하지만 어느 누구도 포터처럼 뚜렷하게 선택가능한 전략의 범위를 규정지은 이는 없었다. 사람들이 포터가 주장한 본원적 전략을 더욱 심각하게 받아들였던 이유는 포터의 위협적인 주장 때문이었는데, 포터는 기업이 본원적 전략 중에서 하나를 선택한 뒤 이를 고수해야만 한다고 주장했다.

그의 표현에 따르면 '어중간한 상태에 있는 기업' 그러니까 "세 가지 전략 중에서 단 한 가지 전략도 수립하는 데 실패한 기업은…… 전략적으로 매우 허약한 상황에 처할 수밖에 없고…… 낮은 수익을 얻을 수밖에 없었다." 이런 기업은 비용을 지속적으로 낮출 수 있는 시장점유율이 없기에 가장 낮은 가격을 원하는 대량구매 고객을 잃을 수밖에 없고, 수익성이 좋은 고객을 고부가가치 제품을 생산하는 데 투자하는 기업들에게 잃을 수밖에 없었다. 전략은 곧 선택이란 명제, 즉 경쟁자들과 차별화하려면 하나의 전략을 반드시 선택해야만 한다는 주장은 이후 포터의 연구에서 지속적으로 반복되는 주장이다. 그 결과 포터는 '전략은 곧 포지셔닝'이라고 주장하는 학파의 최고 권위자가 된다.

이런저런 비난이 있긴 해도 전략혁명을 가속화하는 데 《경영전략》이란 책보다 더 큰 기여를 한 책은 없다. 이 책은 전략이란 주제에 이론적인 논리정연함을 더했다. 나아가 전략이란 새로운 패러다임을 기업 내 토론의 중심 화제이자 경영대학원 교육과정의 핵심 과목으로 만들었다. 비즈니스 아이디어를 제품화한 BCG가 한 가지 후회할 점이 있다면 포터처럼 '모든 것을 집대성한' 책을 출간하지 않았다는 점일 것이다.

물론 포터가 전략에 대한 모든 내용을 집대성한 것은 아니다. 하지만 그가 제시한 산업 분석은 독자들 눈에 너무나도 자세했고 너무나도 실용적으로 비쳤다. 《경영전략》 끝부분에는 14쪽에 걸쳐 '산업분석 방법론'이 수록돼 있다. 《경영전략》을 읽은 독자들은 포터가 책에서 제시한 방법을 끝까지 따라만 하면 적어도 전략을 고안해내지는 못해도 마치 그런 것 같은 착각을 느낄 만큼 책은 실용적이면서 모든 내용을 망라했다. 포터는 또한 책에 실린 또 다른 부록에서 6쪽에 걸쳐 BCG의 시장점유율 매트릭스와 맥킨지 매트릭스를 비판하면서 둘 다 별것 아니라고 무시해 버렸다.

비록 포터가 BCG와 맥킨지의 성과를 과소평가하긴 했지만, 은유적인 표현을 쓴다면 포터가 《경영전략》에 담아낸 섬광 같은 교훈들은 결국 컨설턴트들 어깨 위에 올라가서 이룬 것들이었다. 이전 15년간 전략이란 개념과 단어를 기업 의식 속에 심어놓은 이들은 바로 컨설턴트들 특히 BCG 컨설턴트들이었다(만약 포터가 책제목에서 전략이란 단어를 빼고 대신 경쟁 산업 분석이라고 제목을 붙였다면 과연 오늘날 60쇄나 팔렸을지는 의문이다). 컨설턴트들은 경험곡선과 시장점유율 매트릭스 같은 도구를 통해 쉽게 이해할 수 있는 전략이론들을 가장 먼저 만들어냈고(세상을 타계한 BCG의 사이 틸스는 그 이론들에 대해 판카즈 게마와트에게 "강력하지만 지나치게 단순화시켰다"고 말했다), 그럼으로써 전략 토대를 구축한 것으로, 포터가 개발한 더 정교한 도식들도 결국 그 토대 위에서 등장할 수 있었다.

다른 전략의 대가들처럼 마이클 포터도 지치지 않는 에너지를 과시했고 다른 이들 비난에 쉽게 좌절하지 않았다. 하지만 특히나 다른 대가들에 비해 마이클 포터의 등장은 너무나 시기가 좋았다. 1970년대 말이 되면서 전략은 여기저기서 화제가 됐다. 심지어 언론들도 전략에 대해 다루기 시작했다. 〈비즈니스위크〉는 정기적으로 '기업전략'이란 제목의 칼럼을 게재했다. 심지어 전략 컨퍼런스를 개최했는데, 참석자들은 최신 전략이론에 대한 컨설턴트들 강연을 듣기 위해 돈까지 지불해가면서 컨퍼런스에 참석했다. 포터가 1979년에 〈하버드비즈니스리뷰〉에 게재한 글 "경쟁요인들은 어떻게 전략을 결정하는가(How Competitive Forces Shape Strategy?)"는 매년 최고 기사에 수여되는 맥킨지 어워드를 수상했다.

1981년 포터의 책이 출간된 지 얼마 되지 않아 〈포춘〉은 핵심적인 전략이론을 네 편의 기사에 나눠서 다뤘다. 그중 한 기사는 포터가 제시한 본원적 전략에 관한 것이었다. 기사에는 마치 젊은 영웅처럼 보이는 뿔테

안경을 쓴 포터의 사진도 함께 실렸다. 그의 모습은 마치 스콧 피츠제럴드 소설에서 막 튀어나온 듯했고 잘 차려입은 양복 광고모델로도 보였다. 포터는 이후로도, 지금까지도 그 모습을 유지하고 있다. 6년 후 1987년에 〈포춘〉은 당시 이미 유명인사가 된 포터를 표지모델로 실었고, 더불어 하버드 경영대학원에서 벌어지는 변화를 커버스토리로 다뤘다.

당시 권위 있는 맥킨지는 프레드 글룩의 주도 아래 전략의 중요성을 강조하고 있었다. 반면 BCG의 영광은 약간 퇴색했는데, BCG가 개발해낸 전략이론들은 점차 흔한 개념이 돼가고 있었고 컨설팅 사업은 맥킨지와 베인앤컴퍼니로 인해 타격을 입고 있었다. 이후 살펴보게 되겠지만, 포터가 책을 출간하면서 전략의 전면에 등장하게 될 무렵 이전 세대의 가장 선도적인 '전략대가'였던 브루스 헨더슨은 다른 파트너들에 의해 한직으로 쫓겨나 수장 지위를 잃고 은퇴나 마찬가지인 상태로 전락하게 된다. 브루스 헨더슨은 젊은 포터만큼 멋지지 못했고 달변도 아니었다. 그리고 그는 결국 사람들이 전략을 생각할 때 떠올리는 인물의 위치를 포터에게 넘겨주게 된다. 그리고 그 자리는 아직도 포터가 유지하고 있다.

HBS를 혁신하다

동료들은 포터의 ICA 과목이 대단한 성공을 거두고 그의 명성이 경영대학원을 벗어나 더 먼 곳까지 퍼져나가게 되면서 더 이상 포터를 견제할수 없게 됐다고 회상한다. 그가 종신교수가 될 것이라는 점은 기정사실이었는데 실제로 포터는 1982년, 그의 표현에 따르면 '만장일치로' 종신교수에 선출된다. 1986년까지 거의 2700명 학생들이 포터와 그의 제자들이 가르치던 ICA 선택과목을 수강했는데 그 수는 MBA 졸업생 절반에 달하는 수치다.

그러던 중 지금까지도 HBS에 영향을 미치는 일이 벌어지게 된다. 1979년에 1년 과정 사업정책 과목이 두 개 과목으로 분리된 것이었다. MBA 1학년 학생들이 배우는 과목으로 한 학기에 걸쳐 전략수립을 다루던 사업정책I은 갈수록 포터의 연구결과에 의존했다. 원래 전략이행을 다루는 과목이었던 사업정책II는 MBA 2학년 학생들이 듣는 과목 중에서 유일한 필수과목이었다. 포터는 1983년에 사업정책I의 총책임자로 임명됐다. 반면 사업정책II는 지금까지도 결코 성공적인 강의가 되지 못했는데, 어느 누구도 그 과목을 인기 있는 과목으로 만들 방법을 고안해내지 못했기 때문이다. 다양한 방식으로 그 과목을 변화시키려 했던 모든 교수들도 이 사실을 인정한다. 이 말은 하버드 경영대학원이 아직도 전략을 제외하곤 종합적인 경영교육에서 '가장 핵심이 되는 사업정책 과목'에서 뭘 가르쳐야 할지를 파악하지 못했다는 말이기도 하다(가장 최근에 HBS는 기업가 과목에 집중하려는 시도를 했다. 이 내용은 15장에서 다룬다). 결국 HBS에서 전략수립 과목은 경영자 교육에 필요한 다른 모든 과목들을 앞지르게 된다.

포터는 MBA 학생이라면 필수적으로 들어야 하는 사업정책I의 수장을 맡게 되자 자신의 분석틀과 유인물을 교과과정에 포함시켰다. 이런 이유로 1986년에 과목 이름은 '경쟁과 전략'으로 변경됐다. 포터는 또한 해당 과목 수장으로서 '교습법을 둘러싼 전쟁'에서 반격을 가할 수 있었는데, 그 방법 중 하나는 경영대학원이 배출한 경영학 박사 대신 경제학 박사들을 교수로 영입하는 것이었다.

HBS 교수인 라케쉬 쿠라나는 경영대학원의 역사와 목적을 다룬 뒤어난 저서《고상한 목표부터 해결사까지(From Higher Aims to Hired Guns)》에서 이렇게 썼다. "1960년대와 70년대부터 경영대학원은 이미 경영학을 전공하지 않은 박사들을 갈수록 많이 고용해왔는데, 그 이유는 경영교육에 갈수록 더 정연한 학술적 논리가 필요했기 때문이다." 하지만 포터는 그 흐름을 훨씬 가속화시켰다. 적어도 그의 말을 들어보면 이렇다.

"나 이전에 HBS의 교수들은 하나같이 DBA들이었다. 하지만 나 이후로…… 나는 만약 당신이 경영경제학이나 기타 경제학 박사학위가 없다면 절대 고용하지 않을 것이다. 우리는 새로운 형태의 논리정연함을 경영학에 유입하고자 했다. 그리고 HBS에서 그 노력의 시초는 나였다. 나는 경영경제학 박사였고 HBS 출신이 아닌 외부 박사가 교수로 임명된 건 내가 최초였다." 그는 하버드의 경제학 박사 출신들이 지나치게 많이 HBS 교수로 임명되는 것이 결코 전략 분야만의 문제가 아니라며 재무, 기업가 과정, 협상 분야에서도 동일한 현상이 일어나고 있다고 강조했다.

하지만 그런 현상이 너무 지나칠 수도 있다. 포터는 현재 HBS가 너무 순수한 학자 출신들을 고용하는 데 지나치게 편중하는 것 같다고 우려한다. "우리는 경영대학원이 아닌 다른 대학원 출신 박사들을 무분별하게 고용하는 지경에 이르렀다. 그리고 그 점은 솔직히 위험하다고 할 수 있는데, 특히 HBS는 실용적인 학문을 추구해야 하기 때문이다. HBS의 핵심은 문제해결과 실행이다. 그리고 우리는 그 과정에서 분석기법과 학술적 능력을 활용한다. 그에 반해 현재 우리 동료 중 상당수는 논문을 중시한다. 그들은 지나치게 이론을 중시해서 그들이 흥미를 갖는 것은 오직 논문, 저서의 출간일 뿐 결코 문제해결이 아니다."

인간이라는 성가신 고민

1981년 무렵, 마이클 포터는 성공가도를 달리고 있었다. 몇 년 후 그는 직접 모니터컴퍼니라는 컨설팅 회사를 설립했고 1985년에는 전작 후속

편인 《경쟁우위》를 출간했다. 1980년대 말에 이르자 포터는 스스로가 만족할 만큼 기업에 대한 전략을 정리했는데, 대신 국가 경쟁력에 대한 연구와 저술활동을 시작하게 된다. 이는 그가 다시 우리 이야기에 등장하는 1990년대 중반, 그러니까 포터가 전략의 명성이 서서히 퇴색하고 있다고 믿기 시작할 무렵이다.

전략에 대한 일부 비판은 《경쟁우위》 출간과 함께 시작돼 이후 서서히 증가했는데, 이런 비판은 포터를 비롯한 전략가들이 인간이란 측면을 너무나 간과했고 전략을 개념에서 현실로 바꾸는 개인들의 능력과 요구를 아예 무시했다는 비판이었다. 마이클 포터를 수세로 몰아넣는 성가신 질문 중 하나는 우리가 이미 앞에서 살펴본 것이다. "마이클 포터 전략에 도대체 인간은 어디에 있는가?" 그에 대한 포터의 답변이다.

"일단 내 모든 연구결과가 긍정적이라는 점을 먼저 이해하는 게 중요하다. 왜냐하면 내 연구결과는 '전략에 따르면 이렇게 움직일 것이다' 라는 점을 보여주는 것이기 때문이다. 하지만 실제로 현실에서 전략이 어떻게 전개될지는 그다음 문제다. 그리고 전략이 의도적인 결과인지 아니면 의도치 않았던 결과인지도 그다음 문제다. 나아가 다양한 인간들이 전략을 이행하는 데 있어 수행하는 역할에 대한 질문도 그렇다. 물론 이런 질문들은 아주 중요한 질문들이다. 하지만 내가 답하려 했던 질문들은 아니다.

실제로 나는, 특히나 경쟁자 분석을 통해 내가 명쾌한 이론을 제시했다고 생각한다. 그러니까 나는 전략에 사람이란 측면이 존재하고 사람들은 가치관, 자아, 감정을 가지고 있으며 그로 인해 가끔은 이른바 경제적 측면에서 합리적인 행동과는 거리가 먼 행동을 하게 된다는 점을 밝혔다. 그런데도 사람들은 이 점을 프로세스 중심적 사고와 포지셔닝 중심

적 사고의 대립이라고 부른다"(실제로 이런 견해의 충돌은 학습중심 전략과 포지
셔닝 중심 전략의 대립이라고 불린다). "그건 말도 안 되는 소리다. 둘 다 필요
하다. 매번 전략을 수립할 때마다 다른 전략을 짜내지 않으려면 기저에
흐르는 경제적 논리를 이해해야만 한다. 그리고 그게 나의 임무이자 내
가 맡은 일이다. 물론 사람들은 기업조직을 전략수립 과정을 이해하고
동시에 진행할 수 있는 조직으로 변모시켜야 한다고 말한다. 나아가 전
략을 제대로 이행하고 전략에 집중하는 조직으로 변모시켜야 한다고 말
한다. 모두 매우 중요한 내용들이다. 하지만 그것들은 어디까지나 내 연
구결과를 보충하는 의견에 불과하다."

하지만 포터가 성공을 거둔 지 몇 년 지나지 않아 전략에서 인간의 역
할이 너무나도 중요하다는 점은 매우 명백해진다.

PART 02

전략의 대가들,
역사를 다시 쓰다

THE LORDS OF STRATEGY

전략 분야를 지배할 컨설팅 회사들과 학파까지 모두 자리 잡은 후 전략의 대가들이 해야 할 일은 전략의 위치를 공고히 다지는 것이었다. 이 단계에서의 첫 번째 활동은 전략이란 교리를 세계에 전파해서 전 세계 기업활동을 변화시키는 일이었고, 두 번째 활동은 전략 교리를 더욱 정교하게 가다듬는 일이었다.

제8장

전략이 눈치 못 챈 인간이란 얼룩

아마 이런 질문이 노골적으로 제기되는 경우는 많지 않을 것이다. 하지만 이 질문은 전략을 옹호하는 자와 비판하는 자가 벌이는 모든 논쟁의 기저에 깔려 있는 질문이다. 그것은 이렇다. 기업의 의식을 정의하는 가장 좋은 방법은 무엇인가? 기업을 의도를 지닌 존재로 이해하기 위한 방법은 무엇인가? 물론 기업은 의식을 지닌 존재가 아니라 개인들을 모아 둔 법적 구조체계다. 개인들은 각자만의 정신세계를 지니고 있고 상호 법률, 합의, 관습으로 연결돼 있다. 하지만 만약 당신이 회사 경영자이고 회사를 인격체로 보는 데 관심이 있다고 가정해보자. 인격체로서 회사는 자각하며 포부도 있고 두려움도 있는 존재다. 나아가 스스로 해야 할 일을 계획하고 실행에 옮길 수도 있다. 그렇다면 이런 회사가 채택할 수 있는 가장 유용한 틀, 모델, 구조는 무엇일까?

기업가들은 이런 질문을 고민하는 데 긴 시간을 보내지 않는다. 하지만 20세기 후반의 경영 서적을 살펴보면 이 질문에 대해 주의를 끌 만한 세 가지 주장이 있다. 시대적으로 가장 빠른 대답은 1946년에 출간된 피터 드러커의 저서 《기업의 개념(Concept of Corporation)》에서 찾을 수 있다. 책제목에서 볼 수 있듯 피터 드러커는 기업에도 존재관념이 필요하다고 생각했다. 1993년판 서문에서 드러커는 자신의 책이 '사업'을 다뤘다기보다는 "공동체의 필요와 욕구를 충족시키기 위해 여러 인간들을 하나의 사회적 조직으로 합쳐놓은 것을 '사업'으로 다뤘다"고 말했다. 드러커는 또한 이 책이 "'경영'을 특정한 활동을 하고 특정한 책임을 지닌 살아 움직이는 기관으로 본 최초의 책"이라고 말했다. 따라서 회사는 곧 생물체였고 경영은 그 생물체의 두뇌였다.

드러커는 "《기업의 개념》이 적어도 경영을 하나의 학문이자 연구분야로 정의한 공로가 있다"고 겸양했다. 그런데 나는 학계를 비롯해서 이후 등장한 많은 지성들이 피터 드러커의 이론을 무시했다는 점이 너무도 놀랍다. 사려 깊은 경영자라면 언젠가는 드러커의 지혜를 발견하게 되고 그가 준 교훈의 위대함을 깨닫게 될 것이다. 하지만 대형 컨설팅 회사들은 드러커의 연구에서 도움을 받지 않았다. 심지어 많은 학술 기관들도 마찬가지다. 드러커는 원래 사회학자로 교육받았다. 그렇기에 드러커의 연구는 여러 분야에 걸쳐 매우 광범위하며 볼 때마다 매번 새롭기에 약간은 체계적이지 못한 것처럼 보이기도 한다. 특히나 경영대학원에서 종신교수직을 목표로 하는 사회과학자 눈에는 더욱 그렇게 보일 것이다. 하긴 드러커는 매트릭스를 고안하지도, 비용곡선을 만들지도 않았으니까.

드러커의 첫 번째 주장과는 대조적으로 초기에 기업전략을 주장했던 이들은 사회학이나 공동체에 관한 글을 쓰지 않았다. 오히려 그들은 기업 개념에 대해 경제학자적 관점을 지니고 있었는데, 차이가 있다면 그들 관점이 경제학자들 관점보다 덜 수동적이었다는 점이다. 그들은 적어도 기업을 시장 힘에 좌우되는 존재라기보다는 스스로 운명을 개척해나갈 수 있는 존재로 봤다. 경제학자들이 기업을 경제적 인간과 유사한 형태라고 주장한 반면 컨설턴트들은 기업을 군인과 유사한 존재로 봤다. 그들이 보기에 기업은 늘 (경쟁자들과) 싸워야 하는 존재로 상명하달 지휘 체계를 지니고 있으며 전략을 중심으로 이뤄진 조직이었다. 따라서 컨설턴트들은 매일 현실에서 기업을 상대하면서도 막상 기업 활동에서 인간 역할을 평가하는 데에는 머리에 이론만 가득한 경제학자들만큼 무지했다. 헨더슨은 BCG 컨퍼런스에서 경험곡선에 대해 설명하면서 항상 경험곡선이 "잘 경영되는 일반적인 기업을 가정한다"는 말을 당연하게 던지곤 했다. 이후 40년 동안 그와 그의 동료들은 그 가정이 절대로 그렇게 쉽게 단언할 수 있는 것이 아니라는 교훈을 배우게 된다.

기업을 어떤 존재로 봐야 하는지 또는 기업이 어떻게 사고하는지에 대한 세 번째 주장은 앞의 두 가지 주장보다 훨씬 강력한 학술적 기반을 지니고 있다. 세 번째 주장의 최고 권위자는 이전에도 지금도 여전히 허버트 사이먼이다. 인지심리학, 컴퓨터공학, 행정학, 사회학에 모두 능통했던 사이먼 교수는 1978년 노벨경제학상을 받았는데, 상장에는 그에게 '경제적 조직 내에서의 의사결정'에 관한 연구와 관련해 노벨상을 수상한다고 적혀 있었다. 아마도 그의 가장 주목할 만한 업적은 경제적 조직들이 합리적 의사결정 이론을 지키지 않는다는 발견일 것이다. 기업들은 경제학자들이 주장하는 최선의 선택을 하기보다는 오히려 종종 상호 충돌하는 조직 내부 여러 분파의 갈등을 해결할 수 있는 방안을 선택했다. 사이먼의 표현에 따르면 기업들은 '최선책'보다는 종종 '만족할 만한 차선책'을 선택했던 것이다.

드러커의 연구와는 대조적으로 사이먼의 연구는 이후 조직의 의사결정을 연구하는 이들에게 많은 영감을 제공했다. 일단 학자들만 살펴보더라도 리처드 사이어트('조직행동론'), 칼 웨익('난관에 처한 상태에서의 집단적 상황 파악'), 헨리 민츠버그(4권의 전략서적 저술), 스탠포드 대학의 제임스 마치가 사이먼의 영향을 받은 이들에 속한다. 사이먼의 연구는 또한 제임스 마치가 가르치던 박사과정 학생에게도 영향을 미쳤는데, 그 학생이 바로 토머스 제이콥 피터스다. 피터스가 가지고 있는 1971년판 마치와 사이먼의 저서 《조직론(Organizations)》의 책장을 넘기다보면 마치 불타는 마음이 내뿜는 연기를 따라가는 것만 같다. 모든 문장에 줄이 그어져 있고 여백에는 글이 적혀 있으며 단어에는 동그라미가 그려져 있고 여러 문단은 이리저리 화살표로 연결돼 있다.

초우량의 탄생

톰 피터스는 1942년 볼티모어에서 외아들로 태어났다. 피터스에 따르면 볼티모어 전기가스 회사에서 40년간 근무했던 아버지는 "약간 엄격했던 사람"이었다. 어머니는 학교 선생님이었는데 그는 나중에 책의 헌사에서 어머니를 언급하면서 "말 많은 아들을 키운 말 많은 어머니"라고 썼다. 피터스는 해군 ROTC 장학금으로 코넬 대학에 진학해서 처음에는 건축을 공부하다가 이후 토목공학을 전공했다. 그는 토목공학 박사과정을 다니면서 〈다목적 퍼트(PERT, Program Evaluation and Review Technique, 프로젝트 매니지먼트 기법 – 옮긴이) 설계와 확률적 시간 분포의 결합〉이란 논문을 썼다. 그는 지금도 자신이 논문에서 세상에서 가장 복잡한 퍼트 차트를 만들어냈다고 주장한다.

그는 이후 4년을 해군에서 복무했다. 그는 그 시기를 즐겼는데, 미국 해군 공병단 소속으로 두 번의 순환근무를 하면서 베트남에서 교량과 활주로를 건설했고, 이후에 잠시 미국 국방부에서도 일했다. 그런 뒤 잠시 KPMG에 몸담았다가 MBA 학위를 따기로 결심한다. 피터스는 스탠포드에서 1년간 MBA 과정을 공부했으며 호기심에 이끌려 동시에 조직행동학 박사학위를 병행하게 된다.

1977년 피터스가 박사학위를 받게 된 논문 제목을 보면 그가 당시에도 훗날 자신의 베스트셀러 저서에 담을 주제에 매우 심취해 있었다는 점을 알 수 있다. 논문명은 〈승리와 패배의 법칙 : 친구와 적대자의 접근, 또는 회피가 미치는 영향〉이었다. 이 논문은 또한 그의 베스트셀러를 읽어본 독자들을 놀라게 할 만한 사실을 보여준다. 피터스는 나와의 인터뷰에서 그 사실에 대해 다음과 같이 말했다. "나는 통계분석에 열중했다. 내 박사논문을 보면 너무나 아름다운 통계분석과 색다른 분포치로 가득 찬 것을 알 수 있을 것이다. 내겐 통계분석이 너무나 흥미롭다." 전체 380쪽 중에서 370쪽이 그가 말한 흥미로운 내용으로 가득 차 있다.

그는 스탠포드 대학에서 박사학위와 MBA를 마친 후 미국 예산관리국에서 국장보좌관으로 일했다. 그런 와중에도 여전히 박사학위 논문에 담긴 내용에 열중했다. 그리고 그가 자신의 전기작가에게 한 말에 따르면 그는 예산관리국에서 근무하면서 "복잡한 조직들에 너무나 매료됐고 관료주의에 고통받는 인간 모습을 목격할 수 있었다." 그러다가 여러 번의 시도 후에 1974년 겨울, 그는 맥킨지 샌프란시스코 사무소에 입사하게 된다.

그의 입사 시기는 매우 시의적절했다. 그가 입사한 지 1년이 약간 지나 맥킨지의 새 대표이사였던 론 대니얼은 맥킨지가 전략, 조직, 운영 부문에서 더 많은 지식을 구축하기 위한 조치를 단행하게 된다. 비록 가장 큰 노력은 전략에 집중됐지만 과거부터 기업 조직개편에 오랜 전문성을 지니고 있었던 맥킨지는 조직 부문도 결코 간과할 수가 없었다. 파트너였던 짐 베넷이 조직 부문 수장으로 임명되어 조직을 효과적으로 만드는 최고 방법을 찾아내는 책임을 맡게 됐다. 그는 곧장 피터스에게 자료조사를 지시했을 뿐만 아니라 심지어 전 세계를 다니면서 실제 회사들과 그들의 운영방식을 살펴보도록 지시했다. 그리고 그 업무는 향후 《초우량 기업의 조건》의 시초가 된다.

피터스는 조직에 대한 맥킨지의 지식이 내부에서 개발된 것이든 외부에서 가져온 것이든 간에 그다지 깊이가 없고, 특히 그가 스탠포드 시절에 접했던 허버트 사이먼의 조직 이론에 비하면 너무나 일천하다고 생각했다. 맥킨지가 조직 부문에서 쌓은 명성은 챈들러가 주장했던, 이른바 기업 구조는 전략을 따른다는 주장을 컨설팅에 적용해서 얻은 것에 지나지 않았다. 그런데 뜻밖에도 시간이 지나면서 이런 상황은 결국 특정 맥킨지 직원들에게 요컨대 기업의 전략이 곧 조직구조라는 생각을 심어주게 된다.

베넷과 피터스는 전략과 조직구조만으로는 효과적인 기업을 설명하는 데 부족하다고 결론내렸다. 1977년 내내 둘은 효과적인 기업을 만드는 다른 요소들을 찾아 만방으로 뛰어다녔다. 피터스는 효과적인 기업에 대한 기본적인 내용을 맥킨지의 경영진에 보고했다. 하지만 경영진은 그다지 흥미를 나타내지 않았고, 그저 지속적인 연구조사는 진행하되 피터스에게 평상시처럼 컨설팅 업무를 다시 하라고 지시했다.

하지만 회사는 베넷을 승진시켰다. 그리고 그를 대신해서 조직 부분을 이끌 인물로 1978년 초 회사에서 여전히 젊은 축에 들던, 자신감에 찬 로버트 H. 워터맨 주니어를 임명하게 된다. 워터맨은 콜로라도 광업대학교를 졸업한 또 한 명의 공학도 출신으로서 취미는 유화나 수채화를 그리거나 컴퓨터 프로그램을 작성하는 것이었다. 그는 스탠포드 MBA를 졸업한 뒤 1963년부터 맥킨지에서 일했다. 그는 스위스의 한 경영대학원에서 학생들을 가르치느라 1년간 회사를 떠나 있었는데도 불구하고 맥킨지의 호주 사업을 번창시켰고 고객들로부터 사랑받았으며 파트너 위치까지 오른 인물이었다.

당시 조직 부문은 샌프란시스코 사무소에서 활동했는데, 그와 피터스도 샌프란시스코 사무소 소속이었다. 워터맨은 조직 부문 수장으로 임명되자 곧장 도출해내야 할 결과물을 정의하고 목적을 명확하게 규정했다. 하지만 효과적인 조직에 대한 정의를 내리려는 노력은 여전히 어려움을 겪었다. 워터맨과 피터스는 자신들이 찾는 효과적인 조직이 어쩌면 가장 혁신적인 기업일지도 모르며, 어쩌면 그 기업은 경영서적에 등장하는 모든 기업보다 약 20년 정도 후에나 등장할 기업일지도 모른다고 생각했다. 그러다가 두 사람의 표현에 따르면 둘은 '아주 급하게' 한 단어로 된 제목이자 '생각의 단초'를 떠올리게 된다. 바로 '초우량(Excellence)'이라는 단어였다. 일단 제목이 정해지자 연구에는 가속도가 붙었고 가시적인 성과도 나타나기 시작했는데, 1980년에 〈비즈니스위크〉와 〈월스트리트저널〉에 기사가 실렸고 기업의 고위 경영진을 대상으로 약 40회의 강연도 열렸다(〈비즈니스위크〉 편집장이었던 루 영은 향후 출간된 베스트셀러 헌사에 기재된 5명 중 한 명이다).

맥킨지의 연구가 큰 반향을 일으키고 성공한 이유 중 하나는 당시 모든 언론들이 일본기업의 우수성만을 떠들어댈 때 맥킨지의 연구는 약 43개 대형 미국기업들이 전 세계 어느 기업들보다 더 잘 경영되고 있다는 사실적 특징과 경향을 잘 보여줬기 때문이다(당시 미국의 실업률은 약 10퍼센트에 달했다). 《초우량 기업의 조건》을 읽은 이라면 대부분 이런 귀감이 되는 기업들을 특징짓는 요인들을 적어도 몇 가지 기억할 것이다. 모든 요소들을 나열하면 다음과 같다. 철저한 실행(Bias for action), 고객과의 밀접한 관계(Closeness to the customer), 자율성과 기업가정신(Autonomy and entrepreneurship), 사람을 통한 생산성 향상(Productivity through people), 가치에 근거한 일선에서의 실천 강조(A hands-on, values-driven emphasis), 본업에 충실(Stick-to-the-knitting persistence), 조직 단순화(Simple form, lean staff), 엄격함과 온건함의 공존(Simultaneous loose-tight properties).

오늘날까지도 피터스와 워터맨은 여럿의 반대에도 불구하고 책 앞부분에 연구결과를 설명하기 위해 자신들이 발전시킨 이론을 실은 사실을 자랑스럽게 여긴다. 두 사람은 이 이론을 7S라고 이름붙인 도표에 담아냈는데, 그 도표는 초우량 기업을 만드는 요소들을 분자 형태로 연결시킨 모습이다. 모든 요소들은 편리하게도 S로 시작됐는데, 그 요소들은 기술(Skill), 직원(Staff), 스타일(Style), 시스템(System), 구조(Structure), 공유가치(Shared value), 그리고 무엇보다도 딱 다른 요소들만큼만 중요한 전략(Strategy)이다(그림 8-1 참조).

그런데 피터스와 워터맨이 제기한 주장은 전략 컨설턴트들 사고방식에는 잘 맞지 않았다. 본업에 충실한 데 따른 손해와 이익을 어떻게 계량화할 수 있는가? 고객과의 밀접한 관계는? 이런 요소들이 매트릭스에 부합하는가?

이런 컨설턴트들의 이해 부족은 《초우량 기업의 조건》이 성공한 것에 대한 맥킨지의 반응에도 드러난다. 피터스는 1981년 책의 출간을 8개월 앞둔 시점에서 표면적으로는 책을 마무리한다는 핑계를 대고 맥킨지를 그만둔다. 다른 이들은 실제론 피터스가 해고됐다고 했는데 그 이유는

[그림] 8-1

맥킨지 7S 프레임워크

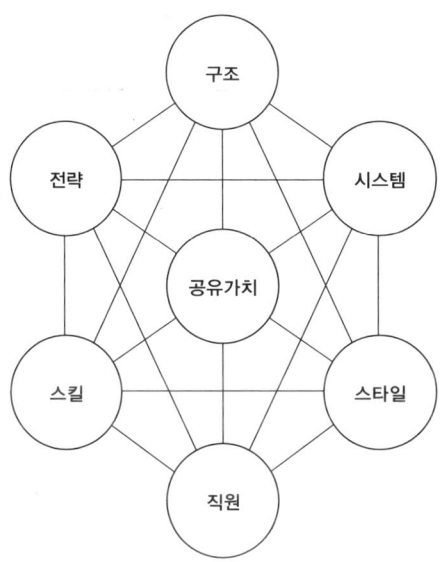

출처 : 《초우량 기업의 조건》(이동현 역, 더난출판사, 2005년)

피터스가 자신의 연구가 대중적인 성공을 거두게 되자 통제불가능할 정
도로 거만해져서 맥킨지의 일사불란한 문화와 충돌을 일으켰기 때문이
라고 한다. 꽤나 자유분방했던 맥킨지 샌프란시스코 사무소의 분위기에
비춰봐도 이 새로 출연한 복음전도사는 너무나 제멋대로였다(피터스는 "우
리가 연구를 계속할 수 있었던 이유는 우리가 샌프란시스코 사무소에서도 괴짜 축에 끼었
기 때문"이라며, 만약 연구가 "뉴욕에서 진행됐다면 아마 1년 내에 중단됐고 폐기됐을
것"이라고 말했다).
　워터맨에게 벌어진 일은 책의 성공에 대한 맥킨지의 반응을 더욱 잘
보여준다. 당시 워터맨은 맥킨지에서 근무한 지가 이미 18년이 넘은 상

황이었다. 빠르게는 1978년 10월부터, 즉 초우량 기업에 대한 연구를 시작하기 전부터 워터맨은 맥킨지의 조직 컨설팅 부문을 새롭게 설계해야 한다고 생각했다. 그는 맥킨지 경영진에게 제출한 보고서에서 마치 미래를 예측이라도 하듯 새로운 조직 컨설팅 부분의 목적을 "실질적으로 고객들의 역량강화를 돕는 데 둬야 한다"고 주장했다(10년 뒤에 '기업역량'이란 표현은 유행처럼 번지게 된다). 워터맨은 맥킨지의 실용성 강화가 칭찬할 만하지만 1970년대까지도 "맥킨지는 규범을 적용하려고만 했으며…… 조직의 이상적 형태에 대해 고착된 사고를 지니고 있었으며, 고객에게 컨설팅을 제공할 때면 그 획일화된 사고를 약간 변형해서 적용할 뿐이었다"고 말했다. 하지만 그는 맥킨지가 "늘 고객의 문제를 해결할 수 있었던 건 아니다"라는 꽤나 놀라운 사실을 인정했다.

워터맨은 이런 결점을 극복하고, 나아가 조직 컨설팅 부문을 당시 맥킨지가 새롭게 추구하던 '맥킨지식 지식문화'에 걸맞게 끌어올리려면 전략 컨설턴트들이 사용하는 3단계 연구가 필요하다고 제안했다. 즉 분석, 문제해결('사례분석'), 실행이 바로 그것이었다. 마치 최고의 사회과학자가 되려는 야망처럼 그의 제안은 야심차고 심지어 대담하기까지 했다.

하지만 그의 제안은 헛수고에 그치고 말았다. 워터맨은 조직에 대한 연구에 관심이 있는 컨설턴트들을 끌어모았다. 그리고 정기적으로 와이오밍 주 코디에 있는 휴양목장으로 워크숍을 떠나기도 했다. 하지만 이런 노력은 대부분 책의 출간에 필요한 내용을 수집하는 데에만 도움이 되고 만다. 마침내 1982년 10월에 《초우량 기업의 조건》이 출간됐는데 당시만 해도 맥킨지는 책이 큰 성공을 거두리라고 예상하지 않았다. 회사는 파트너들에게 책이 별로 팔리지 않을 게 분명하니 고객들에게 성탄절 선물로나 보내라고 말했다.

책은 이듬해 4월에 〈뉴욕타임스〉 베스트셀러 목록에 진입한다. 이후 2년 동안 베스트셀러 목록에 머물렀고 경영서적으로는 최초로 1위에 올랐다. 피터스는 이미 초우량 기업에 대한 강연과 비디오 판매 시장을 개척하고 있었다. 워터맨도 비록 피터스보다는 덜 적극적이었지만 얼마 안 있어 "거의 매일 강연을 하게 됐다"고 회상한다.

워터맨의 동료들은 책의 대중적인 성공을 별로 달가워하지 않았다. 워터맨은 동료들이 작성한 보고서에서 "일단 '초우량 기업' 사태가 잠잠해지고 나면"이란 문구를 발견하기도 했다고 말한다. 동료들의 불만은 책의 인세와 관련된 문제로 인해 더욱 커지게 된다. 워터맨은 인세를 단 한 푼도 받지 못했지만 그가 피터스에게 준 퇴직수당에는 책이 1만 부 이상 팔린 후부터 발생하는 인세의 일부가 포함돼 있었다. 밴텀 출판사가 워터맨에게 아주 좋은 조건에 두 번째와 세 번째 책의 출간을 제안했을 때 맥킨지는 워터맨의 표현에 따르면 "인세는 모두 회사 차지"라고 말했다. 워터맨은 전혀 예상치 못했던 책의 성공에도 불구하고 자신은 인세를 한 푼도 받지 못했다는 생각에 맥킨지를 떠나야만 한다고 느꼈고, 1985년 회사를 그만두게 된다.

그의 퇴직은 꼭 돈 때문만이 아니었다. 워터맨은 전략 컨설팅 부문의 성공 때문에 맥킨지가 너무나 급하게 성장하면서 직원들과 서비스의 질적 수준이 큰 위기에 처해 있다고 드러내놓고 우려의 목소리를 냈었다. 게다가 그가 보기에 맥킨지는 전략 부문만큼 조직 부문에 지원을 하지 않았다. 당시 맥킨지는 전략 그리고 확장된 테일러주의 분야 컨설팅에서 너무나 큰 성공을 거두고 있었지만 그와 비교해서 인간이란 요소에 관해서는 마땅한 컨설팅 모델을 개발해내기가 너무 어려웠던 것이다.

전략을 비판하다

전략을 신봉하는 이들은 지금도 7S 모델에 대해 조소를 퍼붓는다. 빌 베인은 "7S 모델에 대해 설명을 듣는데 너무나 웃겼다"며 지금도 당시를 회상할 때면 웃음을 참지 못한다. 그는 7S 모델이 계량적 기초가 부족하며 개념정의도 허술하고 각각의 요소들 간의 연관관계도 의심스러우며 전체적으로 논리정연하지 못하다고 지적한다. 적어도 그가 보기엔 그랬다. 마치 베인의 주장을 확인이라도 하듯 1984년에 〈비즈니스위크〉는 자주 인용되는 기사를 한 편 싣는다. 기사 제목은 '오, 이런'인데 기사에서 존 번은 책이 출간된 이후 책에 소개됐던 초우량 기업 중에서 약 3분의 1이 실패했다고 지적했다.

전략의 역사 측면에서 보면 지나치게 합리적인 전략수립에 대한 강력한 비판이야말로 피터스와 워터맨의 연구가 의도했던 점이라는 게 일단 돋보인다. 《초우량 기업의 조건》은 첫 장, 첫 문단부터 공격을 가한다. "조직도는 회사가 아니다. 새로운 전략이 저절로 기업의 시름을 덜어주는 것도 아니다. 우리 모두는 이 점을 알면서도 전혀 다르게 행동한다. 우리는 문제가 발생하면 새로운 전략을 요구하며 조직을 개편한다." 하지만 두 가지 방식 모두 도움이 되지 않는데, 왜냐하면 "결국 오래된 문화가 다시 성행할 것이기 때문이다. 이미 굳어버린 오래된 습관은 결코 사라지지 않는다." 그런 뒤 둘은 이 대목에서 지금까지도 계속되는 논쟁에 불을 지핀다. "나아가 전략의 핵심적인 문제는 종종 실행과 지속적인 적용으로 귀결된다. 즉 전략은 실행돼야 하며 동시에 유연해야 한다." 이것을 다른 말로 표현하자면, 잭 웰치가 2005년에 출간한 책《잭 웰치, 위대한 승리 (Winning)》에서 표현한 것처럼 "현실에서 전략은 사실 매우 단순하다. 일반적인 방향을 결정한 뒤 그저 미친 듯 실행하면 되는 것이다."

피터스와 워터맨은 책에 매우 긍정적인 내용을 담기도 했지만(책에 적힌 훌륭한 기업들의 습관을 일부만 적용해도 초우량 기업이 될 수 있다), 동시에 초우량 기업이 아닌 일반 기업들이 부족한 부분에 대해서도 지적했다. 의사결정의 오류, 직원의 불신, 고객에 대한 부주의, 수익에 대한 지나친 집중이 바로 그것들이다. 피터스는 독자들이 '적어도 일부 미국기업들은 승자'라고 느꼈다는 점에 대해 예상 밖이라고 말한다. "나와 워터맨이 말하고자 했던 요지는 일부 미국기업들을 제외하고 모든 미국기업들의 경영이 개판이라는 점이었다."

사실 피터스와 워터맨의 주장 중 허버트 사이먼이나 그의 추종자들을 놀라게 할 만한 것은 없다. 아울러 초우량 기업에 대한 연구에서 밝혀진 사실들이 조직의 의사결정에 대한 연구에서 이미 다 다뤄진 내용이었던 것처럼 초우량 기업에 대한 연구에서 나온 가장 긍정적인 주장인, 이른바 '사람을 통한 생산성 향상'도 이미 허버트 사이먼의 의사결정에 대한 연구에서 다뤄졌던 내용이라고 할 수 있다. 피터스와 워터맨은 이후에도 반복적으로 자신들 저서에서 기업 성공에 있어 직원의 중요성을 다룬다. 즉 직원이 곧 혁신의 원천이란 사실, 완벽한 서비스, 지속적인 조직학습을 주장한다. 나아가 고객도 인간이기에 고객의 욕구를 이해하고 존중하며 그들 기대를 넘어서야 한다고 주장한다. 워터맨이 2002년 인터뷰에서 주장했던 "내가 쓴 수많은 조직 이야기에서 가장 핵심이 되는 것은 전략이 곧 조직이라는 사실이다"라는 말도 이런 맥락에서 이해돼야 한다.

만약 이전까지의 전략이 엘리트만의 전유물이었다면 피터스와 워터맨이 연구한 전략은 엘리트주의를 넘어서는 대중적인 인기를 누리게 된다. 그리고 톰 피터스는 전략의 대중화를 이끈 장본인이다. 하지만 그의 대중적 인기는 기업의 의식을 확 사로잡을 만큼 강력하진 못했다.

혼다 전략의 수수께끼

《초우량 기업의 조건》은 500만 부가 팔렸고 처음으로 경영서적이 서점 진열대 맨 앞에 배치되는 현상이 벌어졌다. 그리고 1984년 봄, 구독자가 2만 명도 안 되는 〈캘리포니아매니지먼트리뷰〉에 실린 한 논문은 '전략은 합리적인 선택'이라는 포지셔닝 학파의 주장에 더 강력한 공격을 가하게 된다. 논문명은 〈전략에 대한 이해 : 혼다 성공의 숨겨진 진실〉이었다. 비록 논문을 읽은 독자 수는 매우 적었지만 논문의 반향은 상당히 컸다.

저자는 리처드 T. 파스칼이었다. 하버드 경영대학원에서 MBA와 경영학 박사학위를 받은 그는 당시 스탠포드 경영대학원에서 파트타임 강사를 하면서 저술 활동과 컨설팅을 병행하고 있었다. 그는 한때 미국 백악관 인턴 프로그램의 일종인 '화이트하우스 펠로우'에 선발돼 두 명의 노동부 장관 밑에서 특별보좌역을 수행했고, 4년간 미국 예비역 해군으로 복무하기도 했다. 1970년대 후반 파스칼은 일본기업들에 흥미를 느끼게 되는데, 이때는 마침 일본기업들이 미국의 강력한 위협으로 부상하던 참이었다. 지금도 파스칼에게선 동양의 신비감이 풍겨나고 선(禪) 정신과 침묵의 힘을 소중히 여기는 느낌을 받을 수 있다. 그는 1978년 마흔 살 때 자신의 성을 파스칼에서 존슨으로 개명했는데, 존슨이 자신이 물려받은 영어화되지 않은 본명이라는 것을 알았기 때문이었다. 친구들은 그 사건을 보며 파스칼이 진정으로 자신의 뿌리를 소중히 여긴다고 느꼈다.

피터스와 워터맨은 7S 모델을 개발하면서 HBS 교수였던 토니 아토스와 함께 파스칼의 도움을 받았다. 7S 모델이 처음으로 큰 주목을 받은 건 파스칼과 아토스가 함께 저술한 책 《일본식 경영(The Art of Japanese Management)》을 출간하면서부터였다. 이 책은 당시 미국기업들이 일본기업들의 장점을 배워야 한다는 유행이 불면서 쏟아져나왔던 책들 중에서 꽤 뛰어난, 그리고 많이 팔린 책 중 하나였다. 20년이 지난 지금도 피터스는 파스칼이 자신과의 합의를 저버리고 7S 모델을 먼저 소개했다는 사실을 두고 여전히 불평한다.

파스칼은 '혼다 효과'라고 이름붙인 논문의 첫머리를 이렇게 시작한다. "전략은 그저 하나의 단어"인 것처럼 보이지만 "기업 임원, 기획자, 학자, 컨설턴트들처럼 영향력 있는 수많은 이들"에게 "전략은 조직의 방향을 정하는 절대적인 모델"을 의미한다. 파스칼에 따르면 "연간 5억 달러 규모에 달하는 미국과 유럽의 전략업계"가 품고 있는 전략에 대한 인식은 다음과 같았다. "전략은 기업의 전략적 방향을 정하는 고위경영진이 추진해야 하는 것으로 실증적 모델과 이론으로부터 영향받으며 종종 진정한 통찰보다는 서류만 생산해내는 매우 힘겨운 전략기획 프로세스와 연관돼 있다."

파스칼은 전략을 너무나 중시하는 이런 태도가 일본기업들 눈에는 이상하게 비쳐진다고 주장하면서 그건 마치 "미국인들이 스모나 가부키에 열광하는 일본인들 모습을 이상하다고 여기는 것과 마찬가지"라고 주장했다. 일본기업들의 뛰어난 지혜로는 전략에만 집중하는 단편적 시각은 고객, 기업, 또는 경쟁환경 변화를 포착하는 데 매우 중요한 '폭넓은 시야'를 방해했다.

하지만 '혼다 효과'란 논문을 지금까지도 기억나게 만든 가장 큰 이유는 혼다의 미국 오토바이 시장 진입이란 사건을 파스칼이 전혀 다른 시각에서 다뤘기 때문이다. 혼다는 1959년에 미국시장 진입의 교두보를 확보했는데 1966년에 이르자 미국 경량 오토바이 시장의 63퍼센트를 점유했다. 도대체 이런 일이 어떻게 일어날 수 있단 말인가?

일단 파스칼은 보스턴컨설팅그룹이 1975년에 발표한 보고서를 인용했다. 그 보고서는 BCG가 영국 정부의 의뢰를 받아 어려움에 처한 영국 오토바이업계 경쟁력을 연구한 결과물이었다. 보고서에 따르면 혼다의 성공은 1950년대 일본 본토의 오토바이 시장 성장에 기반했다. 보고서는 일본 오토바이 내수시장이 급성장하면서 혼다의 "소형 오토바이 생산량이 거대하게 늘어났고" 부수적으로 "수량증가와 함께 비용인하가 일어났으며" 이 모든 현상이 경험곡선에서 예측한 바대로라고 주장했다. BCG 컨설턴트들은 "매우 경쟁력 있는 비용구조가 혼다가 1960년대 세계시장에 진출하는 데 있어 도약대로 작용했다"고 결론내렸다.

파스칼은 경영대학원들이 BCG 컨설턴트들의 결론을 점차 수용하고 있으며 HBS, UCLA, 버지니아 주립대가 BCG 보고서를 수업시간에 사례연구로 활용한다는 사실을 눈치챘다. 특히 BCG 보고서는 경영대학원에서 첫 학기에 배우는 사업정책 과목에서 다뤄졌는데, 사업정책은 바로 포터가 HBS에서 수업내용을 혁신적으로 바꿔놓았던 과목이기도 했다. 실제로 BCG 보고서는 포터가 거의 모든 수업 토론에서 활용하고자 했던 '산업보고서'와도 유사했다.

파스칼은 BCG 보고서의 '하버드식 해석판'이라고 표현한 HBS의 사례연구 자료를 논문에서 빈번하게 언급했다. 사례연구 자료에는 어떻게 "혼다가 초소형 경량 오토바이로 미국 시장에 진입했는가"에 대한 내용이 담겨 있었다. 사례연구에 따르면 혼다의 소형 오토바이는 미국이나 유럽의 대형 오토바이보다 비용우위가 있었고(경쟁사들 가격은 1000달러에서 1500달러였던 반면 혼다의 소형 오토바이 가격은 250달러에 불과했다), 더불어 거대한 일본 내수시장 덕분에 혼다는 1960년에 전 세계에서 가장 큰 오토바이 제조업체가 될 수 있었다. HBS의 사례연구 자료는 또한 어떻게 혼다가 미국 서부해안 지역에서 시작해서 점차 동부 지역으로 "한 지역에서 다른 지역으로 시장을 확대해가는 정책을 고수했는지"에 대해서도 자세히 설명했다.

파스칼은 혼다의 성공에 대한 컨설턴트업계와 학계 간의 논쟁에 결론을 내리기 위해 해당 사례에 대한 UCLA 교재 내용을 언급했다. 교재 저자는 리처드 루멜트로, 그도 하버드 경영학 박사 출신으로서 당시에 이미 일본기업에 관한 전문가로 명성을 얻은 인물이었다. 교재에는 이렇게 적혀 있었다. "BCG의 업적은 본질적으로 경험곡선이 아니다. 그보다는 비용(또는 효율성)의 차이가 전략의 기본 요소라는, 지금까지도 유효한 가정을 도출해냈다는 점이 BCG의 진정한 업적이다."

그런 뒤 파스칼은 자신이 미리 설치해놓은 지적 반전을 전개한다. 그의 천재적 영감(적어도 대단한 영리함 또는 교활함)이 발휘된 부분은 그가 일본에 직접 건너가서 혼다의 미국 오토바이 시장 진출을 이끌던 6명의 혼다 임원을 만나봤다는 점이다. 6명 모두 60대였고 그중 세 사람은 이미 은퇴한 뒤였다. 이 6명이 들려준 신기한 이야기는 '학습 중심 전략'과 '포지셔닝 중심 전략' 학파 간의 대립을 한눈에 보여주는 가장 좋은 예다.

파스칼은 일단 혼다의 설립자부터 살펴봐야 한다고 주장했다. 소치히로 혼다는 "천재 발명가이자 야심차면서 변덕스런 인물이었다." 다행히도 그의 곁에는 더 점잖은 동업자였던 타케오 후지사와가 있었다. 후지사와는 혼다가 창조적 에너지를 오토바이 엔진 개선에 집중하도록 했고 그 결과 혼다는 4행정 엔진(four-stroke engine)이란 혁명적 발명을 하게 된다. 그리고 이 발명품은 소음이 많은 2행정 엔진을 서서히 시장에서 내몰고 자리를 대신하게 된다. 혼다는 이를 기반으로 일본 내에서 선도적인 제조기업으로 발돋움했다.

하지만 혼다의 미국 시장 진출에서 핵심적인 혁신은 의도치 않았던 전혀 색다른 시장에서 일어났다. 후지사와는 일본의 많은 소규모 사업체들이 배달을 비롯한 여러 용도로 여전히 자전거를 이용한다는 사실을 깨달았다. 파스칼에 따르면 "이런 소규모 사업체에서 돈관리는 대체로 부인들이 맡았다. 그런데 그들은 당시 판매되던 오토바이를 사길 주저했는데, 이유는 너무 비싸고 위험했으며 운전이 쉽지 않기 때문이었다. 후지사와는 혼다에게 과제를 내줬다. 경주용 오토바이를 통해 배운 것들을 활용해서 싸고 안전하게 보이면서 (다른 손에는 소포를 들어야 하니) 한 손으로도 운전이 가능한 오토바이를 만들 수 있겠냐고 말이다."

그 결과물이 바로 1958년에 등장한 50cc 슈퍼컵(Supercub)인데 이는 "자동 클러치, 3단 기어, 자동 시동장치, 도구통, 친근한 디자인을 모두 갖춘 오토바이"였다. 슈퍼컵은 시장수요를 맞추기 위해 새로운 제조설비를 서둘러 갖춰야 했을 만큼 시장에서 즉각적인 성공을 거두었다. 혼다는 1959년 일본 최대의 오토바이 제조업체가 됐다. 그 해에 팔린 총 28만 5000대 오토바이 중에서 슈퍼컵은 16만 8000대를 차지했다.

하지만 논문은 일본 시장에서의 성공이 혼다의 미국 진입 원동력은 아니라고 주장했다. 여기서 파스칼은 키하치로 카와시마의 말을 인용한다. 그는 1958년에 미국 시장을 조사했으며 얼마 뒤 미국 혼다 법인 사장이 된 인물이었다. 카와시마의 미국에 대한 첫인상은 이랬다. "이런 크고 부유한 나라와 전쟁을 벌였다니, 우리가 미쳤지." 카와시마는 미국 내 오토바이 판매 현황을 보고 매우 놀랐다. 거의 모든 미국인들은 차를 소유하고 있었다. 3000곳의 오토바이 판매대리점 중에서 주 5일 영업을 하는 곳은 1000곳에 불과했고 나머지는 야간과 주말에만 영업을 했다.

그나마 카와시마는 미국에서 매년 유럽산 오토바이가 6000대씩 팔리는데 그 정도면 전체 시장의 15퍼센트 정도를 차지하는 것이라는 사실을 알아냈다. 그리고 전체 수입 오토바이 시장에서 10퍼센트 정도를 목표로 한다면 승산이 있을 거라고 결론지었다. 그는 자신의 표현에 따르면 '육 감에만 의존한 목표치'를 들고 일본으로 돌아와 후지사와를 만났고 후지 사와는 별로 깊이 고민하지 않고 새로 설립할 미국 법인에 100만 달러 예산을 배정했다. "후지사와는 목표치에 대해 계량적인 조사를 하지 않 았으며 우리는 수익도, 손익분기점에 대해서도 논의하지 않았다." 카와 시마는 이렇게 말했다. "미국에서 제품을 좀 팔아볼 수 있지 않겠냐는 막연한 생각 말고 우리에게 전략 같은 건 아예 없었다."

설립자 혼다는 특히나 대형 오토바이가 미국 시장에서 잘 팔릴 거라 고 자신만만해했다. "혼다는 대형 오토바이 핸들이 마치 부처 눈썹처럼 생겼다며 그 점이 미국인들에게 제대로 통할 거라고 생각했다." 그래서 최초 제품군은 305cc, 250cc, 125cc, 50cc 슈퍼컵이 각각 25퍼센트씩 구성됐다. 일본 재무부는 혼다가 새로 설립한 미국 법인에 25만 달러만 투자하는 것을 허용했는데 그중에서 현금투자는 오직 11만 달러만 허용 했다. 따라서 미국 혼다 직원들은 매우 돈을 아껴 써야만 했다. 그들은 LA에서 가구가 딸린 집을 얻어 여럿이 함께 생활했는데 두 명은 바닥에 서 자야만 했다(그나마 다행인 건 주변에 일본인들이 많이 살았다는 점이다). 그들 은 'LA의 황량한 지역'에 창고를 임대해서 직접 창고에 오토바이를 집 어넣고 바닥을 청소하며 부품 상자를 정돈해야 했다.

카와시마와 동료들은 자신들이 미국에 진출한 시기가 우연히도 4월부 터 8월의 성수기가 끝나는 시점과 겹친다는 사실도 모를 만큼 미국 시장 에 대해 무지했다. 하지만 그들은 서서히 40곳의 대리점을 모집했고, 1960년 봄이 되자 250cc 오토바이와 305cc 오토바이 몇 대를 판매할 수 있었다. 하지만 바로 그때, 카와시마 표현을 빌리자면 "재앙이 닥쳤다." 일본에서와는 달리 미국 고객들은 혼다의 대형 오토바이를 더 빠른 속도로 더 오랫동안 달렸다. 그 결과 오토바이가 고장나고 클러치가 망가지고 엔진오일이 샜다. 미국 혼다는 가지고 있던 현금으로 고장난 오토바이를 일본으로 보내 테스트를 실시해야만 했다. 일본에 위치한 혼다 연구소가 잔업을 해가면서 수리에 매달린 결과, 채 한 달이 안 돼 실린더에 쓰일 새로운 헤드 개스킷과 클러치 스프링을 개발해냄으로써 문제를 해결할 수 있었다.

하지만 같은 시기에 "사건은 이상한 방향으로 흘러가기 시작했다." 미국 혼다 직원들은 소소한 업무를 처리하기 위해 슈퍼컵을 타고 LA를 누볐는데, 이 광경이 사람들의 이목을 끌었고, 그중에는 시어스 구매담당자도 있었다. 혼다는 처음에는 미국의 잠재고객과 판매대리점들에게 이질감을 줄까봐 소형 오토바이 판매에 소극적이었다. 카와시마는 그 이유가 "미국이 남성적인 시장이라고 생각했기 때문"이라고 말했다. 하지만 대형 오토바이는 팔자마자 고장나기 일쑤였으니 별다른 대안이 없었다. 슈퍼컵의 판매는 폭발적이었다. 기존 오토바이 구매자가 아닌 이들도 슈퍼컵을 구매했다. 그리고 또 다른 놀라운 일이 벌어졌다. 슈퍼컵의 판매 대리점 자격을 따려고 기존 오토바이 대리점들이 아닌 스포츠용품 판매점이 길게 줄을 섰던 것이다.

파스칼은 혼다의 사례가 "빗나간 예상, 우연, 그리고 조직적 학습"의 예라고 표현했다. 1963년에 UCLA에서 광고를 전공하던 한 대학생이 과제물로 혼다를 소재로 한 광고를 제출했는데 광고 주제가 "혼다에선 가장 친절한 이들을 만날 수 있습니다"였다. 그레이애드버타이징이란 광고회사가 이 광고의 판권을 구매했고 미국 혼다 법인에 광고를 판매하기 위한 영업을 했다. 비록 약간의 반대는 있었지만 결국 찬성의 목소리가 더 컸기에 광고는 채택됐고 이 광고가 유명세를 타면서 혼다 판매량은 더욱 증가했다. 파스칼은 이 이야기의 화려한 결말을 다음과 같이 적었다. "1964년이 되자 미국에서 판매되는 오토바이 두 대 중 한 대는 혼다 제품이었다."

물론 파스칼의 주장은 여기서 끝나지 않는다. '혼다 효과'는 전략에 대한 파스칼의 견해 세 가지 중 한 가지였을 뿐이었고 25쪽짜리 논문에서 절반에도 못 미치게 다뤄졌을 뿐이다. 나머지 두 가지 견해는 전략과 전략을 수립하기 위한 '분석적, 미시경제학적 수단'이 현실에서 기업이 경쟁력을 확보하는 데는 적절하지 않기에 보다 확장된 이론적 틀이 활용돼야 하는데, 이 이론적 틀은 적어도 여섯 가지 요소를 포괄해야 한다는 주장이었다. 전략은 이 여섯 가지 요소 중 하나에 불과했다. 나머지 다섯 가지는 우리가 이미 앞에서 7S 모델을 살펴보면서 친숙해진 것들로서 조직 구조, 시스템, 스타일, 직원, 공유가치가 바로 그것들이다. 기술은 언급되긴 하지만 핵심요소 중 하나로 간주되진 못했다.

논문이 발표된 지 12년 후, 1996년에 〈캘리포니아매니지먼트리뷰〉는 이 논문을 다시 게재했다. 그리고 이번에는 공개토론이란 제목을 단 뒤 헨리 민츠버그가 소개말을 쓰고 각색한 논문을 실었다. 민츠버그는 소개말에서 최초 논문에 대한 찬사를 보냈다. "경영에 대한 논문 중에서 리처드 파스칼의 '혼다 효과'만큼 큰 영향을 미친 글은 없을 것이다." 이어지는 글에서 파스칼은 이렇게 고백했다. "나는 '전략은 설계할 수 있다(포지셔닝을 선정하고 전략을 수립한다는 견해)'는 주장과 '전략은 저절로 나타난다(기업활동을 수행하는 과정에서 서서히 학습을 통해 깨달아간다는 견해)'는 주장 간의 논쟁에서 이 사소한 일화가 핵심적인 논쟁거리가 될 거라고는 전혀 생각지도 못했다." 새로 실린 논문은 원래 논문에서 혼다 이야기만을 효과적으로 축약해서 담았고 전략에 대한 파스칼의 다른 두 가지 견해는 생략했다.

혼다 임원들이 들려준 이야기는 너무나도 흥미로웠고 또한 지적하는 바가 너무나도 예리했기에 컨설턴트들은 이 이야기에 담긴 메시지를 알아채지도 못했고 나아가 보다 중대한 질문을 간과했다. 그 질문들은 이런 것들이다. 혼다의 사례처럼 '일단 해보고 결과가 어떤지 살펴보자'라는 접근방식이 설립자의 기업가정신이 살아 숨쉬던 혼다에선 통했지만 과연 더 오래된 기업에서도 통할 수 있을 것인가? 혼다가 미국 시장을 테스트할 수 있었고 진입에 필요한 자금을 마련할 수 있었던 이유도 사실 일본 오토바이 시장에서 지배적인 시장점유율을 확보하고 있었기 때문 아닌가? 그렇다면 이런 식의 시장점유율에 의존한 전략은 결국 전통적인 전략이 아니던가? 혼다가 경험곡선이나 사업 포트폴리오 분석이 아닌 파스칼이 제시한 6S 모델에 더 많이 의존했다고 볼 수 있는 충분한 근거가 있는가? 컨설팅업계 역사를 연구하는 학자들은 이런 질문을 추가할 수도 있다. "만약 혼다가 진정으로 직관에 따라 움직이는 회사라면 이후 왜 보스턴컨설팅그룹의 고객이 됐는가?"

다행히도 이어진 논문에서 리처드 루멜트는 포지셔닝 학파 입장에 대해 이렇게 정리했다. "특정 사례를 설명한 전략은 애당초 해당 기업이 그 전략을 의도적으로 수행했는가를 설명하지 못한다. 그보다는 그런 식의 불균형 때문에 초래된 기업의 전략적 포지셔닝이 유지될 수 있도록 했던 산업 내 요인들을 설명하는 경우가 더 많다."

비록 혼다 효과만큼 기억에 오래 남지는 못하더라도 기업에 대한 흥미로운 이야기는 인간이란 측면을 간과해온 기존 전략을 비평하는 데 단골로 등장하는 소재가 된다. 《초우량 기업의 조건》이 성공한 이유에 대해 묻자 피터스는 다른 요인들도 있겠지만 무엇보다도 책에 담겨 있는 수많은 일화가 그 원인이라고 말했다. 그는 수많은 기업의 일화를 들려준 건 자신의 저서가 처음이었다고 주장하면서 "피터 드러커는 이야기를 들려주지 않는다"라고 주장했다. 이건 꽤나 정확한 지적이다.

이야기를 재미있게 풀어내는 재주, 직장생활을 하면서 얻는 지혜와 고초에 대한 이야기를 재미있게 들려주는 재능은 피터스를 유명인 반열에 올려놓았다. 그리고 그의 성공 패턴은 이후 새로운 형태의 유명인 집단을 만들어내게 되는데, 바로 저자 겸 강연자가 그들이다. 경영의 현자들이 쓴 책을 읽은 독자들은 그들의 강연을 듣고 싶은 유혹을 느끼게 된다. 그리고 이런 강연들은 종종 직원들 사기를 고취시키고픈 기업의 후원을 받아 열리거나, 또는 유료 컨퍼런스에 참석자를 끌어모으기 위해 주최측이 제공하곤 한다. 강연에 감명받은 청중들은 강연자의 차기 저서에 대한 기대로 부풀게 되고, 차기 저서에 담길 연구결과(연구결과가 담긴다는 가정하에)는 아마도 두둑한 강연료를 받았기에 가능할 것이다.

대부분의 독자들이 다음에 나열된 이름과 도서명에 친숙하다는 점은 톰 피터스가 새로운 전통을 이룩했고, 아니면 적어도 그가 새로운 전통을 시작했다는 증거다. 짐 콜린스의 《성공하는 기업들의 8가지 습관(Built to Last)》《좋은 기업을 넘어 위대한 기업으로(Good to Great)》, 찰스 핸디의 《비이성의 시대(The Age of Unreason)》, 게리 하멜의 《미래를 위한 경쟁 (Competing for the Future)》, 로자베스 모스 칸터의 《체인지 마스터스(The Change Masters)》《대기업을 춤추게 하라(When Giants Learn to Dance)》, 존 코터의 《기업이 원하는 변화의 리더(Leading Change)》.

이들의 저서와 강연은 수많은 사람에게 영감을 주었다. 나아가 그들이

셀 수 없이 많은 기업들에게 더 나은 경영을 할 수 있는 교훈을 제공했다는 점도 의심의 여지가 없다. 그럼에도 그들에겐 한 가지 부족한 것이 있었으니 바로 전략 또는 전략의 소산이라고 할 수 있는 확장된 테일러주의에 맞설 만한 새로운 패러다임을 창조해내진 못했다는 점이다.

제9장

기업 가치를 창출할 패러다임은 없다?

기업 조직에서 벌어지는 일의 대부분은 수치(매출액, 비용, 예산)란 렌즈를 통해 기업을 바라보는 이들과 직원과 그들의 에너지, 욕구와 한계에 초점을 두고 기업을 바라보는 이들 간의 충돌이라는 의견이 있다. 물론 이는 지나치게 단순화한 견해일 수도 있지만 그래도 전략의 두 학파 간의 의견대립을 잘 요약하는 견해이기도 하다.

그렇다면 이 두 관점 중에서 어떻게 수치 중심의 관점이 이긴 것일까?(적어도 최근까진 그렇다.) 이를 알아보려면 일단 이 두 가지 관점의 논쟁을 지금보다 한 단계 끌어올려서 두 가지 패러다임의 충돌로 봐야 한다. 패러다임이란 개념은 작고한 토머스 쿤이 그의 1962년 저서 《과학혁명의 구조(The Structure of Scientific Revolutions)》에서 처음으로 자세하게 기술했다. 쿤의 주장에 따르면 물리나 화학분야에서 과학자들은 자신들이 관찰하는 모든 것들(예를 들어 태양, 행성, 지구 주변을 도는 별)이 하나의 통합된 이론체계로 수렴된다는 데 동의했다. 그리고 이후 세대 과학자들은 그 패러다임을 전제로 삼아 연구했다.

하지만 시간이 지나 새로운 도구와 측량 방법이 등장하면서 기존의 지배적인 패러다임으로는 설명할 수 없는, 나아가 아예 패러다임을 벗어나는 현상들이 관찰되고 축적된다. 이런 사실에 놀란 과학자들은 새롭고 거대한 가설을 만들어내기 위한 시도를 하게 되고, 그 결과 새로운 패러다임이 탄생하게 된다(이 과정에서 코페르니쿠스나 아인슈타인 같은 천재가 있다면 당연히 큰 도움이 된다).

이 책은 전략이 하나의 패러다임이며 기업들이 이 패러다임을 활용해서 자신들이 어떤 활동을 해야 하는지를 이해하게 됐다는 점을 설명하려 했다. 우리는 일련의 전략사상가들이 어떻게 비용, 경쟁, 고객을 통합한 최초의 전략이론을 발전시켜왔는지를 살펴봤다. 마이클 포터가 전략 컨설턴트들이 만들어낸 초기 이론들을 무시하긴 했지만 그렇다 해도 그 이유가 초기 전략이론들이 완전히 잘못됐기 때문은 아니었다. 오히려 포터는 자신이 이런 개념들을 고려하되 동시에 그 한계를 극복할 수 있는 보다 완벽한 이론적 체계를 제시할 수 있으리라 믿었다.

통합된 이론은 왜 존재하지 않는가

왜 전문가들이 전략에 대항해서 직원을 기업성공의 핵심으로 내세우는 패러다임이나 이론체계를 제시하지 못했는지를 설명하기란 쉽지 않다. 우리가 전략이란 패러다임(통합된 경영이론이라고도 말할 수 있겠다)의 대안으로 찾는 것은 기업이 직원들을 대하면서 직면하는 여러 사안들을 설명할 수 있는 통합된 이론일 것이다. 즉, 어떻게 직원들을 선별하고 교육하고 훈련하며 그들에게 적정한 보수를 지급하고 동기를 부여하며 그들을 경영하고 이끌 것인가(물론 마지막 두 가지에 차이가 있다는 전제하에 말이다). 이런 통합된 이론은 각각의 요소들이 서로 어떻게 연관돼 있는지를 설명해줄 수 있어야 한다. 나아가 이러한 요소들을 예상할 수 있으면서 동시에 통제할 수 있어야 한다. 통합된 이론은 또한 각각의 요소들을 어떻게 측정하고 복합된 요소들이 만들어내는 효과가 기업 운명을 어떻게 결정하는가를 설명할 수 있어야 한다. 그리고 가급적이면 그 설명은 예리한 CEO를 만족시킬 만큼 비용이란 개념으로 설명될 수 있어야 한다. 만약 이런 패러다임이 있다면 어떤 최고경영자라도 경쟁에서 승리하기 위해 회사가 통합된 경영이론이란 원칙을 활용하고 있다는 설명을 할 수 있을 것이다.

인간을 내세우는 전략의 통합된 이론이 존재하지 않는 이유를 설명하기 위해 네 가지 예를 들고 싶다. 첫 번째 예로, HR 임원들에게 물어보면 그들은 한결같이 그런 통합된 이론이 있었으면 좋겠다고 답변한다. 지난 5년간 나는 많은 HR 담당자와 이야기를 나누면서 그들이 직면한 가장 심각한 문제가 무엇인지를 물어봤다. 대답은 늘 한결같다. "일선 관리자들로 하여금 직원들에게 관심을 갖고, 직원들을 이해하며, 직원들의 가치를 인정하고, 자원을 배분하도록 하는 것이 가장 어렵다." 나는 아직까지 기업 성공에 직원들이 기여하는 정도를 정확히 보여주는 만족스런 측정방법을 가지고 있다고 말하는 HR 임원을 단 한 번도 만나본 적이 없다.

다음 예로 컨설팅업계를 들여다보자. 우리는 밥 워터맨과 초우량 기업에 대한 연구가 가져온 좋은 기회를 맥킨지가 대부분 거절해버린 사실을 앞에서 이미 살펴봤다. 1980년대와 90년대에 걸쳐 BCG와 베인앤컴퍼니는 한편으론 전략수립에 힘쓰면서 여러 번 직원이란 사안을 다루게 된다.

BCG는 막 합병한 다국적 기업의 운영체계를 통합하는 작업을 하면서, 그리고 지니 덕을 통해 변화경영을 연구하면서 직원이란 측면을 들여다 볼 수 있는 기회가 있었다. 베인앤컴퍼니에겐 기업의 충성심에 대한 프레드 라이히헬드의 연구가 그런 기회였다. 하지만 맥킨지, BCG, 베인앤컴퍼니 모두 결국에는 '전략 컨설팅 회사'라는 타이틀에 집착함으로써 다른 컨설팅 회사들보다 더 높은 명성을 누리려 했다. 실제로 이들 3개 회사의 파트너들이 벌어들이는 매출액은 다른 컨설팅 회사들의 파트너들보다 월등히 높다.

물론 인간중심 전략에 대한 통합된 이론에 포함될 만한 사안들을 컨설팅했던 컨설팅 회사들도 생겨났다. 이 분야에서는 특히나 유명한 저자들이 컨설팅 사업을 하기 위해 만든 회사들이 많았다. 워터맨은 자신의 컨설팅 회사가 있었고, 로자베스 모스 칸터는 굿메저가, 게리 하멜에겐 스트라티고스가 있었다. 하지만 이 중에서 어떤 회사도 맥킨지나 BCG, 베인 수준의 규모와 명성에 근접하진 못했다. HR 분야에 집중했던 컨설팅 회사들 중에는 크게 성장한 회사들이 있지만 이런 회사들의 컨설팅은 여전히 이전의 전문분야, 이른바 보수체계, 직원복지, 성과평가 시스템, 인력계획에 치중돼 있었다. 이런 컨설팅 회사들은 고객사의 HR 총책임자의 주의는 끌었지만 최고경영자의 주의는 끌 수 없었다.

패러다임에 대해 거리낌없이 이야기하는 유일한 집단은 학계다. 학계는 인간을 중심으로 한 패러다임이 실패한 사례를 가장 잘 보여준다. 이 분야에서 가장 큰 목소리를 내는 인물이 스탠포드 대학 교수인 제프리 페퍼로서, 그는 전략 분야의 마이클 포터처럼 조직행동 분야에 많은 업적을 남긴 인물이다. 그는 1993년에 〈아카데미오브매니지먼트리뷰〉에 〈조직과학의 발전을 가로막는 요인들 : 종속변수로서의 패러다임 개발〉이란 논문을 실었다. 이 논문에서 페퍼는 특정 학문에서 강력한 패러다임이 갖는 혜택에 대해 놀랄 만한 주장을 선보였고 사회과학 특히 조직에 대한 연구에서 강력한 패러다임이 부재하다는 점을 주장했다.

조직에 대한 연구에서는 "패러다임 개발이 저조했는데 유사한 사회과학 영역인 심리학, 경제학, 심지어 정치학과 비교하면 특히나 그랬다." 조직연구 분야 학자들은 향후 연구 방향의 중대한 소재에 대해 의견일치를 보지 못했다. 105명의 조직 연구 전문가들을 대상으로 한 조사에서 향후 주요 연구주제에 대한 제안은 총 146개가 도출됐다. 그리고 그중에서 106개는 완전히 서로 다른 주제였다. 게다가 학자들이 연구하는 과제들 간의 연관관계도 "시간이 갈수록 적어지고 있었다." 이런 상황은 이른바 '패러다임의 바로 전 단계'라고 명명된 "그 어느 때보다 더 많이 세분화된, 다양한 것들이 공존하는 상태"였다.

왜 그랬을까? 페퍼는 어쩌면 그 원인이 해당 분야에 몸담고 있는 이들이 그러길 바랐기 때문이라며 "가장 중요한 연구과제를 선별하기보다는 모든 연구과제를 공평하게 다뤘기 때문"이라고 주장했다. 그는 최근에 발표된 〈아카데미오브매니지먼트리뷰〉 특별호에서 이렇게 주장했다. "조직연구 분야에는 정치 용어를 사용해서 표현하자면 거대한 '진영'이 있다. 하지만 그 진영은 어떤 이론적, 방법론적 접근도 모두 동일하게 취급한다." 그는 장황한 글에서 자신이 동일한 주장을 1982년, 즉 《초우량기업의 조건》이 출간된 해에도 주장했지만 지금도 변한 것이 없다고 강조했다.

라케쉬 쿠라나는 20세기 경영교육의 역사에 대한 연구에서 조직과학이 경영대학원에서 실패했다고 지적하면서 그 이유를 패러다임이 존재하는 분야가 패러다임이 존재하지 않는 분야를 이기는 거대한 흐름에서 이해해야 한다고 말한다. 포드 재단에서 발간한 1959년 보고서에는 경영대학원에 학술적 논리정연함이 부족하다고 주장했고, 그에 대한 대응으로 갈수록 많은 경영대학원들이 이른바 이론에 기반한 학자들을 끌어모았다. 다시 말해 경제학, 사회학, 심리학처럼 이론적인 체계가 잘 서 있는 분야에서 박사학위를 딴 이들을 교수로 고용했다는 말이다.

쿠라나는 그중에서도 특히 두 분야가 급속하게 발전하면서 "실제 경영활동에 영향을 미칠 만큼" 성장했다고 지적했다. 첫 번째는 마이클 포터가 발전시킨 전략 분야였고, 두 번째는 효율적 시장가설이란 오래된 이론(이 또한 패러다임이라고 할 수 있다)에 기반한 재무 분야였다. 이론에 기반을 둔 학자들 중에서도, 특히나 이전에는 경영대학원 근처에는 얼씬도 대지 않던 경제학자들이 앞다투어 경영대학원 교수직을 차지했다.

그 또한 HBS에서 조직행동론을 가르치는 교수였던 쿠라나가 지적한 바대로 조직과학 분야의 혼란스런 상황은 전략과 재무 분야가 경영대학원에서 가장 중요한 위치를 차지하는 데 일조했다. 쿠라나는 어쩌면 학문적 기준에서 볼 때 조직과학 분야보다 더 큰 혼란을 겪고 있는 분야는 리더십이 유일하다고 장난스럽게 말했다. 심지어 조직과학 교수들조차 리더십 분야를 연구하는 동료 학자들을 무시했는데, 리더십 분야는 전혀 합의된 이론이나 연구기반이 없었기 때문이었다. 하지만 역설적으로 1990년대에 HBS를 비롯해서 갈수록 많은 경영대학원들이 자신들의 사명이 '리더십 교육'에 있다고 선언하게 된다.

쿠라나의 저서를 보면 제프리 페퍼와 그의 동료 학자들이 1997년에 연구했던 내용을 인용한 대목이 나온다. 내가 보기에 그 대목은 전략이라는 패러다임과 아직 패러다임으로 발전하지 못한 직원중심의 시각이 충돌하는 것에 대한 학계의 결론을 일목요연하게 보여준다. "경제학이 학계와 사회에서 전반적인 이론으로서 패권을 쥐게 됐다는 점은 의심할 여지가 없다. 그리고 경제학의 이론적 지배는 갈수록 강해질 것이다." 조직과 관련한 학술 인용 및 연구에 대해서는 "하루빨리 실질적인 모델들을 고안해내야 하며…… 대안 가설을 제시해야 한다"고 적혀 있다.

인간을 중시하는 패러다임이 만들어지지 못한 이유에 대한 마지막 예는 인간중심 학파 저자들에게서 찾아볼 수 있다. 건강한 패러다임 특징은 일단 패러다임이 생기고 나면 이후 연구는 이 패러다임을 인용하고 발전시키며 패러다임이 제공하는 이론적 틀을 더 정교화시킨다는 점이다. 이런 관점에서 본다면 《초우량 기업의 조건》에 등장했던 인간중심의 패러다임에 가장 가까운 7S 모델이 이후 어떻게 됐는지를 살펴보는 것도 매우 유익할 텐데, 7S 모델을 발명했던 저자들의 후속 저서에서 7S 모델은 거의 사라졌다고 보는 게 맞다.

피터스가 이후 발표한 두 권의 저서인 《초우량을 향한 집념(A Passion for Excellence)》(1985년)과 《혼돈 속에서 번영하기(Thriving on Chaos)》(1987년)에서 7S를 찾는다면 헛수고다. 《해방경영(Liberation management)》(1982년)에 7S 모델이 다시 등장하긴 하지만 전체 834쪽에서 달랑 3쪽에 걸쳐 스쳐 지나가듯 다뤄질 뿐이다. 밥 워터맨은 자신의 저서인 《리뉴얼 팩터(The Renewal Factor)》에서 7S 모델을 언급하긴 했다. 하지만 7S 모델이 언급된 이유는 또 다른 모델과 연동돼 사용돼야 한다고 주장하기 위해서였는데, 그것이 바로 7C 모델이었다. 7C 모델은 기회와 정보(Chance and information), 커뮤니케이션(Communication), 정당성과 헌신(Cause and commitment), 위기 국면(Crisis point), 통제(Control), 문화(Culture)가 역량(Capability)을 중심에 두고 둥그렇게 배치된 모델이었다.

《일본식 경영》에서 처음 7S 모델의 기치를 높이 세웠던 리처드 파스칼은 위 두 사람보다는 좀 더 오래 7S 모델을 주창했다. 파스칼의 《혼돈의 파도를 타다(Surfing the Edge of Chaos)》를 보면 7S 모델에 대한 언급이 두 번 나온다. 하지만 1996년에 〈캘리포니아매니지먼트리뷰〉가 '혼다 효과'를 재차 다뤘을 때 파스칼이 최초에 주장했던 7S 모델은 통째로 삭제돼 '조직의 민첩성'에 대한 파스칼의 논문으로 대체됐고 그것이 혼다 성공의 원인으로 지목됐다.

그렇다면 경영서적을 읽는 불쌍한 독자들, 특히나 전략이란 전차가 세차게 돌진해오는 상황에서도 기업에 있어 인간의 중요성을 믿는 독자들은 어떻게 해야 할까? 이런 독자들에겐 조직문화, 카오스 경영, 경영혁신, 민첩성, 기업혁명 같은 새로운 가치들이 빠른 속도로, 하지만 동시에 혼란스럽게 제시됐다. 그럼에도 어떤 가치에 맞춰 기업을 운영해야 할지는 여전히 명확하지 않았다.

경영서적 독자들이 자주 빠지는 함정

인간에 대한 논의를 마치고 경제학과 컨설팅 세계에 다시 뛰어들기에 앞서 전략이 다른 모든 이론을 뛰어넘을 수 있었던 가장 중요한 요인에 대해 살펴보자. 그러려면 먼저 경영서적 독자들이 가장 범하기 쉬운 실수에 대해 살펴봐야 한다. 바로 기업의 지속성에 대한 오해다.

《초우량 기업의 조건》을 읽은 독자들이 경영에 대한 몇 가지 교훈을 제외하고 가장 많이 기억하는 내용은 무엇일까? 아마도 〈비즈니스위크〉가 최초로 지적했던 바대로, 책에 언급된 43개 초우량 기업 중에서 3분의 1이 책이 출간되자마자 즉각 추락했고 더 이상 초우량 기업의 조건을 충족시키지 못했다는 점일 것이다. 15년 뒤에 파스칼은 《혼돈의 파도를 타다》에서 피터스와 워터맨이 쓴 초우량 기업이란 상태가 실제로는 균형

잡힌 상태를 의미하며 이런 균형잡힌 상태는 현대의 거대한 폭풍 앞에서 속수무책으로 무너질 수밖에 없다고 주장했다. 파스칼은 약간 과시하듯이 《초우량 기업의 조건》이 출간된 지 5년 만에 "43개 기업 중에서 절반이 어려움을 겪었고 현재는 달랑 5개 기업만 빼고는 모두 추락했다"고 지적했다.

그런 다음 파스칼은 자신의 저서에서 오늘날 혼돈의 시대에 더 적합한 '살아 숨쉬는 경영시스템'을 지닌 6개 조직의 예를 자세하게 설명했다. 6개 조직은 브리티시페트롤리움, 휴렛패커드, 몬산토, 로열더치셸, 시어스, 미국 육군이었다. 그리고 이 6개 조직은 《혼돈의 파도를 타다》가 출간된 2000년이 지난 지 얼마 안 돼 모두 추락하고 만다.

오늘날의 경영서적은 실패한 기업들 사례로 가득 차 있는 것 같다. 결국 저자들이 잘못 짚은 것이다. 그렇지 않은가? 이 말이 일리가 있는 게, 왜냐하면 저자들이 자신들 주장을 펼치기 위해 사용한 전달양식이 애당초 실패할 수밖에 없는 것이었기 때문이다. 실제로 피터스, 워터맨, 그리고 이후 등장한 저자들은 경영서적에 이야기란 전달양식을 도입했다. 하지만 그들은 이야기란 양식에 너무 도취된 나머지 그 한계를 무시했고 결국 자기 꾀에 자기가 속아 넘어가게 됐다. 찰스 틸리와 같은 학자들은 '이야기'란 전달양식이 대체로 이야기를 더욱 감동적으로 만들기 위해 다른 복잡한 요인들을 무시하고 인물이나 인물들 역할만을 지나치게 강조한다고 지적했다.

당신의 직장 경험을 생각해보라. 한 명의 행동이나 한 팀의 행동으로 직장에서 벌어지는 모든 일을 설명할 수 있는 경우가 과연 얼마나 되는가? 그들 이야기만으로 회사의 모든 열정, 야망, 긴장, 그리고 환경 변화에 맞춰 조직이 취했거나 취하지 않은 모든 행위를 설명할 수 있는가?

헨리 민츠버그는 "회사를 위기에서 구해낸" 경영자 이야기에 대해 이렇게 꼬집는다. "그 일을 최고경영자 혼자서 해냈는가?"

또 다른 문제점도 있다. 《초우량 기업의 조건》 및 다른 훈계조 책에서 기업을 예로 드는 것은 독자들의 기대와 독자들이 믿고자 하는 내용에 의존할 수밖에 없다. 경영서적을 읽는 독자들은 매우 실용적이며 자신들이 현실에 적용할 수 있는 교훈을 얻길 바란다. 나아가 이런 교훈들을 자신들이 실제로 기업에서 경험하는 상황을 반영하는 사례로 활용할 수 있길 원한다.

하지만 기업 사례가 실용적이길 바라는 독자들의 의식적인 욕구 밑에는 또 다른 욕구가 존재한다. 일단 독자들은 책에 실린 기업 사례가 초우량, 경영의 정수, 조직의 영웅적인 성과 등 일상적인 직장생활에서 경험할 수 있는 것들을 초월하는 이상적이고 영감이 깃든 사례이길 바란다. 하지만 이보다 더 교묘하고 무시무시한 사실은 우리가 사례기업에 대해 선입견을 가지게 된다는 점이다. 그리고 이런 무의식적인 선입견이 자리 잡고 나면 우리 생각은 절대 바뀌지 않는다. "엑슨은 정말 위대한 기업이야. 옛날부터 그랬어." 우리는 이렇게 말하곤 한다. 월마트(1990년대까진 위대했다)에 대해, IBM(80년대)에 대해, 그리고 제너럴모터스(1920년대부터 1970년대까지)에 대해 우리는 이런 고정된 선입견을 지니고 있다.

문제는 기업의 영속성이란 환상이 더 이상 현실에 부합하지 않으며 시간이 흐를수록 현실과 동떨어질 수밖에 없다는 점이다. 이 점은 특히나 특정 기업이 지속적으로 다른 기업들보다 더 뛰어난 재무적 성과를 가져오지 못한다는 점을 보면 분명해진다. 《창조적 파괴(Creative Destruction)》 저자인 맥킨지의 리처드 포스터와 《핵심에 집중하라(Profit from the Core)》 저자인 베인의 크리스 주크 같은 여러 경영서적 저자들은 오랜 기간에 걸쳐 생존하는 기업도 많지 않지만 그 기간 동안 시장의 전체 성장률을 초과해서 성장하는 기업은 극소수에 불과하다는 점을 잘 보여준다. 포스터가 지적한 바대로, 1957년 S&P 500에 포함됐던 기업 중에서 1998년까지 명단에 남아 있는 기업은 74개에 불과했고(명단에서 사라진 기업들은 청산했다기보다는 대부분 인수합병됐다), 같은 기간 동안 기업 주가가 전체 S&P 지수를 넘어선 기업 수는 12개뿐이었다.

이 대목에서 특히 포스터는 목소리를 높인다. "맥킨지가 미국기업의 탄생, 생존, 소멸을 장기간 연구한 결과는 엘도라도 전설과 닮아 있다. 지속적으로 전체 시장보다 더 빨리 성장하는 황금기업 같은 것은 애당초 존재하지 않는다. 미신인 것이다. 심지어 최고로 존경받는 기업의 경우에도 장기간 살아남았다고 해서 결코 주주들에게 고성과를 안겨주진 못했다. 오히려 현실은 정반대였다. 장기적으로 보면 전체 시장의 성과는 언제나 특정 기업의 성과를 넘어섰다."

그럼에도 우리는 여전히 기업의 영속성이란 미신에 집착하면서 특정 기업에게 초우량 기업과 고성과라는 현실과 모순된 생각을 불어넣는다. 우리는 이런 기업들이 만개했다가 시들기를 반복하는 꽃이 아니라 절대로 무너지지 않고 언제나 의지할 수 있는 거대한 탑이라고 생각한다.

포스터와 공저자인 사라 캐플런이 2001년에 《창조적 파괴》를 발표하기 전부터 피터스와 워터맨을 포함한 여러 경영서적 저자들은 기업 성공의 덧없음에 대해 지적했고 그 원인이 경쟁 심화, 신생 기업의 등장, 빠른 기술변화처럼 기업 세계가 이전보다 더 '혼돈의 시대'에 빠져들었기 때문이라고 주장했다. 피터스는 《혼돈 속에서 번영하기》 첫머리에서 "초우량 기업은 존재하지 않는다"고 선언했고 "미래의 초우량 기업도 성공이 영원하지 않을 것임을 명심해야 할 것"이라고 덧붙였다.

물론 기업 성과를 연구하는 학자들은 여기서 멈추지 않았다. 2005년, 인시아드 경영대학원 교수인 김위찬과 르네 마보안은 베스트셀러 《블루오션 전략(Blue Ocean Strategy)》에서 기업들이 새로운 시장(블루오션)을 창출하는 데 주력하는 것이 이미 확고한 경쟁자들이 있는 시장(레드오션)에서 피를 흘리며 싸우는 것보다 훨씬 유리하다고 주장했다. 성공적으로 블루오션을 개척한 기업에 대한 두 사람의 연구는 포스터와 같은 이전 자료들을 관통했고 다음과 같은 대담한 결론에 도달하게 된다. "영구히 고성과를 내는 기업은 없다. 특정 시기에 대단히 놀라운 성과를 거두는 기업이 또 다른 시기에는 정반대 상황을 겪을 수 있다는 점을 고려한다면 기업은 블루오션과 고성과의 근간을 연구하는 데 있어 적절한 분석대상이 아니다."

두 사람은 적절한 분석대상으로 기업 대신 '전략적 방향'을 제안했다. 둘은 전략적 방향이 "대형시장을 창출하는 사업기회와 관련된 경영활동 및 의사결정 과정"이라며 마치 그것이 정확히 무엇인지에 대해 일반인들이 이미 알고 있는 것처럼 주장했다. 기업의 영속성이란 미신 기저에 깔린 마지막 요소, 그러니까 전략이 인간보다 우위를 점하게 된 원인에는 역설적으로 일부 진실이 담겨 있다. 기업의 특정 측면은 시간이 흘러도 변하지 않는다. 종종 이런 불변하는 측면들은 기업이 변화하는 경제 환경에 신속하게 적응하는 것을 방해한다. 이런 요소들은 곧 인간적 요소들로서 1970년대 후반에 기업문화라는 용어로 요약된 기업의 내부 규범과 행동양식을 의미한다. 기업 전략을 바꾸는 건 언제나 생각보다 훨씬 어렵다. 하지만 적어도 조직문화를 바꾸는 것보다는 훨씬 쉽다.

이상하게 들리겠지만 내가 이 불변의 진실을 처음 깨닫게 된 이유는 바로 피터스와 워터맨 때문이다. 두 사람은 책의 출간을 앞두고 나와 인터뷰를 했는데, 당시 총 62개 기업을 연구하고 있었다. 나는 두 사람에게 사례로 실린 기업들이 어떻게 초우량 기업이 됐냐고 물었다. 그 질문은 그들의 후속 저서에서 전혀 논의되지 않았던 내용이었다. 둘은 주저하다가 결국 질문에 답했다. 몇 개 기업을 제외하고 대부분의 초우량 기업들은 애초에 회사가 설립될 당시부터 초우량 기업이 될 수 있도록 설립됐다. 후대 경영진들은 단지 창업정신을 망쳐놓지 않으려 노력했을 뿐이다. 예를 들면 프록터앤갬블이 초우량 기업인 이유는 프록터와 갬블이 처음부터 회사를 초우량 기업으로 설립했기 때문이다.

조직행동학 박사이자 제임스 마치와 허버트 사이먼의 연구 내용에 심취한 피터스는 25년이 지난 지금 이 점에 대해 더욱 확신하며 이렇게 말한다. "나는 기업의 거의 모든 활동이 이전부터 내려오는 기업의 유전자로부터 직접적인 영향을 받는다고 믿는다. 그게 무엇이든 간에 이런 요소는 남아 있기 마련이다. 마이크로소프트는 중앙집중적 관리체계를 갖춘, 특정 개인에 의해 움직이는 회사다. 그리고 이 점은 변화하지 않을 것이다. 휴렛패커드나 3M 등 우리가 연구한 많은 기업들은 애당초 설립 때부터 중앙집중적 관리보다는 '방임과 통제' 그리고 '자율과 기업가정신'이 공존하도록 만들어졌다."

80년대 초반에 나는 파스칼에게 조직문화의 중요성에 대해 〈포춘〉에 기사를 의뢰한 적이 있다(그는 그 기사에서 전략을 너무나 많은 기업 수장들의 정신을 잃게 만드는 '독한 술'에 비유했다). 그 기사가 발표되고 난 뒤 나는 파스칼에게 조직문화를 송두리째 바꾼 기업이 얼마나 되냐고 물었다. 파스칼은 자기가 아는 바로는 오직 두 개 기업 즉 포드자동차와 셸만이 조직 문화를 성공적으로 바꿀 수 있었으며 그나마 그 과정이 수십 년도 넘게 걸렸다고 답했다.

포스터의 첫 저서는 1986년에 출간된 《혁신 : 공격자의 우위(Innovation : The Attacker's Advantage)》였다. 《창조적 파괴》를 쓸 무렵 포스터는 혁신과 개선의 장애물이 뭔지를 더욱 명확하게 알고 있었다. 그는 그것을 '고착된 조직문화'라고 불렀다. 고착된 조직문화는 "기업의 의사결정, 운영 프로세스, 그리고 의사결정에 필요한 정보에 있어 절대적인 원칙"이었다. 고착된 조직문화는 기업이 환경 변화를 인식하지 못하게 했고 "미래가 암울한 사업을 폐기하지 못하게" 했으며 결국 기업이 "저성과 함정에 빠지게 했다."

기업이 아무리 조직문화가 고착되는 상황을 피하려 해도 조직문화를 바꾸는 것은 고사하고 조직문화를 분석하기조차 힘들었던 것에 반해 전략은 최고경영진에게 명확한 분석과 의사결정 그리고 대안을 제공했다. 적어도 겉보기엔 그랬다.

제10장

모든 전략은 성과를 추구한다

1980년대 초반이 되면서 전략혁명의 영광스런 시대는 서서히 저물어가고 있었다. 최초의 대가들은 이미 전략의 기반을 다져놓은 후였다. 전략의 절대적인 패러다임은 이미 만들어져 널리 적용됐으며 당시 전략에 대한 필요성을 느끼지 못하는 기업이 하나도 없을 만큼 전략은 중요한 위치를 차지했다. 전략이란 분야를 지배할 컨설팅 회사들과 학파도 이미 자리잡은 후였다.

높은 위치에 올랐으니 다음에 할 일은 누구나 예상하는 바대로 그 위치를 공고히 다지는 것이었다. 이 단계는 두 가지 활동이 겹치면서 전개됐다. 첫 번째 활동은 전략이란 교리를 세계에 전파해서 전 세계 기업활동을 변화시키는 것이었고, 다음 장에서 살펴볼 두 번째 활동은 전략 교리를 더욱 정교하게 가다듬는 것이었다.

일단 전략의 여러 원칙들이 발견되고 그에 대한 비난의 목소리도 여기저기 들려오게 되자 전략혁명의 주도자와 추종자들은 전략이론을 어떻게 기업에 적용할 수 있게 바꿔야 하는지에 대한 질문을 두고 고심했다. 좀 더 일상적인 표현으로 바꾸자면 전략을 어떻게 이행(implement) 또는 실행(execute)할 것인가를 고민했다는 말이다(라틴어로 implement는 '완성하다' 라는 의미이며 execute는 '끝까지 따른다' 는 의미다). 이 질문은 그동안 전략 컨설턴트들이 그다지 심각하게 고민하지 않았던 질문이었다. 이런 고민에서는 새로운 아이디어에서 느낄 수 있는 번뜩이는 착상이나 예리함이 느껴지지 않았고 혁신적인 분석도 필요하지 않았다. 하지만 컨설턴트들은 어쩔 수 없이 전략이행에 대한 고객들 고민을 해결해줘야만 했다. 특히 BCG는 과거 최고경영진만을 상대하던 방식에서 탈피해 완전히 새로운 컨설팅 방식을 찾아내야만 했다.

갈매기 컨설팅을 접고 헨더슨을 내보내다

다른 저널리스트들처럼 나도 언론의 힘을 그다지 신뢰하지 않는다. 종종 저널리스트들이 텅 빈 허공을 향해 기사를 쓰는 것처럼 느껴지고 허공은 아무 소리도 없이 기사를 꿀꺽 삼켜버리는 것만 같다. 그래서인지 BCG의 앨런 제이컨이 내가 1982년 〈포춘〉에 썼던 기사 이야기를 꺼내면서 "그 기사 때문에 BCG가 곤욕을 치렀다"고 말했을 때 나는 정말 깜짝 놀랐다.

　'곤경에 처한 기업전략가들'이란 제목의 그 기사에는 기업들이 여러 전략이론들을 받아들였는데도 여전히 전략이행에 어려움을 겪고 있고 그 결과 전략에 대한 격렬한 반발이 일어나고 있다는 내용이 담겨 있었다. 예를 들어 GE와 같은 기업에서는 기획자 수가 감축되고 있었다. 나는 또한 다음 일화를 들려주며 기사를 끝맺었는데 이 일화는 내가 취재했던 모든 전략 컨설팅 회사에서 공통적으로 있었던 일이기도 하다.

"고객사 중에서 전략을 수립한 회사가 얼마나 됩니까?"

"우리 회사 고객이라면 이미 다 전략을 수립했다고 보면 됩니다."

"그중에서 전략을 효과적으로 이행한 고객은 얼마나 됩니까?"

"글쎄요." 잠시 침묵이 흐르다가 마지못해 말한다. "익명으로 기사가 나갈 거죠?"

"예, 50퍼센트 정도 되나요?"

"아뇨, 50퍼센트는 아닙니다."

"그럼 30퍼센트 정도?"

"어, 아닙니다."

여러 번 질문을 하고 나면 그때서야 컨설턴트는 사실을 털어놓는데, 전략을 성공적으로 이행하는 고객은 10퍼센트 미만이었다.

내가 쓴 기사에서 BCG가 가장 곤란해했던 부분은 이 일화가 아니었다. 오히려 당시 기업들에 널리 퍼져 있던 컨설팅 활동에 관한 농담이 소개된 다음 문단이었다. "업계 내부의 우스갯소리에 따르면 전략 컨설팅은 갈매기 컨설팅이라고도 불린다. 전략 컨설턴트가 보스턴에서 날아올라 고객 머리 위를 몇 번 선회하다가 전략을 뚝 떨궈준 다음 다시 보스턴으로 날아오면 되는 것이다."

1980년대 초반은 BCG에게 매우 힘든 시기였다. 제이컨의 뒤를 이어 BCG 최고경영자가 된 존 클랙슨은 이후 그 시기가 BCG 역사에서 가장 어려웠던 시기라고 회상했다. 제이컨은 그 이유가 회사에 대한 외부 평판이 나빠졌기 때문이라고 말했다. 물론 외부에서 보는 BCG 이미지가 나빠진 것도 사실이다. 하지만 보다 근본적인 이유는 다른 데 있었는데, 한 BCG 파트너가 이렇게 인정했다. "실제로 우리는 갈매기 컨설턴트였다."

아이러니하게도 전략이 기업에 성공적으로 파급되면서 그 자체가 문제가 된 것이다. 멍청한 기업이 아니고서야 전략이 반드시 필요하다는 점은 모두 알고 있었다. 필요한 분석을 수행할 전략이론은 넘쳐났고 이런 이론을 사용하는 데 도움을 주려고 경쟁하는 컨설턴트들도 넘쳐났다. 제이컨의 표현을 빌리자면 전략은 흔해빠진 일용품이 돼버렸다. 그러나 다른 한편 한 맥킨지 파트너는 내게 이렇게 말했다. "맥킨지의 전략은 BCG 컨설팅을 모방해서 어디에도 쓰이는 일용품으로 만드는 것이었다." 나아가 기사에서도 지적했듯이 기업들은 "BCG를 일단 활용하고 나면(BCGed)"(이건 당시 통용되던 표현이었다) 당분간 BCG를 다시 활용할 이유가 전혀 없었다. BCG 출신으로 베인앤컴퍼니를 공동 설립한 후 스스로 브랙스톤어소시에이츠란 컨설팅 회사를 설립한 조지 베넷은 더 노골적으로 당시 상황을 표현했다. "이미 단물을 빼먹은 회사들을 제하고, 그런 다음 절대로 컨설팅을 받지 않는 회사들을 제하고 나면, 한 번도 컨설팅을 경험하지 않은 숫처녀 같은 회사는 거의 없었다. 나는 컨설팅 과제를 따내려고 할 때마다 적어도 다섯 군데가 넘는 컨설팅 회사들과 경쟁해야만 했다. 이전까진 없었던 광경이었다."

엎친 데 덮친 격으로 당시는 경기가 갈수록 후퇴하고 있었다. 1970년대 후반의 경기불황은 당시 BCG 주요 고객이었던 산업체들에게 큰 타격을 입혔다. 1973년과 1979년에 오일쇼크가 일어나면서 기업들은 스태그플레이션(고물가와 함께 저성장이 진행되는 상황)에 빠졌다. 원자재 비용을 비롯한 전반적인 비용은 경험곡선의 예상과는 전혀 다르게 움직였다.

포드 대통령의 '당장 물가를 때려잡자'라는 캠페인과 카터 대통령의 자발적인 임금 및 가격 통제 지침 같은 인플레이션을 막기 위한 미국 연방정부의 노력은 효과가 없었다. 인플레이션에 대한 대응방안이었던 항공, 트럭운수, 철도 등의 산업규제완화는 특히나 1980년대에 금융과 장거리 전화 서비스로까지 확대되면서 장기적으로 더욱 치명적인 파급효과를 가져왔다. 규제완화와 함께 일본기업과 유럽기업들이 더욱 적극적으로 미국시장을 공략하면서 미국경제는 이전보다 훨씬 넓은 분야에 걸쳐 경쟁에 노출됐다.

판카즈 게마와트는 경제학자 윌리엄 셰퍼드의 연구를 인용해서, 미국경제가 정부의 반독점 금지 행위를 비롯한 이런 요인들로 인해 "효과적인 경쟁에 직면하게 된 정도가 1958년 56퍼센트에서 1980년에는 77퍼센트로 증가하게 됐다"고 지적했다. 이 수치는 왜 전략에 대한 기업들 수요가 증가했는지를 잘 보여준다. 하지만 이런 상황이 BCG 컨설팅 서비스에 대한 수요도 함께 증가시킨 것은 아니었다. 잠에서 깨어난 맥킨지가 전략 컨설팅 시장으로 힘차게 진입하고 있었다. 보스턴의 전략 컨설팅업계 내에서는 베인앤컴퍼니가 제대로 된 모델을 만들어냈고 그 모델이 다년간에 걸쳐 한 산업에서 한 기업을 대상으로 모든 사안을 컨설팅해주는 모델이라는 소문이 돌았다. 하지만 당시 BCG는 오랜 방식대로 매우 뛰어나긴 했지만 종종 갈매기 컨설팅 성향을 지닌 소규모 컨설팅 서비스를 제공하고 있었다.

이런 우려가 가중되면서, 그리고 브루스 헨더슨에 대한 짜증이 더해지면서 1980년에 브루스 헨더슨은 또다시 BCG에서 축출되고 만다. 그리고 헨더슨은 두 번 다시 BCG로 돌아오지 못했다. 좀 더 정확하게 말하자면 브루스 헨더슨은 쫓겨났다기보다는 보다 높은 자리로 강제로 물러나게 됐다. 1975년에 BCG는 모회사인 보스턴컴퍼니로부터 분리매각하는 과정에서 BCG 지분을 직원들에게 매각하게 되는데, 그건 종업원 지주제도(employee stock ownership plan, ESOP)가 등장한 최초 사례 중 하나였다. 당시 헨더슨은 향후 10년간 BCG의 최고경영자나 이사회 의장으로 근무할 수 있는 계약을 맺었다. 그리고 지금까지도 일부 BCG 직원들은 헨더슨이 종업원들에게 지분을 매입할 수 있도록 매우 관대한 호의를 베푼 것에 대해 고마움을 표한다. BCG 분리매각은 1979년에 완료됐고 그 과정에서 1977년에 모든 부사장들(당시 약 30명 정도였다)은 BCG 이사이자 ESOP 수탁인으로 임명됐다.

1979년, 폴 볼커가 이끌던 미국 연방준비위원회는 마침내 인플레이션에 고삐를 늦추는 조치를 단행했고 단계적으로 큰 폭으로 이자를 인상했다. 그에 대한 즉각적인 시장 반응으로 이듬해 경기후퇴가 일어나게 된다.

1980년 5월 1일에 개최된 이사회 회의에서 막 임명된 BCG 임원들은 변덕스런 설립자였던 브루스 헨더슨에 지쳐버린 나머지 4명으로 이뤄진 경영위원회를 구성해서 회사를 운영하기로 합의한다. 헨더슨은 경영위원회에서 의도적으로 제외됐다. 아울러 이사회는 이사회 일원이었던 앨런 제이컨을 3년 임기의 최고경영자로 임명했다. 헨더슨은 이사회 의장으로 물러난 뒤 1985년 회사와의 계약이 만료될 때까지 그 자리를 지키다가 은퇴하게 된다.

어떤 면에서 헨더슨의 축출은 헨더슨 자신이 회사에 심어놓은 경영정신의 반영이라고 할 수 있다. 하지만 또 다른 면에서 헨더슨의 경영정신이 회사가 직면한 새로운 도전에 대응하지 못하면서 벌어진 결과라고도 할 수 있다. 사실 경쟁에 대한 헨더슨의 신념은 지금도 BCG 직원들이 종종 말하는 '잔인한 자유시장 원칙'을 BCG에 심어놓았고 컨설턴트들의 업무배정과 성과측정에 활용됐다. BCG는 초기 시절부터 개별 컨설턴트들의 '비용청구율' 그러니까 컨설턴트의 전체 근무시간 중에서 고객에게 돈을 청구할 수 있는 시간이 차지하는 비율을 매달 계산했다. 나아가 그 결과를 모든 직원들이 볼 수 있도록 외투를 넣어놓는 사물함실 문 앞에 붙여놓음으로써 모두가 서로 쉽게 성과를 비교할 수 있도록 했다. 고객과의 관계를 총괄하는 컨설턴트들은 컨설팅 팀원을 마음대로 뽑을 수 있었고 팀원으로 뽑히지 못하는 경우가 반복되면 회사를 그만둬야만 했다. 하지만 이런 자유시장 원칙은 보수에는 반영되지 않았다. 보수에 대한 모든 결정권한은 헨더슨이 쥐고 있었는데, 심지어 가장 높은 지위에 있는 직원들 보수도 헨더슨이 결정했다. 지금까지도 일부 직원들은 약속만 하고 받지 못한 보너스에 대해 투덜댄다.

1980년에 이르면서 헨더슨의 기업가적 사업확장 욕심도 BCG가 감당할 수 있는 지경을 넘어섰다. 헨더슨은 1979년 공표한 대표이사 글에서 직전년도가 '엄청난 번영'을 누린 해였다고 인정했는데 실제로 BCG는 이후 10년이 넘도록 그 정도의 성장을 누리지 못한다. 헨더슨은 또한 향후에는 그런 엄청난 성장이 이어질 수 없을 거라고 적었다. 그럼에도 불구하고 그는 1979년에 시카고 사무소를 개설했다. 시카고 사무소는 BCG가 일곱 번째로 개설한 사무소로 비용 또한 엄청나게 소요됐는데, 많은 동료들은 왜 시카고 사무소를 열어야 하는지를 의문스러워했다.

단순하게 말하자면 BCG 고위직 임원들은 헨더슨이 17년 전에 세운 회사가 이제는 변화해야만 한다고 믿었다. 하지만 헨더슨이 그 변화를 이끌 만한 인물이 아니며 나아가 헨더슨에겐 변화에 대한 의사도 없다고 믿었다. 제이컨은 BCG를 맡은 후 얼마 지나지 않아 회사의 변화를 주장했다(변화의 표어를 새긴 배지를 나눠줬을 정도였다). BCG의 새로운 좌우명은 브루스 헨더슨의 축출과 함께 어느 정도 BCG 특유의 이론을 중시하는 성향을 버리자는 뜻을 담고 있었다. 새로운 좌우명은 이랬다. "실행에 옮겨라(Make it happen)."

어머니에게 배운 것들

전략을 실행에 옮기려는, 그러니까 전략을 이행하려는 노력에서 BCG의 장애물은 직원들 태도였다. 직원들은 이런 노력 자체에 관심이 없는 정도가 아니라 아예 이를 경멸했다. 제이컨이 들려준 일화는 의도적이진 않더라도 직원들의 이런 태도를 잘 보여준다.

BCG 고객 중에 지게차와 기타 운반장비를 제조하는 클라크이큅먼트라는 회사가 있었다. 1970년대에 이 회사는 더 극심한 경쟁에 직면하게 됐는데, 특히 자신들이 생산해내는 지게차보다 덜 복잡하면서 덜 비싼 지게차를 구매하는 시장을 공략하는 일본기업의 도전에 직면했다. BCG는 클라크와 경쟁회사들의 비용을 철저하게 조사한 뒤 클라크에게 아주 완벽한 전략을 제시했다. 그 전략은 클라크가 더 효율적인 설비를 새로 세워서 일본기업과 경쟁할 만한 제품을 제공하라는 내용이었다. 즉, 기존의 클라크 지게차보다 기능은 적지만 가격은 훨씬 싼 제품을 만들라는 제안이었다. 당시 클라크의 조직문화는 더 뛰어난 발명품을 만들어내길 좋아하는 엔지니어들이 상당부분 주도하고 있었고, 따라서 클라크는 BCG가 제안한 전략과는 정반대로 움직였다. 새로운 공장을 세워서 더 많은 기능을 갖춘 더 비싼 제품들을 만들어내기 시작한 것이었다. 제이컨은 동료들에게 그 경험을 이야기하면서 "그건 마치 원시인에게 레이저 건을 준 것과 마찬가지"였다고 말했다.

하지만 원시인에게 레이저 건을 어떻게 사용하는지 알려줬을 뿐만 아니라 나아가 레이저 건을 만드는 방법까지 알려준 BCG 컨설턴트가 있었으니, 그가 바로 데이비드 홀이다. 그에겐 제이컨, 조지 베넷, 또는 딕 로크리지처럼 전형적인 BCG 특유의 기질도 있었지만 또한 전혀 상반된 기질도 있었다. 사실상 그는 BCG 초기 시절에 볼 수 있었던 뛰어난 지적 능력을 지닌 전형적인 인물이었다. 홀은 27년간 BCG에서 근무하면서 단 한 번도 〈BCG 전망〉에 논문을 기재한 적이 없었다. 나아가 BCG 경영위원회 일원으로 두 번 연임했음에도 불구하고 사무소 수장을 맡았던 적도 없었다. 대신 홀은 고객과 일하는 새로운 방식을 개척해냈는데 그 방식은 매우 고성과를 내는 컨설팅 모델이 된다. 홀은 한 발 더 나아가 이 모델을 확장함으로써 BCG의 금융 컨설팅 부문을 육성해서 은행과 보험회사에게 도움을 주게 된다. 그가 처음으로 이런 시도를 했던 1980년대 중반 당시 금융산업 고객들 매출이 BCG 전체 매출에서 차지했던 비중이 3퍼센트 남짓이라면, 현재 그 비중은 25퍼센트에 달한다.

영국인으로서 캠브리지 대학에서 3년간 경제학을 공부한 뒤 런던 비즈니스 스쿨에서 석사학위를 받았던 홀은 1973년에 BCG에 합류했다. 그는 1975년부터 1981년까지 보스턴 사무소에서 일하면서 자신이 다른 이들과 함께 "미시경제 분석 영역을 확장하는 데 주력했다"고 말한다. 이와 관련해서 그는 제너럴푸드의 쿨에이드에 대한 경험곡선을 분석하기도 했다. 분석작업을 위해 그는 20년 동안의 경제 데이터를 수집해야 했고 쿨에이드의 성분 변화를 추적해야만 했는데, 그래야만 붉은색소 2호의 비용이 변하면 전체 제품 비용이 어떻게 변하는지를 파악할 수 있기 때문이었다. "컨설턴트들은 만약 새로운 산업에 속한 새로운 고객의 프로젝트를 맡는 것과, 아니면 기존 고객이 전략을 실제로 이행할 때까지 꾸준하게 도움을 주는 것 중에서 하나를 선택하라고 하면 여지없이 새로운 고객을 선택했다. 왜냐하면 새로운 프로젝트는 너무나도 재미있고 흥미롭기 때문이다."

홀은 1981년 런던 사무소로 복귀한 뒤 점점 실망하게 된다. 홀은 베인 앤컴퍼니가 고객들이 전략을 가시적인 결과물로 바꿀 때까지 컨설턴트들을 고객 곁에 남겨둬 지속적으로 도움을 주는 방식을 통해 "베인이 엄청난 성공을 거두는 것을 목격했다"면서 이렇게 덧붙인다. "나는 나의 우수한 성과에 갈수록 질려만 갔다…… 비록 컨설팅을 통해 사람들 사고는 바꿀 수 있었지만 실제 실행으로 옮겨지는 정도를 보면 괴로웠다. 그 생각에 나는 점차 매우 지쳐갔다." 말을 가급적 조심스레 골라 하는 영국인 기질을 감안한다 해도 그가 당시 겪었던 괴로움이 대단했다는 점은 분명해 보인다. 우리들도 힘든 시기가 닥치면 그런 것처럼 홀도 어머니 생각을 떠올렸다.

"어머니는 상담사이자 심리치료사였다. 나는 어머니와 당시 이미 널리 통용되던 심리치료 모델에 대한 얘기를 나눴다. 나는 대화를 통해 실제로 상담사가 하는 역할이 환자가 스스로 자신의 문제를 이해하고 해결책을 파악할 수 있도록 도와주는 것이라는 걸 깨달았다. 상담사는 조정자 역할을 했고 문제를 체계적으로 정의했으며 중요한 질문을 던졌다. 하지만 결코 해결책을 제시하진 않았다. 그건 환자의 몫이었다." '바로 이거야'라고 홀은 생각했다.

당시 홀은 이미 스웨덴 회사인 플랙트그룹과 컨설팅 관계를 맺고 있었다. 플랙트그룹은 '환경통제 기술'을 전문적으로 제공하는 회사였는데, 좀 더 쉬운 말로 바꾸자면 난방과 환기 시스템을 제공하는 회사였다. 1983년에 플랙트그룹은 비욘 스티그슨을 새로운 최고경영자로 임명했다. 30대 초반의 그는 플랙트그룹의 모든 사업군을 분석하는 데 관심이 있었다. 홀은 새로운 제안을 들고 그를 찾아갔다.

"나는 그에게 '전략 컨설턴트라면 예상했던 성과를 가져오진 못한 컨설팅 프로젝트를 수행한 경험이 한 번씩은 있다'고 말했다." 홀의 말이다. "BCG의 핵심역량은 패턴을 인식하고, 기업이 취할 행동의 2차적, 3차적 파장을 이해하며, 다른 산업군에서 유사한 사례를 도출해내고, 미시경제를 철저하게 이해하며, 다양한 여러 기업들을 경험해봤다는 데 있었다. 하지만 여러 면에서 실질적인 분석과 데이터 수집은 고객사가 할 수 있는 일이었다."

홀은 스티그슨에게 다음과 같이 제안했다. "이번에는 다른 컨설팅 모델을 적용해보면 어떻겠습니까? 그러니까 고객인 회사측이 전체 컨설팅을 이끌어나가고 우리 컨설턴트들은 회사를 지원하는 겁니다. 즉 당신들이 분석틀을 만들어내고 분석을 진행하고 결론과 이행계획, 이행절차를 도출하되 이 모든 과정을 우리가 도와주는 겁니다." 하지만 실제로 그 일을 어떻게 진행할 것인가라는 질문에 홀은 이렇게 답했다. "회사 내부에서 당신이 보기에 5년 후나 10년 후쯤 최고경영자가 될 만한 사람을 골라서 이 업무를 맡깁니다." 그리고 그에게 모든 권한을 준다면? "일단 여러 사업군에서 사람을 뽑아서 분석자와 프로젝트 리더로 이뤄진 팀을 구성하십시오. 그러면 기존 컨설팅 형태에서는 컨설턴트들이 수행했을 일들을 그 팀이 직접 수행할 수 있도록 우리 컨설턴트들이 돕겠습니다."

마지막으로 홀은 새로운 컨설팅 모델을 통해 플랙트그룹이 얻을 가장 큰 혜택에 대해 말했다. "나는 이렇게 주장했다. 새로운 컨설팅 방법을 적용한다면 당신네 회사는 일종의 학습을 할 수 있고 그에 따라 회사의 경영역량과 분석역량도 향상될 것이다. 회사는 전략을 도출하기까지의 사고 프로세스에서 더 많은 관여를 하게 될 것이다. 나아가 회사 내에서 신뢰받는 직원들이 전략의 이행과정을 이끌게 될 것이다."

설득은 통했다. "그가 스웨덴 사람이라서 그랬을 수도 있고, 젊어서 그랬을 수도 있고, 아니면 나랑 동갑이어서 그랬을 수도 있다." 홀은 추측했다. 반면 BCG의 반응은 시큰둥했다. "내가 보기에 전혀 큰 위험이 따르는 일이 아니었건만 다른 직원들은 내가 너무 극단적인 방법을 시도하려 한다며 크게 놀랐다. 하지만 당시 나는 기존의 컨설팅 모델에 진력이 나 있었다." 하지만 전략혁명의 원동력이었던 지적, 감성적 불만족은 여기에서 다시 한 번 힘을 발휘했다. 홀은 또한 "파트너로서 자신의 꿈을 맘껏 추구할 수 있는" BCG의 자유로운 분위기에 공을 돌렸다. 홀에 따르면 동료들도 홀의 새로운 컨설팅 모델을 "전략이행을 앞세운 베인앤컴퍼니의 도전"에 대응할 방안으로 여겼다. 하지만 홀은 자신의 방법이 "베인과는 너무나도 달랐다"고 생각했다. "베인의 컨설팅 모델은 고객에게 '이 정도의 수익개선 효과를 안겨드리죠'라고 말하는 식이었다면 나는 고객에게 이런 식으로 말했다. '아무것도 안겨드리지 않을 겁니다. 당신들이 직접 이런 혜택을 만들어가는 겁니다.'"

플랙트그룹에 대한 컨설팅은 큰 성공을 거뒀다. 스티그슨은 자신이 맡은 다양한 사업에 대해 잘 이해하게 됐고, 각 사업부문의 최고경영진부터 중간관리자 레벨까지 잘 들여다볼 수 있게 됐다. 사업부문에 필요한 조치가 단행됐다. "일부 사업들은 문제가 해결됐지만 일부 사업들은 그렇지 못했다." 홀의 말이다. "그럼에도 만약 내게 이 방식이 실제 기업들에게 변화를 가져올 첫걸음이라고 생각하느냐고 묻는다면 당연하다고 답하겠다." 1991년에 플랙트그룹의 성과는 매우 좋았고 그 결과 회사는 다국적 전력설비 회사인 ABB 아세아브라운보베리에게 인수됐다. 최고경영자였던 스티그슨은 인수회사의 고위직 부사장으로 합류했다.

홀의 새로운 컨설팅 방법에 좋은 인상을 받은 제이컨은 홀에게 전 세계 BCG 파트너들이 모인 자리에서 강연을 하게 했다. 파트너들 눈을 사로잡은 것은 홀이 플랙트그룹의 매출 변동추이를 도표로 작성한 마지막 슬라이드였다. 도표는 홀이 맨 처음 플랙트그룹을 위해 기존 방식으로 컨설팅을 수행하던 때(이 부분에서 매출액은 널뛰기를 했다)부터 새로운 컨설팅 방법을 이용해서 컨설팅을 수행했을 때까지의 매출액 추이를 모두 담고 있었다. 그리고 새로운 모델을 사용했을 때 홀은 "매출액이 천장을 뚫고 올라갈 정도로 상승했다"고 말했다. "새로운 컨설팅 모델이 BCG가 고객사로부터 올릴 수 있는 매출을 줄일지도 모른다는 우려와는 달리 새로운 모델은 고객과의 관계를 더욱 강화했고 그 결과 BCG 컨설팅에 대한 수요도 함께 증가했다."

런던에서 홀과 함께 파트너로 근무했던 앤소니 해브굿은 〈BCG 전망〉에 실은 기사에서 새로운 접근방식의 핵심을 '논리의 발견'이라고 표현했다. 이 말은 고객과 컨설턴트가 함께 향후 꼭 취해야만 할 전략적 경로를 밝혀내는 것이었다. 1985년에 홀은 이 새로운 컨설팅 모델을 BCG가 그다지 재미를 못 보고 있던 금융 분야에 적용해보기로 결심했다.

여기서 홀은 또다시 BCG의 고정관념을 거역하게 된다. "당시 미국의 금융 분야에는 전략이 그다지 중요하지 않다는 생각이 팽배해 있었다"고 홀은 회상한다. "그리고 은행가들은 지루하기 짝이 없다는 말도 돌았다." 이런 시각은 일반적인 대형은행이나 보험회사들이 매우 복잡한 관료체제를 지니고 있고 비용이 전 제품에 걸쳐 나눠져 발생하기에 비용배분이 매우 까다롭다는 시각에서 비롯됐다. 일반적으로 금융회사들은 화학공장이나 지게차 제조설비를 운영하는 기업들과는 달리 체계적이고 분명한 의사결정 체계가 부족했다. 나아가 금융 분야에는 맥킨지가 이미 탄탄하게 자리잡고 있었다. 일부 BCG 파트너들은 그 시작이 1980년대 초반에 맥킨지의 로웰 브라이언이 금융 분야에서 전략의 중요성을 공언하면서 시작됐다고 주장한다.

홀은 금융 분야의 복잡한 절차와 위원회 중심의 의사결정 방식이 자신이 개발해낸 상호협력적인 컨설팅 모델에 적합하다고 생각했다. 또한 금융서비스 기업들이 규제완화와 함께 기존과는 다른 방식으로 새로운 시장에서 경쟁해야 할 시점에 놓여 있다고 생각했다. 반면에 금융기업들은 여전히 기존 사업에서 풍부한 자금을 벌어들이고 있었기에 새로운 사업 기회를 발견하기 위한 컨설팅에 엄청난 자금을 쏟아부을 수 있었다. 홀은 금융 분야에서 컨설팅을 해서 벌어들일 수 있는 돈이 많았기에 대상 기업만 정확하게 포착한다면 맥킨지에 대항해서 BCG의 컨설팅 서비스를 기꺼이 판매할 수 있다고 믿었다.

그리하여 홀은 1985년에 뱅크오브아일랜드의 컨설팅 계약을 따내면서 처음으로 금융 컨설팅에 진입하게 된다. 홀은 이렇게 말했다. "아일랜드인들은 호주인들과 비슷하다. 둘 다 작은 나라고, 그래서인지 둘 다 전 세계를 뒤져서라도 최고의 아이디어를 찾으려 한다." BCG는 은행측 팀과 함께 영국의 소비자 금융시장에 대한 일반적인 시장세분화 작업을 진행했다. 각각의 세분화된 시장에 대해 미시경제학적 분석을 실시해서 사업매력도를 확인했으며, 그 결과 마침내 9개 시장층을 선별해냈다. 이 작업이 끝난 후 BCG는 금융산업을 더욱 자세히 들여다보면서 특히 소매금융 분야를 파고들었다. 소매금융 분야는 데이터를 대량으로 수집하고 분석할 수 있는 BCG의 컨설팅 역량을 가장 효과적으로 적용할 수 있는 분야였다. 홀은 "기업 금융에는 가급적 손도 대지 않으려 했고" 여러 투자상품을 비롯해서 "금융사업에 대해서 실제로 조금이라도 지식이 필

246

요한 부분"은 일부러 피했다.

컨설팅을 마친 뒤 뱅크오브아일랜드는 성공적으로 새로운 사업분야(생명보험, 주택융자, 프라이빗뱅킹)에 뛰어들 수 있었다. 홀은 또한 금융서비스업계의 약간 다른 성향을 발견했는데, 다른 산업에서는 기업들이 경쟁회사와는 정보를 공유하지 않으려 하는 것과는 달리 금융업에 종사하는 고위임원들은 경쟁사 임원들과도 많은 정보를 나눈다는 것이었다. 얼마 안 있어 이런 정보유통망은 BCG에게 유리하게 작용했다. BCG는 로열인슈어런스를 고객으로 확보하면서 처음으로 보험 분야에 진출했는데, 1980년대 말에 이르자 BCG는 뱅크오브아메리카와 시티그룹의 프라이빗뱅킹 분야에 대한 컨설팅을 수행하게 됐다. 두 회사 모두 원래는 맥킨지의 고객이었다. 1987년 당시 BCG 최고경영자였던 존 클랙슨은 홀에게 금융 분야에 대한 '전문 컨설팅 부문'의 구성을 지시했는데, 이후 생겨난 추가적인 전문 컨설팅 5개 부문도 어느 정도 홀의 성공에 힘입은 것이었다.

홀의 새로운 컨설팅 모델에는 가장 이상적인 형태로 수행될 경우 프로젝트의 처음부터 끝까지 소크라테스의 반복적인 문답법에서 발견할 수 있는 역동성이 있었다. 그리고 홀은 그답게 프로젝트의 마지막 부분에 또 다른 새로운 혁신을 도입했다. 홀은 BCG와 고객사측에서 구성한 팀이 공동으로 수행한 컨설팅의 최종 결론을 고위 경영진이나 이사회에 발표할 때 그 발표를 모두 고객의 직원이 진행해야 한다고 주장했는데, 심지어 발표 자료 대부분을 컨설턴트가 작성했다고 해도 발표는 고객사 직원이 해야 한다고 주장했다.

이후 20년 동안 전략 컨설팅 회사들은 전략이행 문제와 씨름하면서 고객사측에서 구성한 팀과의 공동작업 형태를 도입하게 된다. 하지만 "누가 최종 발표를 할 것인가"에 대한 질문은 여전히 전략 컨설팅 회사들이 고객사 팀과의 공동작업을 얼마나 진지하게 받아들이는지를 가늠하는 척도로 남아 있다. 홀의 입장에서 이 질문에 대한 답은 BCG를 다른 라이벌 전략 컨설팅 회사들과 차별화하는 가장 중요한 요소다. "맥킨지도 고객사와의 공동작업에 대해 떠들어대긴 한다. 하지만 막상 최종 발표를 할 때가 되면 강단에 서서 떠드는 사람은 결국 맥킨지 임원이다. 베인앤컴퍼니의 경우 중요한 순간에는 '자신들'이 회사 수익을 1억 달러 늘려주겠다고 말하면서 고객사에게 대신 자신들에게 700만 달러나 800만 달러를 지불하라고 말한다." 홀은 이들 3개 회사의 이런 문화적 차이가 지금까지도 존재한다고 생각한다. 그리고 이 점은 여러 사람들이 주장했던 의견의 변형된 형태이기도 하다. 그 자신이 맥킨지 출신이자 기업행위의 95퍼센트는 태생적인 구조에 기인한다는 신념을 지닌 톰 피터스는 맥킨지가 태생적으로 스스로를 '최고경영자의 자문역'으로 여긴다고 주장한다.

민주주의적 합의를 중시하는 이들 입장에서 본다면, 데이비드 홀의 새로운 컨설팅 모델이 BCG를 휩쓸었고 고객과의 관계에서 합당한 방식으로 널리 채택됐다는 점은 매우 고무적이다. 하지만 이런 생각은 사실과는 약간 다른데, 이런 시각이 실제로는 홀이 새로운 컨설팅 모델을 추구할 수 있도록 했던 BCG 내부의 민주주의적 성향, 즉 홀이 BCG에서 근무하면서 몸에 익히게 된 아이디어의 평등성이나 기업가정신과는 위배됐기 때문이다. 홀은 내게 새로운 컨설팅 모델을 개발한 이유 중 하나가 자신이 "남이 시키는 대로 하기 싫었기 때문"이라고 말했다. 이런 생각은 거의 모든 컨설팅 회사에선 보편적인 생각으로 "남의 통제 따윈 받기 싫다"는 말이나 "누군가의 지시를 받으면서 일하긴 싫다"는 말과 함께 자주 들을 수 있는 말이다.

동료들이 새로운 컨설팅 모델을 더욱 많이 활용하게 되면서 홀은 갈수록 많은 책임을 맡게 됐고 지위도 상승했다. 처음에는 금융서비스 부문 수장으로 근무하다가 BCG 컨설팅 부문을 총괄하게 됐고, 1990년대에는 BCG 경영위원회 일원으로 3년간 두 번을 연임했다. 홀의 컨설팅 모델이 미친 영향을 정확히 측정할 수는 없다. 하지만 고객관계가 과거처럼 프로젝트 단위가 아닌 수년간 지속되는 장기적 관계로 변화한 상황에서 그의 새로운 컨설팅 모델이 BCG에게 이런 변화된 환경에 쉽게 적응할 수 있는 계기를 제공했다는 점만은 분명하다.

제11장

세상을 더욱 정교하게 해부하다

전략혁명이 공고하게 자리잡는 것을 방해한 건 전략이행 문제만이 아니었다. 전략이론 또한 지속적으로 가다듬어져야 했고 필요하다면 새로운 이론으로 대체돼야 했다. 이런 현상은 1970년대부터 보편화돼 1980년대에는 눈에 띄게 잦아졌다. 특히나 경험곡선은 재점검이 필요했다. 컨설턴트들은 저비용이 결코 경쟁우위를 보장하지 않는 산업이 있다는 사실을 발견하고는 적잖이 놀랐다. 그래서 컨설팅업계에 점차 등장한 것이 차별화다.

그럼에도 불구하고 여전히 전략 컨설턴트들의 업무 대부분은 비용과 관련된 것들이었고, 그중에서도 특히 비용절감과 관련된 것이 많았다. 1980년대 중반 마이클 포터가 '가치사슬(Value chain)'을 소개하면서 마침내 기업활동을 세분화하는 데 필요한 이론이 마련됐다. 원재료 구매부터 완제품 배송까지 기업의 모든 활동은 더욱 잘게 분해될 수 있었고 컨설턴트들은 각각 세분화된 요소의 비용을 측정해서 어느 정도 경쟁력을 지녔는지를 판단할 수 있었다.

경험곡선의 한계를 발견하다

1979년부터 BCG에서 근무했던 한 컨설턴트는 이런 말을 했다. "내가 합류했을 때 BCG는 모든 초점을 비용에 맞추고 있었다." 비용과 관련해 해야 할 일은 무척이나 많았다. 컨설턴트들은 초기에 고객으로부터 중요한 데이터를 더 많이 뽑아내려는 과정에서 지금 생각해보면 꽤나 놀라운 사실을 발견했다. 거의 예외 없이 모든 고객들은 자신들 비용에 대해 몰랐던 것이다. 안다 해도 특정 비용 또는 전체 비용 중 일부를 특정 상품에 배분할 수 있을 만큼 비용에 대해 자세히 알지 못했다. 이런 상황 때문에 어떤 제품에서 수익이 발생하고 어떤 제품에서 손해를 보는지를 확실히 분간할 수 없었고, 그 결과 전략 효과는 미미할 수밖에 없었다. 1970년대 후반에 내가 만났던 거의 모든 컨설턴트들은 컨설팅 프로젝트를 맡으면 제일 먼저 하는 일이 고객 비용을 다시 계산하는 것이라는 말을 했다(35년이 지난 후에도 일부 컨설턴트들은 비용 재계산 작업을 해야 하는 경우가 여전히 잦다는 사실에 놀라곤 한다).

이런 불행한 상황에 대한 책임은 컨설턴트나 경영진이 아닌 회계전문가들에게 있다. 회계 부분 권위자인 H. 토머스 존슨 교수와 로버트 S. 캐플란 교수는 1987년에 낸 저서 《타당성의 실종 : 관리회계의 흥망성쇠 (Relevance Lost : The Rise and Fall of Management Accounting)》에서 회계업계의 태만함을 자세히 다뤘다. 책에 담긴 비판은 너무나 통렬한 것이었으며 그로 인해 이 책은 미국 회계학회로부터 상까지 받게 된다. 비판 요지는 회계사들과 회계시스템이 1920년대나 30년대에 한참 성장하던 대기업에는 유용한 정보를 제공했을지 모르지만 제2차 세계대전이 끝난 후에는 변화된 현실을 반영하지 못한다는 점이었다. 회계전문가들은 재무보고서 작성에 필요한 분석에만 집중했고 고객사의 손익계산서와 대차대조표가 회계감사기준에 부합하는가만 따졌다. 그 결과 원가회계에는 관심을 쏟지 않았고(학계는 예외였지만 학계에서 진전시킨 이론은 어디까지나 학술적인 이론이었을 뿐이다), 경영자들이 전략을 비롯한 의사결정을 내리는 데 필요한 정보를 제공하지 못했다.

1960년대와 70년대, 갈수록 심화되는 경쟁으로 고통받는 기업들에 대한 자세한 비용분석은 결국 전략 컨설턴트 몫이었다. 지금은 훨씬 유명해진 하버드 경영대학원 교수 캐플란이 다음과 같은 말을 했을 정도다. "1970년대에는 전략 컨설팅 회사들이 곧 원가회계 회사였다. 전략 컨설팅 회사들은 기존의 표준원가시스템을 무시하거나 때로는 표준원가시스템이 다루지 못했던 부분까지 파고들면서 성공적으로 원가회계를 발전시켰다. 활동기준원가(activity-based costing)가 이런 노력에서 태동된 것이라는 점은 의심할 여지가 없다." 활동기준원가란 제품 생산에 들어간 개별 활동 비용을 더해서 제품비용을 계산하는 것이다.

BCG는 점차 기존 구식회계시스템에서 벗어나 경험곡선 및 기타 비용이론에 대해 더욱 자세히 들여다볼 수 있었다. 나아가 컨설턴트들은 기존 경험곡선 이론으로 특정 고객이 직면한 상황을 제대로 설명하지 못하는 원인도 파악할 수 있었다. 1980년대 초반 BCG에 몸담았던 하버드 경영대학원 클레이튼 크리스텐슨 교수는 경험곡선에 대한 BCG의 변화된 시각을 연구한 인물이다.

크리스텐슨 교수는 경험곡선의 결점이 처음 발견된 때가 1960년대라고 말한다. BCG 컨설턴트들은 대형 석유화학 기업에 대한 컨설팅을 진행하다가 비용인하에 가장 직접적인 영향을 미치는 원인이 경험 축적이 아니라는 사실을 파악했는데, 오히려 비용인하의 직접적인 원인은 전체 시장의 확대에 발맞춰 최소효율 공장규모가 함께 증가하는 것임을 알게 됐다. 따라서 경쟁자는 더 큰 공장을 새로 세울 수 있는 자금 여력만 있으며 비용을 낮출 수 있었다. 사실상 시장 선두기업의 경험을 "돈을 주고 사와서" 비용도 그에 맞는 수준으로 낮출 수 있었던 것이다.

1970년대 초반에 BCG 컨설턴트들은 제지와 섬유산업에 속한 고객들과 함께 일하면서 BCG의 경험곡선을 정면으로 위배하는 기현상을 우연히 발견했다. 이런 산업에서 시장점유율, 저비용, 고수익은 상호연관이 없는 것으로 보였다. 그 원인은 또 다른 형태의 규모의 경제에 있었다. 말하자면 특정 산업의 경우, 최소효율규모가 일정수준을 넘어서면 규모의 경제에 따른 효과가 나타나지 않는다. 그리고 이런 산업에서 최소효율규모는 단 한 대의 기계로도 가능했다. 물론 기억해야 할 점은 이런 기계가 대체로 거대했다는 점인데, 한 대로 전체 시장수요의 약 2퍼센트에 맞먹는 종이를 생산해낼 수 있는 제지기계를 예로 들 수 있다. 어쨌건 이런 거대한 기계를 구입할 수만 있다면 해당 산업 내에서 대기업에 맞먹는 비용경쟁력을 확보할 수 있었다. 그리고 만약 한 대의 기계를 더 구입한다 하더라도 이전 비용은 그대로 유지될 뿐 결코 낮아지지 않았다.

크리스텐슨은 BCG 컨설턴트들이 여기서 얻은 교훈을 발전시켜 '산업 공급곡선(Industry supply curve)'이라고 명명된 이론을 창안하게 된 과정을 자세히 묘사했다. 가장 최근에 시장에 진입한 공급자의 비용과 기존 공급자의 비용 차이를 반영하는 곡선은 특정 사업군에서 더욱 가파르게 떨어졌다. 컨설턴트들은 이를 통해 규모의 경제가 결코 더 큰 경쟁우위를 부여하지 않는 산업(제지, 알루미늄)의 경우 기업들이 종종 20퍼센트에서 30퍼센트가 넘는 투자수익을 기대하면서 일류설비를 세우지만 기껏해야 6퍼센트에서 8퍼센트 정도의 투자수익밖에 얻지 못하는 이유를 설명할 수 있었다.

문제는 이런 시장에서 가격은 일반적으로 해당 산업에서 가장 오래되고 가장 비용이 높은 설비를 운영하는 데 들어가는 비용을 반영했고, 시장 가격은 이런 오래된 고비용 설비를 계속 유지해도 좋을 만큼 높게 유지됐다는 점이었다. 산업 전체의 수익성은 비용이 가장 높은 설비와 비용이 가장 낮은 최신식 설비 간의 비용격차가 얼마나 큰지에 따라 결정됐다. 만약 경쟁자가 새로운 저비용 생산설비를 추가해서 고비용 설비를 일부 시장에서 밀어내게 되면 아주 놀라운 일이 벌어졌다. 가격이 폭락했고 새로운 설비에 대한 투자수익 예상치가 비관적인 수준으로 낮아졌던 것이다.

BCG 입장에서 경험곡선과 관련된 기현상 중에서 더 획기적인 발견은 또 있었다. 고객들의 경쟁 상황을 분석해본 결과 모든 산업의 상황이 다 달랐다는 점이었다. 최초의 통합적인 패러다임이었던 기존 전략이론들은 경험과 시장점유율에 따라 결정되는 여러 비용 간의 관계에 근간을 두고 성립된 것이었다. 하지만 실제로 이런 통합된 전략이론은 특정 산업에서는 통했지만 다른 산업에서는 전혀 통하지 않았다. 그리고 통합된 전략이론이 맞지 않는 산업에서는 경쟁우위를 확보할 수 있는 새로운 기반을 찾아야만 했다.

이런 새로운 인식을 제대로 포착해낸 이론이 딕 로크리지가 고안해낸 또 다른 매트릭스다. 로크리지는 아침을 먹다가 이 개념을 고안해냈다고 말한다. 매트릭스는 BCG가 '경쟁환경'이라고 명명한 내용을 담고 있었고(그림 11-1 참조), 어떤 면에서는 마이클 포터가 《경쟁전략》에서 설명했던 차별화 주장을 일부 모방했다.

[그림] 11-1

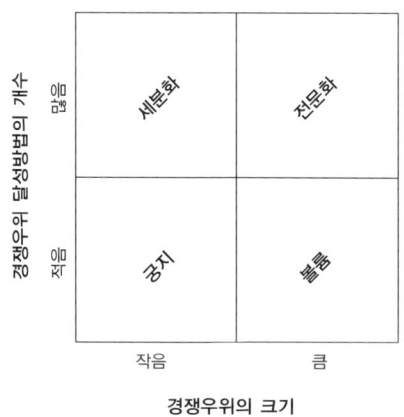

BCG 경쟁환경 매트릭스

세로축은 기업이 참여하고 있는 산업에서 경쟁우위를 확보하기 위해 사용할 수 있는 수단의 개수에 따라 적음과 많음으로 나뉘었다. 가로축은 확보할 수 있는 경쟁우위 크기에 따라 작음과 큼으로 나뉘었다. 경쟁우위 규모는 크지만 확보할 수 있는 수단은 적은 우측 하단면은 규모를 중시하는 '볼륨' 산업을 의미했다. 이런 산업에서는 경험을 축적해서 경험곡선을 낮추는 것이 여전히 효과적인 전략으로 활용될 수 있었는데 자동차 산업이 그 예다. 우측 상단면은 '전문화' 영역으로 이런 산업에서는 기업들이 특정 고객층 요구에 부합하는 맞춤형 제품을 생산함으로써 성공할 수 있었다. 나아가 해당 산업에서 가장 규모가 크지 않더라도 번창할 수 있었는데 화장품이 여기에 해당됐다.

상단이든 하단이든 매트릭스 우측에 속했다면 좌측에 속한 것보다는 훨씬 좋았다. '궁지'라고 명명된 비참한 좌측 하단면은 기업의 무덤이라고 할 만했는데 BCG의 경험곡선이 그다지 효과가 없는 산업이었다. 대부분의 제지관련 산업이 여기에 속했다. 이 영역에 속한 기업들은 이미 충분한 규모의 경제에 도달한 경우가 많았는데, 그중 누구도 큰 수익을 얻진 못했다. '세분화된' 산업은 그나마 상황이 약간 나았다. 이곳에 속한 기업들은 경쟁에서 살아남을 수 있는 수단은 많았지만 결코 큰 경쟁우위를 누릴 수는 없었다. 레스토랑 사업이 전통적인 세분화된 산업이었는데, 후에 맥도날드가 저가 음식시장을 규모의 경제로 바꿔놓기 전까지는 그랬다.

로크리지는 1981년에 〈BCG 전망〉에 기재한 〈1980년대의 전략〉이란 논문에서 매트릭스를 선보이면서 전략이라는 게임의 법칙이 변화했다고 주장했다(포터의 저서가 발간된 이듬해였다). 1960년대에는 "많은 산업에서 경쟁이 증가하고 전 세계로 사업확장이 진행되면서 비용효율성과 시장점유율이 기업성공의 결정적인 요소였다." 하지만 1970년대에는 고물가, 저성장, 그리고 지속적인 세계시장으로의 확장이 진행되면서 시장점유율과 저비용에 기반한 전략이 "예상하지 못한 어려움에 직면했는데, 그 이유는 특정 시장을 겨냥한 전문화된 기업이 등장했고 규모의 경제를 이룩한 경쟁자들 수가 증가했기 때문이었다." 미래에는 "기업을 올바른 방향으로 인도하는, 단순하면서 획일적인 전략적 원칙이 존재하지 않았다." 로크리지 자신이 정교하게 가다듬었던 성장점유율 매트릭스는 "전략적 사고에 크게 공헌했지만 잘못 활용되거나 지나치게 많이 활용됐다." 이는 '흔해빠진 이론이 됐다'는 말로 해석해도 좋을 듯하다. 비록 성장점유율 매트릭스가 여전히 유용하긴 했지만 동시에 기업들을 "잘못된 방향으로 인도하거나 심지어 속박할 수도 있었다."

그리하여 전략이란 큰 몸통에서 점차 다양한 전략이론들이 가지처럼 뻗어나가기 시작했는데 그중 상당수는 특정 산업에 특화된 이론이었다. 어쩌면 이런 상황에 발맞춰 전략 컨설팅 회사들은 1980년대에 걸쳐 산업에 특화된 컨설팅 서비스를 만들어냈고 이를 홍보하기 시작했다. 전략 컨설팅 회사들의 주장은 특정 산업의 경쟁환경을 이미 수없이 다뤄봤기에 새로울 게 없다는 것이었다. 이런 주장은 초기에 브루스 헨더슨이 주장했던 것과는 정반대인, 아주 거리가 먼 주장이었다. 왜냐하면 헨더슨은 BCG 서비스가 가치 있는 이유가 고객이 처한 상황을 새로운 시각에서 살펴보고 그 상황에 급진적 경험주의를 부여하는 데 있다고 주장했기 때문이었다.

어쩌면 시간이 지나면서 BCG가 주장했던 컨설턴트의 가치가 실종됐을 수도 있는데, 초기에 BCG에 몸담았던 일부 직원들은 그 점에 동의한다. 사실 컨설턴트들의 가치는 그들이 불타는 진실의 칼이라는 점이었다. 컨설턴트들은 언제든지 이 칼을 휘둘러서 기업에서 난무하는 어리석은 거짓말을 잘라내고 진실만을 알려줄 준비가 돼 있었다. 비록 그 과정에서 고객과의 관계가 무너지더라도 말이다.

앨런 제이컨은 BCG와 고객 간의 관계가 가장 짧게 지속됐던 일화를 되려 자랑스럽게 들려준다. 양조업체인 슐리츠는 BCG를 고용해서 사업의 문제점을 파악하게 했다. 슐리츠의 최고경영자는 저비용업체가 되는 것이 기업 성공에 매우 중요하다고 믿었고, 맥주 제조과정을 산업화하기 위해 맥주에서 탄산가스를 제거했다가 다시 집어넣는 설비에 수백만 달러를 투자했다. 하지만 낮은 가격에 맥주를 판매했는데도 불구하고 시장 반응은 시큰둥했다.

컨설턴트들은 분석을 시작했고 경쟁환경 매트릭스를 활용했다. 그리고 불길한 결론을 도출하게 된다. 분석결과에 따르면 과거 맥주산업은 많은 지역 양조업체가 지역시장을 상대하는 전형적인 세분화 산업이었지만 1950년대와 60년대에 앤하우저부시나 슐리츠 같은 거대 양조업체들이 맥주산업을 볼륨 산업으로 바꾸려는 과정에서 많은 소형업체들을 매입했고 시간이 지나면서 당시 볼륨 산업은 점차 궁지 산업으로 바뀌어 가고 있었다. 그리고 맥주시장의 장밋빛 미래는 수입맥주와 전통적인 방식으로 제조한 고급맥주를 생산하는 전문화된 시장에 있게 되었다. 컨설턴트들은 최고경영자에게 분석 결과를 보고하면서 수백만 달러 투자가 시기적으로 전혀 적절치 못했고 투자회수가 불가능할 것이라고 보고했다. 컨설팅 계약은 그것으로 파기됐는데 컨설팅에 걸린 총기간은 약 28일이었다.

맥킨지도 비용절감에 집중하다

오랜 기간 맥킨지의 파트너로 근무하다가 이후 컨퍼런스 위원회 수장을 역임했던 딕 캐버너는 이런 상황에 대해 그의 오래된 동료들보다 훨씬 직설적으로 표현한다. "맥킨지가 늘 관심을 갖던 부분은 고객이 가격을 올릴 수 있는 방법을 파악하도록 도와주는 것이었다. 반면 BCG는 비용에만 집착했을 뿐 맥킨지처럼 가격도 중시하지는 않았다." 캐버너의 관찰은 비용절감과 가치창출이라는 두 가지 시각의 차이를 보여주는데, 보다 정확하게 말하면 1980년대부터 전략의 발전과정에서 찾아볼 수 있는 두 가지 경향이 서로 밀고 당기는 과정을 보여준다. 한쪽은 영원히 비용을 낮추려는 의무가 있었고 경험곡선이 그 모태가 됐다. 다른 쪽은 고객을 위해 '가치를 창출'하려고 애를 썼다. 그건 일반적인 상품보다 훨씬 높은 가격에 판매할 수 있는 새롭고 특별한 기능을 지닌 매력적인 제품을 만들어내는 것이었다. 사실 차별화나 전문화에 기반한 전략 핵심도

가치창출에 일부 기반한다고 할 수 있다.

그런데 기업이 가치창출과 비용절감을 동시에 추구할 수는 없는 것일까? 어쩌면 일부 기업(도요타 정도?)에겐 가능했지만 대체로 성과가 좋았던 건 오직 한 가지 방식만을 추구한 기업들이었다. 가장 대중의 이목을 끄는 기업들은 대체로 두 가지 측면 중에서 한 가지 측면에만 극단적으로 집중했다. 델이나 월마트는 비용절감에 집중했고 애플이나 홀푸즈는 가격과 가치창출에 주력했다. 어려운 점은 가치창출이 혁신과 성장 중 어떤 형태를 띠든 간에 비용절감처럼 체계화하기가 쉽지 않았다는 점이다. 가치창출 주창자들에게 혁신을 예상가능하고 반복가능한 기업역량으로 만드는 과정을 찾아내는 데 성공했냐고 질문하면, 그들은 대부분 "아직은 그렇지 않다"고 대답할 것이다. 반면에 확장된 테일러주의는 40년에 걸쳐 완벽한 엔진을 만들었고 따라서 잘 굴러갔다.

맥킨지의 폭넓은 시야는 맥킨지의 고객기반이 지닌 성향으로 인해 더욱 강화됐다. 맥킨지 고객에는 BCG보다 더 많은 금융서비스 기업들과 소비재 기업들이 있었다. 소비재 기업 중에서 당시 전국푸드체인협의회라고 불렸던 한 고객은 제조업체들과 유통업체들이 서로 다투기보다는 보다 긴밀하게 협력해야 한다고 믿었다. 한 맥킨지 파트너는 그 이유가 이후 월마트의 성공에서 찾을 수 있었던 원인 때문이라고 말했다. 그리고 이런 생각은 맥킨지로 하여금 일련의 컨설팅 프로젝트를 수행하는 과정에서 이른바 '비즈니스 시스템'이라는 이론을 발견하게 했다.

비즈니스 시스템이라는 개념이 최초로 알려진 것이 1980년 맥킨지의 내부보고서인 '경쟁비용분석'이었다는 점은 꽤나 의미심장하다. 그 보고서에서 저자들은 경쟁자의 비용을 알아내는 것이 매우 중요하다고 주장했는데, 당시 이미 BCG와 베인앤컴퍼니의 말에 귀 기울이고 있던 이들에겐 그다지 새로운 뉴스가 아니었다. 오히려 중요한 뉴스는 보고서가 비용분석을 수행할 수 있는 프레임워크를 제시했다는 점이었다.

맥킨지 컨설턴트들은 일단 '제품전달시스템(Product delivery system)'을 구성하는 모든 요소를 먼저 파악해야 한다고 주장했다. 제품전달시스템은 제품을 만들고 최종적으로 고객에게 전달하기까지의 모든 구성요소와 절차를 의미했다. 컨설턴트들은 이런 구성요소들을 하나의 도표로 정리했고 각각의 구성요소들을 비용이 발생하는 시간적 순서에 맞춰 배열했다(그림 11-2 참조).

[그림] 11-2

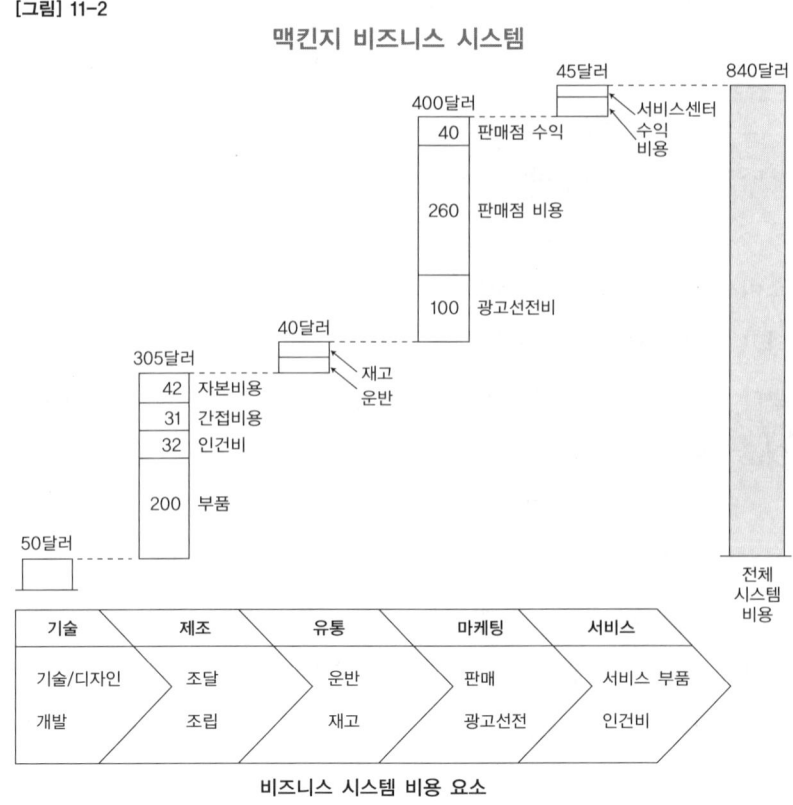

맥킨지 비즈니스 시스템

비즈니스 시스템 비용 요소

비즈니스 시스템 프레임워크는 전략수립에 필요한 분석을 수행하기 위한 단계별 절차를 제시했다. 일단 전체 비즈니스 시스템에서 개별요소들의 비용을 구분해내야 했는데, 그 과정에서 제품의 전체비용 중 가장 큰 부분을 차지하는 요소들을 파악할 수 있었다. 그리고 나면 각각의 단계에서 수행되는 업무를 대체할 대안을 고려할 수 있었고, 새로운 대안을 채택할 경우 전체 비용이 어떻게 달라지는지를 파악할 수 있었다.

모든 컨설턴트들, 심지어 가치창출을 부르짖던 맥킨지 컨설턴트들마저 개별요소에 대한 비용분석에 닥치는 대로 뛰어들었다. 한 맥킨지 파트너는 당시 상황을 이렇게 말한다. "1980년대에 우리가 한 컨설팅은 전략 컨설팅이라기보다는 미시경제학적 컨설팅이었다." 그는 당시나 지금이나 맥킨지가 전략이란 이름으로 진행했던 컨설팅 업무의 상당수가 "효율성에 크게 기반했고 비용당 산출량을 증가하는 데 목적이 있었다"고 주장했다. 다른 말로 표현하자면 바로 확장된 테일러주의였다.

마이클 포터가 가치사슬을 구성하다

맥킨지는 마이클 포터가 유명세를 타자 그를 고용할 방법을 찾았다. 물론 교수직을 관두게 할 의사는 없었다. 하지만 적어도 마이클 포터와 지속적인 관계를 맺어 아이디어와 이론을 공유하려 했다. 하지만 포터는 꿈쩍도 안했다. 비록 포터가 전략 컨설턴트들(맥킨지뿐만 아니라 BCG, 그리고 스트래터직플래닝어소시에이츠와도)과 전략이론에 대한 토론을 하긴 했지만 그의 눈은 더 큰 무대로 향해 있었다. 포터는 HBS에서 종신교수직을 획득한 1983년에 사업가 성향을 지닌 HBS 교수들 5명과 함께 직접 모니터컴퍼니라는 컨설팅 회사를 설립했다. 설립에 참여한 HBS 교수 중에는 형제인 조지프 풀러와 마크 풀러도 포함돼 있었다. 풀러 형제의 부모님 집은 뉴햄프셔에 있었는데 그곳은 바로 포터가 가장 나중에 쓴 책인 《경쟁전략》의 가장 중요한 장이 집필된 곳이기도 하다. 모니터의 설립목적이 포터의 이론을 이용해서 돈을 버는 데 있다는 점은 공공연한 사실이었다.

약 20년간 맥킨지의 전략 컨설팅 부문을 이끌었던 존 스턱키는 맥킨지 내부보고서인 〈전략의 이해〉라는 권위 있는 글에서 전략이행에 대한 근본적인 사실을 다뤘다. 스턱키에 따르면 기업이 전략을 설계하고 조직을 그에 맞게 재배치하고 나면 "남은 작업은 오직 전략을 실행에 옮기는 작업뿐이었다." 그는 이어서 전략이행을 고민하는 모든 기업의 회의실에 액자로 걸어놓을 만한 표현을 사용해서 다음과 같이 설명했다. "전략 실행은 그저 사업을 운영한다는 의미가 아니다. 오히려 대체로 사업을 변화시킨다는 의미다."

모니터가 초기에 고민했던 화두도 사업을 어떻게 변화시킬 것인가였다. 모니터의 파트너들은 이런 시도를 포터가 해왔던 포지셔닝 연구의 확장선상에 있다고 생각했다. "포지셔닝에 대한 결정은 기업이 실제로 수행하는 구체적인 활동을 반영해야 한다." 조지프 풀러의 말이다. "가치사슬(전략에서 포터의 두 번째 위대한 업적)과 가치 시스템(가치사슬의 확장된 개념)은 기업이 시장분석을 통해 도출한 전략을 이행하려면 비용기반 전략이든 차별화 전략이든 간에 이런 구체적인 행위들이 어떻게 변화해야 하는지를 이해하기 위한 이론이라고 할 수 있다."

1985년에 포터는 모니터의 동료들과 연구한 내용을 일부 활용해서 《경쟁우위》를 출간했다. 그리고 그 책의 주제를 담은 부제는 '우수한 성과의 창출과 유지'였다. 이 책은 전략의 역사에서 또 한 번 중대한 이정표를 세우게 된다. 포터가 1998년판 머리글에 기술했듯 책의 핵심은 기업을 기업이 수행하는 '개별적인 활동'의 집합체로 보는 개념이었다. 즉 전통적인 마케팅이나 연구개발처럼 '기업의 기능'보다 더 자세하게 정의된 활동들, 예를 들어 "주문을 처리하고 고객에게 전화를 걸고 제품을 조립하고 직원을 교육하는" 활동들이야말로 "비용을 발생시키고 구매자에게 가치를 창출하는 경쟁우위의 기본단위"였다.

포터는 책의 각주에서 비즈니스 프로세스 리엔지니어링이 대유행(책의 초판이 발간된 뒤에는 이런 대유행은 거의 사라졌다)이라는 점을 인정하면서 '프로세스'가 종종 '기업활동'의 동의어로 사용된다고 말했다. 따라서 만약 기업활동에 기반한 분석을 변화를 가져올 첫 번째 단계이자 전략이행의 핵심으로 본다면 《경쟁우위》의 출간은 전략에 대한 초점이 첫 번째 단계인 포지셔닝에서 두 번째 단계인 프로세스로 넘어갔음을 보여주는 분명한 사례라고 할 수 있다.

사업을 수많은 개별활동의 집합체로 보는 시각은 어쩌면 큰 혼란을 자초하는 것이라고 생각할 수도 있다. 하지만 포터의 책이 큰 영향을 미치고 놀랄 만한 활용도(어쩌면 지금 당신 옆자리에서 동료가 작성하고 있는 파워포인트 문서도 포터의 책에서 나온 소재를 사용하고 있을지 모른다)를 지닌 까닭은 이런 모든 활동을 유기적으로 연결하는 원칙, 이른바 가치사슬 때문이다. 이 개념은 너무나도 우아하게 가치창출과 관련된 모든 기업활동을 수행되는 순서에 맞춰 배열했다(그림 11-3 참조).

이쯤이면 주의깊게 이 책을 읽지 않은 독자라도 맥킨지의 비즈니스 시스템을 떠올릴 것이다(어쩌면 애덤 스미스가 떠오를 수도 있다). 만약 경영서적에서 가장 유명한 각주에 상을 수여한다고 한다면 포터의 책 2장에 있는 첫 번째 각주야말로 아주 강력한 우승후보일 것이다. 오래된 맥킨지 출신들은 지금까지도 이 말만 꺼내면 이를 뿌드득 간다. 포터는 이 각주에

[그림] 11-3

마이클 포터의 가치사슬

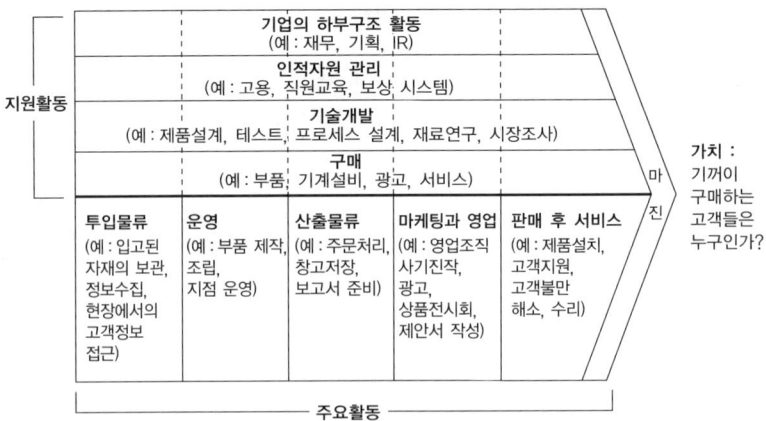

출처 : 마이클 포터, 《경쟁론》

서 비즈니스 시스템을 이야기하면서 그 개념이 "기업은 일련의 기능(예를 들어 연구개발, 제조, 간접영업)이며 각각의 기능이 경쟁자와 비교해서 얼마나 잘 이뤄지는지를 분석하는 게 매우 유용한 통찰을 제공한다는 사실을 제대로 짚어냈다"고 인정했다. 또한 "맥킨지가 비즈니스 시스템을 재정의함으로써 경쟁우위를 확보할 수 있다는 매우 중요한 아이디어를 제시했다"고 인정했다.

하지만 포터는 딱 두 문장으로 맥킨지의 비즈니스 시스템을 자신의 주장과 비교했다. 그리고 이후 500쪽에 걸친 책 내용에서 맥킨지 이론을 전혀 언급하지 않고 싹 무시해버렸다. "비즈니스 시스템은 기업의 활동이 아닌 폭넓은 기능을 설명하며"(이 말은 맥킨지가 기업 기능을 더 자세하게 세분화하지 않았다는 말이다), "그리고 다양한 기업활동들을 구분해내지도, 나

아가 상호 어떤 관계가 있는지도 보여주지 않았다." 과연 포터의 주장이
사실일까?

맥킨지가 지금까지도 낙심하는 이유는 경영서적 독자들이 가치사슬이
란 개념에는 친숙하지만 맥킨지 비즈니스 시스템은 잘 모른다는 사실이
결코 부정할 수 없는 현실이기 때문이다. 하지만 당시 맥킨지는 비즈니
스 시스템이란 이론을 포터처럼 자세하고 풍부하게, 속속들이 설명하지
못했다. 가치사슬과 이를 보조하는 분석수단은 어쩌면 전략의 역사에서
가장 최근에 등장한 중대하고 보편적인 이론이라고 할 수 있다. 적어도
이 책을 쓰는 시점에선 그렇다. 이렇게 말할 수 있는 이유는 가치사슬이
전략을 어떻게 이행할 것인지를 고민하는 기업을 대상으로 제시된 개념
이기 때문이다. 《경쟁우위》는 당시까지의 전략에 대한 가장 위대한 사상
들을 폭넓게 담아냈다는 점에서, 아울러 향후 수십 년간 전략이행을 고
민하는 이들이 직면할 많은 문제와 도전을 매우 훌륭하게 예상해냈다는
점에서 포터의 이전 저서였던 《경쟁전략》보다 훨씬 뛰어난 요약서라고
할 수 있다. 《경쟁우위》는 기업 세계를 더 자세하게 분해하려는 시대의
지침서였던 셈이다.

포터는 가치창출이란 개념을 핵심주제로 삼음으로써 전략에 대한 논
의가 경험곡선에 기반한 비용에서 다른 것들로 옮겨갈 수 있도록 했다.
포터는 책에서 원가우위를 전략으로 다루면서 원가우위를 달성할 여러
방법을 나열했고, 동시에 《경쟁전략》에서 제시했던 두 번째 본원적 전략
인 차별화에 대해서도 더 많은 내용을 제시했다. 나아가 그 과정에서 《경
쟁전략》에서는 본원적 전략으로 다뤘던 집중화 전략을 '구매자의 특별
한 요구'를 만족시키는 데 목적이 있는 차별화의 하위개념으로 배치했
다. 포터가 정의한 바에 따르면 차별화는 지나치게 포괄적이어서 구체적

이지 못하다. "기업이 경쟁자와 차별화하려면 구매자에게 단순히 낮은 가격을 넘어서는 독특한 가치를 제공해야 한다." 기업은 차별화 전략을 통해 더 비싼 가격에 제품을 판매하거나(마치 전략 컨설팅에서 맥킨지가 더 비싼 컨설팅 비용을 요구할 수 있었던 것처럼), 더 많은 수량을 판매하거나, 고객의 충성도를 더 높일 수 있었다.

가치사슬은 단순히 수많은 기업활동을 나열하는 데 그친 것이 아니라 개별 기업활동 간의 연결고리, 나아가 개별 기업활동을 구성하는 요소들을 자세하게 제시했다는 점에서 더 큰 의의를 갖는다. 즉 기업은 가치사슬을 통해 자신이 수행하는 X라는 활동이 경쟁자의 활동과 비교할 때 비용과 고객가치 측면에서 어떤 성과가 있는지를 측정할 수 있었다.

베스트 프랙티스(최상의 모범사례에서 최상의 경쟁사례, 최상의 적용사례에 이르기까지)에 대한 베인앤컴퍼니의 치열한 탐구는 이미 앞에서 살펴본 대로다. 최상의 사례를 열렬히 옹호하는 이들(1980년대에 이들 수는 지속적으로 증가했다)에게 가치사슬은 천국과 마찬가지였다. 마침내 제품을 생산하는 데 투여되는 모든 개별활동을 구분할 수 있는 이론적 틀이 마련된 것이었다. 말하자면 가치사슬을 통해 전체 프로세스는 '모범사례화할 수 있는 개별 단위'로 분해될 수 있었고 이런 단위들은 다른 부서, 기업, 심지어 다른 산업의 유사한 활동과 비교해서 벤치마킹할 수 있었다.

이런 점에서 가치사슬은 일본기업들에게 공격받던 미국기업들이 W. 에드워드 데밍이나 조지프 주란과 같은 전문가들 도움을 받아 추진했던 1980년대의 품질개선 운동과도 맥락을 같이한다. 그리고 1980년대 말이 되자 미국 생산성품질본부와 같은 기관들은 회원사들로부터 모은 방대한 양의 베스트 프랙티스를 제공하기 시작했다.

마이클 포터가 선견지명이 있었다고 할 수 있는 이유는 그가 《경쟁우위》에서 한 장에 걸쳐 테크놀로지에 대해 논했고, 어떻게 테크놀로지 변화가 기업의 가치사슬을 구성하는 활동에 변화를 가져오고 기업의 경쟁위치를 결정하는지를 설명했기 때문이다. 1980년대 초반이 되자 테크놀로지란 주제는 기업 의식 속에 더욱 폭넓게 확산됐다. 1960년대와 70년대에 디지털이큅먼트코퍼레이션에서 생산한 미니컴퓨터가 수많은 메인프레임 컴퓨터를 대체했다면, 1980년대에는 PC(1982년에 〈타임〉은 PC를 올해의 인물로 선정했다)가 다시 미니컴퓨터를 대체하고 있었다. 포터는 정보기술이 가치사슬에서 특히 중요한 역할을 한다고 주장했는데, 가치사슬의 매 단계에서 정보가 활용됐고 창출됐기 때문이었다. 나아가 포터는 또한 신기술이 운송과 물류, 심지어 제조에도 파괴적 혁신을 가져올 수 있다고 주장하면서 미래에는 공급망 관리가 전략의 한 영역으로 다뤄질 것임을 미리 예상했다.

포터는 또한 기업이 경쟁우위를 통해 평균 이상의 성과를 올리려면 그 경쟁우위가 지속가능해야 한다는 시의적절한 주장을 펼쳤다. 비록 포터는 이 주장을 자세하게 설명하진 않았지만 다른 이들, 특히 판카즈 게마와트는 지속가능한 경쟁우위의 중요성에 대해 자세히 설명했다. 게마와트는 1986년에 〈하버드비즈니스리뷰〉에 기재한 기사와 1991년 자신의 저서 《헌신(Commitment)》에서 경쟁우위가 일반적으로 주창자들이 생각했던 것보다 훨씬 더 사라지기 쉽다고 지적했다. 게마와트가 900개 사업체를 연구한 결과에 따르면 "초기에 평균보다 높거나 낮았던 기업들의 수익성 차이는 10년이 지나면서 십중팔구 사라져버렸다." 더욱 중요한 건 그렇게 된 원인인데, 전문가들 의견에 따르면 대부분의 경쟁우위는 경쟁 때문에 더 빨리 사라졌고 전략 수명은 경제상황이 변화하면 급격하게 단축됐다. 결국 자본주의가 더 흉포해진 것이다.

적어도 최고경영자 입장에서 봤을 때 어쩌면 이미 진행되는 변화 중에서 가장 위협적인 것은 주가를 높이라는 압력이 갈수록 증가했다는 점이었다. 1990년대에 접어들자 이런 경향은 더욱 노골적이 되어갔는데, 주가를 끌어올리지 못하는 최고경영자는 다른 최고경영자로 교체됐다. 자본주의가 흉포화되면서 전략, 즉 저성과 사업을 매각하고 부채를 조달하고 비용을 인하하는 것과 같은 고된 업무를 누가 수행할 것인가를 두고도 갈등이 생기기 시작했다.

PART 03

혁명의 중심에 선 전략,
해법을 제시하다

THE LORDS OF STRATEGY

●

20세기가 저물면서 전략에 관한 새로운 질문도 쏟아지기 시작했다. 과연 인터넷이 우리 회사 비즈니스 모델을 파괴할 것인가? 외국 경쟁자들 때문에 죽을 지경이고 모든 것을 포기하고만 싶은데 우리가 세계적인 경쟁력을 확보할 수 있는 방법이 있기는 한가? 컨설턴트와 학자들은 이런 질문들에 대해 새로운 답변을 제공하려 노력하고 있다.

제12장

재무 귀재들
전략의 진정한 목적을 밝혀내다

기업은 왜 존재하는가? 우리가 기업이란 존재 안에서 무언가를 이루려
고 애쓰는 목적은 무엇인가? 오늘날 이런 질문에 대한 대답은 너무나 당
연해서 지루할 정도다. 그 답은 바로 기업의 목적이 기업의 소유자, 그러
니까 주주들을 부유하게 만드는 데 있다는 것이다. 하지만 실제로 이런
공감대는 최근에서야 이뤄진 것이며 1980년대부터 돈을 벌 수 있는 새
로운 기회가 발견되면서 시작된 것이다. 그리고 비록 전략혁명이 주주
자본주의의 만개를 가져오진 않았지만 주주 자본주의를 선도했던 이들
이 그 지적 토대를 전략이론에서 찾은 것만은 틀림없다. 특히나 이들은
확장된 테일러주의를 사랑했는데, 확장된 테일러주의는 전략이론과 결
합하면서 자본주의 흉포화에 가장 중요한 동력이 됐다.

이런 상황을 제대로 들여다보려면 일단 일부 베스트셀러를 비롯해서
잘못된 환상부터 제거해야 한다. 앞에서 봤듯이 《창조적 파괴》의 공저자

인 맥킨지의 리처드 포스터는 초우량 기업을 믿지 않았다. 포스터는 20년에 걸쳐 초우량 기업을 연구했고, 엔론의 이사회에서 고문역을 수행했으며, 맥킨지의 사모투자 관련 컨설팅을 처음 시작한 인물이다. 그는 초우량 기업에 대한 가설이 전략의 최종목적에 대한 혼란을 야기할 수 있다고 우려했다. "기업전략에 대한 사상은 전략 자체에 이미 목적이 포함돼 있다고 가정한다. 하지만 실제로 이 질문은 우리가 생각하는 것보다 훨씬 어려운 질문이다. 전략의 목적에 대해선 두 가지 생각이 존재한다. 첫 번째는 아직도 초우량 기업을 찾는 이들이 생각하는 것처럼 기업을 위대한 위치로 이끌고 위대한 제품을 생산하며 공급업체들이 함께 일하길 좋아하는 기업이 되고 경제적 가치를 창출해내는 것이라는 생각이다. 그리고 여기서 가장 근본적인 믿음은 위대하고 영속적인 기업이 되는 것이라는 생각이다." 포스터는 이런 생각이 '꿈같은 생각' 그러니까 달콤하고 감성적이긴 하지만 완전히 잘못된 생각이라고 단정한다.

"두 번째 생각을 믿는 이들은 이렇게 말한다." 포스터의 말이다. "초우량 기업 따위는 잊어버려라. 기업은 주주들에게 이익만 창출해주면 된다. 우리는 자본주의 시대에 살고 있고, 자본주의에서 주주는 먹이사슬 꼭대기에 위치한다. 따라서 기업은 이익을 주주에게 돌려줘야만 한다." 포스터는 이런 주장에 대해 다음과 같이 자세하게 설명한다. "이런 생각은 전략의 목적이 영속하는 초우량 기업을 경영하는 것이라는 오래되고 거창한 주장과 같은 맥락일까? 천만에, 절대 그렇지 않다." 그리고 1980년대에 걸쳐 미국을 비롯해 전 세계에서, 적어도 재무투자 분야는 상대적으로 덜 거창한 두 번째 주장에 동의하게 된다.

뒤돌아보면 전략이 초기 20년 동안 주주에게 거의 눈길조차 안 줬다는 점은 놀랍기까지 하다. 초기 〈BCG 전망〉을 샅샅이 뒤져봐도 주주에 대한 내용은 거의 찾을 수 없다. 포스터의 질문인 "전략의 목적이 무엇인가?"를 컨설턴트에게 던져보면, 대부분은 잠시 우물대다가 이렇게 답할 것이다. "당연히 경쟁우위를 이루는 것이다."

지금도 일부 사람들은 철저히 주주 중심적인 전략이 애당초 성행할 이유가 없었고, 심지어 성행해서도 안 됐다고 주장한다. 최근의 글로벌 금융위기도 이런 주장에 힘을 실어준다. 하지만 과연 이런 현상이 얼마나 오래갈지는 불분명하다. 이런 주장을 하는 학파는 주주 자본주의가 근시안적이며 탐욕적이라고 말한다. 나아가 주주를 제외한 기업의 다른 구성원들, 좀 더 많이 쓰이는 단어로 표현하자면 이해관계자들, 다시 말해 기업활동에 영향을 받는 직원들, 고객들, 공급업체들, 지역사회를 전혀 고려하지 않기에 결국 비현실적일 수밖에 없다고 주장한다. 이런 시각은 대체로 미국을 제외한 나라에서는 여전히 지지를 받고 있다. 예를 들어 독일의 경우 유사한 내용이 회사법에 명기돼 있다. 하지만 전략이 널리 확산되면서 이런 시각을 지지하는 수는 갈수록 줄어들었다. 심지어 2008년의 주식시장 붕괴도 주주 자본주의를 반대하는 목소리에 기껏해야 잠시나마 힘을 실어줬을 뿐이다. 이 장의 앞부분에선 주주의 이해관계가 어떻게 기업전략에서 핵심적인 고려사항이 됐는지를 설명할 것이다.

이후 이 장의 나머지 부분에선 주주가치의 창출이란 복음을 받아들인 컨설턴트들이 놀랍게도 다양한 운명을 맞이하게 됐다는 점을 살펴볼 것이다. 주주 자본주의라는 놀라운 교훈을 널리 퍼트리기 위해 새로운 컨설팅 회사들이 등장했지만 이들은 주주가치 창출이란 주장이 가슴벅찬 주장이긴 해도 결코 영구히 지속될 수 없는 주장이라는 점을 깨닫게 된다. 주가개선이라는 '구체적인 성과물'을 고객들에게 제공하는 데 가장 열성적이었던 베인앤컴퍼니는 주주 자본주의의 열풍과 함께 급성장했고 결국 BCG를 넘어서게 된다. 하지만 그런 뒤 고객과 컨설턴트의 과욕으로 인해 거의 파산지경까지 가게 된다.

회사소유권을 사고파는 시장이 생겨나다

왜 전략은 1980년대 초반 전에는 주주의 부에 집중하지 않았을까? 포스터는 이 질문에 대한 정답을 한 문장으로 제시한다. "왜냐하면 그전까진 주주의 부란 개념 자체가 아예 없었기 때문이다." 이는 과장이 아니다. 이 책의 앞부분에서 언급했듯이 1960년대의 강세장이 지나간 뒤 다우존스지수는 1972년에 1000포인트에 도달했고 즉각 폭락한 뒤 1982년이 되기까지 회복되지 않았다. 하지만 주식시장은 1981년부터 1982년의 심각한 경기침체 이후 놀랄 만큼 지속적으로, 비록 불안하긴 하지만 과거 수년간 최고 수준까지 치닫게 된다. 그리고 사람들은 주식시장을 날카로운 시선으로 관찰하면서 한 가지 사실을 깨닫게 되는데, 주식을 소유하면 큰돈을 벌 수 있고 나아가 회사를 인수해서 전략을 제대로 설정한 뒤 그에 따른 보상을 획득하면 더 큰 돈을 벌 수 있다는 점이었다.

돈이 주식시장으로 밀려들고 회사소유권을 매매하는 시장이 활발해진 요인에는 여러 가지가 있다. 그중 첫 번째는 오래도록 기업들 전략을 제약하던 문제를 직접적으로 해결하는 혁신적인 방안이기도 했는데, 말하자면 기업이 전략을 추구하는 데 필요한 자금을 확보하는 방식을 해결한 것이었다. 여기서 잠시 기업들은 사업군을 재정비해야 하며 일부 저성장 사업을 매각해서 얻은 현금을 다른 고성장 사업에 투입해야 한다고 전제했던 성장점유율 매트릭스를 떠올려보라. 이런 가정이 한때는 이치에 맞았지만 1970년대 말이 되자 점차 현실과 어긋나기 시작했는데, 그 이유는 당시에 고위험고수익 채권인 이른바 정크본드가 생겨났기 때문이다.

지금은 정크본드가 매우 많지만(한 조사에 따르면 연간매출액이 3500만 달러가 넘는 미국기업 중 95퍼센트가 투자적격 등급 미만이다) 정크본드가 출현하기 전까지만 해도 대중으로부터 직접 차입을 할 수 있는 회사는 거의 없었다. 정크본드를 판매하는 소규모 거래시장은 '추락한 천사'라고도 불렸는데, 이는 이런 회사채가 한때는 잘나가는 채권이었다는 점을 비꼬는 표현이었다. 그리고 이전에는 AAA 등급의 우량 기업들도 종종 불황 때문에 차입을 하기가 쉽지 않았다. 예를 들어 IBM도 1979년이 돼서야 처음으로 회사채를 공모할 수 있었다.

하지만 1970년대 말이 되면서 상황은 크게 변했다. 규모가 작고 보다 모험적인 투자를 감행하는 투자은행들은 정크본드 발행을 주관하기 시작했다. 처음에는 베어스턴스가, 그다음에는 정크본드로 유명한 드렉셀번햄과 그 회사의 총아였던 마이클 밀켄이 투자자들(보험회사, 저축대부은행)을 설득하는 데 성공한 것이다. 이들은 투자자들에게 정크본드가 부도가 날 위험성이 그다지 높지 않으며 특히나 부도위험률에 비해 수익률이 매우 높다는 점을 설득하는 데 성공했다. 미국의 전체 정크본드 시장규모는 1980년에 300억 달러에서 1986년 1360억 달러로, 그리고 1989년에는 2420억 달러로 급성장했다.

정크본드 발행기업들은 채권판매금으로 모집된 자금을 쓸 다양한 용도들을 찾았다. 그중 일부 용도는 매우 존경할 만한 것들이었지만 용도를 떠나 대부분의 경우 기업들 경쟁을 더욱 심화시켰다는 점은 같았다. 예를 들어 컴팩컴퓨터코퍼레이션, 맥코셀룰러, MIC, 터너브로드캐스팅 같은 신생기업들은 채권판매금으로 회사 성장을 이끌고 깜짝 놀랄 만한 신기술을 개발해내면서 IBM, AT&T, 대형 방송국들을 위협했다. 하지만 정크본드의 가장 악명 높은 용도(비록 전체 발행 규모의 10퍼센트에 불과했지만)는 기업인수와 차입매수였다.

여기서 놀라운 점은 1980년대의 M&A 열풍 속에 진행됐던 다수의 인수합병이 전략의 기본원칙에 따라 진행됐다는 점이다. 즉 1980년대의 인수합병은 기업을 매매가 가능한 다수 사업의 집합체로 인식하고 경쟁 우위를 달성한 사업에 더 큰 돈을 걸고 부채를 활용해서 성장자금으로 활용한다는 전략의 원칙에 기반했다. 아울러 1980년대부터 일부 핵심사업에 더 집중하려는 분위기 속에서 거대 복합기업은 점차 대중의 관심에서 벗어나게 됐다.

기업의 매각과 매입 활동은 놀랄 만한 수준이었는데 1982년부터 1988년까지 약 1만 건이 넘는 인수합병이 일어났다. 하지만 이런 통계가 제대로 보여주지 못한 점은 수많은 경영자들이 인수합병 위기감에 몸서리를 쳤고 동시에 기업들에게 전략을 이행해야만 하는 충분한 동기를 부여했다는 점이다. 안드레이 슐레이퍼와 로버트 비슈니 교수가 추정한 수치는 당시 상황을 제대로 보여준다. "1980년 당시 500대 기업(〈포춘〉 선정 500대 기업을 의미) 중에서 143개 기업, 바꿔 말하면 28퍼센트에 달하는 기업이 1989년에 이르자 인수됐다."

매입과 매각에 모두 관여하면서 이런 위협적인 상황에 일조한 건 상대적으로 인수합병 시장에 새롭게 등장한 차입매수(LBO) 회사였다. LBO 회사들은 기업의 발목을 잡아끄는 사업을 인수할 매입자를 찾아줬는데 이는 사모투자 회사의 전신이라고 할 수 있다. 제리 콜버그 같은 선도적인 LBO 전문가들은 1960년대부터 이미 소규모 거래를 해왔다. 차입한 자금으로 기업이 매각하려는 사업을 인수한 뒤 해당 사업의 경영진에 주식을 포함한 거대한 재무적 보상을 제시함으로써 수익을 개선시켰고 수년이 지난 뒤 다시 사업을 재매각하는 방식을 활용했다. 사업의 재매각은 주식시장에 상장하거나 또는 해당 사업을 매입함으로써 기존 사업을 보완할 수 있는 기업, 이른바 '전략적 구매자(Strategic buyer)'로 불리는 기업을 대상으로 이뤄졌다. 1970년대 말에 이르자 이런 조그만 거래를 하던 개인들이 많은 수의 자금대여자와 투자자를 모을 수 있게 되면서 LBO 전문회사를 설립하게 된다. 그리하여 1976년에 콜버그크래비스로 버츠(KKR)가 설립됐고 1978년에는 포스트만리틀이 설립됐다. 그리고 같은 해에 클레이튼 더빌리어도 LBO 사업에 집중하게 된다.

LBO 열풍을 만들어낸 이들은 대체로 투자자들이었지 전략 전문가들이 아니었다. 물론 1984년에 자체적으로 첫 LBO 펀드를 모집했던 베인 캐피털은 예외였다. 하지만 이런 LBO 투자자들이 전략에 미친 영향은 그들을 전략의 역사에서 한 자리를 차지하게 하기에 충분했다. LBO 투자자들이 남긴 가장 기본적인 교훈은 저평가된 기업자산에도 충분히 뽑아낼 만한 가치가 있다는 점이었다. 사업을 평가함에 있어 현금을 가장 중요한 척도로 보는 LBO 투자자들의 시각은 물론 1960년대부터 전략의 대가들이 주장해왔던 시각이다.

그리고 브루스 헨더슨이 경쟁자보다 부채를 더 많이 조달해야 한다고 주장했다면 실제로 그의 주장이 맞았다는 점을 입증한 것도 바로 LBO의 성공이었다. LBO는 애당초 부채와는 떼려야 뗄 수 없는 관계에 있었으니, '차입에 의한(leveraged)'이라는 단어가 들어간 것도 그 때문이었다. KKR과 같은 LBO 회사들은 사업을 매입하기 위해 약간의 자체 자금과 투자자들의 자금을 투입했고, 그보다 훨씬 많은 자금을 은행(뱅커스트러스트가 가장 선호하는 자금대여자였다)에서 차입한 뒤 나머지 자금은 대체로 드렉셀번햄 같은 회사의 도움을 받아 정크본드를 판매해서 충당했다. 기관 투자자들은 LBO 전문가들이 부과하는 비용에 크게 신경쓰지 않았는데

이는 투자에 따른 수익이 매우 컸기 때문이다. 많은 기관투자자들이 LBO 회사들이 모집하는 차입매수 자금에 참여하기 위해 몰려들었고 이렇게 모인 자금은 회사 매입에 쓰였는데, 대체로 자금은 수익이 실현되기까지 5년이나 7년 정도 묶여 있었다.

기관투자자들 참여는 더 거대한 흐름을 보여주게 되니 이른바 주식시장이 기관투자 시장으로 변모한 것이다. 갈수록 주식소유자는 보험사, 은행, 연기금, 그리고 상대적으로 최근 등장한 뮤추얼펀드 등 개인에서 기관으로 바뀌어갔다. 그 결과 2003년에 이르자 기관투자자들은 전체 주식의 60퍼센트를 소유하기에 이른다.

기관투자자들은 1972년에 주식시장이 추락하자 시장에서 물밀듯이 빠져나갔던 기존의 소규모 투자자들과는 근본적으로 달랐다. 새롭게 등장한 기관투자자들 자금은 전문적인 펀드매니저들이 운영했다. 종종 경영대학원 출신으로 최신 분석기법을 배운 펀드매니저들의 보수와 직업적 안정성은 운영하는 투자 포트폴리오 성과에 직접적으로 연동돼 있었다. 이런 거대 펀드매니저들에겐 소규모 투자자들은 겪지 않았던 제약이 따랐는데, 예를 들어 거대 펀드매니저들은 많은 양의 주식을 보유한 특정 기업 주가가 실망스러울 경우에도 전체 투자 포트폴리오에 나쁜 영향을 미치지 않도록 하면서 해당 주식을 매각하고 책임을 회피하기가 쉽지 않았다.

시간이 지나면서 이런 상황은 일부 거대 투자자를 행동하는 투자자(Activist investor)들로 변모시켰다(사람들은 '적극적으로 행동하는 것'이 언제나 '소극적으로 가만히 있는 것'보다는 더 좋다고 생각한다. 하지만 때때로 '행동주의자'라는 말은 지나치게 나서는 사람을 의미한다). 행동하는 투자자들은 기업들에게 지배구조를 개선하도록 영향력을 행사했고, 그보다는 덜했지만 주가를 끌어올리라는 압박을 가했다. 캘리포니아 공무원 퇴직연금(CalPERS)이 가장 유명한 사례인데, 이 연금은 1990년대부터 주식시장에서 평균 이하의 성과를 보이는 기업들을 대상으로 비난을 퍼부어왔다. 그 결과 경영자들은 더 큰 압박을 받게 된다.

이 이야기에 담긴 가장 기묘한 반전은 LBO 회사들의 놀라운 성과가 기관투자자뿐만 아니라 기업 경영자들의 주의도 함께 끌었다는 점이다. 기업경영자들은 LBO의 놀라운 성과를 바라보면서 자신들이 경영하는 회사를 LBO 방식으로 구조조정하면 자신들도 엄청난 부자가 될 수 있다고 생각했다. 1985년에 메이시 백화점 체인의 최고경영자이자 하버드 MBA 출신인 에드 핑클스타인은 메이시가 계속 상장회사로 머문다면 그다지 미래에 돈이 안 된다는 생각에 자신이 직접 45억 달러에 메이시를 인수해서 상장을 철회하기로 결심했다. 당시 골드만삭스에서 LBO 부문을 이끌던 프레드 에커트는 메이시 매입이 불러일으킨 파급효과에 대해 이렇게 말했다. "모든 최고경영자들은 에드 핑클스타인이 매입을 통해 벌어들일 돈과 300명의 임원들에게 나눠준 주식을 보며 내게 이렇게 말했다. '나도 이런 거래를 원하네.' 그와 함께 거대한 골드러시가 시작됐다."

최고경영자들은 LBO 방식의 매입에 대해 외부적으로는 이렇게 설명했다. "주식시장은 우리 회사를 이해하지 못한다. 회사의 잠재적인 가치를 실현하려면 우리 회사는 주식시장의 지나친 관심, 제약, 그리고 단기 성과에 대한 압박에서 벗어나야만 한다. 나아가 회사 관리자들에게 기업의 자산가치 증가에 보다 밀접하게 연동된 더 큰 보상을 제공할 필요가 있다." 하지만 비판적인 시각에서 보면 이런 설명은 다음과 같은 주장과 구분하기 쉽지 않다. "우리는 더 많은 보수를 받아야 하며 더 많은 권한을 누려야 한다. 그 이유는 우리가 전략에서 배운 바대로 회사가치를 증가시키기 위해 해야 하는 활동, 하지만 생각만 해도 너무 괴롭고 힘든 활동을 하기 위해서다."

애매하긴 하지만 학계는 두 가지 주장을 모두 지지한다. 유진 파마, 윌리엄 멕클링, 그리고 누구보다도 마이클 젠슨처럼 시카고 대학에서 교육받고 시카고 경제학파가 자랑하는 유명한 경제학자 밀턴 프리드먼의 발자취를 따른 경제학자들은 대리인 이론을 부활시켰다. 이들은 기업의 목적이 주주가치를 극대화하는 데 있다고 전제하면서 경영자들, 특히나 회사에 대한 소유권이 적은 경영자들은 종종 주주와는 다른 동기와 관심사를 지니고 있다고 주장했다(주주와 경영자 간의 공통된 동기와 관심사는 켄 앤드류스의 《기업전략의 개념》에 잘 나와 있다). 이런 경영자들을 계속해서 가장 중요한 기회, 이른바 주주들의 주머니를 불려줄 기회에 시선을 고정하도록 하려면 인수합병 위협을 포함해서 기업 소유권을 사고파는 시장의 견제가 필요했다.

젠슨은 1984년 〈하버드비즈니스리뷰〉에 이런 주장을 실음으로써 큰 파장을 불러일으켰다. 그런 뒤 LBO 열풍이 한창 최고조를 달리던 1989년에 더 놀라운 주장을 하게 된다. 바로 〈하버드비즈니스리뷰〉에 〈공개 기업의 소멸〉이라는 논문을 기재한 것이다. 편집자 추천사에 요약돼있듯 이 논문은 "공개된 기업형태는 여러 경제 분야에서 더 이상 유용하지 않다"면서 이런 변화가 갈수록 증가하는 '인수합병, 차입매수, 그밖의 상장철회'로 증명됐다고 주장했다. 젠슨의 논문은 매년 최고 논문에 수여되는 맥킨지 어워드를 받았다. 젠슨이 논문에서 LBO 회사들을 칭송했듯이 LBO 회사들도 젠슨의 논문에 찬사를 보내면서 여러 곳에 배포했다. 1985년 젠슨은 하버드 경영대학원에 합류했으며 그는 하버드 경영대학원 새 동료들과 함께 선택과목인 '시장과 기업의 조정과 통제'를 개설했다. 기업의 목적에 대한 젠슨의 생각을 담은 이 과목은 포터의 전략 과목만큼 인기 있는 과목이 됐다. 그리고 하버드 MBA는 이 덕분에 새로운 방향으로 가지를 뻗게 됐다.

하지만 상황은 예상과는 다르게 전개됐다. 젠슨이 두 번째 HBR 논문을 기재하는 것과 거의 동시에 더 이상 유용하지 않게 된 건 공개기업이 아닌 LBO 회사들이었다. 이런 상황은 적어도 10년 뒤 사모투자라는 명칭 아래 LBO가 새롭게 부활하기 전까지 계속됐다. LBO가 최고조에 달했을 때는 1988년 말 RJR 나비스코를 둘러싼 다툼이 있던 때였다. RJR 나비스코의 최고경영자 로스 존슨을 필두로 한 경영진과 KKR의 다툼은 결국 247억 달러를 입찰한 KKR의 승리로 끝난다. LBO 거래가 이렇게 거대한 규모로까지 커지면서 결국 LBO의 성공을 약화시키는 여러 가지 문제가 드러나게 된다. 이미 많은 양질의 소규모 LBO 기회는 모두 소진됐다. LBO 거래를 따내려는 경쟁은 심화됐고, 한 전문가가 지적했듯 정크본드 시장은 마침내 "스스로의 무게를 감당하지 못해 가라앉고 있었다." 이자율은 상승하고 어려움을 겪고 있는 LBO 거래건에 대한 투자자금은 감소했다. 그 결과 인수 후에 곧장 피인수 회사의 자산을 분할해서 매각함으로써 자금을 회수해야 한다는 압박은 커져만 갔다.

LBO와 정크본드라는 거대한 전차는 1988년부터 바퀴가 흔들거리다가 1989년에 이르자 바퀴가 완전히 빠져버리고 만다. 드렉셀번햄은 일부 파렴치한(데니스 레빈, 마틴 시겔, 이반 보이스키)의 스캔들로 인해 오명을 뒤집어쓴 뒤 1988년에 기소에 합의하는 조건으로 6억 5000만 달러를 지불하는 데 동의했다. 마이클 밀켄은 1989년에 기소됐고 이듬해 감형받는 조건으로 여섯 건의 범죄혐의에 대해 유죄를 시인했다. 그리고 드렉셀번햄은 이 일이 벌어지기 두 달 전에 이미 파산을 선언한 상태였다. LBO 투자자들을 더 곤경에 빠뜨린 건 일부 LBO 거래가 매우 심각한 상황으로 치달았고 부채를 재조정하기 위한 노력이 실패로 돌아가면서 결국 파산하게 됐다는 점이었다. 이런 거래 중에는 KKR이 주도했던 짐월터코퍼레이션의 자산매입도 포함돼 있었다. 1992년에는 핑클스타인의 메이시가 그 뒤를 따랐다.

1980년대 말에 이르자 정크본드 자금을 이용한 노략자들의 적대적 인수합병 위험은 완화됐지만 이미 모든 기업에서 주주가치 창출은 최우선적 목표가 돼 있었다. 하버드 대학의 라케쉬 쿠라나는 저서 《고상한 목표부터 해결사까지》라는 책에서 경영자 자본주의가 1980년대에 어떻게 투자자 자본주의로 대체됐는지를 자세히 설명했다. 경영자 자본주의가 정점에 달했을 시절, 거대 조직을 경영하는 일련의 경영자들이 존재했다. 이상적인 상황이라면 그들은 대중의 존경을 받는 인물이었고, 기업 내부의 다양한 이해관계자들과 함께 공익을 추구했으며, 일반인들에게 종종 경영도 의학이나 법학처럼 전문직업이 될 수 있다는 영감을 불러일으켰다. 반면 투자자 자본주의는 기업의 유일한 목적이 주주의 부를 늘려주는 데 있다고 봤다.

나는 경영이 거의 의사나 변호사 같은 전문직이 될 뻔했고 충분히 그럴 수도 있었다는 쿠라나의 주장에는 그다지 동의하지 않는다. 경영 분야는 경영훈련을 전혀 받지 않은 신규 창업자들에게 언제나 열려 있어야 하고 앞으로도 그래야만 한다고 믿기 때문이다. 하지만 쿠라나가 주주 자본주의의 승리를 증명하기 위해 내세운 주장들에는 이론의 여지가 없어 보인다. 특별히 그는 비즈니스라운드테이블에서 발표했던 두 개의 상반된 성명서를 예로 들었다. 비즈니스라운드테이블은 미국에서 가장 큰 기업들의 최고경영자들로 구성된 단체로서 그 구성원들이 낸 성명서는 기업정책과 기업운영에 매우 큰 영향을 끼친다. 1990년에 라운드테이블은 기업계가 월스트리트의 교활한 책략에 빠졌다면서 "기업은 주주와 사회 모두를 섬기기 위해 설립됐다"고 주장했다. 하지만 이런 주장은 1997년이 되자 바뀌었다. "비즈니스라운드테이블은 경영진과 이사회의 가장 중요한 임무가 주주들을 섬기는 데 있다고 본다." 이 단체는 또한 같은 성명에서 이해관계자 모델의 약점을 설명하면서 무엇보다도 이해관계자 간의 상충되는 이해관계를 측정할 만한 "객관성이 부족하다"고 주장했다. 그러니까 뭔가 구체적인, 예를 들자면 주가와 같은 명확한 지표가 없다는 말이었다.

하지만 주주가 최고라는 주장에서 가장 효과적이면서도 모든 반박을 일거에 잠재울 수 있는 가장 확실한 근거는 당연히 재산권이다. 즉 "다른 말은 다 집어치우고 기업 소유자가 누구지?"라고 물으면 모든 논쟁이 종료되는 것처럼 말이다. 바야흐로 〈월스트리트저널〉 논평과 같은 다양한 곳으로부터 새롭고 보다 광범위한 주주 자본주의의 승리를 부르짖는 목소리가 들려오기 시작했다. 이 새로운 주주 자본주의에 따르면 기업은 상류층 부호들 소유이기도 했지만 동시에 중산층 소유이기도 했다. 이 주장이 반드시 틀린 것은 아니다. 2006년에 미국 전체 가정의 거의 절반이 뮤추얼펀드를 보유했고 그 뮤추얼펀드 중 대부분은 주식펀드였다. 이에 비해 1980년에 뮤추얼펀드를 보유한 가정의 비율은 고작 6퍼센트에 불과했다.

하지만 벽난로 앞에 앉아 최근의 펀드 성과를 음미하는 행복한 미국 가정 이면에는 더욱 복잡한 사실이 숨어 있다. 대부분 미국 가정은 펀드의 일부 또는 전부를 퇴직금 적립제도를 통해 보유하고 있다. 그리고 자금이 뮤추얼펀드로 운영되든 은퇴연금으로 운영되든 아니면 두 가지 방식 모두를 통해 운영되든 간에 그 자금은 전문 펀드매니저들이 운영하는 것이다. 그리고 이런 펀드매니저들이 주식을 매입한 뒤 장기간 보유하는 경향은 갈수록 약해지고 있다. 베인의 프레드 라이히헬드는 1996년에 출간한 저서 《로열티 효과(The Loyalty Effect)》에서 주식의 보유기간으로 측정하는 투자자 충성도가 급격하게 떨어지고 있다고 한탄했다. 그의 조사에 따르면 1960년대에 뉴욕 주식시장에 상장된 주식은 대체로 7년에 한 번씩 거래됐다. 하지만 1990년대 중반이 되자 그 기간은 2년으로 줄어들었고 미국 상장기업들은 연간 평균적으로 50퍼센트에 달하는 '투자자 이탈률'을 경험했다. 오늘날 나스닥 상장 주식의 평균 보유기간은 6개월도 채 못 된다.

기업 경영자의 목표가 회사 가치를 증가시켜서 주가에 반영될 수 있도록 하는 것이며 그것도 가급적 빠른 기간 내에 해내야만 한다는 점은 명백해졌다. 그리고 전략은 이런 식으로 이전보다 더 시급한 사안을 다뤄야만 했다.

파괴의 예언자들

전략의 목적이 명확해지긴 했지만 그렇다고 해서 그것이 대부분의 전략 컨설팅 회사들의 일상적인 삶까지 바꿔놓을 만큼 혁명적인 변화는 아니었다. 큰 변화가 없었던 이유는 이미 전통적인 전략이론이 고객들에게 잘 스며들어 있었고, 나아가 컨설팅 회사들이 이미 친숙한 고객들의 일상적인 문제를 해결해주면서 점차 안일함에 빠져들었기 때문이다(컨설턴트들은 전략을 다루는 문제가 아니어도 전혀 개의치 않았다).

하지만 기업의 주식가치를 증대시키겠다는 구체적인 목표를 내세운 컨설팅업체들이 새롭게 생겨나기 시작했다. 1978년에는 마라콘어소시에이츠가, 1979년에는 알카컨설팅그룹이, 1982년에는 스턴스튜어트가 설립됐다. BCG나 베인과는 달리 이런 회사들은 고객의 경쟁상황을 조사하기보다는 고객의 재무상황을 샅샅이 살펴보는 게 주업무였다. 그건 마치 금융기관이 신용분석을 수행하는 것과 같았는데 차이가 있다면 좀 더 깊숙하게 분석을 했다는 점이었다. 그리고 실제로 이런 컨설팅 회사 설립자 중 일부는 금융기관 출신이었다. 분석 결과는 이전에 전략 컨설팅 회사들이 주장하던 내용과 유사했다. 하지만 이런 신생 컨설팅 회사들은 네 가지 측면에서 논의를 확장시켰다.

첫째, 다른 회사들이 잠자코 있을 때 신생 컨설팅 회사들은 경영이 주주가치를 증대하는 데 집중돼야 한다고 강하게 주장하면서 이전보다 기업 소유권을 확보하려는 주식시장이 더욱 활발해졌음에도 불구하고 기업들이 이런 사실을 간과한다고 지적했다. 가치중심경영(Value-based management, VBM)을 부르짖은 것이다. 둘째, 나아가 신생업체들은 자신들 논리의 연장선상에서 주가는 대부분 재무제표에 기재된 수익이 아닌 투자자들이 기대하는 기업의 현금흐름에 따라 결정된다고 주장했다.

세 번째 주장은 어쩌면 가장 이목을 끄는 것이었는데, 신생업체들은 기업의 사업 중 일부는 주가를 끌어올리지만 일부는 주가를 끌어내린다고 주장했다. 컨설턴트들이 사용하는 좀 더 노골적인 표현을 빌리자면 "가치를 파괴한다"는 게 신생업체들의 구체적인 주장이었다. 이런 놀랄 만한 주장은 재무이론, 특히 경제적 이익(Economic profit)이나 잔여이익(Residual income)이란 개념에서 기인했다. 요약하면 이런 주장은 사업의 진정한 수익성을 계산하려면 매출에서 일반적인 비용만 제해선 안 되고 해당 사업에 묶여 있는 자본비용도 제해야 한다는 것이다.

이런 주장에 진정한 힘을 실어준 건 주장을 제기한 컨설턴트들이 실제로 매우 자세하게 경제적 이익을 계산할 수 있었다는 점이다. 컨설턴트들은 회사 전체의 경제적 이익뿐만 아니라 회사에 속한 개별 사업의 경제적 이익을 산정할 수 있다고 주장했다. 예를 들어 나사를 생산하는 사업부의 진정한 자본 비용을 계산하려면 나사 사업을 영위하는 경쟁자뿐만 아니라 오직 나사만을 생산하는 기업과도 비교할 수 있어야 했다.

　사업별로 경제적 이익을 분석하게 되면 놀라운 사실을 발견할 수 있었는데, 예를 들어 4개 사업이 경제적 이익을 창출하는 동안 나머지 3개 사업을 정확하게 분석해보면(대체로 컨설턴트들의 도움을 받아) 그렇지 않았다. 그리고 이런 손해를 보는 사업은 자본비용조차 벌어들이지 못했는데 그러면서도 회사 주가를 끌어올리는 수익이 나는 사업에 투입돼야 할 회사 자금을 소비하고 있었다. 만약 경영자들이 해당 사업 수장들이 보고한 예상수익에 의존해서 쓸모없는 사업에 투자하고 있었다면 이 얼마나 멍청한 짓인가.

　컨설턴트들은 절대 그래선 안 된다고 충고하면서 쓸모없는 사업을 매각하면 기적을 경험하게 될 것이라고 말했다. 바로 회사 매출규모는 줄어들더라도 주가는 올라갈 것이라는 주장이었다. 마지막으로 컨설턴트들이 제시한 네 번째 혁신적인 생각은 보유하고 있는 사업의 주가를 끌어올리려면 경영자의 보수가 창출되는 경제적 이익의 규모와 증가액에 연동돼야 한다는 주장이었다.

　기존의 전략 컨설턴트들 중 일부는 VBM에 입각한 접근방식이 겉만 화려한 재무적 벤치마킹에 불과하다고 조롱했다. 그들은 이런 접근방식이 한 회사의 사업에서 창출되는 경제적 이익이 경쟁자에 비해서 어떤지를 보여줄 수는 있지만, 비용을 줄이는 게 도움이 된다는 뻔한 내용을 제외하곤 경제적 이익을 개선할 수 있는 다른 방법을 전혀 제시하지 못한다고 주장했다. 1990년대에 유명세를 타게 된 게리 하멜은 종종 VBM의 기치하에 진행된 대부분의 연구에 대해 단순히 "중간관리자들에게 산수 보충수업을 해준 것"에 불과하다고 신랄하게 비난했다.

하지만 많은 대기업들 특히 일부 기업은 꽤나 떠들썩하게 이 새로운 복음을 받아들였다. 그중 가장 유명한 사례는 마라콘의 고객이었던 코카콜라라고 할 수 있다. 코카콜라 최고경영자 로베르토 고이주에타는 1990년 〈포춘〉과의 인터뷰에서 자신이 주주가치를 개선하기 위해 "아침에 일어나서 밤에 잠자리에 들 때까지, 심지어 면도를 하면서도" 고심했다고 말했다. 고이주에타는 1981년 최고경영자에 오른 뒤 자신의 팀과 함께 코카콜라의 시장점유율을 끌어올리고 음료수 매출을 높이려 애썼다. 그러면서 신제품을 출시했고 콜라의 해외영업 확대를 추진했다. 고이주에타는 고마진, 고수익 분야인 음료사업에 집중하기 위해 실패작 냄새가 솔솔 풍기던 코카콜라의 비음료사업 대부분을 매각했고, 생산성 향상을 위해 분주히 움직였다. 고이주에타가 최고경영자가 됐을 당시 43억 달러에 불과했던 코카콜라의 시장가치는 1992년 말이 되자 593억 달러로 치솟았다. 덕분에 쿠바의 명문가 출신인 고이주에타는 경영잡지 표지에 얼굴이 실리기만 해도 잡지가 더 많이 팔릴 만큼 유명인사가 됐다.

가치중심경영의 지표도 1993년 〈포춘〉 커버스토리로 EVA, 이른바 경제적 부가가치(Economic value added)의 장점이 다뤄지면서 대중에게 알려지게 된다. EVA는 경제적 이익의 또 다른 변형인데, 컨설팅업체 스턴스튜어트가 제공하는 주가상승 방법론의 핵심적인 개념이었다(언론들이 EVA의 출처는 언급하지 않고 계속해서 EVA에 대해 떠들어대자 스턴스튜어트는 EVA란 약자에 대한 상표권을 획득했다. 그 정도로 EVA는 대단히 유행했다). 마이클 젠슨은 후에 이렇게 지적했다. "EVA를 가장 뛰어난 경영기법 반열에 올려놓은 게 바로 그 〈포춘〉 기사였다." 하지만 아이러니하게도 초창기부터 VBM을 주창했던 일부 컨설턴트들은 〈포춘〉 기사 전부터 이미 VBM의 이론적 한계에 부딪히고 있었다.

마라콘의 홈페이지에 실린 간단한 연혁에 따르면 1980년대 후반에 마라콘의 일부 파트너들은 다음과 같은 사실을 인식했다. VBM 지표가 "매우 큰 가치를 제시한 것은 맞지만" 그 지표들은 그다지 '미래지향적 투자'에는 도움을 주지 못했다는 사실이었다. 따라서 VBM 컨설팅업체들은 컨설팅 분야를 확대해야만 했다. 1990년대 초반이 되자 마라콘은 기업가치를 증대하려면 새로운 정보가 필요하며 이 새로운 정보에는 전형적인 전략 컨설팅에서 다뤄졌던 "시장, 경쟁자, 수익성에 대한 최대한의 데이터"가 필요하다고 결론지었고, 그에 따라 컨설팅 영역을 더욱 확대했다. 이후 경영진 보수와 같은 사안을 다루기 위한 '조직구성' 영역을 추가했고, 고위 경영진과 적절한 관계를 유지하기 위해 '리더십' 영역을 추가했다.

1990년대 말에 이르자 마라콘은 맥킨지의 20분의 1밖에 안 되는 규모에도 불구하고 "전 세계에서 가장 권위 있는 전략 컨설팅 회사" 중 하나가 됐다. 한편 1992년에 마라콘 경쟁자였던 알카는 베인앤컴퍼니에서 나온 3명이 1980년대 초반에 설립한 LEK란 컨설팅 회사로 흡수됐다. EVA를 창시했던 스턴스튜어트는 1998년에 〈포춘〉에 실린 기사를 통해 스턴스튜어트가 원래부터 금융자문 회사였으며 따라서 '전략 컨설팅'에는 발을 담그지 않기로 결정했다고 선언했다.

태양에 너무 가까이 다가간 베인앤컴퍼니

캐나다 학자인 대니 밀러가 1991년 저서 《이카루스의 역설(The Icarus Paradox)》에서 소개한 이론이 있다. 그 이론에 따르면 기업들이 진정한 어려움을 겪게 되는 이유는 약점 때문이 아니라 오히려 강점 때문이다. 좀 더 자세하게 설명하면 기업들은 성공을 거두는 밑거름이 된 열정과 성향, 전문성을 지나치게 강조하다가 오히려 어려움을 겪게 된다는 것이다. 엔론의 예를 생각해보자. 엔론은 지나칠 정도로 다양한 에너지 사업 분야에 걸쳐 거래시장과 거래방식, 그리고 새로운 재무기법을 소개하려고 했다.

베인앤컴퍼니는 설립 초기부터 보고서 작성보다는 성과물 도출을 더 중시했다. 1980년대 초반부터 고객의 주가가 해당 산업 내에 속한 경쟁자들의 주가 그리고 전체 주식시장과 비교해서 얼마나 높게 상승했는지를 성공적인 성과물 도출의 주요 측정지표로 삼았고 이를 잠재고객들에게 강력하게 선전했다. 그것은 1980년대 상황에 제대로 들어맞는 메시지였는데 다른 말로 표현하자면 BCG나 맥킨지가 감히 흉내낼 수 없는 매력적인 제안이었다.

베인앤컴퍼니는 또한 한 산업군에서 장기간에 걸쳐 오직 한 기업과만 일하는 방식을 택했기에 고객사에 많은 팀과 컨설턴트들을 파견하는 성향이 있었다. 따라서 가끔은 고객과 컨설턴트 간의 경계가 애매모호해질 때도 있었다. 베인의 한 초기 파트너는 한 주요 고객과의 컨설팅 작업에 대해 다음과 같이 자랑스럽게 회상한다. "고객사 직원들은 나를 회사의 고위 경영진처럼 대했다."

이런 성향은 기네스를 대상으로 한 컨설팅에서 잘 드러났다. 기네스 컨설팅은 빌 베인의 말에 따르면 여러 측면에서 베인앤컴퍼니가 초기

15년 동안 수행했던 컨설팅 과제 중에서 가장 뛰어난 과제였다. 아울러 동시에 베인앤컴퍼니의 종말을 야기할 뻔했고 설립자들 축출에 박차를 가했던 과제이기도 했다.[1]

1981년, 네슬레에서 근무하던 오랜 경력의 경영자인 어니스트 손더스는 기네스 가문이 대주주였던 상장회사 기네스의 대표이사로 영입됐는데 손더스는 대표이사직을 맡자마자 기네스의 상황이 엉망진창이고 문제도 많다는 점을 알게 됐다. 기네스는 이전에 수많은 인수를 했던 탓에 당시 250개 정도의 사업을 영위하고 있었지만 그중 어떤 사업을 잘하고 있고 어떤 사업을 못하고 있는지를 파악하고 있는 사람이 본사에 단 한 명도 없었다. 심지어 전체 사업의 손익을 관리하는 경영회계시스템도 없었다. 당시에도 기네스는 유명한 흑맥주를 생산하고 있었지만 흑맥주 매출마저 떨어지고 있었다. 게다가 주가는 주당 50펜스라는 매우 낮은 수준으로 떨어진 상황이었다. 손더스는 자신을 도와줄 컨설팅 회사를 찾았고 여러 컨설팅 회사를 검토한 뒤 베인앤컴퍼니에게 먼저 연락을 취했다. 지금도 베인앤컴퍼니는 자신들이 먼저 연락을 취한 게 아니라는 점을 누누이 강조한다.

여러 면에서 손더스와 기네스는 베인앤컴퍼니에겐 이상적인 고객이었다. 손더스는 컨설턴트 평가로는 영리하고 경험 많으며 자신만만한 경영자로서 중대한 변화를 추진하려는 야심이 있고 회사 과거에 그다지 연연하지 않는, 한마디로 베인앤컴퍼니 입장에선 '입맛에 딱 맞는 사람'이었다. 그는 놀랄 만큼 많은 수의 사업을 지휘하고 있었다. 기네스가 더블린의 성 제임스 게이트 양조장으로 유명했지만 실제로 회사 본사는 런던에 있었는데, 때마침 베인앤컴퍼니는 해외사업 확대 일환으로 런던에 사무실을 개설한 참이었다.

손더스가 베인앤컴퍼니를 고용하자마자 컨설턴트들은 기네스에게 자신들이 해줄 수 있는 일들이 뭔지를 설명하기 시작했다. 손더스와 컨설턴트들은 일단 기네스에 경영회계시스템과 해당 시스템을 운영할 이들이 절대적으로 필요하다는 데 동의했지만 기네스의 그다지 매력적이지 않은 명성 때문에 경영회계시스템을 운영할 재능 있는 인재를 고용하기란 쉽지 않았다. 베인앤컴퍼니는 회사의 일반적인 규정에서 벗어나 손더스가 베인 컨설턴트인 젊은 프랑스인 올리비에 루를 회계 책임자로 임명하고 기네스의 회계를 총괄하는 업무를 맡기는 것을 수락했다. 심지어 그런 상황에서도 올리비에 루는 여전히 베인에 소속돼 보수를 받기로 했다. 루는 그 직책을 맡았고 이후 4년 동안 베인과 기네스의 컨설팅 작업이 큰 성과를 거두게 되면서 재무를 총괄하게 됐다가 마지막에는 이사회 일원이 됐다.

오늘날 빌 베인에게 지금까지 사업을 해오면서 바꾸고 싶은 의사결정이 있었느냐고 물어본다면 딱 하나 기네스와 관련된 것이 떠오를 것이다. 그는 다시 기회가 온다면 루를 고객사의 공식적인 직책에 앉히지 않았을 것이라고 조심스레 말한다. 빌 베인은 당시 그렇게 결정했던 이유 중 하나가 한 맥킨지 컨설턴트를 만났는데 그가 당시 맥킨지가 컨설팅을 하던 뉴욕 시 정부기관에 소속돼 일했기 때문이라고 말했다. 그리고 손더스가 계속해서 집요하게 베인앤컴퍼니에게 도움을 요청했던 점도 또 다른 이유였다.

여러 베인 파트너들은 베인에서 출세하는 비결이 고객과의 관계를 돈독히 유지해서 그 고객으로부터 연간 수백만 달러의 컨설팅 매출이 발생하도록 하는 것이라고 말했다(물론 이 점은 BCG와 맥킨지도 마찬가지다). 올리비에 루는 기네스와 일하는 컨설턴트 중에서 최고참이 아니었다. 그리고 그가 고객사에 소속돼 일했다는 사실이 기네스로부터 벌어들이는 컨설팅 매출에 전혀 도움이 안 됐다고는 할 수 없다. 1986년에 베인은 기네스에 월 200만 달러를 비용으로 청구했고 기네스에 70명에서 80명의 컨설턴트들을 배치했다. 같은 해 루가 베인앤컴퍼니로부터 받은 보수는 65만 달러였는데 그 정도면 당시 기네스 최고경영자이자 이사회 의장이었던 손더스의 보수보다 많았다. 빌 베인은 기네스 컨설팅이 왜 성공적이었는지를 설명하면서 대부분의 경우 고객들은 언젠가는 '예산' 그러니까 회사가 컨설팅에 쓰려고 준비해둔 자금을 들먹이면서 컨설팅을 받을 수 있는 범위를 제약하기 마련이었지만 그런 일이 기네스에선 절대 일어나지 않았다고 했다.

주가상승 측면에서 보면 기네스는 컨설팅 비용을 뽑고도 남았다. 베인앤컴퍼니는 컨설팅을 시작한 지 수개월 만에 손더스를 도와 기네스를 정상궤도에 복귀시킬 3단계 전략을 수립했다. 첫 번째 단계는 비용 절감이었는데, 이는 현재 사업에서의 손실을 막고 사업군을 합리화하는 작업이었다. 그런 다음 양조사업을 원상태로 복구하고 마지막으로 인수를 통해 다시 성장하는 것이었다. 1987년에 〈포춘〉이 보도했듯 이런 노력은 큰 성과를 가져온다. "베인을 고용한 지 2년 만에 기네스는 150개 회사를 매각했고, 영국기업 중에서 가장 엄격한 재무관리 시스템을 도입했으며, 기네스 흑맥주를 다시 활성화시켰다."

1984년이 되자 기네스는 다시 인수합병을 시작할 채비를 갖추게 된다. 어쩌면 기네스는 당시의 인수합병 열풍에 뒤처질지도 모른다며 만약 회사 규모를 키우지 않으면 다른 회사에 인수될지도 모른다는 두려움을 느꼈을 수도 있다. 손더스는 인수합병 과정에 베인앤컴퍼니를 깊숙이 관여시켰고 대상기업을 추려낸 뒤 실사를 진행하도록 했다. 나아가 올리비에 루로 하여금 인수가격을 협상하고 투자은행 및 변호사와 함께 인수가격을 산정하고 은행과 언론에 인수합병의 장점에 대해 설명하도록 했다. 베인앤컴퍼니가 수행한 인수합병 실사는 언제나처럼 매우 철저했다. 손더스는 이후 기네스가 치열한 인수전쟁을 벌여 매입하게 된 아서벨앤선스라는 스카치위스키 제조업체에 대한 베인앤컴퍼니의 실사작업에 대해 이렇게 증언했다. "베인은 전체 스카치위스키 시장 전반에 대해서뿐만 아니라 아서벨앤선스에 대해서도 아주 자세한 분석을 수행했다. 인수를 마무리한 후 베인을 통해 확보한 정보가 아서벨이 자체적으로 파악하고 있는 정보보다 더 많았음을 깨달았다."

1986년이 되자 기네스의 이익은 손더스가 회사에 합류했던 시점과 비교해서 여섯 배가 증가했고 주가는 미국 달러 가치로 1981년 81센트에서 5.57달러로 증가했다. 하지만 바로 이 주가, 좀 더 정확하게 말하자면 주가를 끌어올려야 할 필요성이야말로 손더스를 파멸시키고 베인앤컴퍼니를 파멸 직전까지 몰고간 주범이었다.

1985년 아서벨 인수가 끝난 직후 손더스는 영국 체인형 슈퍼마켓인 아가일이 기네스보다 훨씬 큰 양조업체인 디스틸러스를 인수하려 한다는 사실을 알게 된다. 디스틸러스는 화려한 위용을 자랑하는 다수의 강력한 브랜드를 보유하고 있었고 기네스가 인수한 아서벨의 강력한 경쟁자가 될 수도 있었다. 기네스는 디스틸러스가 아가일이 제시한 20억 파운드보다 더 높은 값어치가 있다는 베인의 추정치를 바탕으로 인수전을 벌이기로 결심했다. 그 결과 그때까지 영국에서 가장 비싼 인수전이 시작된다. 기네스는 디스틸러스 인수자금으로 현금과 기네스 주식을 섞어서 지불하기로 제안했기에 반드시 기네스 주가가 떨어지지 않도록 해야 했다.

손더스가 심각한 실수를 저지른 건 바로 이 대목이었다. 손더스는 루를 통해서 영국 산업가이자 기네스의 대형 투자자였던 제럴드 론슨을 접촉했다. 제럴드 론슨은 당시 막 기네스 주식 매입을 멈춘 상황이었다. 손더스와 루는 론슨에게 만약 그가 기네스 주식을 계속해서 매입하고 기네스가 인수전에서 승리한다면 500만 파운드의 '성공수수료'를 주겠다고 제안했다. 기네스는 또한 론슨이 기네스 주식을 매입해서 손실을 입을 경우 손실을 보전해주기로 약속했다. 론슨은 제안을 받아들였고 주식중개인인 앤서니 판스를 통해 기네스 주식을 사들였다.

1986년 4월, 기네스는 디스틸러스 인수전에서 승리했고 인수가로 25억 파운드를 지불키로 합의했다. 빌 베인은 보스턴 사무소에서 런던 사무소 직원들에게 축하전화를 걸었다. 하지만 그 당시 손더스와 루의 관계는 점차 악화되고 있었는데 인수전을 벌이는 과정에서 루가 입찰가격이 너무 높다고 손더스를 비난했기 때문이었다. 12월이 되자 둘은 영국 통상산업부가 지불된 '성공수수료'에 초점을 두고 인수건에 대한 수사를 시작했다는 사실을 알게 됐다. 둘 사이는 더욱 벌어졌고 결국 손더스는 추락하고 말았다.

루는 기네스측 변호사의 변호를 받길 거부했다. 대신 베인앤컴퍼니측 변호사를 만났고 변호사들은 즉각 루와 회사를 모두 변호하기로 결정했다. 루는 기네스 이사회에 편지를 보냈다. 편지에서 루는 주가를 끌어올리기 위해 지불한 돈에 대해 해명했는데 그 계획이 손더스의 생각이었으며 자신은 그 행위가 불법이라는 사실조차 몰랐다고 주장했다. 이 주장이 무리한 주장이긴 하지만 터무니없는 주장은 아니었으니 내부자거래에 대한 영국 법률은 미국만큼 모호했기 때문이다. 후에 사건 증거를 요약했던 판사는 편지에 대한 손더스의 반응에 대해 다음과 같이 말했다. "손더스는 루가 쓴 편지에 거의 세 줄마다 한 번씩 자신의 이름이 적혀 있는 걸 보고는 격노했다. 루는 남에게 책임을 전가하는 전형적인 수법을 썼고, 손더스는 편지가 순전히 독설로 가득 찼다고 여겼다." 이런 배신은 결코 자신이 고용했던 컨설턴트에게 기대했던 바가 아니었다.

사태는 순식간에 돌아갔다. 기네스 이사회는 손더스를 해고했고 두 달 뒤 그를 고소했다. 이후 손더스는 절도, 회계 조작, 불법 모의로 기소됐다. 론슨과 판스도 기소됐고, 베인앤컴퍼니가 런던 사무소를 개설하면서 기업고객을 소개받기 위해 고용했던 사업가이자 자선사업가인 잭 리온스 경도 기소됐다. 리온스는 기네스의 음모에 휘말리면서 그 과정에서 인수건을 지지해달라는 결정적인 편지를 자신의 친구인 영국 수상 마거릿 대처에게 썼던 것이다.

기소된 4명의 피고인에게 가장 불리한 증인은 올리비에 루였는데, 그는 증언을 하는 대신 제한적 면책을 받았다. 스캔들이 터지면서 베인앤컴퍼니는 신속하게 잭 리온스 경과의 관계를 청산했고 올리비에 루와의 관계도 그가 기네스 이사회에 편지를 보낸 지 두 달이 넘기 전에 청산했다. 하지만 이미 그전에 92만 5000달러에 달하는 보수를 지급한 터였다. 루는 어떤 범죄행위로도 기소되지 않았고 빌 베인이 힘주어 주장하는 바대로 베인앤컴퍼니 역시 기소를 면했다. 빌 베인은 실제로 영국 통상산업부가 해당 사건과 관련해서 베인앤컴퍼니에게 무죄를 선언했다고 힘주어 말했다.

론슨과 판스는 일부 역사가들이 1980년대에 있었던 최대의 기업 스캔들로 지칭한 사건에 연루된 혐의로 감옥에 수개월 동안 수감됐다. 잭 리온스 경은 일흔 살 나이와 나쁜 건강상태 때문에 수감은 면했지만 기사 작위를 박탈당했고 300만 파운드를 벌금으로 냈다. 어니스트 손더스는 항소를 통해 5년형을 2년 6개월로 감면받고 감옥에서 약 10개월을 보내다가 노인성 치매 또는 알츠하이머로 불리는 정신질환을 이유로 조기석 방됐다. 그리고 1991년 6월, 쉰다섯 나이에 석방된 손더스는 즉각 경영 컨설턴트로 활동했으며 이후 수년 동안 그 직업에서 꽤 성공을 거두게 된다.

그래서 돈은 어디 있지?

컨설팅업계 특히 미국 컨설팅업계 관계자들은 베인앤컴퍼니가 기네스 스캔들에 연루된 정도에 비해 그다지 명성에 악영향을 받지 않은 점을 놀랍게 생각했다. 그럴 수 있었던 이유는 기네스 스캔들에서 루와 베인 앤컴퍼니가 했던 역할이 손더스와 기타 공모자에 대한 소송과정에서 아주 조금씩만 밝혀졌기 때문이었다. 또 다른 이유는 당시 미국에서 벌어진 매우 흥미로운 사건들(KKR의 RJR 나비스코 인수와 마이클 밀켄의 법정다툼)이 경제지 지면을 빽빽하게 채웠기 때문이었다. 빌 베인은 기네스 스캔들 때문에 잃은 고객이 단 한 곳도 없다고 말했지만 기네스 스캔들이 적어도 베인앤컴퍼니가 신규고객을 확보하는 데 지장을 줬다는 점은 인정한다. 실제로 스캔들이 터진 후 신규고객 확보는 빌 베인과 다른 파트너의 예상에 훨씬 못 미쳤다. 빌 베인은 그 이유가 경쟁 컨설팅 회사들이 영국 언론에 실린 기사를 고객들에게 보여주면서 베인 컨설턴트를 고용해서 일을 맡기면 동일한 상황이 벌어질 수 있다고 고객들을 설득했기 때문이라고 확신한다.

1987년 초반, 결과물을 중시하는 베인앤컴퍼니는 여전히 주식시장 상승세에 편승해 있었지만(다우존스지수는 1987년 8월 전년도 말보다 44퍼센트나 상승했다), 언론들도 서서히 베인앤컴퍼니가 몇몇 경우에 지나치게 주제넘게 행동했다는 점을 지적하기 시작했다. 이런 비판에 대한 대응으로 이전까진 외부에 회사를 잘 공개하지 않던 베인앤컴퍼니는 〈포춘〉 기자 낸시 페리의 취재를 허락했고, 프라이스 워터하우스의 감사를 받은 그래프를 (잠재고객에게 보여주는 것처럼) 기자에게 공개했다. 그래프는 다우존스 평균이 141퍼센트, 그리고 베인의 고객들이 몸담은 산업의 산업지수가 67퍼센트 증가한 데 반해 베인의 컨설팅을 받은 미국기업들의 주식시장 가치가 1980년 이후 무려 319퍼센트나 증가했다는 점을 보여줬다. 후에 발표된 기사에는 "백스터트라브놀, 크라이슬러모터스, 던앤브레드스트리트, 오웬스일리노이스, 스털링드럭 같은 기업들의 최고경영자들은 베인의 서비스에 찬사를 아끼지 않는다"고 적혀 있었다. 기사는 또한 베인이 기네스에서 이룬 성과에 대해 경의를 표하면서 한 런던 기업가의 말을 인용했다. "그리도 비참하고 심각한 상황에 처해 있던 회사를 탈바꿈시키는 과정은 내가 본 가장 아름다운 광경이었다…… 손더스를 위해 베인앤컴퍼니가 한 역할은 너무나 대단했다."

하지만 기사 제목이었던 '너무나 대단해서 다루기 힘든 컨설팅 회사?'에는 어느 정도 회의적인 시각이 담겨 있었다. 기사는 당시 한창 내용이 서서히 밝혀지는 참이라서 기네스 스캔들에 대한 자세한 내용을 싣지 않았지만, 이해관계가 상충할 수밖에 없었던 루의 위치에 대해 묘사했고, 손더스가 회사 내에서 세력을 다투던 이사회 부의장을 쫓아내기 위한 방안을 브레인스토밍하기 위해 열린 1984년의 컨퍼런스 콜을 자세히 다뤘다. 그리고 베인앤컴퍼니에 대한 의문을 제기했다. 기사는 또한 베인 고객들의 경험담을 폭넓게 다루면서 이런 결론을 도출했다. "베인앤컴퍼니의 진정한 문제는 고객기업의 하부 관리자들을 소외시키고 약화시키는 성향이다."

몬산토는 1980년대 초부터 베인앤컴퍼니의 가장 큰 고객이었지만

1984년에 최고경영자가 물러나면서 베인의 서비스를 중단했다. 기사에는 유사한 문제가 블랙앤데커, 그리고 텍사스인스트루먼츠에서 벌어지면서 베인이 쫓겨났다고 지적했다. 기사에서 가장 인상 깊은 구절은 아마도 다른 전략 컨설팅 회사의 수장이 한 말일 것이다. "베인의 서비스는 훌륭하지만 문제는 그 서비스를 포장해서 전달하는 방식이다. 500만 달러의 컨설팅 비용을 받는 베인앤컴퍼니는 고객사 직원들에게 이렇게 말한다. '멍청이들아, 썩 비켜. 이제부턴 우리가 알아서 할 테니까.'"

나아가 비록 베인앤컴퍼니가 기네스 스캔들 때문에 고객은 잃지 않았다 해도, 백스터나 브리지스톤파이어스톤, 캐내디언퍼시픽, 크라이슬러, 던앤브레드스트리트 같은 대형고객들이 베인앤컴퍼니에 지급하던 컨설팅 비용을 줄이기 시작한 것만은 사실이었다. 일부 기업들은 경제상황 악화로 인해 허리띠를 졸라매야 한다고 핑계를 댔다. 1982년에 미국 연방준비위원회가 인플레이션을 잡기 위한 가혹한 조치를 취하면서 밀어닥친 불황이 끝나자 미국경제는 크게 나아졌지만 1986년에 이르자 다시 파티는 끝나가는 것처럼 보였다.

당시 빌 베인의 측근들만이 알았던 사실은 당시 베인앤컴퍼니의 사업적 위축이 마침 매우 안 좋은 시기에 닥쳤다는 점이었다. 빌 베인과 공동설립자들은 전략 컨설팅 회사를 설립한 이들 중에서 아마도 가장 기업가 정신이 투철했던 이들이라고 할 수 있다. 그리고 빌 베인은 밴더빌트 대학의 육성회비 모집부서에서 근무하면서 배웠던 질문("그런데 돈은 어디 있지?")을 자신의 개인적 재정상황에 대한 질문으로 확대했다. 사실 그와 공동설립자들은 베인앤컴퍼니에 설립자금을 투자한 뒤로도 계속해서 다른 돈벌이 기회를 찾았는데, 한번은 자신들이 다니던 헬스클럽 트레이너가 발명한 새로운 운동기구에 투자할지를 고려하기도 했고, 1983년에는 미트 롬니로 하여금 베인캐피털을 설립하게도 했다.

대형 전략 컨설팅 회사에서 파트너로 근무하면 꽤나 윤택한 삶을 살 수 있었다. 현재도 성실히 일하기만 하면 파트너는 연간 300만 달러에서 400만 달러를 벌 수 있다. 하지만 일부 파트너들이 쉬쉬하면서 털어놓는 바에 따르면 파트너로 근무한다고 해도 절대로 엄청난 부자가 될 수가 없었다. 가장 큰 걸림돌은 컨설팅 회사의 경우 회사 지분을 모으기가 쉽지 않다는 점이었다. 하지만 기업경영자들은 1980년대와 90년대에 자신들을 고용한 주주로부터 배분받은 스톡옵션으로 이미 그 걸림돌을 해결했고 종종 컨설턴트들은 그런 모습을 부러운 눈빛으로 쳐다봤는데, 대부분의 서비스 전문회사는 상장되지 않은 회사가 많았기 때문이다. 왜냐하면 이런 회사에서 투자할 자산이라고 해봐야 직원뿐인데 그들은 퇴근시간이 되면 회사를 빠져나가거나 쉽게 경쟁회사로 이직할 수 있는 자산이 아닌가 말이다.

빌 베인과 회사의 컨설팅 영업을 책임지던 핵심적인 일부 파트너들은 오래도록 고민하다가 1984년에 베인앤컴퍼니의 성공으로 자신들의 호주머니를 불릴 수 있는 방법을 찾아냈다. 바로 종업원 지주제도였다. 하지만 빌 베인은 브루스 헨더슨과는 달리 종업원 지주제도를 비밀에 부쳤고, 종업원 지주제도를 부여받을 주니어파트너들에게조차 제도의 자세한 내용뿐만 아니라 존재 사실마저 쉬쉬했다. 어쩌면 이런 점은 회사를 철저하게 통제하려는 빌 베인의 전형적인 특성을 반영한다고 할 수 있다. 설립부터 1985년에 이르기까지 베인앤컴퍼니는 동업자 계약으로 운영됐는데 한 전직 파트너는 그 계약이 "공평한 권리를 보장하기보다는 빌 베인의 권리만 보장하는 계약"이라고 말했다. 1985년 베인앤컴퍼니가 유한법인이 된 후에도 회사 권력은 빌 베인에게 집중돼 있었다.

이 책의 취재과정에서 빌 베인은 종업원 지주제도(실제로는 2개 제도가 있었다)가 1985년과 86년에 걸쳐 설립된 과정에 대해 자세히 설명했다. 그러면서 이 과정에서 외부 전문가들의 공정한 자문이 있었고 금융기관의 독립적인 가치평가 과정이 있었으며, 이 제도가 자신이 이전부터 생각해오던 경영승계 과정의 일부였다고 말했다. 하지만 종업원 지주제도의 세부적인 재무적 내용에 대해선 빌 베인과 회사 모두 확인해주지 않았다. 종업원 지주제도가 알려지면서 신문들은 빌 베인과 소규모의 초기 동업자 집단이 베인앤컴퍼니 지분 30퍼센트를 2억 달러에 달하는 현금과 어음을 받고 매각했다고 보도했다. 지분 매각금은 베인앤컴퍼니가 지역은행에서 대출한 대출금으로 대체돼 이들에게 지급됐다. 빌 베인은 1988년 당시 베인앤컴퍼니 연간매출이 2억 달러에 달했기에 종업원 지주제도의 기반이 된 가치평가금액과 대출금 상환계획에 큰 문제가 없다고 말했다. 단 그러려면 베인앤컴퍼니가 이전과 같은 성장을 계속해야 한다는 전제가 달려 있긴 했다.

하지만 상황은 다르게 전개됐다. 1987년이 시작되면서 베인의 기존 고객들은 컨설팅을 줄이기 시작했고 신규고객도 끊겼다. 같은 해 11월 주식시장이 폭락하면서 불황의 예감이 감지됐고, 1990년이 되자 예감은 현실이 됐다. 1985년부터 87년까지 매년 두 배 이상 성장했던 베인앤컴퍼니는 1988년이 되자 최초로 대량해고를 하게 되는데, 90명에 달하는 컨설턴트와 관리직원을 내보내 전체 인력의 10퍼센트를 감축한 것이다. 그리고 1990년에도 다시 대량해고를 하면서 200명의 직원을 추가로 내보냈다.

1991년, 설립자가 아닌 다른 베인 파트너들도 회사가 종업원 지주제도의 대출금을 갚기 위해 1700만 달러의 부채를 안고 있고 어쩌면 회사가 그 부채를 갚지 못할 수도 있다는 사실을 알게 되면서 충격과 놀람에 휩싸이게 된다. 파산은 실질적인 위협으로 다가왔고 컨설턴트들의 대량 이직사태는 베인앤컴퍼니의 발목을 잡았다. 당시 상황을 우려하던 일부 파트너들은 회사를 살리기 위해 회사 경영진과의 해결책을 강구하고자 전 동료이자 베인캐피털의 수장인 미트 롬니를 찾아갔다.

베인캐피털은 베인앤컴퍼니와는 독립된 회사였지만 빌 베인을 비롯한 베인앤컴퍼니의 많은 파트너들은 베인캐피털이 모집하는 모든 사모펀드에 투자해서 막대한 이득을 보고 있었다. 특히 빌 베인은 롬니와 삼촌과 조카 같은 관계이자 허물없는 사이였다. "미트가 내게 와서 선거를 하겠다고 말했다." 빌 베인의 말이다. 미트 롬니는 빌 베인에게 파트너 중에서 새로운 수장을 선출할 것이라고 말했고 빌 베인은 그 절차가 자신이 계획 중이던 경영승계에 '박차를 가할 것'이라고 생각했다.

하지만 빌 베인은 롬니가 제안한 합의내용, 어쩌면 베인캐피털에서 수년간 인수합병을 하면서 갈고 닦은 기술을 활용해서 만든 합의내용만큼은 전혀 예상하지 못했다. 롬니는 베인앤컴퍼니에 자금을 대출해준 은행을 설득해서 부채를 재조정하는 데 성공했다(빌 베인을 비난하는 이들도 빌 베인이 딱 한 군데 은행에서 돈을 빌린 점만은 매우 영리한 행위였음을 인정하는데, 왜냐하면 은행도 큰돈을 빌려준 베인앤컴퍼니가 파산하는 것만은 꺼려했기 때문이다). 나아가 롬니는 빌 베인과 그의 동업자들로 하여금 그들이 지불받기로 했던 1억 달러에 달하는 자금을 포기하도록 하는 데 성공했다. 합의한 조건에 따라 빌 베인은 1991년에 자신이 설립한 회사에서 물러났다. 당시 그의 나이 쉰네 살이었다. 한 명을 제외하고 나머지 모든 설립자들도 베인앤컴퍼니를 떠났다.

당시 베인캐피털에서 만약 베인앤컴퍼니에 머물렀다면 벌지 못했을 정도로 많은 돈을 벌었던 롬니는 자신이 약속했던 선거를 치를 때까지 임시 수장으로 머물렀다. 1992년에 이전보다 훨씬 평등해진 베인앤컴퍼니는 신진세대에서 두 명을 선출해서 새롭게 만들어진 수장 자리에 임명했다. 매우 적극적이면서 컨설턴트치고는 꽤나 화사한 이탈리아계 미국 여성 오릿 가디쉬는 경영에 관여하지 않는 이사회 의장에 임명됐고 할리우드 미남 배우처럼 생긴 톰 티어니는 전 세계 총괄 경영이사가 됐다.

빌 베인의 흥망성쇠에서 도덕적 교훈을 끄집어내거나 또는 그의 이야기를 화려하게 치장하기란 매우 힘들다. 왜냐하면 개인 삶이 자신이 속했던 거대한 시대적 흐름을 반영하듯 빌 베인의 인생은 전략에 관한 특정이론의 흥망성쇠를 반영하기 때문이다. 빌 베인이 회사를 설립한 기반이 된 전략이론은 전략의 수립부터 실행까지를 망라하는 총체적인 이론인 동시에 공격적이면서 엘리트주의에 입각한 약간의 편집증적 이론이었다. 나아가 베인앤컴퍼니가 자랑하는 표현을 빌리자면 결과물의 도출에 집중하는 전략이론이었다. 베인앤컴퍼니는 고객들에게 확장된 테일러주의의 원칙과 그 효과에 대해 설파하는 데 있어 타의 추종을 불허했다. 베인의 도움 덕분에 많은 고객들은 놀랄 만한 성과를 거둘 수 있었고 그 성과는 종종 주주가치 창출에 반영됐다. 그럼에도 불구하고 베인앤컴퍼니와 고객과의 관계는 종종 오랜 기간 지속되지 못했다. 물론 베인앤컴퍼니도 오랫동안 관계를 지속했던 고객이 있긴 했지만 그런 장기적 고객관계는 맥킨지나 BCG에 비해 훨씬 적었다. 그리고 베인 컨설턴트들은 관계가 깨지고 나면 고객기업에 아주 고약한 인상을 남기기 일쑤였는데, 고객들은 종종 회사가 외계인에게 점령당했다가 해방됐다는 느낌을 받곤 했다.

여러 면에서 빌 베인은 성공에 대한 세속적인 기준에서 보면 자랑할 만한 인물이었다. 매출이 수억 달러, 수십억 달러에 달하면서 수십 년이 넘도록 기업들 입에 오르내리는 다국적 회사를 하나도 아니고 두 개나 세운 사람이 과연 몇 명이나 있겠는가? 내가 보기에 빌 베인이 축적한 개인적 부는 다른 전략의 대가들을 훨씬 뛰어넘는다. 하지만 변화를 추구하고 대가답게 능숙하면서 당당한, 그리고 철저하게 결과를 중시하는 인물이었던 빌 베인은 자신이 설립한 컨설팅 회사에서만큼은 회사를 떠난 뒤에도 오래도록 냉대받았다. 베인앤컴퍼니의 파트너들이 일부 직원들의 여전한 반대에도 불구하고 빌 베인을 다시 초대해서 강연을 하도록 한 건 빌 베인이 회사를 떠난 지 10년이 지나서야 겨우 가능한 일이었다.

제13장

역량은 어떻게 전략의 핵심이 되었는가

1980년대부터 전략혁명에도 주주 자본주의의 필요성이 대두됐다. 하지만 전략혁명가들은 주주 자본주의에 크게 주의를 기울이지 않았다. 그 이유는 당시 월스트리트의 아우성에도 불구하고 전력 컨설턴트와 학자들이 전략의 열풍을 계속 유지할 수 있을 만큼 성장해서 자리잡았기 때문이다. 이 점은 이후로도 오랫동안 지속되는 역설적 측면을 잘 설명해주는데, 전략이란 이름하에 진행된 연구는 기업 주가에 그다지 큰 영향을 미치지 않았다. BCG나 맥킨지 같은 회사들의 컨설턴트들 중에서 주가를 끌어올리는 것이 주임무였던 이들은 주류 컨설턴트를 약간 벗어난 특수한 업무를 하는 컨설턴트로 취급됐다. 그 이유를 설명하자면 제안된 전략과 주가 간에는 여러 변수가 끼어들 수 있기 때문이었다. 이런 변수들로는 기업의 실행능력부터 주식시장의 상승과 하락까지 다양했다. 전략이 기업 자산 가치 상승으로 이어져야만 한다는 절대적이고 타협하지 않는 주장은 사모투자 회사들이 등장하고 나서야 비로소 대두될 수 있었다.

1980년대에서 90년대로 넘어가는 기간 동안 선도적인 전략사상가들이 고객 주가를 끌어올리는 데 매진할 준비가 돼 있지 않았다면, 그들은 도대체 어떤 것에 헌신했을까? 그들 대부분은 인간과 전략을 통합하려 노력하면서 새롭게 기업활동에 초점을 맞췄다. 하지만 전략이 전통적으로 논리정연한 이론과 정량화를 숭상했다는 점을 고려한다면 이들이 연구한 기업활동은 인간중심 학파가 수박 겉핥기식으로 다뤘던 기업활동과는 애당초 달랐다. 이들이 새롭게 연구한 기업활동은 보다 포괄적이고 논리정연했으며 구체화된 행위였다. 그 행위에는 이후 '기업능력(Capability)' '프로세스' '역량(Competency)' 같은 다양한 이름이 붙게 된다.

1990년대 후반에 BCG의 선도적인 전략사상가로서 가장 왕성한 활동을 했던 조지 스토크 주니어는 연설에서 당시의 주요한 전략 테마를 깔끔하게 요약했고, 그 과정에서 BCG가 초기에 헨더슨이 주장했던 전략이론으로부터 얼마나 멀리까지 왔는지를 명확하게 설명했다. "오늘날 새로운 환경에서 전략의 핵심은 제품과 시장에서 기업의 위치에 대한 구조적 접근이 아닌 역동적인 기업활동이다. 전략의 목적은 경쟁자와 차별될 수 있는 모방하기 어려운 조직적 능력을 파악하고 육성하는 것이다. 그리고 조직적 능력이란 전략적 관점에서 이해된 일련의 비즈니스 프로세스를 말한다."

기업들은 주주가치 창출이란 새로운 압박에 대한 대응으로 기업능력을 개선하긴 했지만 시간이 지나면서 이런 개선 노력은 전략보다는 테일러주의 확장에 더 큰 영향을 미치게 된다. 1990년대에 걸쳐 분명한 점은 기업능력에 기반한 경쟁우위가 포지셔닝에 기반한 경쟁우위만큼이나 빨리 사라질 수 있다는 점이었다. 1990년대 중반에 이르자 마이클 포터는 이러한 논란에 대해 최고 수준의 비즈니스 프로세스(포터가 말하는 '운영효율성')는 단지 기업이 시장에서 도태되지 않기 위한 최소한의 기본 조건에 불과하다고 단언했다. 그러면서 전략은 여전히 선택의 문제라고 주장했다.

시간으로 모든 것을 측정하다

필립 에반스는 현재 보스턴컨설팅그룹의 고위 파트너다. 그의 날카로운 영국식 억양과 미래를 통찰하는 능력은 가끔은 동료 파트너들마저 혀를 내두르게 할 정도다. 그는 자신의 경험담을 통해 1980년대 전략의 진화에 대해 매우 간략하면서 효과적으로 설명한다. 그의 이야기는 1980년대 《초우량 기업의 조건》이 매우 큰 영향을 미쳤던 때부터 시작해서 BCG의 주목할 만한 이론이었던 시간기반 경쟁이론, 나아가 1990년대 초반에 열풍처럼 불어닥친 리엔지니어링까지 총망라한다.

에반스는 《초우량 기업의 조건》에 대해 "이전에는 전략이 분석중심적인 톱다운 방식이었다면 이 책은 제품, 산업군, 시장층과 같은 것들이 1980년대에는 그다지 중요치 않으며 오히려 기업이 초우량 기업인가라는 점이 훨씬 중요하다고 주장했다. 전략에 대한 인식을 바꿔놓은 것이다"라고 말했다. 그리고 이렇게 덧붙였다. "초우량 기업이란 의미는 회사가 특정 원칙에 따라 경영된다는 것을 의미한다." 그는 저자들 분석이 별로 논리정연하진 않지만 적어도 "피터스와 워터맨이 기존 이론에 도전장을 내밀었다"는 점은 인정했다. "그들은 이렇게 주장했다. '전략가들은 지금까지 경쟁우위가 이른바 구조적 요소인 제품, 시장, 포지셔닝, 규모에 관한 것이라고 믿어왔다. 그리고 그들은 모든 경쟁자들이 똑같은 방식으로 경영한다는 맹목적인 믿음을 지니고 있었다. 하지만 논리적으로 보면 현실은 오히려 정반대다. 즉 포지셔닝은 전혀 중요치 않다.'" 이 말은 그러니까 오히려 중요한 건 '어떻게 회사를 경영하는가이다'라는 의미다.

당시 에반스는 BCG에서 대형은행 컨설팅 프로젝트에 참가하고 있었다. 그는 시장선두였던 이 대형은행 사례를 두고 이렇게 결론내렸다. "피터스와 워터맨의 말이 맞았다. 중요한 것은 은행의 전 세계 영업망이 얼마나 큰지가 아니었고 지점별 직원수가 얼마나 많은지도 아니었다. 기존에 우리가 신경써서 관찰했던 요소들은 전혀 중요하지 않았다. 오히려 중요한 것들은 '신용결정을 올바르게 내렸는가? 국가위험도를 적절하게 관리하는가? 특정 산업에 대한 자산-부채 비중이 적절한가?'와 같은 질문이었다." 에반스는 은행이 위 세 가지 요소를 적절하게 관리하지 못하면서 "5억 달러를 손해봤다"고 덧붙였다. "이런 요소들은 기업의 스킬, 시스템, 관리와 관련된 문제이지 통상적인 의미에서 구조적 문제가 아니다." 에반스는 이런 사실을 깨닫긴 했지만 당시에는 그다지 심각하게 고민하진 않았다.

한편 에반스의 동료였던 조지 스토크도 다른 고객의 컨설팅 프로젝트를 수행하면서 유사한 결론에 다다르고 있었다. 공학을 전공한 뒤 하버드에서 MBA 학위를 딴 스토크는 1979년에 일본 제조업에 대해 연구하면서 BCG에게 아시아 지역에 대한 전략을 의뢰한 존디어의 컨설팅을 수행하고 있었다. 스토크는 컨설팅 과정에서 존디어의 일본 자매회사였던 얀마와 히다치를 방문하게 됐는데 스토크는 그 과정에서 놀랄 만한 사실을 발견했다. 스토크가 1990년에 출간한 저서 《시간에 맞서 경쟁하라(Competing Against Time)》 서문에 썼듯 존디어의 일본 자매회사가 보유한 공장들은 "훨씬 생산성이 높았고, 질 좋은 제품을 생산했으며, 재고도 훨씬 적었고, 공간도 덜 차지했으며, 작업처리 속도도 훨씬 빨랐"다. 스토크는 또한 책에 자신이 이런 사실을 말했을 때 브루스 헨더슨이 어떤 말을 했는지도 적어놓았다. "이런 차이를 설명하지 못한다면 기업전략에 대한 모든 이론적 기반을 의심해봐야 한다."

1980년대 초반, 스토크와 에반스는 각자 자신들이 발견한 사실을 이해하려고 애쓰던 중에 케이프코드에서 열린 컨퍼런스에서 만나게 된다. 에반스의 기억에 따르면 두 사람은 절벽길을 따라 산책하면서 대화를 나눴는데 에반스는 그 대화가 "내 경력 전체를 통틀어 가장 뛰어나고 가장 잊을 수 없는 대화"라고 말했다. 에반스는 스토크에 대해 이렇게 말한다. "그는 별 시시콜콜한 내용, 예를 들어 단조와 주조에 대한 내용까지 다 알았는데, 그다웠다. 하지만 그 내용 속에, 그의 복잡한 말 속에 한 아이디어가 담겨 있었다. 바로 경쟁자보다 더 빠르다는 것으로 경쟁할 수 있다는 아이디어였다. 내가 말했다. '다른 내용은 다 집어치우고 그 얘기만 더 해봐.' 내 머릿속에서 종소리가 울리면서 그 아이디어가 내가 컨설팅했던 대형은행의 적절한 위험관리와 같은 맥락이라는 점을 깨달았다. 결국 모든 것은 기업활동에 달려 있다는 말이었다."

에반스는 1980년대 BCG의 가장 성공적인 이론이자 제품이었던 시간 기반 경쟁이론을 가다듬은 이가 스토크였다고 말한다. "스토크가 한 일은 나도, 피터스도, 워터맨도 못한 일이었는데, 그것은 기업 활동을 정량화한 것이었다. 그는 공학을 잘 알았고 따라서 당연히 엔지니어를 중시하는 BCG 문화에도 잘 맞았다. 그는 기업능력과 스피드라는 생각에 매달렸기에 그런 것들을 정량화할 수 있었다. 스토크는 고객에게 적용할 수 있는 분석방법을 정의했다. 그리고 그 분석방법을 사용하면 기업활동을 도표화하고, 측정하고, 이해하고, 과장해서 표현하자면 용기에 담아낼 수도 있었다." 에반스는 이 연구가 리엔지니어링 시초이며, 적어도 리엔지니어링 창시자 마이클 해머가 당시 진행하던 연구에 필적하는 것이라고 주장했다. 스토크와 해머 모두 "피터스와 워터맨이 정의했던 이론을 수치화하고 분석할 수 있는 용어로 바꿔놓음으로써 진정한 컨설팅 제품으로 변모시켰다."

시간기반 경쟁이론의 출발점은 스토크가 일본에서 목격했던 유연생산(Flexible manufacturing) 방식이었다. 철저하게 경험곡선에 기반한 전통적인 관점은 제조업체들이 규모, 비용, 제품 다양성의 상충관계를 피할 수 없다고 봤다. 따라서 제조업체들은 동일한 제품을 대량으로 찍어내 장기적으로 비용을 낮추거나 또는 다양한 제품을 소량으로 생산하되 이럴 경우 비용이 높을 수밖에 없었다. 하지만 스토크가 일본에서 목격한 것은 도요타와 같은 기업들이 이런 전통적인 상충관계를 깨버리거나 무시하는 생산시스템을 고안해냈다는 점이었다. 제품 디자인과 기술 향상을 위한 지칠 줄 모르는 학습과 개선노력이 합쳐지면서 유연생산 방식은 기존 경쟁자보다 훨씬 다양한 제품을 훨씬 낮은 비용에 생산해낼 수 있었다. 이런 발견은 브루스 헨더슨마저 깜짝 놀래켰다.

스토크가 이룩한 더 큰 지적 업적이자 그를 "일본식 생산 시스템을 적용해야 한다"고 부르짖던 다른 전문가와 차별화하는 요소는 그가 제조뿐만 아니라 다른 모든 기업활동에 적용할 수 있는 유연생산 방식의 대략적인 윤곽을 그려냈다는 점이다. 이후 그는 에반스가 부추기자 기업의 전체적인 효율성을 측정할 수 있는 요소로 딱 한 가지를 파고들었는데 그것이 바로 시간이었다.

스토크는 이런 모든 과정을 전략이론이라고 부를 수 있는 이유가 일단 모든 복잡한 프로세스가 제대로 연결되면 기업이 결정적이고 지속가능한 경쟁우위를 확보할 수 있었기 때문이라고 주장한다.

스토크의 업적은 1988년 〈하버드비즈니스리뷰〉에 실린 〈시간 : 경쟁 우위의 새 원천〉이라는 논문에서 처음 소개됐다. 그리고 2년 뒤 발표된 《시간에 맞서 경쟁하라》에서 정점을 이뤘다. 《시간에 맞서 경쟁하라》 공 저자는 BCG의 또 다른 유명 지식인 토머스 하우트였는데 그도 오래도 록 존디어의 컨설팅을 수행했다. 둘은 기업활동에 대한 마이클 포터의 가치사슬에서 제조와 관련된 부분만 가속화하지 말고 전체 과정을 모두 가속화하면 유연생산 방식이 주는 효과를 최대한 누릴 수 있다고 주장했 다. 실제로 이 점이 시간기반 경쟁의 숨겨진 마력이면서 동시에 시간기 반 경쟁을 실행하기 어려운 이유이기도 했다. 다른 컨설팅 회사에서 근 무하는 한 컨설턴트는 시간기반 경쟁이 "위대한 이론이지만 고객이 실천 하려면 재앙이었다"라고 주장했다. 이전에 세 가지 제품모델 중 하나를 6주 만에 고객에게 배송하던 과정을 변화시켜 만약 20개가 넘는 제품모 델을 하루 만에 고객에게 배송한다고 가정해보라. 그러려면 공장 내에서 벌어지는 활동뿐만 아니라 공장에 입고되기 전의 활동, 나아가 공장에서 출고된 후의 활동까지 모든 활동을 다 바꿔야만 했다.

여기에는 계획수립, 주문접수, 물류와 배송 등이 포함됐다. 나아가 운 영을 혁신적으로 바꾸는 것만으로는 충분하지 않았다. 운영을 개선하려 면 갈수록 빠른 혁신이 뒤따라야 했고 무엇보다 제품 혁신이 필요했다. 스토크는 HBR 논문에서 당시 이미 도요타가 미국이나 독일 경쟁업체에 비해 절반 기간에 절반의 직원으로 신차 모델을 개발해낼 수 있었다고 강조했다.

절대적인 측정기준으로 시간(또는 행동의 개념으로 보면 스피드)을 택한 건 기막힌 발상이었다. 이 보편적인 기준은 가치사슬에 있는 다양한 기업활동들을 측정하던 많은 측정기준들을 모두 포괄할 수 있었다. 예를 들어 고객문의를 처리하는 속도, 최고경영진의 의사결정 속도, 제품생산 속도, 번뜩이는 아이디어를 실제 시장에서 판매할 수 있는 제품으로 바꾸는 속도는 모두 시간으로 측정할 수 있었다. 각각의 기업활동은 시간으로 쉽게 측정될 수 있었다. 이에 반해 고객을 기다리게 해서 발생하는 비용은 여간해선 측정하기가 쉽지 않았다. 그리고 이런 모든 시간을 더하면 회사가 경쟁자에 비해 얼마나 빠르게 움직이는지를 알 수 있었다. 시간은 또한, 예를 들자면 평균표준편차와 같이 복잡한 개념과는 달리 모두가 쉽게 이해할 수 있는 측정기준이었는데, 엔지니어뿐만 아니라 재무담당 직원들도, 매장 직원들도, 심지어 인사담당 임원도 쉽게 이해할 수 있었다.

그리고 당시의 생기 넘치는 시대정신에 딱 들어맞는 변화의 바람이 전혀 예상치 못한 곳에서 점점 더 빠르게 불어오고 있었다. 1993년에 스토크는 시간기반 경쟁에 대한 또 다른 논문을 HBR에 기재했다. 공저자는 앨런 웨버였는데 그는 HBR의 전직 편집장이었다. 논문이 발표될 무렵 웨버는 이후 '신경제'의 핵심적인 안내서 역할을 하게 되는 잡지사 설립을 준비하고 있었는데(스토크는 새로 설립될 잡지사에 투자했고 톰 피터스도 마찬가지다), 잡지 이름은 바로 〈패스트컴퍼니(Fast Company)〉였다.

혁신에 대한 열망

전략의 역사에서 프로세스 중심의 전략이론에 벌어진 상황을 아주 단순하게 묘사한다면, 전문가들로 이뤄진 유목민이 여러 작은 무리로 흩어져 각자 다른 방향으로 나아갔다고 할 수 있다. 그중 한 무리는 큰 뜻을 품고 이상향을 향해 나아갔고 결국 다른 이들의 갈채와 존경을 받게 된다. 이 무리에 속한 인물은 처음에는 전략적 의도를, 나중에는 핵심역량을 주장했던 C. K. 프라할라드와 게리 하멜이다.

또 다른 무리는 프로세스라는 밀림을 헤치며 나아갔는데 그곳에서 보물(많은 컨설팅 프로젝트)을 발견했지만 결국 길을 잃고 만다. 이 무리의 임무는 비즈니스 프로세스 리엔지니어링이었고 그 수장은 마이클 해머와 짐 챔피였다. 그리고 이들 경로는 전략에서 벗어났다.

세 번째 무리는 다른 두 무리보다 덜 험난한 길로 나아갔다. 이 무리의 수장인 BCG의 조지 스토크와 필립 에반스는 기업역량에 기반한 경쟁이란 그 길이 비록 덜 험난하긴 하지만 적어도 핵심역량이란 길보다 더욱 논리정연하고 포괄적이라고 주장한다. 하지만 세 번째 무리의 원정길은 결국 큰 성과를 거두지 못했다. 적어도 후에 무리의 수장들은 자신들 주장에 대해 시장 반응이 시큰둥했다는 점을 인정했다. 이 세 무리가 어디서부터 출발했는가를 이해하려면 일단 두 가지를 먼저 살펴봐야 한다. 첫 번째는 혁신이란 주제이고 두 번째는 당시의 학계 분위기다.

1980년대 중반부터 전략사상가들은 혁신에 초점을 맞추기 시작했는데 그 이유는 새로운 테크놀로지라는 파도가 더 빠르게, 더 물밀듯이, 더 힘차게 밀려온다는 점을 깨달았기 때문이다. 그리고 관련된 논쟁이 벌어지기 시작했다(이 논쟁에 시간기반 경쟁을 주장하는 이들은 큰소리로, 리엔지니어링 무리는 거의 고함을 지르며 뛰어들었다). 이 논쟁은 기업이 기존 프로세스를 변화시키는 것이 전략에 있어 필수적이라고 주장했다. 혁신은 전략의 3P 중에서 포지셔닝보다는 프로세스와 더욱 밀접한 관련이 있었다.

당시 학자들은 이미 수십 년에 걸쳐 혁신을 연구해오고 있었다. 1960년대 초반, 미국 중부의 교수였던 에버렛 로저스는 S곡선이라는 도표를 소개해서 새로운 테크놀로지가 어떻게 확산되는지를 설명했다. 최초로 신기술이 등장하면 오직 소수만이 그 신기술을 사용했기에 신기술을 검증하

는 시간은 매우 늦을 수밖에 없었다. 그러다가 어느 순간에 갑자기 신기술
은 널리 확산된다. 사람들은 신기술을 앞다투어 받아들이게 되고 얼마 지
나지 않아 신기술은 추가적인 확산이 어려울 정도로 널리 퍼지게 된다.

1980년대 중반, 맥킨지의 리처드 포스터는 혁신에 눈을 돌렸다. 그의
연구는 1986년에 나온 저서 《혁신 : 공격자의 우위(Innovation : The
Attacker's Advantage)》에서 정점에 달했는데, 그는 책에서 자신이 작성한
변형된 S곡선을 통해 테크놀로지가 개선되는 궤적을 보여줬다(그림 13-1
참조).

포스터는 세로축에서 성능(예를 들면 남성용 손목시계 두께의 얇은 정도)을 측
정했고, 가로축에서는 투입자금과 같이 신제품을 개발해내려는 노력의
정도를 측정했다. 최초 단계에서 신기술은 투입되는 노력에도 불구하고

[그림] 13-1

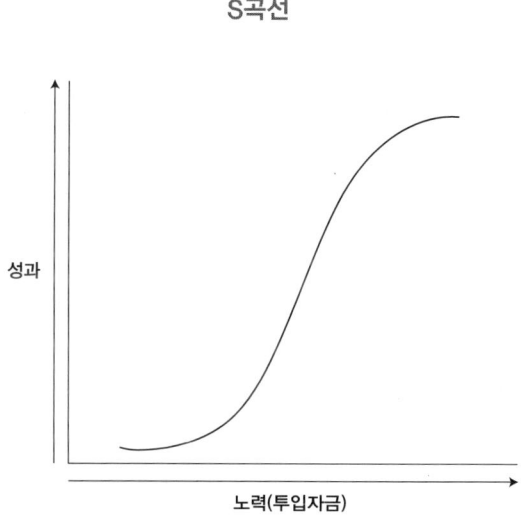

S곡선

성과

노력(투입자금)

출처 : 리처드 N. 포스터, 《혁신 : 공격자의 우위》

가로축을 따라 바닥을 기어가듯 뻗어간다(손목시계 두께는 18세기 내내 아주 약간 얇아지는 데 그쳤다). 그러다가 '폭발' 단계에 이르면서 성능은 현저하게 빠른 속도로 증가한다(1850년에 나온 손목시계 두께는 1912년에 나온 제품에 비하면 6분의 1 수준이다). 그러다가 점차 '점진적 포화' 상태에 이르게 된다(이후로 손목시계는 두께가 이전보다 훨씬 얇아질 수 없게 되면서 대신 튼튼함과 가격으로 경쟁하게 된다).

보기에는 매우 매력적인 주장이긴 한데 이 주장이 대체 전략, 신기술 공격, 경쟁우위와는 무슨 관계가 있는 것일까? 주목할 만한 사실은 포스터가 추가적으로 밝혀낸 내용이었다. 포스터의 주장에 따르면 S곡선은 늘 기존 테크놀로지와 후속 테크놀로지가 한 쌍을 이뤘는데, 후속 테크놀로지는 기존 테크놀로지와 마찬가지로 매우 느리게 출발하긴 했지만 그것은 성능이란 세로축 선상에서 언제나 기존 테크놀로지보다 높은 곳에서 출발했다. 연구결과는 또한 기존 테크놀로지에 통달한 기업이 거의 언제나 후속 테크놀로지로 성공적으로 옮겨가지 못한다는 점을 보여줬다. 여기서 포스터는 매우 설득력 있는 도표를 제시했는데, 1955년 상위 3개의 진공관 제조업체는 같은 해 상위 3개의 트랜지스터 제조업체 명단에 들지 못했다. 마찬가지로 이 상위 3개 트랜지스터 제조업체는 10년 뒤 상위 3개 반도체 제조업체 명단에 들지 못했다. 10년 뒤 BCG 출신으로 이후 HBS 교수가 된 클레이 크리스텐슨은 베스트셀러 《혁신기업의 딜레마 (The Innovator's Dilemma)》에서 이와 거의 유사한 주장을 펼쳤다.

포스터는 미래에는 이른바 기술적 단절이 보다 빈번하게 일어날 것이며 경쟁에서 승리하는 쪽은 새로운 기술, 다른 말로 표현하자면 공격적인 신기술을 지닌 업체에게 돌아갈 것이라고 주장했다. 요약하면 경쟁에서 승리하고 전략적 성공을 거두는 핵심은 기업의 혁신능력에 있다는 것이다.

포스터와 스토크가 변화와 속도에 집중했다면 학계는 이후 전략의 지배적 사상이 될 새로운 이론에 집중했다. 1984년에 미시간 대학의 젊은 교수 비르거 베너펠트는 〈자원기반 관점에서 본 기업(A Resource-Based View of the Firm)〉이란 논문을 발표했다. 비록 5년 동안 누구도 이 논문을 언급하거나 인용하지 않았지만 전략을 통한 접근방식에 이름을 붙인 건 바로 베너펠트였다. 자원기반 관점(약어로 RBV)은 이후 20년간 전략에 대한 학술연구의 중심에 서게 된다.

베너펠트처럼, 아이비리그 대학교수가 아닌 제이 바니 교수(그는 1994년부터 오하이오 주립대학에서 교편을 잡았다)는 자원기반 관점을 구체화하는 데 가장 큰 기여를 한 인물이다. 그는 자신의 논문에 "경쟁우위를 위해 기업 내부를 살펴보라"는 제목을 붙임으로써 전략 컨설턴트와 자신의 접근방식 간의 차이를 일목요연하게 보여줬다. 베너펠트와 바니는 자신들의 연구가 켄 앤드류스, 특히 SWOT(강점, 약점, 기회, 위협) 이론에 기반을 두고 있다고 밝혔다. 바니는 마이클 포터와 그의 학파가 기회와 위협, 이른바 '환경분석' 측면에서 많은 진전을 가져왔지만 그건 어디까지나 전체의 절반만 다룬 것이라고 주장했다. 따라서 진정한 경쟁우위를 확보하려면 기업의 '내부 강점과 약점'도 분석돼야만 했다.

어쩌면 이 주장은 피터스와 워터맨이 주장한 것과 어느 정도 일치한다. 그리고 실제로 바니는 적어도 한 개 이상의 논문에서 둘의 주장을 많이 인용했다. 자원을 구성하는 요소들이 정확히 뭔지는 분명하지 않았다. 일부 측면에서 보면 자원은 7S 프레임워크에 포함된 요소(직원 또는 시스템)와 동일한 개념으로 볼 수도 있었다. 자원에 대한 이런 폭넓은 정의가 바로 학계에서 많은 학자들이 자원기반 관점을 수용한 이유이기도 했는데, 사실 자원기반 관점에 학술적 기여를 하는 데 있어 반드시 마이클 포터처럼 경제학자여야 할 필요는 없었기 때문이다. 이른바 조직과학과 같은 학술적 배경을 지닌 학자들도 자원기반 관점에선 포용될 수 있었다.

물론 자원기반 관점 창시자들이 전략적 우위에 기여할 수 있는 자원이 무엇인지를 판단하기 위한 나름대로의 기준을 세우려고 노력했다는 점은 인정해야 한다.[1] 그들은 네 가지 기준에 합의했는데 이 네 가지 기준의 앞머리 철자는 VRIN이란 또 다른 약어를 탄생시키게 된다. 일단 자원은 '가치가 있어야만(Valuable)' 했는데 그 가치는 기업이 기회를 활용하고 외부위협을 감소시킬 수 있도록 해야 했다. 아울러 자원은 '희소(Rare)해야만' 했는데 만약 그 자원이 모든 기업들이 보유한 것이라면 결코 경쟁우위를 제공할 수 없었기 때문이다. 자원은 또한 '모방할 수 없어야만(Inimitable)' 했다. 왜냐하면 경쟁우위가 지속가능하려면 경쟁자가 그 자원을 쉽게 모방할 수 없어야 했기 때문이다. 마지막으로 자원은 '대체할 수 없어야만(Nonsubstitutable)' 했는데 만약 경쟁자가 이미 고객에게 램프 연료로 등유를 제공하고 있다면 당신의 고래기름은 그다지 쓸모가 없기 때문이다.

어떤가? 논리가 엄밀한가? 날카롭고 수치를 좋아하는 전략 컨설턴트들이 혹할 만한 이론인가? 그렇지 않다. 심지어 다른 학자들도 바니와 그의 부류를 비판하면서 자원기반 관점이 시장을 지나치게 간과하고(여기서 다시 외부환경을 들먹였다), 기업이 이런 자원으로 무엇을 해야 할지를 정확히 제시하지 못한다고 주장했다. 이보다 더 혹독한 비난은 자원기반 관점이 '이미 한 말을 자꾸 되풀이한다'는 주장이었는데, '가치를 창출하는 자원은 가치가 있다'를 비롯해서 많은 내용들이 중언부언에 불과하다는 비난이었다. 이로 인해 '모방성의 매개변수화'와 같은 사안에 대한 논쟁이 벌어지게 되지만 이런 논쟁은 그냥 건너뛰어도 무방할 것이다.

핵심역량의 탄생 배경

나는 자원기반 관점을 언급하는 기업가를 단 한 번도 만나본 적이 없다. 하지만 '핵심역량'을 떠드는 기업가는 수없이 만나봤다. 그리고 그 공은 모두 코임바토레 크리쉬나라오(왜 모든 이들이 C. K.라고 줄여서 부르는지 이해할 만하다) 프라할라드와 게리 하멜에게 돌려야 한다. 심지어 베너펠트도 1995년에 발표한 논문에서 다음과 같이 그들의 공을 칭찬했다. "나는 자원기반 관점이 실제로 활용될 수 있도록 확산시킨 게 고스란히 이 둘의 공로라고 생각한다."

하멜과 프라할라드는 1977년에 미시간 대학에서 처음 만났는데, 당시 프라할라드는 교수였고 하멜은 국제 비즈니스 박사과정을 밟고 있었다. 두 사람은 모두 나름의 굴곡을 거쳐 미시간 대학에 오게 됐는데, 실제로 둘의 이전 삶은 이후 각자의 경력에 영향을 미쳤다. 나아가 그들 연구에서 기존 체제에 도전하는 날카로운 비판정신이 느껴지는 이유도 둘의 남다른 배경 때문이다. 프라할라드는 1941년에 인도 마드라스에서 판사이자 학자였던 아버지의 9남매 중 한 명으로 태어났다. 그는 열아홉 때부터 스물세 살 때까지 유니온카바이드의 배터리 공장에서 경영을 도왔는데 1984년 보팔 참사가 일어난 건 그로부터 20년 후의 일이다. 이전부터 물리학에 뛰어난 재능을 보였던 프라할라드는 공장에서 근무하면서 경영을 배우고픈 열망을 품게 된다.

이후 그는 인도에서 가장 뛰어난 경영대학원인 인도 경영연구소에서 공부했고, 그러던 중 근처 학교에 다니던 여학생과의 결혼을 집안에서 반대하자 신부를 데리고 미국으로 건너와 살면서 1975년에 하버드 경영대학원에서 경영학 박사학위를 취득하게 된다. 그는 다시 인도 경영연구소로 돌아가 교수로 근무했지만 그곳에서 자신의 전공(다국적 기업 경영)이 별로 관심을 끌지 못하자 미시간 대학의 경영대학원 교수로 합류하게 된다.

프라할라드보다 열세 살이 어린 하멜은 미시간에 있는 앤드류스 대학에서 학사학위와 MBA를 취득한 뒤 미시간 경영대학원에 입학했다. 앤드류스 대학은 1874년부터 여러 번 변모를 거듭해온 대학으로 일반인들에겐 제7일안식일 교회로 잘 알려진 예수재림교회의 이른바 '가장 대표적인' 교육기관이었다. 예수재림교회의 전 세계적인 선교 열정 때문에 앤드류스 대학은 다른 미국대학과는 달리 미국이 아닌 해외로 눈을 돌리는 경향이 강했다. 확실히 하멜은 앤드류스 대학 시절부터 전 세계에 대한 관심을 갖게 됐고 그의 선교사적 열정도 어쩌면 당시에 체득한 것이라고 볼 수 있다.

하멜은 강단에 서면 사람들의 혼을 쏙 빼낼 정도로 압도적인 강의를 하는 강사였다. 그의 웹사이트에는 한 잡지 기사를 인용해 그를 '세계에서 가장 영향력 있는 비즈니스 강사'라고 소개했다. 그의 강연을 듣거나 그의 저서를 읽으면 종종 하멜이 천년왕국을 절대적으로 신봉하는 듯한 느낌을 받을 수 있는데, 하멜의 말에 따르면 승자의 무리(여기엔 경쟁에서 승리한 기업도 포함된다)는 절대적인 승리를 거둘 것이고, 모든 것을 뒤엎는 건 그다지 나쁜 생각이 아니며(1996년 HBR 논문 〈전략혁명(Strategy as Revolution)〉을 참조하라), 믿는 자와 믿지 않는 자는 명확하게 구별돼야 했다(만약 구별하기 힘들다면 하멜에게 물어보라).

프라할라드와 하멜이 처음으로 큰 반향을 일으킨 건 1989년에 〈하버드비즈니스리뷰〉에 논문을 발표하면서였다. 그 논문은 맥킨지 어워드를 받은 〈전략적 의도(Strategic Intent)〉라는 논문이었다. 둘은 논문에서 대부분의 서구기업들이 외국 경쟁업체('일본기업'이라고 생각하면 된다)와의 경쟁에서 크게 밀리고 있다(카터필라는 코마츠에게, 제록스는 캐논에게)고 비난하면서 그 이유가 서구기업들이 전략에 대한 잘못된 억지주장을 따르고 있기 때문이라고 주장했다. 둘은 실제로 "다양한 전략이론(지금까지 이 책에서 다뤄진 이론들)이 넘쳐나지만 오히려 서구 기업의 경쟁력은 감퇴했다"면서 "우연의 일치라고 볼 수도 있지만 우리 생각은 다르다"고 주장했다. 둘은 마치 참지 못하겠다는 듯 이 점을 계속해서 비난하면서 기존의 전략이론이 너무나 시시하다고 비아냥댔다. 둘은 "서구식 전략의 핵심개념이 초우량 기업의 8가지 조건, 7S, 5가지 경쟁요소, 4단계 제품 라이프사이클, 3개의 본원적 전략, 그리고 수없이 많은 사분면 매트릭스로 요약될 수 있다는 생각은 정말 불편하기 짝이 없다"면서 기존 전략이론을 싸잡아 비난했다. 이런 전략이론에 의존하는 건 어리석을 뿐만 아니라 '치명적인 부작용'을 유발할 수 있고 나아가 '경영진이 고려해야 할 많은 전략적 대안'의 수를 감소시킨다고 주장했다.

기업들은 이런 전략이론 대신에 아시아 대가들로부터 배울 수 있는 교훈(당연히 둘은 이 부분에서 손자병법을 들먹인다)이자 특정 시장이나 산업에서 전 세계 최고가 되자는 것과 같이 모든 것을 아우르는 '전략적 의도'를 배워야 했다. 거의 모든 미국 최고경영자들의 성과를 측정하는 주주가치 창출 같은 시시한 지표 따위는 결코 전략적 의도의 축에도 끼지 못했고 직원들 마음을 움직일 수도 없었다.

그렇다면 이 대목에서 수많은 계열사로 둘러싸여 정부 비호를 받는 대기업을 이끄는 일본 최고경영자들이 과연 미국만큼 주식시장으로부터 성과에 대한 압박을 받는지가 문득 궁금해진다. 진정한 전략적 의도란 코마츠가 선언한 목표인 "캐터필라를 포위해서 압박하라"든지 캐논의 "제록스 깨부수기"처럼 시장 지배를 구체적으로 계획하고 그 목표를 달성한 정도를 판단하기 위한 기준을 세우는 것이었다.

비록 〈전략적 의도〉란 논문에 구체적인 조언보다는 훈계조 내용이 더 많이 담겨 있긴 하더라도 두 저자는 약간의 실용적인 가이드라인을 제시함으로써 포지셔닝 학파와 분명한 거리를 두는 데 성공했다. 전략의 목표는 "경쟁자들이 당신이 지금 보유한 경쟁우위를 그대로 따라하기 전에 더 먼저 미래의 경쟁우위를 창출"하는 데 있었다. 그러기 위한 열쇠는 기업이 현재 보유한 스킬과 새로운 스킬의 확보(이른바 '조직학습')에 있었고 두 저자는 이것이 '가장 견고한 경쟁우위'라고 표현했다.

1989년에 발표한 논문에는 두 저자가 이런 종류의 가장 중요한 스킬을 일컫는 단어인 '핵심역량'이 잘 드러나 있다. 프라할라드와 하멜은 핵심역량이란 아이디어가 크게 유행할 수 있다고 생각했다. 그리고 이듬해 이전 논문보다 더 유명한 논문인 〈기업의 핵심역량(The Core Competencies of the Corporation)〉을 발표하면서 자원기반 관점을 더욱 깊이 다루게 된다. 논문 발표와 함께 핵심역량이란 위대한 표현은 비록 전략에 대한 기업 논의를 더욱 혼란스럽게 만들긴 했지만, 결국 경영자들 입에 일상적으로 오르내리는 단어가 됐다.[2]

논문은 또다시 아시아 기업들을 언급하면서 영리한 기업들, 그러니까 대부분의 아시아 기업들이 기업을 여러 사업의 집합체로 보기보다는 여러 역량의 집합체로 인식한다고 주장했다. 하지만 핵심역량을 구성하는 요소들이 무엇인지는 여전히 명확하지 않았다. 프라할라드와 하멜은 "경쟁우위의 진정한 원천은 기업 전체에 걸쳐 테크놀로지와 생산 스킬을 한 군데로 끌어모으고 이를 다시 개별 사업들이 변화하는 환경에 신속하게 적응할 수 있도록 하는 역량으로 변환시키는 경영자 능력에 달려 있다"고 주장했다. 이런 역량은 '기업의 총체적 학습능력'이었는데 이는 곧

"다양한 테크놀로지의 조화를 이루고, 업무를 조직화하며, 가치를 전달"
하는 것을 의미했다. 핵심역량은 "원활한 커뮤니케이션, 조직원들의 적
극적인 참여 유도, 부서 간의 경계를 넘나드는 협업에 대한 신념"이었다.

두 저자는 좀 더 구체적인 설명을 시도하면서 자원기반 관점, 특히
VRIN 이론 중 두 가지 요소를 재차 주장했다. 프라할라드와 하멜은 핵
심역량이 "다양한 시장으로의 진입을 가능케 하며 고객이 최종제품에서
느끼는 혜택에 크게 기여한다"고 주장했는데, 이 점은 VRIN의 '가치 있
는(Valuable)'이란 요소와 거의 같은 의미로 들린다. 두 저자는 또한 핵심
역량이 "경쟁자가 모방하기 힘들어야만" 한다고 주장했는데, 이는 다른
말로 표현하자면 '모방할 수 없다(inimitable)'는 말이다. 놀랍게도 논문에
는 핵심역량이 현실에서 적용된 사례가 거의 제시되지 않았다. 기껏해야
캐논은 정밀기계, 광학, 마이크로 전자공학에 핵심역량을 지니고 있고
NEC는 컴퓨팅, 통신, 부품에 핵심역량을 지니고 있다는 정도였다.

'기업의 핵심역량'이 발표된 후 BCG와 맥킨지도 기업능력이 전략의
핵심이라는 주장을 내놓지만, 둘 다 프라할라드와 하멜처럼 모든 이의
입에 오르내릴 정도의 관심을 끌진 못했다. BCG의 스토크, 에반스, 래
리 슐먼은 핵심역량을 주장하는 목소리에 힘을 실으면서 포지셔닝에 기
반한 경쟁우위가 갈수록 빠른 속도로 사라지고 있다고 주장했다. 대신
이제 필요한 것은 시장을 혁신하고 시장을 뒤집을 수 있는 견고한 '전략
적 역량'이라고 주장했다. 이런 역량을 관리하려면 개별 사업부의 경계
를 넘어서는 협업이 필요했고 종종 사업부 간의 의견대립이 불가피했는
데 이런 점은 당연히 최고경영자의 몫이었다.

이들은 또한 BCG는 핵심역량이란 개념이 너무 협소하다면서 "가치사
슬의 특정 부분에서 기술전문성과 생산전문성을 확보하는 것이 중요하

다"고 강조했다. BCG가 제시한 '기업능력'은 핵심역량과는 달랐다. 오히려 시간기반 경쟁의 포괄적인 관점에 어울리는 "전체 가치사슬을 아우르는 확대된 개념"이었다. 그런 후 에반스와 스토크, 래리 슐먼은 이후 회사에서 자주 쓰이는 용어를 하나 고안해냈다. 그들 주장에 따르면 "기업전략의 기반은 제품이나 시장이 아닌 비즈니스 프로세스"이며 경쟁에서의 성공은 기업이 핵심적인 프로세스를 '전략적 역량'으로 변모시키는 데 달려 있었다.

맥킨지의 존 스턱키는 맥킨지가 애초부터 기업의 특별한 능력이 전략적 성공의 열쇠임을 믿었지만, 동시에 맥킨지가 산업구조에 기반한 전략을 주장하는 이들, 경험곡선을 주장하는 BCG, 그리고 구조-활동-성과 모델을 대중화한 마이클 포터로부터 큰 공격을 받은 이유도 바로 이 점 때문이라고 주장했다. 2005년 스턱키가 〈전략의 이해〉라는 논문을 발표할 무렵 그와 맥킨지 파트너들은 솔로몬의 공평무사한 판결처럼 "특별한 기업능력과 산업구조 둘 다 중요하다"는 결론을 내놓았다. 하지만 이런 포괄적인 결론을 내놓았으면서도 맥킨지 역시 결국 전략을 결정하는 건 기업능력이라는 주장을 펼치게 된다.

스턱키는 1990년대 이후부터 기업능력이 산업구조에 기반한 경쟁우위보다 전략적으로 갈수록 중요해지고 있다고 주장하면서 그 근거로 "포춘 100대 기업의 시가총액 합계 중 75퍼센트는 브랜드나 사용권처럼 특별한 기업능력에서 나온다"는 수치를 제시했다. 나아가 맥킨지 고객들이 자신들이 보유한 역량 중에서 핵심역량이 뭔지를 제대로 모르는 것처럼 진정으로 특별한 기업능력에 대해 잘못 이해하고 있는 경우가 많다면서, 오로지 현저히 낮은 비용이나 현저히 나은 제품에 기여하는 기업능력만을 특별한 기업능력으로 볼 수 있다는 일리 있는 주장을 제시했다. 맥킨지가 연구한 바에 따르면 이런 기준에 부합하는 역량은 크게 두 가지 종류가 있었다. 첫째는 '매매할 수 있는 특권자산(Tradable privileged assets)'으로서 여기에는 코카콜라와 같은 브랜드, 특허, 채굴 비용이 낮은 광산 같은 물리적 자산 등이 모두 포함됐다. 둘째는 '남과 구별되는 역량'이었는데, 그 개념이 상대적으로 덜 명확하긴 했지만 '인재를 끌어당기고 유지하는 능력' '지속적으로 혁신하는 능력' '기업의 명성을 높이고 유지하는 능력' 등이 여기에 포함됐다.

반짝한 뒤 사라진 리엔지니어링 열풍

전략 컨설턴트들은 기대만큼 기업능력과 관련된 컨설팅을 기업들에게 판매하지 못했다. 그 이유는 차차 다루겠다. 그보다 먼저 기업능력과는 대조적이게 대중적으로 매우 잘 알려졌다가 급속하게 추락한 비즈니스 프로세스 리엔지니어링의 짧고도 화려했던 생애를 살펴보자. 그러려면 리엔지니어링 내용도 살펴봐야겠지만 더불어 〈BCG 전망〉 첫 호가 나온 이후 경영이론 시장이 얼마나 왕성해졌고 전문화됐으며 숙련됐고 수익성이 높아졌는지를 살펴볼 필요가 있다.

경영이론 시장에 참여하는 이들의 머릿속에는 언제나 계산기가 돌아가고 있었다. 1990년대 후반 내가 하버드비즈니스 출판사에 근무하는 동안, HBR에 논문을 싣는 저자들은 종종 내게 자신의 논문이 어떤 가치가 있는지를 털어놓곤 했다. 홀로 활동하면서 하루에 2만 달러가 넘는 컨설팅 비용을 청구하는 한 컨설턴트는 이렇게 말했다. "HBR에 논문을 게재하면 1년 또는 2년 정도의 일감을 따낼 수 있다." 전략 컨설팅 회사에서 근무하던 또 다른 파트너는 더 자세한 수치를 들려줬다. "논문은 전혀 돈이 안 됐다"(HBR은 당시 논문에 고작 100달러 사례금을 지불한 뒤 기사에 대한 재출간 및 판권을 모두 소유했다). "기사와 관련된 책의 선계약금은 약간 돈이 됐다"(대체적으로 선계약금은 1만 5000달러 정도였다). "책이 좀 뜨면 강연을 통해 제법 짭짤한 수입을 벌 수 있었다"(당시 그는 연간 100회 정도 강연했는데 강연료는 회당 2만 5000달러 정도였다). "하지만 진짜 큰돈은 논문을 보고 연락해 온 기업들의 컨설팅 프로젝트에서 나왔다."

1982년 《초우량 기업의 조건》이 발간된 이후 10년 동안 경영전문가들과 그 뒤에 있는 회사들은 갈수록 커지는 경영 컨설팅 시장에 눈을 뜨기 시작했다. 경영서적은 한 장르로서 붐을 맞이했는데, 한 조사에 따르면 경영서적 판매량은 1990년대에 걸쳐 두 배로 증가했다. 1990년대 말 닷컴 열풍이 꺼지고 주식시장이 폭락하기 전까지만 해도 경영서적 분야는 아마존닷컴과 반스앤노블에서 테크놀로지 분야 다음으로 가장 잘 팔리는 분야였고 이에 발맞춰 비즈니스 컨퍼런스와 경영전문가 초청강연도 크게 증가했다(물론 주식시장이 폭락한 해에 함께 추락하긴 했지만 말이다).

그러니 이런 새롭게 등장한 기회에 발맞춰 1990년대 초반에 학술과 산업이 결합된 협업시스템이 등장한 것도 놀랄 만한 사실은 아니다. 이런 협업시스템은 〈하버드비즈니스리뷰〉, MIT 경영대학원에서 출간하는 〈슬로언매니지먼트리뷰〉, 애디슨웨슬리 같은 출판사, 그리고 수없이 많은 경영 컨설팅업체가 위치한 보스턴을 중심으로 성황을 이뤘다. 경영서적을 전문적으로 다루는 헬렌 리스 같은 출판 에이전트들은 앞다투어 경영서적 저자들을 대리했다(헬렌 리스는 매우 고집이 셌는데 그녀의 고객 중 한 명은 "헬렌 리스와 사나운 개가 서로를 물었다면 결국 사나운 개가 먼저 도망칠 것"이라고 말할 정도였다).

경영서적을 저술하기 위해 글을 꼭 잘 쓸 필요도 없었다. 저자의 배경이 좋고 팔릴 만한 아이디어만 있다면 언제든지 전문편집자의 도움을 받을 수 있었다. 당시 HBR에서 수석편집자로 일했던 앨런 웨버는 후에 이 과정이 어떻게 진행됐는지를 들려줬다. "〈하버드비즈니스리뷰〉 배후에 감춰진 진실을 말하자면, 당시 내가 편집자로 있던 동안 발표됐던 뛰어난 논문들이 대체로 실제 저자라고 이름이 실린 이들이 쓰지 않았다는 점이다. 이 말은 그들이 저자가 아니라는 말이 아니라 그들이 직접 원고를 쓰지 않았다는 말이다. 하버드 경영대학원 교수에게 찾아가서 원고를 써달라고 하면 그들이 원고를 단 한 장도 쓸 능력이 없다는 것을 단박에 알아챌 수 있었다. 학위가 높은 사람일수록 더 글을 못 썼다. 하지만 그들은 말은 잘했다. 그래서 우리는 대신 이 뛰어난 교수 앞에 녹음기를 놓고 앉았다. 그러면 교수는 말하기 시작했고 우리는 녹음된 내용을 원고에 옮겨 적었다. 그런 다음 내용을 정리해서 교수에게 보여줬다. 그러면 교수는 이렇게 말했다. '당연히 이게 내가 말한 내용이요. 내가 쓴 내용이기도 하구요.'"

이 방법 말고도 도나 샘몬스 카펜터가 세운 워드웍스 같은 편집서비스 회사에 돈을 주고 맡길 수도 있었다. 워드웍스는 자신들이 70권이 넘는 서적을 '생산'했고, 이 책들은 500만 부가 넘게 출간되고 있으며, 이 책들을 전부 합치면 〈뉴욕타임스〉와 〈비즈니스위크〉 경영분야 베스트셀러 명단에 "500주가 넘게 머물렀다"고 주장한다. 혹시 작가를 떠올릴 때 다락방에서 홀로 머리를 쥐어짜면서 글을 쓰는 이의 모습을 떠올리는가? 그렇다면 워드웍스에게 도움받은 저자들 명단이 꽤나 놀라울 것이다. 그 명단에는 톰 피터스, 리처드 파스칼, 많은 하버드 대학교수들, 존 케리 상원의원 등이 포함돼 있다. 워드웍스 서비스는 단순한 대필에 머물지 않았는데, 워드웍스는 '책 꾸미기(Book packaging)'라는 그다지 아름답지 않은 서비스까지 제공했다. 다시 말해 워드웍스는 수만 달러에 달하는 비용을 들여 저자가 준 고작 몇 쪽의 제안서와 저자와의 대화를 시장에 출판할 수 있는 두꺼운 경영서적으로 탈바꿈시킬 수 있었다.

이런 편집서비스에서 가장 큰 도움을 받은 이들이 이후 CSC인덱스로 회사명을 바꾼 컨설팅 회사인 인덱스그룹이다. 공교롭게도 CSC인덱스는 가장 앞장서서 리엔지니어링을 주장한 회사이기도 했다. 인덱스그룹은 1969년에 MIT 박사 출신인 탐 게리티(그는 후에 펜실베이니아 주립대학 와튼 경영대학원에서 9년간 학장을 역임했다)와 또 다른 MIT 출신 3명이 설립했는데 그중 한 명이 짐 챔피였다. 인덱스그룹은 작은 회사로 출발해서 15년간 서서히 성장하다가 컴퓨터사이언시스코퍼레이션에 매각돼 CSC인덱스로 명칭이 바뀌기까지 줄곧 정보기술을 활용해서 경영을 개선하는 방법을 연구했다. 1980년대 중반에 이르자 회사는 BCG의 시간기반 경쟁에서 영감을 얻어 비즈니스 프로세스에 대해 조사하기 시작했고 비즈니스 프로세스를 어떻게 바꿀 것인지를 고민하기 시작했다. 회사의 연구 총책임자는 젊은 하버드 출신 사회학 박사였던 토머스 데이븐포트라는 인물이었다.

CSC인덱스의 연구는 대체로 전직 MIT 교수였던 마이클 해머와 함께 고안해낸 '다수고객 연구참여 프로그램'이라고 알려진 연구방법을 통해 진행됐다. 마이클 해머는 회사를 창업하기 위해 MIT 교수직을 떠났지만 CSC인덱스와는 밀접하진 않았어도 지속적인 관계를 유지했다. 다수고객 연구참여 프로그램은 여러 기업들이 참가비(연간 수만 달러 정도)를 내고 연구에 참여해서 컨설턴트나 돈을 받고 고용된 학자들과 함께 특정 사안에 대해 연구하는 프로그램이었다. 연구결과는 연간 여러 번에 걸쳐 정기모임에서 발표됐는데 일부 정기모임은 페블 비치와 같은 휴양지에서 열렸다.

데이븐포트는 다수고객 연구참여 프로그램에서 얻은 결론을 일부 활용해서 공저자와 함께 〈슬로언매니지먼트리뷰〉 1990년 여름호에 〈새로운 경영공학 : 정보기술과 비즈니스 프로세스 재설계〉라는 논문을 발표하게 된다. 단 몇 주 만에 해머는 동일한 주제에 대한 자신의 의견을 〈하버드비즈니스리뷰〉에 발표했는데, 그 기사 제목은 좀 더 독자 주의를 끌만한 것으로 '리엔지니어링 : 자동화하지 말고 제거하라'였다. 두 기사 중에서 어떤 기사가 베스트셀러가 됐는지는 독자의 판단에 맡기겠다.

해머의 핵심주장은 컴퓨터 시대가 도래했는데도 불구하고 많은 기업들의 비즈니스 프로세스(주문을 접수하고 대금을 지불하고 제품을 생산하는 방식)가 너무 낙후됐고 비효율적이라는 점이었다. 해머는 이런 낡아빠진 프로세스를 개선하기보다는 그냥 없애버리라고 조언했다. 그는 일단 백지에서 출발해서 최신 정보기술을 활용하는 프로세스로 교체하라고 제안했다. 기업들은 그 과정에서 기존의 오래된 관료주의 장벽을 제거해서 업무를 배치해야 했으며, 언제나 최종 수혜자가 고객이라는 점을 명심해야 했다.

여기서 리엔지니어링이 등장하던 경제적 배경을 살펴보자. 1987년 주식시장의 충격 이후 미국경제는 잠시 주춤하다가 천천히 회복했지만 결국 1990년 여름에 이르자 불황에 접어들었다. 기업 종말의 4대 기수는 여전히 약탈을 계속하고 있었고 일본기업들은 이전보다 훨씬 더 위협적이었다. 당시는 일본경제가 장기불황에 접어들기 바로 전이었다. 최고경영자들은 여전히 1980년대의 거대했던 인수합병 열풍 여진에 떨고 있었고, 새로운 경쟁시대에 생존하려면 뭔가를 해야만 한다는 약간은 절박한 심정을 느끼고 있었다.

그리고 이런 상황에서 리엔지니어링은 기업들에게 탄성을 불러일으킬 만한 해결책으로 다가왔다. 리엔지니어링은 변화에 대한 요구를 충족시키면서 동시에 왠지 전략과 관련이 있다는 느낌도 풍겼다. 프로세스, 역량, 기업능력 간의 사소한 차이는 큰 그림 그러니까 최신 정보기술의 마법과도 같은 변화 능력 차원에서 보면 그다지 중요하지 않았다. 조지 스토크를 비롯한 이들은 후에 리엔지니어링이 전략과는 그다지 관계가 없다는 점을 인정했는데, 그 이유는 리엔지니어링이 경쟁에서 이기기 위해 필요한 프로세스가 뭔지를 밝혀내는 데는 별 도움이 되지 않았기 때문이었다. 경영 컨설턴트들은 앞다투어 리엔지니어링 열풍에 뛰어들었고, 심지어 수백만 달러에 달하는 컴퓨터 시스템 구축의 당위성을 찾고 있던 하드웨어나 소프트웨어 회사들도 리엔지니어링 시장에 편승했다. 마침내 확장된 테일러주의가 기반 테크놀로지를 찾아낸 것이었다.

CSC인덱스와 해머는 리엔지니어링의 화려한 행렬 맨 앞에 섰다. 기업들은 해머의 강연을 듣기 위해 수천 달러를 지불했고 해머는 스포츠 경기만큼 화끈한 강연을 통해 효과적이지 못한 기존 조직은 "박살내버려야 한다"고 맹렬한 말을 퍼부었다. 나아가 "리엔지니어링에 성공하려면 큰 비전을 지녀야 하고 사기를 진작시킬 수 있어야 하며 만능해결사가 돼야 한다"고 선언했다. 한편 CSC인덱스는 컨퍼런스를 활용한 마케팅을 갈수록 정교화시키면서 다수고객 연구참여 프로그램에 참여하지 않는 고객층에도 다가가고 있었다. 최고경영자급 고객들은 경영 분야의 유명강사들 강연을 듣기 위해 2500달러가 넘는 돈을 지불하고 컨퍼런스에 참가했다. 강사 중에는 컨설턴트뿐만 아니라 마이클 포터, 워렌 베니스, 피터 드러커 등이 포함돼 있었다(피터 드러커는 강연에서 "리엔지니어링이 새로운 추세이며 기업들은 리엔지니어링을 반드시 적용해야 한다"고 말했다). 오후에는 CSC인덱스측과 고객들 4명이 한 조를 이뤄 골프를 쳤다. 물론 그 과정에서 종종 컨설팅 프로젝트를 따냈음은 당연한 얘기다.

해머와 CSC인덱스의 짐 챔피는 HBR 논문과 워드웍스의 편집서비스를 받아 1993년에 《리엔지니어링 기업혁명(Reengineering the Corporation : A Manifesto for Business Revolution)》이란 책을 출간했다. 이 책은 300만 부 이상 팔렸고 〈뉴욕타임스〉 베스트셀러 목록에 1년 넘게 머물렀다.

성공 뒤에는 수많은 창시자가 있다는 말이 있다. 그리고 CSC인덱스가 리엔지니어링을 통해 이룬 성공은 이 격언이 옳다는 점을 재차 확인해줬다. 리엔지니어링 성공 뒤에는 해머와 챔피, 그리고 저술을 도와준 편집인들이 있었다. 교수, 컨설턴트, 경영사상의 대가로서 탁월한 경력을 가진 토머스 데이븐포트는 리엔지니어링이란 단어가 존재하기 전부터 리엔지니어링의 지적 창시자로 손꼽히는 인물이다. 당시 CSC인덱스의 혁신 및 마케팅 담당 부사장이었던 탐 웨이트는 현재 자신의 웹사이트에 CSC인덱스에서 나온 베스트셀러와 관련해서 자신이 "일련의 경영서적을 최초로 기획했고 초기 마케팅을 진행했던 인물"이라고 적어놓았다.

핵과학 박사이자 누구보다도 CSC인덱스의 연구 프로그램과 컨퍼런스에 많은 기여를 했던 론 P. 크리스먼은 자신의 웹사이트에 자신이 리엔지니어링 창시자라는 주장을 뒷받침하는 수치들을 적어놓았다. "그(크리스먼)가 시작했던 CSC인덱스의 연구 및 자문 서비스(크리스먼은 해당 부문 수장이었다)는 회사가 10년 동안 1000만 달러짜리 IT 컨설팅 회사에서 2억 2500만 달러짜리 컨설팅 회사로 거듭나게 된 원동력이 됐다." 그는 또한 자신의 팀이 "비즈니스 리엔지니어링이란 개념을 최초로 고안했고 명명했다"고 강조한다. 크리스먼은 이후 자신이 고안해낸 다수고객 연구참여 프로그램과 관련된 컨퍼런스 마케팅 방식을 자신이 세운 회사였던 콩쿠르그룹에서도 활용했다고 주장했다. 이 회사의 컨퍼런스는 지금도 짐 콜린스, 토머스 데이븐포트, 게리 하멜과 같은 유명인사들을 중심으로 진행된다.

　데이븐포트를 제외하곤 리엔지니어링 창시자라고 자처하는 이들 모두 리엔지니어링 추락에 대해선 하나같이 말을 아낀다. 리엔지니어링이 추락한 이유를 한 문장으로 설명하자면, 회사 관점에서 리엔지니어링이 구조조정과 동의어가 되면서 직원들이 리엔지니어링 도입을 극도로 반대했기 때문이다. 물론 챔피, 데이븐포트, 해머는 모두 직원감축이 리엔지니어링의 핵심이 아니라고 주장했다. 하지만 이런 주장은 "부상당한 사람은 데려가되 낙오자는 사살하라"는 리엔지니어링 가르침 앞에선 설득력이 없었다.

　1995년에 〈패스트컴퍼니〉에 실린 기사에서 데이븐포트는 리엔지니어링 실패에 대해 설명하면서 CSC인덱스가 한 해 전에 발표했던 〈리엔지니어링 상황 보고서〉를 인용했다. "조사에 응답한 기업 중 50퍼센트가 리엔지니어링에서 가장 힘든 부분이 조직 내부의 두려움과 우려라고 답했다. 73퍼센트에 달하는 기업들이 리엔지니어링을 활용해서 평균 21퍼센트의 인원을 감축하고 있다고 답했다. 완료된 리엔지니어링 프로젝트 99개 중에서 67퍼센트는 그저 그렇거나 약간의 성과를 냈거나, 아니면 아예 실패한 것으로 추정됐다." 데이븐포트는 심지어 챔피와 해머의 저서에 소개됐던 회사들이 이후 어떤 상황에 처했는지에 대해서도 자세히 설명했다. 다이렉트리스폰스그룹 경영진은 모회사에 의해 교체됐고 "프로세스 기반의 조직구조도 해체됐다." 뮤추얼베네핏라이프는 "청산절차에 들어간 거나 진배없었다." 홀마크는 리엔지니어링에도 불구하고 새로운 축하카드를 개발해내는 데 여전히 1년이 걸렸다.

　1996년에 CSC인덱스 이사회 의장이자 최고경영자였던 챔피는 몰락

해가는 회사를 떠나 페로시스템에 합류해서 컨설팅 부문 수장이 됐다. 1999년에 모회사 CSC는 CSC인덱스의 남은 자산을 모두 청산했고 한때 14개 사무소에서 근무하던 600명 직원 중 일부만을 흡수한 뒤 모두 해고했다.

기업능력의 종말

핵심역량과 기업능력에 기반한 전략의 도래를 알린 것이 〈하버드비즈니스리뷰〉라면 그 소멸 또한 마찬가지였다. 핵심역량과 기업능력에 대한 최초의 비난 중 하나는 스토크가 공저자 앨런 웨버와 함께 1993년 〈하버드비즈니스리뷰〉에 기재한 논문 〈일본식 시간기반 전략의 맹점〉이었다. 두 저자는 논문에서 도쿄의 아키하바라 지역으로 대표되는 전쟁 같은 상황을 묘사했다. 아키하바라는 일본의 전체 전자제품 매출의 10퍼센트가 발생하는 곳으로 이곳에서 경쟁하는 모든 이들은 시간기반 경쟁을 체득한 이들이다.

그 결과는 디즈니 만화영화 〈마법사의 제자〉처럼 정신이 없었다. 차이가 있다면 단지 여러 명의 제자들이 훨씬 빠른 속도로 로봇처럼 법석을 떤다는 점뿐이었다. 일본 제조업체들은 워크맨, 커피메이커, 냉장고 등 동일한 제품군에 뛰어들어 이전보다 훨씬 다양한 제품을 쏟아냈고 신제품은 갈수록 빠른 속도로 출시됐지만 그중에서 어떤 업체도 수익을 내지 못했다. 스토크와 웨버는 시간기반 경쟁 자체가 문제가 아니라 모든 업체들이 시간기반 경쟁에 뛰어들고 있는 게 문제라고 주장했다. 집요한 일본기업들은 "늘 지나치게 노력했고" 대세를 순순히 따르는 경향이 있었기에 "다양성을 증가시켜 차별화를 이룩하기 위한 전략적 도구"를 활용해서 대신 "모든 제품을 일용품으로 전락시켰다."

오직 역량에 기반해서 경쟁할 수 있다는 주장에 더 큰 비난을 가한 논문은 마이클 포터가 이보다 3년 뒤에 〈하버드비즈니스리뷰〉에 게재한 논문 〈전략이란 무엇인가(What Is Strategy?)〉였다. 항공공학을 공부했으며 서른 살에 모든 철학 문제를 풀었다고 확신한 나머지 이후 10년간 다른 분야를 연구했던 루트비히 비트겐슈타인처럼 마이클 포터도 1985년 《경쟁우위》를 출간한 이후로는 전략에 대한 논의에서 벗어나 있었다. 물론 나태하게 놀고만 있었던 건 아니다. 1990년에 그는 850쪽에 이르는 저서 《국가 경쟁우위(The Competitive Advantage of Nations)》를 발표했고, 덕분에 기업뿐만 아니라 정부에서도 귀 기울이는 조언가가 됐다(덕분에 포터의 회사 모니터컴퍼니도 정부 분야에서 많은 일감을 따냈다). 포터는 미국 대통령이 임명한 특별위원회에 몸담으면서 경쟁력이 환경결정론과 도시 저소득층에 어떤 혜택을 제공할 수 있는지를 설파했고 쉬지 않고 강연과 컨설팅을 수행했다.

하지만 포터는 하버드 경영대학원에서 전략을 가르치는 신세대 교수들과 사이가 좋지 못했다. 그중 상당수를 자신이 직접 뽑았는데도 불구하고 말이다. 일부는 그 상황에 대해 '반얀나무 효과'라고 비꼬면서 무화과나무 일종인 반얀나무 줄기가 계속 뻗어나가면서 나무를 칭칭 감아 조르는 모습으로 비유했다(어쩌면 그보다 더 적절한 비유는 거대하고 울창한 나무 그림자 안에서 뻗어나가지 못하는 어린 나무들 모습일지도 모르겠다). 또 다른 이들은 포터가 다른 과목 교수들처럼 경쟁 및 전략 과목에서 끈끈한 교수진을 구성하지 못했다고 비난했다. 포터도 자신이 자신의 바로 전 세대 교수들과 바로 후 세대 교수들, 이른바 '어중간한 세대'와는 잘 맞지 않았다는 점은 인정했다. 하지만 그는 자신이 롤랜드 크리스텐슨과 켄 앤드류스와는 잘 어울렸다면서, 둘의 뒤를 이은 바로 다음 세대가 자신의 정교수 임명에 반대했던 교수들이었다고 말했다. 그리고 그는 학자로서 전성기에 진입하고 있는 전략 교수들과는 매우 잘 어울렸다. 비록 이들의 바로 이전 세대 교수들과는 그다지 관계가 좋지 않았지만 말이다.

하지만 1996년이 되자 포터는 이런 사소한 다툼에 신경쓸 겨를이 없었다. 왜냐하면 자신의 분신이라고 할 수 있는 전략이 곤경에 처해 있었기 때문이다. 그는 전략에 대한 비난이 자신에 대한 공격이라고 느꼈다. 포터는 후에 〈패스트컴퍼니〉와의 인터뷰에서 "전략에 대한 잘못된 아이디어가 사람들을 현혹시키고 엉뚱한 곳으로 이끌었다"고 말했다. 잘못된 생각이 번지고 있었던 건 사실인데, 그 생각은 급속도로 변화하는 세계에서 전략이 무용지물이며 오히려 기업 혁신을 방해할 수도 있다는 생각이었다. 이에 대한 포터의 대답이 바로 〈전략은 무엇인가〉란 논문이다.

포터는 논문에서 시장과 기술이 급변하는 시대에 "어떠한 전략적 포지셔닝도 경쟁자들이 쉽게 모방할 수 있고 경쟁우위는 기껏해야 일시적일 뿐"이라는 이른바 '전략의 새로운 교리'를 거부했다. 포터는 사람들이 이런 헛소리에 현혹되는 까닭이 '운영효율성'과 '전략'의 차이점을 제대로 분간하지 못하기 때문이라고 주장했다. 포터는 폭넓은 지식을 능란하게 펼쳐 보이면서, 운영효율성이 온갖 경영수단을 뒤죽박죽 섞어놓은 잡동사니에 불과하며, "전략의 자리를 대신했을 뿐"이라고 주장했다. 그러면서 운영효율성은 결국 "종합적 품질관리, 벤치마킹, 시간기반 경쟁, 아웃소싱, 제휴, 리엔지니어링, 변화경영"이 뒤범벅된 것일 뿐 결코 전략이 아니라고 주장했다.

운영효율성의 핵심은 모든 기업활동에서 경쟁자보다 더 뛰어남으로써 고객에게 더 큰 가치를 제공하는 것이었다. 즉, 이를 통해 더 나은 제품을 더 높은 가격에 판매하거나 또는 흔한 제품을 더 싼 가격에 판매하는 것이었다. 포터가 보기에 운영효율성은 결국 경쟁자와 똑같은 활동을 경쟁자보다 더 효율적으로 수행하는 것에 지나지 않았다. 대조적으로(여기서 둥둥둥 등장을 알리는 북소리가 들린다) "전략적 포지셔닝은 경쟁자와 '차별된 활동'을 수행하거나 경쟁자와 동일한 활동을 '차별된 방식'으로 수행하는 것을 의미했다."

포터는 이전 10년간(1985년부터 95년까지) 미국기업 관리자들이 "경영효율성을 개선하는 데 매진했다"고 인정하면서 그 이유가 경영효율성이 훨씬 우수한 일본기업에 대응하기 위해서라고 주장했다. 〈전략이란 무엇인가〉에는 "일본기업은 전략이 없다"라는 박스기사가 함께 실려 있었는데 이 기사는 하멜, 프라할라드, 스토크가 불러낸 무시무시한 일본기업들에 벌벌 떠는 독자들에게 안도감을 줬다. 포터는 운영효율성에 기반한 경쟁에 두 가지 치명적인 오류가 있다고 주장했다. 첫째, 기술과 전문성은 경쟁자들이 쉽게 모방할 수 있었기에 '생산성의 한계'가 끝없이 확장되면서 결국 "모든 경쟁자들에게 요구되는 생산성 수준도 높아질 수밖에 없었다." 그러다보면 곧 경쟁에서 밀려나지 않기 위해 가장 높은 생산성을 유지해야만 하는 끝없는 경주가 펼쳐졌고, 더 큰 문제는 그 과정에서 수익을 창출하기란 갈수록 힘들어진다는 점이었다. 둘째, 모든 기업들은 서로를 벤치마킹했고 종종 매우 효율적인 동일 하청업체에게 아웃소싱을 했기에 기업들 전략이 서로 겹치면서 "결코 어느 누구도 이길 수 없는 똑같은 길을 달려가는 경주"에 빠져들 수밖에 없었다.

이에 대한 해법이자 전략의 정수는 결국 차별화였다. 이를 위해 포터는 포지셔닝의 기반이 되는 세 가지 대안을 제시했다. 그는 이 세 가지 대안이 《경쟁전략》에서 처음 제시됐던 본원적 전략(원가 우위, 차별화, 집중화)을 더욱 구체화시킨 것이라고 주장했다. 일단 '다양성에 기반한 포지

334

셔닝'을 할 수 있었다. 이 방법은 특정 고객층에 초점을 맞추기보다는 특정 제품이나 서비스에 초점을 맞추는 것이었는데, 뱅가드그룹이 인덱스펀드에 집중한 것이 그 예였다. 또는 '고객요구에 기반한 포지셔닝'도 가능했다. 이 방법은 특정 집단의 요구에 집중하는 것이었다. 일례로 베세머트러스트의 프라이빗뱅킹 부문은 적어도 500만 달러가 넘는 투자자산을 보유한 가정에만 사업을 집중했다. 마지막으로 기업들은 '접근기반 포지셔닝'을 취할 수 있었다. 즉, 고객 요구가 차별적이지 않을 경우 고객에게 접근하는 방식을 차별화할 수 있었다. 예를 들어 카마일시네마는 오직 인구가 20만 명보다 적은 도시나 동네에서만 영화관을 운영했다.

결국 기업은 포터가 계속해서 입 아프게 주장했던 것처럼 선택을 해야만 했고 나아가 포지셔닝을 선택하는 것만으로는 부족했다. 기업은 선택을 하는 과정에서 트레이드오프(어느 한쪽 대신 다른 한쪽을 선택하면 그에 따라 포기해야 하는 것–옮긴이)가 있음을 인식해야만 했다. 이 과정에서 기업 목표는 포터가 말한 전략의 또 다른 필수요소이자 무미건조한 용어인 '적합성(Fit)'에 맞춰 기업의 모든 활동을 정렬하는 것이었다. 적합성이 제대로 이뤄진 예로 포터가 가장 먼저 제시한 사례는 모든 이들이 이른바 사업의 집중과 적합성의 예를 들 때 제일 먼저 손꼽는 사례인 사우스웨스트항공이었다. 사우스웨스트는 저가격 전략을 추구하기 위해 버려야 할 것들을 버렸고(트레이드오프), 선택을 했으며, 전략적 적합성을 이뤘다. 사우스웨스트는 오로지 단거리 비행편만을 제공하며 식사나 연계서비스를 제공하지 않는다. 정비시간을 단축해서 지상에 머무는 시간을 줄이면서 동시에 항공시간을 늘리기 위해 모든 비행기를 하나의 모델로 통일했다. 포터는 전략적 적합성의 중요성이 전략에선 매우 오래된 생각이지만 기업들이 핵심역량이나 핵심성공요인 등에 현혹되는 바람에 전략적 적합성의 중요성을 까맣게 잊었다고 주장했다.

그는 장황한 설명을 마치면서 마치 유능한 목회자처럼 전략의 낙원을 짧게 보여줬고, 전략의 바른 길로 나아가려는 경영자들 앞에 놓인 올가미에 대해 경고했다. 기업활동이 상호 보완적이면서 기업의 모든 노력이 최적화되면 전략적 적합성을 이룰 수 있었다. 그리고 이런 식으로 전략적 적합성을 이루는 기업은 10년 또는 더 긴 기간 동안 전략적 우위를 누릴 수 있었다. 물론 포터가 이렇게 꼭 집어서 말한 건 아니지만 적어도 그는 그렇게 생각할 만한 힌트를 제시했다. 하지만 이런 축복받은 상태에 도달하려면 경영자들은 "트레이드오프가 스스로 유약함을 인정하는 것과 마찬가지라는 지나친 자신감" 그러니까 모든 부분에서 동시에 경쟁할 수 있다는 생각을 버려야만 했다. 나아가 운영효율성의 솔깃한 유혹에도 흔들려선 안 됐다. 왜냐하면 운영효율성이 "구체적이고 실천가능하다는 점에서 매력적"이고 "가시적이고 측정가능한 성과개선"을 가져올 수 있긴 했지만 반드시 수익성 개선으로 이어지진 않았기 때문이다. 무엇보다도 경영자들은 사업을 무리하게 성장시키려는 유혹을 이겨내야만 했다. 왜냐하면 이런 유혹은 종종 "제품군을 확대하고 새로운 기능을 추가하며 경쟁자의 인기 있는 서비스를 모방하고 경쟁자에 대응한 제품을 출시하며 심지어 인수를 부추겼기" 때문이다. 그래선 안 됐다. 오히려 꼭 성장해야 한다면 전략적 포지션을 더욱 공고히 다져야 했는데, "기업활동을 보다 차별화하고 전략적 적합성을 강화하며 기업의 전략 덕분에 더 큰 혜택을 누리는 고객과의 커뮤니케이션에 더욱 힘써야" 했다.

이쯤 되면 포터의 주장은 전략에 대한 더욱 고차원적인 관점, 어쩌면 불변하는 진리의 세계이자 일상적인 현실과 동떨어진 세계로 접어드는 것처럼 느껴진다. 그리고 포터의 〈전략은 무엇인가〉를 읽은 독자들은 왠지 씁쓸한 감정을 느꼈을 수도 있다. '선택해야만 한다'는 포터의 외침에도 불구하고 독자들 머릿속에는 여전히 학습기반 전략 학파에서 제기한 오래된 질문이 떠돈다. "전략적 포지셔닝과 관련해서 기업들이 취할 수 있는 선택의 수가 몇 개나 되는가?" 기업의 전략적 포지셔닝은 사우스웨스트처럼 새롭게 시작할 수 있는 것이라기보다는 이전부터 내려오던 것이 아닌가? 그리고 만약 몸담고 있는 산업에 차별화할 수 있는 기회 자체가 아예 없다면 어떻게 해야 하는가?

나아가 이전 10년 동안 전략과 관련해서 벌어졌던 모든 논쟁에도 불구하고 포터가 주주나 주주가치 창출에 대한 압박이 사업 성장의 유혹과 관련이 있는데도 이에 대해 전혀 언급하지 않았다는 점도 매우 놀랍다. 물론 포터도 '가시적이고 측정가능한 성과개선'을 달성하도록 "관리자들이 갈수록 큰 압박을 받고 있다"는 점은 인정했다. 하지만 이 정도로는 확장된 테일러주의와 주식시장의 압박 때문에 기업이 인력을 대량으로 해고하거나, 적정한 인력만을 유지하거나, 이리저리 조직을 비틀고 떼어내면서 새로운 조직구조를 찾으려는 다급한 상황을 적절하게 다뤘다고 할 수 없다. 그 결과 포터의 〈전략이란 무엇인가〉에 담겨 있는 대부분의 주장은 왠지 너무 친숙하고 심지어 구태의연하게 보이기도 한다. 나아가 어쩌면 경쟁이 그다지 극심하지 않았고 새로운 전략적 포지셔닝을 하기에 좀 더 용이했던 시대로 되돌아간 것처럼 보이기도 한다.

어쩌면 포터 자신도 이 점을 어느 정도 느꼈을지도 모른다. 그는 〈전략이란 무엇인가〉를 발표한 뒤, 곧 이 논문에 담긴 이론을 더욱 구체화해서 책을 출간하라는 제안을 받고 계약까지 했지만 기사가 발표된 지 13년이 지나도록 책은 여전히 출간되지 않고 있다. 이 점은 이해가 잘 안 된다. 하지만 더 이해가 안 되는 점은 이 위대한 인물, 기업이 미래를 개척하는 데 다른 어떤 학자들보다 더 많은 업적을 남긴 이 인물이 왜 아직도 노벨경제학상을 받지 못했는가 하는 점이다.

포터의 재등장과 리엔지니어링의 추락 전에도 기업들은 이미 핵심역량이나 기업능력에서 현실에 적용할 수 있는 교훈을 도출해내는 데 어려움을 겪고 있었다. 전략 컨설턴트들은 고객들이 역량을 정확히 정의하지 못하는 모습을 반복적으로 목격했는데, 역량은 마치 미끄러운 몸뚱이를 가진 생물과 같았고, 대체로 시장점유율이나 가치사슬을 구성하는 기업활동보다도 더욱 수치화하기가 어려웠다. 이런 혼란 속에서 기업들이 단지 일부 역량에만 집중하라는 컨설턴트들과 저자들의 목소리를 무시하고 여러 역량에 주의를 분산시키는 경향은 갈수록 두드러졌다. 최고경영자들은 전통적인 사업 간의 경계를 허물고 전사적인 역량관리를 매우 중시했다. 이에 반해 각 사업군의 매니저들은 구조조정이 갈수록 성행하자 자신의 자리를 지키기 위해 더욱 맹렬하게 저항했다.

하지만 이보다 더 심각한 문제는 어쩌면 훨씬 오래된 질문이었는데, 바로 전략에 있어 융의 그림자와 같은 인간 문제였다. 나는 조지 스토크에게 왜 기업능력이 BCG의 경험곡선이나 성장점유율 매트릭스처럼 손쉽게 컨설팅으로 팔 수 있는 제품이 되지 못했냐고 물었다. 원래 꽤나 쾌활한 그도 이 질문에는 한숨을 내쉬었다. 그는 기업능력을 현실에 적용하려면 직원의 습성 자체를 바꿔야만 했는데 그것은 "쇼핑하듯 돈만 주면 살 수 있는 전략이론"과는 전혀 별개의 문제였다.

제14장

새 시대를 연 전략혁명, 세계를 휩쓸다

20세기가 저물면서 전략에 관한 새로운 질문도 쏟아지기 시작했다. 과연 인터넷이 우리 회사 비즈니스 모델을 파괴할 것인가? 지난 수년간 긴축만 했는데 이젠 어떻게 성장해야 하는가? 외국 경쟁자들 때문에 죽을 지경이고 모든 것을 포기하고만 싶은데 우리가 세계적인 경쟁력을 확보할 수 있는 방법이 있기는 한가? 당연히 컨설턴트와 학자들은 이런 질문들에 대해 새로운 답변을 제공하려 노력했다.

하지만 21세기에 들어서면서 등장한 새로운 아이디어, 즉 전통적인 가치사슬의 맹점, 핵심사업으로부터의 확장이론, 옵션 포트폴리오 전략 등을 감안하기 위해 재구성된 전략이론 등은 전략에 대한 논의를 일부 진전시키기는 했지만 기존 전략이론을 뒤집는 새로운 아이디어는 등장하지 않았다. 2005년에 맥킨지의 존 스턱키는 이 점에 대해 다음과 같이 요약했다. "지난 40년간 맥킨지는 회사 내부에서든 외부에서든 꾸준히 전략에 대한 사고를 발전시켜왔다. 하지만 지난 10년간은 큰 진전이 없었다." 이에 대해 한 맥킨지 파트너는 전략 부문 수장들은 자리에서 물러나면 꼭 그런 식으로 얘기한다면서 비난하긴 했지만 대부분의 전략 컨설턴트와 학자들은 스턱키의 말에 동의한다. 만약 스턱키에 말에 동의하지 않는 사람을 만난다면 이런 질문을 해보라. 포터나 하멜 정도로 전략의 대가이면서 1995년 이후에 명성을 떨쳤거나 전략에 관한 베스트셀러를 발표한 이의 이름을 대보라고. 이 질문을 받자마자 곧장 김위찬과 르네 마보안의 이름을 떠올릴 수 있는 사람이 과연 몇 명이나 되겠는가?

전략혁명에 몸담았던 이들이 그나마 이 시기에 대해 기뻐해야 할 부분은 바로 전략이란 패러다임이 전 세계로 퍼져나갔다는 점이다. 전략은 맥킨지나 보스턴컨설팅그룹의 도움이 필요할 만큼 충분한 규모의 성숙한 회사가 모여 있는 곳으로 확산되기 시작했다. 그리고 갈수록 이런 지역은 넓어져만 갔는데 러시아, 중국, 인도를 비롯해서 자유주의 시장경제와 미국식 자본주의에 따른 변화의 바람이 부는 곳이면 어디든 마찬가지였다. 브루스 헨더슨이 1963년에 설립했던 BCG는 빠르게는 1970년대부터 매출의 절반을 미국이 아닌 지역에서 벌어들였다. 기준을 똑같이 놓고 보면 오늘날 세계 최고의 전략 컨설팅 시장은 독일이다. 그리고 독일은 지난 30년간 최고의 전략 컨설팅 시장이었다. 맥킨지와 BCG는 독일에 똑같이 7개 사무소를 두고 있다. 이 책을 쓰는 지금 52개국에 94개 사무실이 있는 맥킨지의 수장은 캐나다 출신의 도미닉 바튼이다. 그리고 38개국에 66개 사무실이 있는 BCG의 수장은 바로 독일인 한스폴 뷔르크너다.

전략 컨설팅 회사들의 전 세계적 확장은 세계경제의 모든 부분에 전략이 스며들었다는 사실을 잘 보여준다. 하지만 전략의 전 세계적 승리에서 더욱 중요한 점은 전략 및 관련된 이론들이 20세기 말이 되면서 경영자 의식 속에 완전히 스며들었고 비즈니스 지식화에 박차를 가했다는 점이다. 이에 대한 증거는 겉으로 잘 드러나진 않지만 가장 확실한 증거는 미국뿐만 아니라 전 세계적으로 MBA 학위 수료자들이 놀랄 만큼 증가했다는 점이다. 나아가 MBA 학위를 가진 최고경영자 비중이 갈수록 증가하고 있고 그중 꽤 많은 이들이 전략 컨설팅 회사 출신이라는 점도 이런 사실을 뒷받침한다. 새롭게 등장한 이들 비즈니스 지식인들은 예전처럼 아이디어를 도출해내는 데만 머물지 않고 점차 직접 아이디어를 실천에 옮기게 된다.

글룩의 예상을 뛰어넘는 맥킨지의 성장

1988년, 프레드 글룩은 맥킨지 대표가 된 첫 해에 파트너들이 모인 자리에서 2000년에 대한 비전을 내놓았다. 그는 2000년이 되면 맥킨지가 30개 국가(1988년 당시에는 21개국)에 75개 사무소를 보유하고 있을 거라고 예측했다. 그는 또한 자신이 생각하는 세 가지 주요과제에 대해서도 설명했다. 처음 두 과제는 세계화와 긴밀한 관계가 있었는데, 그 내용은 "맥킨지가 해외 컨설턴트들의 육성과 글로벌 네트워크의 효과를 증대"하는 데 박차를 가해야 하며 "이미 맥킨지가 자리잡은 국가에서는 지속적으로 성장"하면서 동시에 "맥킨지의 글로벌 네트워크"를 확대해야 한다는 것이었다. '네트워크'라는 단어를 강조한 점은 결코 지나치다고는 볼 수 없는데 실제로 맥킨지가 전 세계로 확대하는 데 있어 네트워킹, 이른바 관계구축은 매우 중대한 기여를 했기 때문이다.

맥킨지가 다국적 기업으로 변모하게 된 첫걸음은 1959년 런던에 사무소를 개설하면서부터다. 그 후로 맥킨지의 사업은 신속하게 확장됐으며 이는 대체로 다사업부 조직구조(Multidivisional form, M-form)와 관련된 컨설팅을 하는 데 힘입은 바 컸다. 다사업부 조직은 알프레드 챈들러가 로열더치셸 및 스위스화학 및 의약품 제조업체인 가이기와 함께 일하면서 고안해낸 조직구조였다. 1950년 무렵만 해도 다사업부 조직은 독일에서 전혀 들어보지도 못한 개념이었다. 하지만 20년이 지난 뒤, 한 조사에 따르면 독일 100대 기업 중 50개는 다사업부 조직을 구축했고 그중 상당수가 맥킨지의 도움을 받았다.

하지만 맥킨지가 새로운 고객에게 접근하는 데 있어 핵심은 이론이 아니었다. 기업의 운명이 기업의 태생적인 유전자로써 결정된다고 믿는 톰 피터스는 맥킨지의 유전자가 '최고경영자의 자문역'으로 애초부터 정해져 있다고 주장했다. 맥킨지는 만약 새롭게 진출하는 국가나 산업에 이런 역할이 존재하지 않으면 만들어냈다. 그리고 필요하다면 고객사의 기획자부터 사업부 수장 그리고 마침내 최고경영자 선까지 조직체계를 타고 올라갔다. 맥킨지의 사업확대에 강력한 추진력을 부여한 것도 바로 맥킨지의 이런 특성이었다.

사업확대는 대체로 추천을 통해 이뤄졌다. 예를 들어 로열더치셸은 텍사코의 이사회 의장으로부터 맥킨지를 처음 소개받았다. 아울러 맥킨지는 이런 추천 과정에 힘을 더하기 위해 유명인사를 기용하는 것도 주저하지 않았다. 이미 런던 사무소가 꽤나 번창 중이던 1966년에 맥킨지는 앨컨 카피사로 경을 이사로 고용했다. 미국인이 아닌 사람 중에서 맥킨지가 이사로 임명한 최초 인물이었던 그는 컨설팅 경험이 전혀 없었다. 하지만 앨컨 경은 영국 정부 고위직 인사들을 친구로 두고 있었기에 얼마 안 있어 영국 정부는 중요한 프로젝트에 맥킨지를 고용하기 시작했다.

맥킨지가 지역 상류사회에 서서히 스며드는 모습을 맥킨지 경쟁자들은 부러운 시선으로 쳐다봤다. 경쟁자들이 보기에 맥킨지 파트너들은 특정 지역에 사무소를 개설할 때 일단 그 지역을 방문해서 그 지역 기업가들에게 맥킨지의 만족스런 서비스를 경험해본 다른 지역의 기업가들이 써준 추천서만 건네주면 그만이었다. 그러면 조만간 좋은 배경과 세련된 매너를 지닌 맥킨지 파트너들은 가장 참석하기 힘들다는 사교클럽에 초대됐다. 그리고 나면 파트너들은 사교클럽 또는 자신들의 호화로운 저택에서 소규모 만찬을 열기 시작했다. 만찬에는 마음이 맞는 사람들 소수만이 참석했으며 그들은 공통된 주제에 대해 대화를 나눴다. 맥킨지 파트너들은 지역 자선단체에도 적극적으로 몸담았는데 대체로 이사회 일원으로 참여했다. 그리고 영문은 알 수 없지만 지역 최고경영자 자녀들은 아무리 멀리 떨어진 곳에서 경영대학원을 다녀도 맥킨지에 입사하고 싶다는 의사를 내비치기만 하면 맥킨지의 주니어컨설턴트로 고용됐다.[1]

맥킨지 파트너들은 자신들이 사교적이라는 점을 부인하진 않는다. 하지만 최고경영자의 친구가 되는 것이 경쟁자들이 생각하는 것보다 훨씬 어렵고 꾸준한 노력이 필요하다는 점도 강조한다. 허브 헨즐러는 맥킨지에 30년을 몸담으면서 독일 사무소를 세우고 이끌었던 인물로 이후 맥킨지에서 세 손가락 안에 들었던 인물이다. 그는 지속적으로 고객들과의 장기적인 관계구축을 강조해왔다. "내가 고객과의 관계를 중시하게 된 데는 하나의 경험이 있다." 그의 말이다. 그는 평범한 컨설턴트였을 때 두 가지 목표가 있었는데, 고객의 가장 큰 문제를 해결하는 데 집중하고 아첨하는 자문역이 아니라 평등한 관계에서 고객사의 경영진을 대하는 것이었다. 하지만 그의 이런 희망은 1970년대 중반, 현장 노동자의 경영 참여를 의무화하는 법안인 공동결정제도(Co-determination)에 대해 논의하고자 독일 본에서 열렸던 컨퍼런스에 참석하면서 무참하게 깨졌다. "나는 100명의 경영자들과 정치가들이 모여 있는 모습을 그때 처음 봤다. 그리고 컨퍼런스가 하루 종일 진행되니까 휴식시간에 그들이 우리에게 와서 이렇게 말을 걸 거라고 기대했다. '이봐, 맥킨지 친구들, 자네들이라면 공동결정제도에 대해 제대로 된 조언을 해줄 수 있겠지?' 그런데 하루 종일 어느 누구도 우리에게 말을 걸지 않았다. 아이디어가 넘치고 자신만만했던 스물여덟 살 청년에게 그것은 대단한 충격이었다. 그 뒤로 나는 결심했다. 이런 상황을 바꾸든지 아니면 회사를 떠나겠다고."

그는 전자를 택했다. 상황을 바꾸기 위해 그는 자신들이 만난 기업임원들을 대상으로 오늘날 코칭이라고 불리는 활동을 시작했다. "나는 고객들에게 회사에서 어떤 식으로 행동해야 하는지에 대해 조언함으로써 그들의 개인적 성장을 도왔다. 나는 심지어 고객이 프레젠테이션을 준비하는 것도 도왔다." 그가 상대하던 직급은 점차 높은 직급으로 옮겨갔고, 그러자 맥킨지와 고객사의 관계도 갈수록 견고해져갔다. 헨즐러는 2001년 맥킨지에서 은퇴하기 전까지 지멘스에 27년간 지속적으로 컨설팅을 해줬고 다이믈러와 베텔스만에게도 거의 20년이 넘게 컨설팅을 해줬다.

이미 앞에서 살펴봤듯 전략은 기업 최상위층과 일하려는 컨설턴트에게 가장 이상적인 제품이었는데, 이는 독일에서뿐만 아니라(헨즐러는 1974년에 지멘스를 고객으로 확보할 수 있었던 이유로 '맥킨지 매트릭스'를 들었다) 전 세계적으로도 마찬가지였다. 전략은 투자금과 경영자의 주의를 요구하는 수많은 사업 중에서 오직 중요한 사업만을 추려낼 수 있는 시각을 최고경영자나 사업부 수장들에게 제공했다. 나아가 경영자들은 전략이란 분석적 도구를 활용해서 사업에 대한 어떤 결정도 정당화할 수 있었고, 그 결과 기업 내부의 힘은 중앙으로 집중됐다. 물론 이후 맥킨지가 주요 제품사업부 중심의 조직구조를 강조하면서 중앙으로 결집됐던 힘은 다시 사업부로 돌아가게 된다.

글룩과 리처드 포스터는 1980년대 초반에 이미 모든 맥킨지 파트너로 하여금 스위스 브베에서 전략교육 과정을 수료하게 했고, 맥킨지는 전략 컨설팅을 전 세계에 퍼트리는 데 있어 자신들이 세계 최고라고 자부했다. 1980년에 BCG 연매출은 맥킨지 연매출의 35퍼센트 수준에 달할 정도로 크게 상승했다. 하지만 1985년이 되자 맥킨지는 BCG를 멀리 따돌릴 수 있었는데, 그해 BCG 연매출은 맥킨지 연매출인 3억 1500만 달러의 17퍼센트에 불과했다(그림 14-1 참조).[2]

전략에서 통용되는 용어로 표현하자면 맥킨지 점유율이 상승한 이유는 시장 파이를 늘렸기 때문이었다. 맥킨지 매출은 1975년부터 1980년까지 단지 두 배로 늘어났을 뿐이지만 이후로 5년 동안은 거의 세 배나 늘었다. 물론 전략 컨설팅에서 전체 맥킨지 매출이 발생한 것은 아니었다. 다만 매출의 상당부분이 전략 컨설팅에서 발생했다고 할 수 있는데, 정확한 추산이 어려운 이유는 전략에 대한 경계가 갈수록 모호해지면서 점차 최고경영자와 상대하는 모든 프로젝트는 전략으로 간주됐기 때문이었다. 이와 달리 맥킨지가 지정학적으로 어느 지역에 더 힘을 쏟는지는 매우 분명했다. 글룩이 론 다니엘스의 뒤를 이어 대표로 활동했던 1979년부터 1988년까지 맥킨지는 12개 사무소를 신설했는데, 미국에 3곳, 유럽에 9곳, 홍콩에 한 곳을 개설했다. 그리고 맥킨지가 깃발을 꽂는 곳에는 당연히 전략이 뒤따라갔으며 브루셀, 리스본, 제네바, 헬싱키에서 맥킨지의 깃발이 휘날렸다.

이런 점을 대변하듯 글룩은 1988년 대표로 취임한 뒤 첫 연설에서 전

[그림] 14-1

'3대 전략 컨설팅 회사'의 매출액

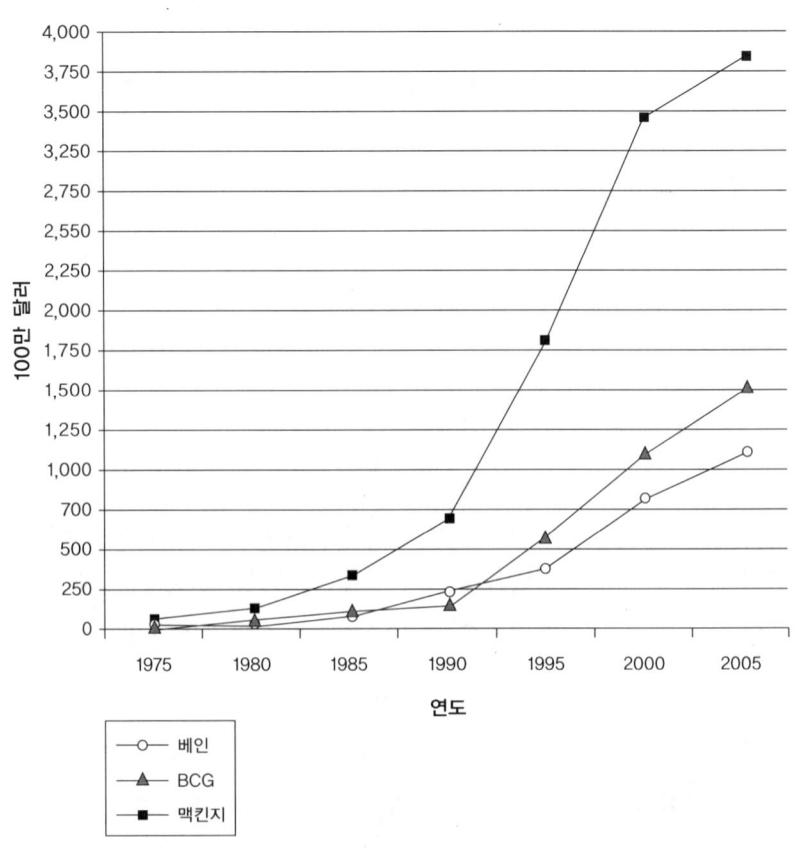

출처 : 케네디인포메이션이 산출한 자료에서 인용

략은 거의 언급조차 하지 않았는데, 그 이유는 당시 맥킨지의 모든 파트
너들이 맥킨지가 고객들이 "가장 선호하는 전략 컨설팅 회사"라는 위치
를 다시 탈환했다고 확신했기 때문이었다. 하지만 연설을 듣던 모든 파
트너들은 맥킨지가 구축하려 했던 대기업과의 견고한 관계가 전략만 내

세워선 어렵다는 점도 잘 알고 있었다(글룩은 연설에서 지난 5년간 "〈포춘〉 선정 100대 기업 중 76개 기업이 맥킨지 고객이었고, 그중에는 미국 최고 은행이 21곳, 보험사가 19곳, 다각화된 금융회사가 19곳, 공공설비 기업이 23곳 포함돼 있다"고 의기양양하게 말했다). 실제로 전략만으로는 부족했다. 대기업들이 직면한 문제들은 갈수록 복잡해져만 가고 있었고, 그렇다고 해서 그들에게 매년 또는 2년마다 한 번씩 전략을 바꾸라고 요구할 수도 없는 노릇이었다.

글룩은 이런 우려를 해소하기 위해 1980년대 초부터 맥킨지식 '지식기반 문화'의 일환으로 '역량센터'를 만들자고 제안해왔다. 역량센터는 변화경영, 통합물류, 리더십과 같이 거창하게 정의된 분야에서 맥킨지의 전문성을 육성하기 위한 연구집단이었다. 그는 또한 맥킨지가 계속해서 '고객특성 분야'(다른 이들은 이런 거창한 명칭 대신에 '산업부문 컨설팅'이란 용어를 썼다) 육성에 힘을 쏟아야 한다고 주장했으며, 이런 노력은 후에 맥킨지 역사에 큰 기여를 하게 된다. 산업부문 컨설팅에는 자동차, 금융, 에너지, 철강 등이 포함됐는데, 맥킨지는 전통적으로 특정 분야에 치중된 전문성을 무시해오던 조직문화에도 불구하고 산업별 전문성 확보를 추진했다.

1983년에 이르자 맥킨지는 11개의 고객특성 분야를 확보하게 된다. 이런 변화가 일어난 이유는 "다양한 곳에서 다양한 아이디어를 도출하자"는 글룩의 주장 때문이기도 했지만, 그보다는 맥킨지가 계속해서 급성장하려면 전문적 지식과 기술적 지식에 대한 고객 요구에 발맞춰야만 한다는 점을 인식했기 때문이었다. 따라서 맥킨지의 산업부문 컨설팅은 쉽게 고객으로 삼을 수 있고 반복적인 컨설팅을 수행할 수 있는 고객들을 찾아 깊게 뿌리내렸다.

맥킨지의 두 경쟁자도 결국 맥킨지의 뒤를 이어 훨씬 전문적이고 특정 산업에 특화된 컨설팅을 제공하게 된다. BCG는 1980년대에 금융과 의료 부문부터, 베인은 1990년대 초반의 위기를 극복한 이후에 산업부문 컨설팅을 시작했다. 오늘날 이들 3개 회사는 여전히 '전략 컨설팅 회사'라는 명칭을 자랑스럽게 내세운다. 맥킨지에게 전체 사업 중 전략이 차지하는 비중이 어느 정도냐고 묻는다면 아마 우아하게 어깨를 으쓱하고는 "약 30퍼센트 정도"라고 대답할 것이다. 하지만 내부관계자들의 좀더 날카로운 분석에 따르면 세 회사에서 전략이 전체 사업에서 차지하는 비중은 15퍼센트에서 많게는 20퍼센트에 불과하다. 그러니까 세 회사 모두 이른바 순수한 전략 컨설팅 회사라고는 볼 수 없다. 사실 오늘날 순수한 전략 컨설팅 회사는 더 이상 존재하지 않는다. 만약 존재한다 해도 그런 회사 규모는 벌레만큼이나 작아서 눈에 띄지도 않을 것이다.

글룩이 대표로 선출된 뒤 일어난 또 다른 두 가지 조직적 변화는 맥킨지가 고객에게 전문적인 서비스를 제공하는 데 치중하는 바람에 지식기반 문화를 만들려는 최초의 의도가 갈수록 희미해졌다는 점을 잘 보여준다. 글룩은 산업부문별 전문성 육성을 후원하던 자신의 역할을 테드 홀이 이끄는 새로운 위원회로 넘겨줬다. 홀의 말로는 "다양한 곳에서 다양한 아이디어를 도출한다"는 접근방식은 매우 많은 열매를 맺었는데, 최초의 역량센터와 고객특성 분야는 이후 '72개의 독립적인 활동분야'로 확대됐다. 활동분야 중에는 오직 한두 명의 전문가로 구성된 경우도 많았다. 이에 대해 홀은 하버드 경영대학원 교수인 크리스 바틀렛에게 이렇게 설명했다. "1990년 초반에 이르자 산업전문성 확보가 맥킨지의 명성을 강화하기 위한 전문가 양성과 저술활동에 있다고 착각하는 시각이 너무 강해졌다. 하지만 진정으로 가치 있는 지식은 컨설턴트 두뇌 속에 있던 지식이 고객의 문제해결에 활용될 경우에 빛을 발한다. 따라서 이후 우리는 지식의 육성보다는 직원 개개인과 팀의 역량을 강화하는 데 치중했다."

글룩도 '고객에 대한 영향력'을 강조하면서 맥킨지가 더욱 더 고객에게 진정한 변화를 가져오는 데 매진해야 한다고 주장했다. 이 점을 연구하기 위해 맥킨지의 전통을 따라 별도의 위원회도 구성됐다. 위원회가 제시한 여러 성공적인 제안 중에서 가장 중요했던 제안은 맥킨지가 '핵심 컨설팅 부서'를 '계약제 컨설팅 팀'이 아닌 고객서비스 팀으로 정의했다는 점이다. 맥킨지는 수개월 단위의 개별적인 프로젝트(맥킨지의 표현으로는 계약제 컨설팅)에 초점을 맞추는 대신 대체로 여러 다른 계약제 컨설팅 팀에서 뽑은 파트너들을 중심으로 핵심 컨설팅 팀을 구성했고 이런 팀들을 묶어서 특정 고객에게 좀 더 장기적이고 가급적이면 영구적인 서비스를 제공하도록 했다. 그러므로 고객서비스 팀은 빌 베인이 처음부터 주장했던 장기 컨설팅 모델을 답습했다고 할 수 있다. 다만 차이가 있다면 맥킨지는 베인앤컴퍼니처럼 한 산업에서 한 고객만 섬긴다는 제약을 두지 않았다는 점이다. 테드 홀이 이끈 위원회는 산업부문 컨설팅과 역량집단 수장들에게 이후로는 그들 팀이 얼마나 고객 서비스팀을 제대로 지원하는지를 통해 평가받을 것이라고 말했다.

1994년, 글룩이 나이 때문에 3년 임기 대표직에 연임하지 못하게 되면서 맥킨지 파트너들은 라잣 굽타를 새로운 대표로 선출했다. 미국인 출신이 아닌 이가 맥킨지 최고수장으로 뽑힌 건 그가 처음이었다. 인도 공과대학에서 기계공학을 전공한 뒤 하버드에서 MBA를 수료한 굽타는 맥킨지가 스칸디나비아 지역에 최초로 개설한 사무소와 시카고 사무소를 이끌었다. 굽타는 전임자인 글룩이 물려준 성장과 해외확장에 대한 의지를 그대로 계승했다. 글룩이 맥킨지를 떠날 무렵 맥킨지는 24개국에 58개 사무소를 두고 있었다. 전체 컨설턴트 수는 3300명에 달했으며 그중에서 425명이 파트너였다. 연매출은 15억 달러에 달했다. 굽타의 세 번째 임기 중이던 2001년에 이르자 전 세계 최고의 전략 컨설팅 회사 였던 맥킨지는 44개국에 81개 사무소, 7700명의 컨설턴트, 891명의 파트너를 두고 34억 달러에 달하는 연매출을 기록한 회사가 됐다.

고객과 장기적 관계를 구축하려는 노력 또한 갈수록 강화됐다. 2002년에 존 번은 〈비즈니스위크〉에 맥킨지가 15년 이상 사업관계를 맺고 있는 고객 수가 400곳이 넘는다고 말했다. 단발성 계약으로 머물던 시대는 이미 지나갔고 고객을 혼란스럽게 만드는 무자비한 컨설팅을 짧은 기간 동안 제공하던 행태도 사라졌다.

조직의 새로운 세대는 이전 세대가 남긴 유산을 거부하기 마련이다. 굽타가 이끌던 시기의 맥킨지도 그랬는데, 글룩이 맥킨지식 지식문화를 정착시키기 위해 마련한 수단 중 일부는 폐지되고 만다. 글룩이 이끌던 시기부터 맥킨지에 몸담았던 고위직 직원들은 굽타가 이끌던 시절에 맥킨지가 새로운 이론을 개발하려는 노력을 게을리했다는 비난에 대해 공식적으로 부인한다. 그들은 오히려 상황은 반대였다면서 굽타의 주도 아래 추진된 여러 시도를 그 예로 든다. 맥킨지글로벌인스티튜트를 본떠서 1990년대 후반에 제조업을 연구하기 위한 연구기관이 구성됐으며, 연구기관은 외부 학자들을 영입해서 전 세계적인 중대사안을 연구했다. 고객이 관심을 쏟는 분야(예를 들면 인터넷 영향, 세계화 등)를 연구하기 위한 7개의 '특별 추진과제'도 생겨났다. 산업 컨설팅 부문도 더욱 강화되면서 산업 컨설팅 부서는 16개로 늘어났다. 굽타는 첫 임기의 2년째였던 1996년에 하버드 경영대학원의 바렛에게 이렇게 말했다. "지난 2년간 맥킨지는 지식에 대한 투자를 거의 두 배로 늘렸다."

하지만 같은 시기, 한때 글룩이 맥킨지 내부에서 변화를 추진하면서 가장 적극적으로 활용했던 맥킨지 내부보고서는 거의 사라져버렸는데, 이는 내부보고서가 "맥킨지의 명성을 강화하기 위한 전문가 양성 및 저술활동"에 지나치게 활용되면서 도를 넘기 시작했다고 여겼기 때문이었다. 그에 따라 파트너가 되려면 후보자가 자신이 맡은 분야에 대한 전문성을 증명하기 위해 연구보고서를 작성하도록 했던 글룩의 시도도 결국 폐지됐다. 맥킨지의 사내 지식공유 시스템을 설계하고 운영하던 이른바 시스템 관리자 파트너도 결국 회사를 떠나야만 했다. 어쩌면 이 점은 맥킨지에 새로운 문화를 창조하려 했던 프레드 글룩의 시도가 이미 성공적으로 내부에 뿌리내렸기에 더 이상 개별적 목표가 아닌 다른 목표에 포함해서 추진해도 무방하다는 시각을 보여준다. 그리고 실제로 추진해야 할 다른 목표들은 많았다. 고객 서비스, 팀워크와 팀의 학습, 지속적인 해외 확장, 특정 산업이나 직군에서의 전문성 확보 등이 새로운 목표에 해당됐다.

20세기 말에 닷컴기업들과 주식시장이 폭락하면서 맥킨지 고객들도 어려움을 겪게 된다. 그중에서 가장 유명한 기업이 맥킨지 출신 수장을 맡았던 엔론으로, 그전까지 맥킨지는 엔론으로부터 매년 1000만 달러 정도를 벌어들였다. 나아가 글로벌크로싱, 케이마트, 스위스에어와 같은 다른 고객들도 파산을 선언했다. 맥킨지는 2001년에 회사 역사상 처음으로 제자리 성장에 머물렀고 파트너들에게 회사에 자본금을 투입하라고 요청했다. 맥킨지나 다른 컨설팅 회사에서 이런 어려움을 경험해본 고위직 컨설턴트들 말처럼 컨설팅 회사는 어려움을 겪으면 새로운 지식을 창출해내려는 의지가 사라지기 마련이다. 그 결과 맥킨지는 이전보다 더욱 기존 고객과의 관계를 돈독히 하고 신규고객을 발굴하는

데 다급해지게 된다.

　얼마 지나지 않아 맥킨지의 매출은 비록 황금기였던 1980년대와 1990년대에는 못 미치지만 다시 증가하기 시작했다. 그럼에도 불구하고 일부 맥킨지 출신들은 맥킨지가 2001년의 충격에서 완전히 벗어나지 못했다고 주장한다. 2008년의 전 세계 금융위기도 비록 2001년보다 여파는 작았지만 맥킨지가 고객관계에 매진하도록 하는 데 일조했다. 맥킨지의 몇몇 전직 파트너들은 "맥킨지가 더 이상 새로운 지식을 창출하는 데 관심을 두지 않는다"고 한목소리로 지적한다. 그 시기 전략이론의 발전 상황을 살펴보면 이런 주장이 반드시 틀렸다고는 할 수 없다.

BCG가 유럽에서 배운 교훈

보스턴컨설팅그룹의 유럽시장 진출은 뮌헨과 파리를 중심으로 한 '두 도시 이야기'라고 할 수 있다. 이 이야기는 또한 지멘스의 헤르만 그라브헤르에 관한 이야기이기도 하다. 그는 BCG와 베인앤컴퍼니가 독일에 첫 사무소를 개설하도록 한 인물이기도 하고, 맥킨지에서 근무하던 톰 피터스와 밥 워터맨의 리서치를 도와준 인물이기도 하다. 하지만 그라브헤르의 이야기는 결국 해피엔딩으로 끝나지 않았다.

　1847년에 설립된 지멘스는 발전장비 분야에서 오랜 역사를 지닌 기업으로서 제2차 세계대전의 폐허 속에서 1960년대 말에 대기업으로 성장했다. 전 세계에 27만 명 종업원을 두고 25억 달러에 달하는 매출을 자랑하던 지멘스는 당시 6개 대형 사업부문으로 나뉘어 있었는데, 몇 개의 중앙 부서를 둠으로써 적어도 전체 회사에 걸쳐 일부 정책만큼은 일괄 적용되도록 했다. 여기서 그라브헤르는 기획자로서 회사에 도움이 될 만한 최신이론을 알아내는 데 각별한 관심이 있는 인물이었다.

이야기에 따르면 그라브헤르가 처음 브루스 헨더슨을 만난 게 언제인지는 분명치 않다. 그라브헤르가 다니던 하버드 경영대학원에서 헨더슨이 강연을 했을 때라는 말도 있고, BCG 전략 컨퍼런스에서 처음 만났다는 말도 있다. 아무튼 그라브헤르는 강연 후 헨더슨에게 질문을 던졌고 헨더슨은 언제나처럼 무뚝뚝하게 질문을 무시했다. 하지만 그라브헤르는 쉽게 포기하지 않았으며, 이후 계속 헨더슨에게 접근해서 BCG 전략이론에 대해 치열하게 논의했다. 마침내 그라브헤르는 1975년 BCG에게 지멘스 본사가 있는 뮌헨에 사무실을 열어달라고 부탁하면서 지멘스가 신설 사무소에 충분한 일감을 제공할 것이라는 점을 넌지시 암시했다. 헨더슨은 경험곡선을 연구했던 최초의 인물로 당시 런던과 밀라노 사무소에서 근무하던 존 클랙슨을 뮌헨에 파견해 독일시장에 교두보를 확보하게 된다.

1985년에 앨런 제이컨의 뒤를 이어 BCG 최고경영자가 된 클랙슨은 기질적으로 전임자와는 정반대였다. 그는 조용했고 나서길 싫어했으며 공감을 매우 중시했고 말하기보다는 듣기를 중시했다. 이런 성격에도 불구하고 그는 1998년까지 BCG를 이끄는 동안 독립심이 매우 강한 BCG 직원들을 잘 이끌었다. BCG가 1980년대 초반의 어려운 시기를 벗어나 성장궤도에 접어들고 이후 10년간 거의 열 배나 매출이 증가하게 된 데는 클랙슨의 공이 가장 크다고도 할 수 있다.

초기 BCG 출신들처럼 클랙슨도 전략과 전략기획을 엄격하게 구분했다. 그는 BCG가 단 한 번도 고객에게 전략기획안을 작성해준 적이 없다고 주장했다. 하지만 지멘스와 일하면서 클랙슨은 여러 이론과 도표(경험곡선, 시장점유율 매트릭스뿐만 아니라 시장매력도 도표까지)를 제공하게 된다. 그라브헤르는 클랙슨이 제공한 이론과 도표를 사업부에 적용했고 그것들이 언젠가는 전체 회사에서 사용하는 표준이 되리라 기대했다. 하지만 지멘스는 당시 맥킨지의 헨즐러가 제공했던 맥킨지 매트릭스를 사용했고 실제로 그라브헤르의 상사도 맥킨지 이론에 더욱 의존했다. 하지만 경쟁에서 승리한 것은 BCG 이론이었고 BCG 이론은 지멘스에 널리 적용됐다. 클랙슨은 그 이유가 BCG 이론에 더 많은 경험이 축적돼 있었기 때문이라고 생각한다. BCG의 독점적 위치는 오래 지속되지 못하고 1980년에 끝나고 말지만 그 즈음 이미 BCG의 전체 수익 중 절반은 독일에서 나오고 있었다.

BCG에 많은 수익을 제공한 건 지멘스만이 아니었다. BCG는 독일에서도 미국에서 썼던 경영지식 판매방법을 그대로 적용했다. BCG는 독일에서 기업들에게 〈BCG 전망〉의 독일어 번역본을 배포했다. 1976년에는 처음으로 독일 헤센 주의 크론버그에 있는, 한때 독일제국 최후의 황녀가 거주했던 초호화 호텔에서 전략 컨퍼런스를 개최했다. 미국에서는 BCG 컨퍼런스가 1980년대 후반부터 거의 사라진 데 반해(그 이유는 CSC인덱스가 개최하는 컨퍼런스를 비롯해서 미국에서 컨퍼런스가 너무 많이 열렸기 때문이다) 크론버그 컨퍼런스는 지금까지도 계속되고 있다. 하지만 독일시장을 개척하던 BCG 직원들은 오래지 않아 독일기업들이 관심을 갖는 부분이 BCG 이론만이 아니라는 점을 깨달았다. 독일기업들은 독일 BCG 직원들을 전혀 다른 방향으로 인도했으며, 실질적인 전략이행 작업을 비롯해서 세세한 도움까지 받으려 했다. 왜 독일이 전략 컨설팅 회사에게 가장 매력적인 시장인지는 독일기업들의 이런 적극적인 태도의 이면을 살펴보면 잘 드러난다.

전략 컨설팅에 대한 독일기업들의 적극성을 설명하는 일부 근거는 독일에 대한 선입견에서 비롯됐다. 예를 들어 독일 경영자들이 미국 경영자들과는 달리 이론을 좋아한다는 주장이다. 유럽회사에선 박사학위를 지닌 고위임원을 찾기가 매우 쉽다. 아니 어쩌면 유럽에서는 박사라는 타이틀이 더 흔하게 통용되는 것일 수도 있다. 실제로 미국에선 박사학위가 있다고 해도 앤디 그로브 박사나 잭 웰치 박사라고 부르는 경우가 거의 없지 않은가. 아울러 독일인들은 지배와 제압이라는 큰 그림에도 관심 있어 하지만 동시에 정밀하고 자세한 분석을 선호한다는 선입견도 있다(전략가 본 클라우제비츠가 독일인이라는 점을 기억하는가).

독일에서 전략 컨설팅이 각광받은 또 다른 이유는 이보다는 좀 더 사실적인 근거에 기반한다. 19세기에 현대의 연구중심 대학이란 개념을 최초로 발명한 것이 독일이고, 독일이 기술과 과학 분야에서 매우 뛰어난 업적을 남긴 것도 사실이다. 하지만 독일에는 전략 컨설팅 회사들이 진출하기 전까지 경영대학원이나 경영에 대한 체계적인 교육이 존재하지 않았다. 아울러 독일에는 우수한 젊은 인재들이 선호하는 투자은행도 별로 없었기에 전략 컨설팅 회사들은 비즈니스에 관심 있는 일류 인재들을 손쉽게 고용할 수 있었다. 게다가 독일 경영자 중에서 상당수는 공학을 전공했던 이들이었다. 그렇기에 경험곡선처럼 수치를 중시하는 전략이론을 좋아할 수밖에 없었다.

독일경제의 근간이자 고용에서 가장 큰 비중을 차지하는 기업들은 미텔스탄트라고 불리는 중견기업들(연간매출이 수천만 달러에서 10억 달러 미만인 기업들)이다. 이런 중견기업들은 대체로 가족이 소유한 경우가 많았는데, 한 가지 종류의 매우 기술집약적인 제품을 제조해서 자국과 해외에 판매했다. 하지만 제2차 세계대전에서 승리한 연합군이 독일 대기업들을 해체하려 애썼기에 독일에서는 지멘스와 같은 대기업들조차 재무나 마케팅 분야에 종사하는 전문가들이 부족했다. 그리고 맥킨지나 BCG는 전략 컨설팅을 제공하면서 부가서비스로 이 부족한 부분을 채워졌다.

전략 컨설턴트들은 독일시장에 전략이론을 소개하면서 독일 고객들의 색다른 점을 경험하게 된다. "유럽기업들은 '어떻게 전략을 이행하는가'에 더 큰 관심이 있었다." 볼코 본 외팅거의 말이다. 그는 BCG 뮌헨 사무소에서 고위 파트너로 근무했고 오랫동안 크론버그 컨퍼런스를 총괄하다가 1998년에 BCG 전략연구소(Strategy Institute)를 설립했다. "유럽 고객들은 이 점에서 단호했다. 따라서 우리는 유럽에서 고객기반을 확대하려면 변화해야만 했다." 예를 들어 지멘스는 컨설팅 프로젝트 팀에 BCG 컨설턴트뿐만 아니라 지멘스 관리자들이 포함돼야 한다고 주장했다. 이런 조건은 독일고객을 상대할 때면 거의 일반적인 요구사항이었다. "고객들은 '문제를 해결하는 것뿐만 아니라 우리 회사의 최고 직원들을 훈련시키는 것도 컨설팅 비용에 포함돼 있다'면서 기획자뿐만 아니라 일선 관리자들도 컨설팅 팀에 참여시켰다. 그리고 일선 관리자들은 당연히 이런 질문을 했다. '멋진 이론입니다만 그전에 어떻게 이 이론을 적용하는지, 우리가 이 이론을 어떻게 활용할 수 있는지 알려주시죠.'"

본 외팅거는 독일 경영진으로부터 BCG가 자주 듣던 말을 들려줬다. "일단 현장일선에 나가서 뭘 바꿔야 할지를 봅시다. 그런 변화가 우리 회사의 경쟁우위가 될 겁니다." 본 외팅거는 BCG 컨설턴트들이 바로 이런 부분에서 독일 경영자들로부터 역량에 기반한 전략적 경쟁력에 대해 배울 수 있었다고 주장했다. 이 일은 조지 스토크를 비롯한 이들이 역량의 중요성을 강조하기 훨씬 전에 벌어졌던 일이었다.

물론 BCG 컨설턴트들은 유럽에서 자신들이 배운 교훈들을 보고서로 쓰진 않았다. 여기서 아주 흥미로운 현상을 찾을 수 있는데, 이런 현상은 BCG뿐만 아니라 맥킨지에서도 나타났던 것으로, 특히나 세계 경제가 하나로 통합된 시대에 아이디어가 어떻게 전파되는지를 연구하는 이들에게 매우 흥미로운 현상이다. 기업전략에 대한 주요 이론은 미국인에게서 시작됐거나 또는 영어를 모국어로 쓰는 이로부터 시작됐다. 그럼에도 불구하고 전략 컨설팅 회사들이 가장 효과적으로, 가장 지속적으로 일했던 고객들은 미국기업들이 아니다. 〈BCG 전망〉이나 〈맥킨지쿼털리〉 또는 두 회사에서 나온 저서를 아무리 뒤져봐도 유럽이나 아시아 지역에서 나온 보고서는 찾기 힘들다(물론 일본에서 BCG 컨설턴트로 일했던 조지 스토크와 팜 하우트, 맥킨지 컨설턴트였던 켄이치 오마에와 같은 예외가 있긴 하다). 나아가 전략 컨설팅 회사들이 계속해서 매출을 증가시키고 갈수록 많은 고객을 확보한 곳도 미국이 아니다. 따라서 전략 컨설턴트들이 해외에서 그곳 기업들에게 뭔가 특별한 서비스를 제공했다는 점은 분명하다.

BCG는 지멘스라는 간판과 컨퍼런스를 통해 신규고객을 확보하면서 서서히 독일에서의 사업을 확장해갔고, 고객사에 언제나 적정한 수준의 컨설턴트를 유지할 수 있도록 독일 전역에 걸쳐 사무소를 개설해갔다. 데이비드 홀이 BCG의 금융서비스 부문을 강화하던 1980년부터 젊은 컨설턴트 한스폴 뷔크너는 당시 맥킨지 고객이었던 독일의 대형은행들을 방문해가며 영업을 시작했다. 당시 독일의 금융산업은 서서히 규제철폐와 세계화의 영향을 느끼기 시작했고, 뷔크너는 꽤 많은 금융기업들을 고객으로 확보할 수 있었다. 그가 이끌던 금융서비스 부문이 BCG 전체 매출의 3분의 1을 차지하게 되면서 회사에서 그의 지위도 함께 상승했다. 2003년에 파트너들은 그를 BCG 최고경영자로 선출했는데 〈BCG 전망〉에 글을 싣지 않은 사람이 최고경영자가 된 건 그때가 처음이었다(뷔크너는 〈BCG 전망〉에 실린 여러 재무관련 기사에 공저자로 이름을 올리긴 했다).

반면 그라브헤르는 그다지 승승장구하지 못했다. 그래도 그는 언제나 최고의 아이디어에 목말라 했다. 피터스와 워터맨은 《초우량 기업의 조건》에 실은 감사글에서 그라브헤르와 또 한 명의 지멘스 임원을 특별히 언급했다. 두 저자는 책의 조사과정을 도와준 점에 대해 감사의 말을 전하면서 이 둘이 "사려 깊은 질문을 계속해서 던져줬기에 책에 담긴 주요 아이디어를 가다듬을 수 있었다"고 적었다. 빌 베인은 당시 그라브헤르와 만났던 일화를 다음과 같이 들려줬다. 그라브헤르는 빌 베인에게 대체로 맥킨지가 지멘스 컨설팅을 맡아서 했지만 회사 내에서 다른 컨설팅 회사의 도움도 받아야 한다는 목소리가 있다고 말했다. 그러면서 혹시 베인앤컴퍼니가 뮌헨에 사무소를 개설해도 좋을 정도로 큰 프로젝트를 맡아보지 않겠냐고 제안했다. 빌 베인이 그 제안을 받아들였고 1982년 뮌헨에 첫 독일 사무소를 개설했다. 뮌헨 사무소는 지멘스 프로젝트가 진행되는 약 2년 정도만 지속됐다. 베인앤컴퍼니는 후에 다시 독일에 사무소를 개설했지만 맥킨지나 BCG와 비교해서 베인의 해외 진출은 대체로 체계적이지 못했고 단발적인 성격이 강했다. 본 외팅거는 전략 컨설팅 회사에 대한 그라브헤르의 입장을 이렇게 요약한다. "모든 전략 컨설팅 회사와 함께 일해야만 그중에서 최고만 남김없이 뽑아낼 수 있다."

하지만 그라브헤르는 지멘스에서 승진에 어려움을 겪었다. 그와 함께 일했던 컨설턴트들은 그가 가장 높은 지위는커녕 그보다 낮은 지위로도 승진하지 못했다고 말한다. 일부 사람들은 그 이유를 그라브헤르가 컨설팅 회사와 일하면서 배운 지식을 자신만 독차지하고 회사 내에 공유하지 않으면서 동료들 미움을 샀기 때문이라고 말한다. 1986년, 그라브헤르는 어떤 원한과 불행 때문인지는 모르지만 자살하게 되는데 독일에 전략 혁명을 가져온 이의 운명치고는 참 불행한 일이었다.

BCG가 프랑스에서 많은 대기업들을 고객으로 확보할 수 있었던 점도 현지화의 또 다른 성공사례라고 할 수 있지만, 자세히 들여다보면 프랑스에서 활용한 현지화 방식은 독일과 프랑스의 언어만큼이나 독일에서 활용했던 현지화 방식과는 큰 차이가 있다. 공학도로서 프랑스에서 대학원을 마친 뒤 하버드에서 MBA 학위를 받은 르네 아베이트는 BCG가 파리 사무소를 개설한 1년 뒤인 1974년에 BCG에 입사했다. 파리 사무소는 규모가 매우 작아 직원이 고작 6명뿐이었으며, 맥킨지 파리 사무소 인원에 비하면 10분의 1 수준이었다. BCG 파리 사무소는 초기에 BCG의 전형적인 마케팅 방식을 활용했다. 번역본 〈BCG 전망〉을 배포했고 컨퍼런스를 개최했다. BCG 이론은 프랑스에서 관심을 불러모았고 관심을 보인 이들 중에는 최고경영자들도 있었다. 아베이트는 "우리는 최고경영자들에게 잃어버렸던 통제력을 다시 되돌려줬고 그 통제력을 발휘할 수 있는 수단도 제공했다"고 당시 상황을 설명하면서 미국에서처럼 BCG가 프랑스 최고경영자들에게 사업부문과 사업군에 걸쳐 자원 배분을 합리화할 수 있는 이론적 틀을 제공했다고 말했다. "게다가 BCG의 합리적이고 계량화된 이론은 프랑스 최고경영자들 성향에 잘 맞아떨어졌다. 수학자 데카르트를 배출한 프랑스인들답게 그들 눈에 비친 BCG는 여러 전략 컨설팅 회사 중에서 가장 수치를 중시하는 회사였다."

미국에서처럼 프랑스에서도 보스턴컨설팅그룹은 매출보다는 명성과 지적 영향력을 더 빨리 키워갔다. 미국경제가 1970년대부터 어려움을 겪다가 1980년대 초반에 불황의 늪에 빠지면서 미국은 더 이상 컨설팅 서비스를 판매하기에 가장 좋은 시장이 아니었다. 프랑스에서도 사회주의자였던 미테랑이 대통령으로 선출되면서 이후 몇 년간 대형 프랑스 기업들의 국유화가 진행됐고 BCG 파리 사무소는 그럭저럭 사무소를 꾸려나가는 정도였다.

뭔가 변화가 필요한 시점이었는데, 마침내 1985년에 그런 변화가 찾아온다. 당시 보스턴 본사에서 BCG 최고경영자로 근무하던 클랙슨이 해외확장과 도전적인 사업 확대를 주장하면서 BCG 파리 사무소도 재도약을 결심하게 된다. 대기업과 전도유망한 기업에 사업을 집중하고 아베이트 말에 따르면 "한 번 고객은 영원한 고객"이라고 선언한 것이다. 파리 사무소는 고객과의 계약기간을 중시하기 시작했다. 가장 이상적인 형태는 모든 이들이 휴가를 떠나는 8월을 제외하고 매달 고객으로부터 돈을 받을 수 있는 컨설팅 서비스를 제공하는 것이었다. 나아가 당시 이미 파리 사무소 수장이 된 아베이트는 고객이 비용을 지불하는 시간으로만 컨설턴트를 평가하던 BCG의 오래된 평가방식을 폐지했다. 대신에 그는 직원들에게 앞으로는 아무리 시간이 걸리더라도 고객과 친해지고 고객사 직원들을 속속들이 알고 심지어 그들이 어느 학교를 나왔는지까지 모두 파악하라고 지시했다.

1986년에 새롭게 선출된 보수파 총리가 미테랑 대통령과 '적과의 동침'을 하면서, 미테랑이 1980년대 초반 정권을 잡으면서 시작했던 대기업들의 국유화를 다시 풀어준 것도 BCG에게 유리하게 작용했다. 생고뱅(유리와 플라스틱), 론플랑(화학과 의약품), 톰슨(전자제품과 미디어) 같은 대기업들은 세계화의 기회와 위협에 대응하기 위해 국유화에서 풀려나 새롭게 기업을 정비하게 됐고 BCG는 그들을 도울 준비가 돼 있었다. "지난 20년간 프랑스 기업들은 미국 심지어 독일기업들보다 더 활발하게 사업 포트폴리오를 정비했다." 아베이트는 말한다. 그는 또한 "BCG 파리 사무소는 80년대와 90년대에 전 세계 다른 어느 BCG 사무소보다 더 많은 전략 컨설팅을 수행했다"고 강조했는데 그 전략 컨설팅은 기업의 전략을 변모시키는 진정한 전략업무였다. 아베이트 주장에 따르면 그 결과

BCG의 프랑스 고객들은 이미 경쟁우위를 확보했거나 확보할 수 있는 사업에만 더욱 집중할 수 있게 됐다.

아베이트는 오늘날 300명의 컨설턴트가 근무하는 BCG 파리 사무소가 맥킨지 파리 사무소보다 규모가 크면 컸지 결코 작지 않다고 말한다. 현재 BCG 파리 사무소는 프랑스 40개 기업 중 3분의 2를 고객으로 확보했고 그중에는 지속적으로 컨설팅을 받는 대형은행들도 포함돼 있다. 일부 경영이론은 미국에 비해 프랑스에서 덜 파급됐다. 아베이트 말에 따르면, 프랑스 기업들은 주주가치에 관심을 기울인 지 얼마 안 됐다. 하지만 전략의 등장에 필수적으로 따라오는 확장된 테일러주의(프랑스에서는 데카르트주의라는 표현이 더 어울릴지도 모르겠다)는 결국 프랑스에서도 등장할 것이다.

MBA 열풍

MBA 출신이 곧 '능력 있는 인재'로 통용되는 오늘날의 상황을 볼 때 얼마 전까지만 해도 MBA 학위와 MBA 출신을 무시하던 시절이 있었음을 상상하기란 쉽지 않다. 하지만 1960년대 후반까지만 해도 미국의 일부 엘리트 대학에서 공부를 잘한다는 말은 해당 분야에서 박사학위를 따고 나아가 한창 대학에 입학하는 베이비붐 세대를 가르치기 위해 지속적으로 수요가 늘어나는 교수직에 몸담는 것을 의미했다. 이보다 약간 지적 능력이 모자란 이들은 의대나 법대라는, 여전히 존경받는 대안이 있었다. 그리고 대인관계가 좋거나 친근한 미소를 지닌 이른바 공부보다는 운동에 소질 있는 이들이 가는 곳이 바로 경영대학원이었다.

1970년대에 접어들면서 이런 생각은 완전히 뒤바뀌게 되는데, 전략 컨설팅 회사들도 이런 변화를 가져오는 데 일조했다. 물론 이런 변화에는 개인과 대학이 얻는 금전적 보상도 작용했다. 1970년대부터 이미

MBA에 대한 수요는 증가하고 있었다. 1948년에 미국에서 약 3000명에게 MBA 학위가 주어진 데 반해 1960년대에 접어들면서 그 수는 연간 2만 명을 넘어섰다. 라케쉬 쿠라나가 저서 《고상한 목표에서 해결사까지》에서 언급한 바대로 1972년에는 400곳에 달하는 경영대학원이나 MBA 프로그램을 통해 배출된 MBA 졸업생들 수는 약 3만 2000명에 달했다. 400개의 MBA 과정은 1964년에 비교하면 거의 두 배로 늘어난 수치다. 1980년이 되자 MBA 학위를 보유한 사람 수는 5만 7000명을 넘어섰고 MBA 과정 수도 600개를 넘어섰다. 그리고 그 수는 갈수록 늘어났는데 2006년에 미국에서 MBA 학위를 받은 이는 14만 6606명에 달했다.

MBA 학위를 제공하는 학교 수가 증가한 점도 이런 흐름에 일조했다. 대학들은 경영을 가르치는 게 돈이 된다는 사실을 깨달았고 MBA 후보자들은 기꺼이 높은 학비를 투자할 의사가 있었다. 특히 1970년대 초반부터 미국경제상황이 악화되면서 높은 학비를 내고도 MBA 과정을 가려는 사람들은 증가했다. 그 이유는 MBA 학위만 있으면 취업이 확실했고 높은 보수와 확실한 장래가 보장된다고 생각했기 때문이다.

MBA 확산이 미국과 전 세계로 전략이론이 전파되는 데 직접적인 기여를 했다고는 할 수 없지만 둘 사이에는 꽤나 밀접한 관계가 있다. 우리는 앞에서 이미 마이클 포터의 위상이 높아지면서 하버드 경영대학원에서 전략 과목이 전통적인 기업정책 과목을 대체했다는 내용을 살펴봤다.[3] 포터의 저서가 엄청나게 팔리면서 HBS를 비롯한 경영대학원들은 전략이 매우 중요한 과목이자 새로운 기회임을 인식했다. 비록 전략을 누가, 어떤 방식으로 가르쳐야 옳은지에 대해선 의견이 분분했지만(예를 들어 스탠포드 경영대학원에서 전략은 한때는 경제학 영역으로, 한때는 조직학 영역으로 간주됐다) 어쨌건 전략은 MBA 과정의 붙박이 과목이 됐다.

2008년 피터 나바로는 〈비즈니스위크〉 〈파이낸셜타임스〉 〈유에스뉴스앤월드리포트〉에서 선정한 미국 50대 경영대학원들이 어떤 과목을 가르치는지에 대한 온라인 설문 결과를 발표했다. 조사결과에 따르면 기업전략을 모든 학생들이 반드시 이수해야 하는 핵심 교과목에 포함시킨 학교는 92퍼센트에 달했다. 전략보다 핵심 교과목에 더 많이 포함된 과목은 마케팅, 재무, 회계, 운영 과목뿐이었는데, 이런 과목들은 적어도 80년이 넘게 가르쳐온 과목인 반면 전략은 기껏해야 30년 정도밖에 안 된 과목이었다.

적어도 내가 조사한 바로는 미국 이외 지역에 있는 경영대학원을 대상으로 유사한 설문이 진행된 적은 없다. 하지만 그렇다고 해서 전략의 전 세계적 전파에서 일어난 매우 중대한 현상을 부인할 수는 없다. 바로 전 세계적으로 경영교육이 넘쳐나면서 붐이 일어났고 현재 맹위를 떨치고 있다는 점이다. 〈파이낸셜타임스〉는 최근 "한 해에 50만 명이 넘는 MBA가 배출된다"고 보도했다. 이 수치는 약간 부풀려진 것처럼 보이긴 해도 결코 허황된 수치가 아니다. 실제로 인도의 경우 영어로 수업을 진행하는 MBA 프로그램만 해도 1만 개가 넘고 연간 배출되는 MBA 졸업생 수는 8만 명이 넘는다. 10년 전만 해도 경영대학원이 아예 없었던 중국도 〈파이낸셜타임스〉에 따르면 지금은 3만 명의 MBA를 배출한다.

물론 대부분의 MBA 프로그램은 포터의 분석이론처럼 매우 높은 수준의 전략이론을 가르치진 않는다. 대신 회계나 재무 기초이론처럼 기본적인 비즈니스 이론을 가르친다. 하지만 경영대학원에서 가르치는 경영이론은 점차 지적 먹이사슬의 상부로 거슬러 올라갈 수밖에 없고 결국에는 가장 꼭대기에 있는 전략에 도달할 것이라는 점은 충분히 예상할 수 있다. 이런 현상은 전 세계적으로 경영교육이 더 심오해지고 더 정교해지

는 경향과 함께 지속될 것이다.[4]

나아가 전략 컨설팅 회사들이 향후에도 일류 MBA 졸업생 중에서도 최고 인재만을 뽑아갈 것이라는 점도 거의 확실하다. 전략이 전 세계적으로 확산되고 전략 컨설턴트들 수가 증가하면서 최고 수준 경영대학원을 졸업한 MBA 출신들이 전략 컨설팅 회사에 입사하는 비중은 갈수록 증가하고 있다. 쿠라나에 따르면 1965년에는 하버드 경영대학원 졸업생 중에서 오직 4퍼센트만이 전략 컨설팅 회사에 입사했지만, 1975년이 되자 그 비율은 12퍼센트로 늘어났고 1985년에는 22퍼센트까지 증가했다. 이런 비율은 이후로는 특정 해에 전략 컨설팅 회사가 굳이 예를 들자면 투자은행 같은 다른 분야에 비해 얼마나 전망이 좋은지에 따라 등락을 거듭하는데, 1993년에는 30.5퍼센트까지 치솟았다가 한창 월스트리트가 붐이었던 2007년에는 22퍼센트로 떨어졌다.

하버드 경영대학원을 비롯한 일류 경영대학원 출신들을 고용하는 컨설팅 회사 중에서 특히나 3대 전략 컨설팅 회사는 명성 면에서나 보수 면에서나 최고였다. 앞에서 봤듯 BCG와 베인앤컴퍼니는 설립 당시부터 하버드 같은 최고의 경영대학원 졸업생 중에서도 가장 뛰어난 인재만을 고용해왔다. 덕분에 1950년대가 돼서야 처음으로 일류 MBA 출신들을 고용하기 시작한 맥킨지는 더 좋은 조건을 제시해야만 했다. 다른 분야 고용자들보다 더 좋은 조건을 제시하는 3개 전략 컨설팅 회사의 인재고용 정책은 지금도 계속되고 있다. HBS는 2007년 졸업생들이 진출한 7개 직업군을 조사한 적이 있었는데, 전략 컨설팅 회사들의 기본 급여가 12만 달러로 가장 높았다. 그리고 여기에 입사 보너스로 주는 2만 달러를 더한 금액이 진정한 첫 해 연봉이라고 할 수 있다.

이렇듯 MBA 출신의 보수가 1970년대부터 갑자기 뛰어오르면서

MBA 학위를 따려는 사람들의 수준도 높아졌다. 쿠라나는 이 과정을 제대로 짚어냈는데, 이 과정에서 비즈니스 지식화를 가져온 또 다른 요인을 제시했다. "1970년대 후반이 되자 엘리트 경영대학원 입학생의 지적 수준(표준화된 시험 점수)과 일류 법대나 박사과정을 입학하는 이들의 지적 수준의 차이(이런 차이는 거의 80년에 걸쳐 존재했다)는 갈수록 빠르게 좁혀지고 있었다. 1970년대에 일류 MBA 과정을 다니던 일반적인 학생들은 대체로 이전 MBA 학생들에 비해 더욱 학구적이었는데, 그 이유는 일류 MBA 과정을 들어가려는 경쟁이 증가했기 때문이기도 하지만 새로운 분석기법에 치중하는 MBA 교과목, 그리고 연구를 중시하는 교직원들 성향이 입학 자격조건에 반영됐기 때문이기도 했다."

컨설팅 회사에 갈 수 있는 MBA 출신 인재들 수준이 갈수록 높아지면서 컨설팅 회사들이 빼가는 인재들 비중도 갈수록 커져갔다. 그러자 가장 뛰어난 젊은 인재들이 실제 경영업무에 뛰어들기보다는 기업에 빌붙어 사는 컨설팅에 진입한다는 한탄의 목소리도 들려왔다. 나도 이런 의견에 동조하는 기사를 몇 개 쓴 적 있다. 하지만 이 의견이 터무니없이 멍청한 주장임을 깨달았는데(여전히 이런 주장을 하는 사람들이 존재하지만), 적어도 두 가지 측면에서 그렇다. 첫째, 이런 주장은 컨설팅 회사로 직행한 MBA 출신들이 평생 컨설팅 회사에 머물 것이라는 가정에 기반하지만 실제로는 그 반대였다. 컨설팅 회사들은 성과를 내지 못하면 회사를 떠나야 하는 분위기가 팽배했다. 이런 분위기는 상급 직원들 보수가 훨씬 낮은 보수를 받는 하급 직원들로 구성된 컨설팅 팀이 얼마나 많은 매출을 벌어들이느냐에 따라 결정되는 컨설팅 회사들 구조에 크게 기인했다. 이런 구조에서 끝까지 살아남아 파트너가 될 수 있는 경우는 열에 하나 정도였다. 매년 하버드 MBA 출신 중 약 25퍼센트가 컨설팅 회사에 입사했지만 세월이 흐른 뒤에도 컨설팅 사업에 계속 종사한다고 응답한 이는 11퍼센트에 그쳤다. 따라서 갓 박사학위를 딴 과학자가 연구원 과정을 거치는 것처럼 MBA를 졸업한 뒤에 3년 정도 컨설팅을 경험하는 과정은 학교에서 배운 분석기법을 가다듬는 연수과정이라고 보는 게 더 정확할 것이다.

둘째, 기업들이 최고의 MBA 인재들을 고용하지 못한다고 불평을 털어놓지만 실제로 대기업들을 비롯한 오래된 기업들이 MBA 출신들에게 맡기는 업무는 대체로 MBA에서 배운 내용, 특히나 분석기술을 제대로 활용하지 못하는 업무인 경우가 많다. 대기업들이 전략 컨설팅 회사를 고용하는 이유도 대기업들이 전략 컨설턴트 같은 고급두뇌들을 늘 필요로 하는 것도 아니고 조직적 측면에서나 보수 측면에서도 항시 유지하기가 어렵기 때문이다.[5] 물론 기업의 경영진 직위에 MBA 출신들을 위한 자리가 없다는 말은 아니다. 실제로 갈수록 많은 수의 MBA 출신들이 기업의 경영진 자리를 차지하고 있다. 하지만 과연 어떤 경로가 더 나은지는 의문이다. 1990년대에 오랜 기간 베인앤컴퍼니 대표를 맡았던 탐 티어니는 같은 해에 같은 경영대학원을 졸업한 두 청년의 이야기를 들려줬다. 그중 한 명은 대기업으로 가서 여러 현장직을 거치면서 서서히 승진했고 다른 한 명은 전략 컨설팅 회사로 가서 몇 년 뒤 같은 기업으로 스카우트됐다. 그런데 이 전직 컨설턴트는 동급생에 비해 거의 세 계단이나 높은 직급으로 고용됐고 컨설턴트 시절에 받았던 보수에 맞춰 동급생보다 훨씬 높은 보수를 받았다.

전략 컨설턴트들이 기업 수장자리를 차지하다

최고경영자들 의식에 전략이 깊숙하게 자리잡게 된 증거는 매우 직접적인 증거부터 간접적이지만 흥미로운 증거까지 다양하다. 직접적인 증거 중에는 전략 컨설팅 회사 출신으로 대기업의 최고경영자가 된 이들을 들 수 있다.[6] 큰 관점에서 보면 이런 이들의 등장은 대부분 더 큰 현상의 일 부분이라고 볼 수 있는데, MBA 출신들이 양적으로나 질적으로나 증가 하면서 대기업에서 고위 경영자 자리로 올라서는 경우가 많아졌기 때문 이다. 이 글을 쓰는 지금 GE, 프록터앤갬블, JP모건체이스 최고경영자 는 하버드 MBA 출신이다. GE의 제프리 이멜트는 BCG에서 인턴 생활 을 했고 A. G. 래플리는 거대 소비재 기업인 프록터앤갬블에 입사하기 전에 맥킨지에서 입사제안을 받았다.

전후 시대 동안 하버드를 비롯한 경영대학원들은 재원을 늘려가면서 이른바 경영자 교육에 대한 영향력을 넓혀갔다. 기업들은 임원들을 더 높은 자리에 앉히기 전에 일종의 준비과정으로 경영대학원이 제공하는 경영자 교육과정에 참가하게 했다. 가장 명성 높은 경영자 교육과정은 하버드 경영대학원이 제공하던 '경영자가 될 만한 중간관리자들'을 대 상으로 한 경영자 개발과정, 그리고 최고위직으로 승진하려는 고위직 임원들을 대상으로 한 고급경영자 과정이었다. 경영자 교육과정은 학위 가 아니라 수료증을 제공했다. 경영자 교육과정 목적이 참가자들에게 MBA에서 배울 수 있는 기술적, 분석적 기법을 가르치는 데 있다는 것 은 이미 잘 알려진 사실이다. 1990년대가 되자 하버드 경영대학원은 미 국 지원자들로만은 두 경영자 과정의 정원을 채우는 데 어려움을 겪었 는데, 그 이유는 경영자 과정을 수료하기 위해 수개월에 걸쳐 회사를 비 울 수 있는 경우가 많지 않았기 때문이기도 했지만, 그보다는 경영자 과 정에 참가할 만한 이들 중 많은 수가 이미 MBA 학위를 지니고 있었기 때문이었다.

가장 뛰어난 교육을 받은 이들이 최고경영자 자리에 오르게 되면 그들 임무는 당연히 전략을 도출하는 것이었다. 실제로 이런 현상이 보편화되면서 전략 컨설팅 회사들은 고객들의 요구가 갈수록 까다로워진다고 불평하기 시작했는데, 그 이유는 종종 전략 컨설턴트들이 적어도 MBA 출신 경영자들을 상대해야 했거나 더한 경우에는 전략 컨설턴트 출신 경영자들을 상대해야 했기 때문이었다.

전략 컨설턴트 출신으로 최고경영자가 된 유명한 사례인 루이스 V. 거스너를 살펴보자. 그는 1942년 롱아일랜드에서 매우 화목한 가톨릭 집안에서 태어났다. 장학생으로 다트머스 대학에서 공학을 전공했고 하버드에서 MBA 과정을 마쳤다. MBA를 마친 뒤 곧장 맥킨지에 합류한 그는 30대 초반에 이미 대형 고객사 세 곳을 담당하는 고위 파트너가 된다. 그리고 자신이 맡았던 고객사 중 하나였던 아메리칸익스프레스의 여행 관련 서비스 그룹 수장으로 합류하면서 12년간 몸담았던 맥킨지를 떠난다. 거스너가 맥킨지를 떠났던 1977년은 시기적으로 글룩이 맥킨지를 탈바꿈시키기 전이었지만, 그의 말에 따르면 그는 사전에 이런 낌새를 눈치채고 있었다. 거스너는 베스트셀러가 된 저서 《코끼리를 춤추게 하라(Who Says Elephants Can't Dance?)》에서 자신이 맥킨지에서 배운 가장 중요한 교훈이 "회사의 근간을 이해하는 방법을 배운 것"이라면서 "맥킨지는 회사가 참여하는 시장, 회사의 경쟁상황, 전략적 방향을 매우 중시했다"고 말했다.

거스너는 12년간 아메리칸익스프레스에 몸담으면서 신용카드 사업을 매우 크게 성장시켰고, 자신이 '정보의 전략적 가치에 대한 인식'으로 표현한 개념을 발전시켰으며, 아이디어가 자유롭게 소통됐던 맥킨지와는 달리 전통적인 지휘체계를 지닌 기업에서는 아이디어가 자유롭게 공유

되지 않는다는 점에 실망했다. 거스너는 또한 자신이 아메리칸익스프레스에서 최고경영자 자리까지 올라가기는 어렵다는 점에 약간 실망한 나머지 1979년에 RJR 나비스코의 최고경영자 자리로 옮겼다. RJR 나비스코는 콜버그 크래비스 로버츠가 차입매수를 통해 사들인 대기업이었는데 언론들은 거스너가 최고경영자로 임명된 것을 두고 "금세기 최고의 미인을 손에 넣은 것"과 마찬가지라고 말했다. 전략을 꿰뚫고 있던 그였지만 자신이 적절치 못한 시기에 적절치 못한 회사로 옮겼다는 점을 당시에는 몰랐다. RJR 나비스코를 맡게 된 지 얼마 후 차입매수 시장의 거품이 꺼지면서 거스너는 회사 재원을 마련하기 위해 동분서주해야만 했다. 그는 첫해에만 110억 달러에 달하는 자산을 매각했는데, 매각된 자산에는 사업뿐만 아니라 인력도 포함됐다. 거스너는 그 경험을 통해 "기업이 성과를 내려면 현금이 얼마나 중요한지를 뼈저리게 느꼈다"고 회상했다.

전략 컨설턴트 출신이 최고경영자가 된 사례로 다시 돌아가자. 거스너는 이런 모든 과정을 거친 후 1993년에 IBM 최고경영자로 고용된다. 미국기업의 전설적인 귀감이었던 IBM은 당시 길을 잃고 헤매고 있었다. 그해 7월에 열린 기자간담회에서 거스너는 비용절감 조치와 구조조정을 발표했는데, 이런 조치들은 IBM의 전통적인 방식과는 매우 거리가 있는 조치였다. 그리고 그 자리에서 거스너는 이후 가장 자주 회자되는 발언을 했다. "내가 IBM의 미래 비전을 제시할 수 있는지에 대해 논란이 많은 걸로 안다. 모두에게 말하고 싶은 점은 현재 IBM에는 비전이 전혀 필요하지 않다는 점이다." 언론들은 거스너가 근시안적이라며 놀려댔다.

그러나 상대적으로 덜 회자되지만 당시 그의 생각을 더 정확하게 보여주는 발언은 거스너가 다음에 이어서 한 말이다. "지금 IBM에 필요한 것은 개별 사업군마다 매우 끈질기고 시장지향적이면서 효과적인 전략, 그러니까 시장과 주주가치 측면에서 성과를 낼 수 있는 전략을 세우는 것이다. 그리고 그 점이 우리가 현재 노력하고 있는 부분이다." 〈이코노미스트〉를 비롯한 언론들은 "하지만 비용절감을 생존전략으로 볼 수 있는가"라고 의문을 제기했지만 다른 이들은 거스너의 발표에 찬사를 보냈다. 마이클 해머는 〈뉴욕타임스〉를 통해 "이것은 기업 최고경영자가 기업에 가져올 수 있는 가장 중요한 변화 중 하나"라고 말했다.

이후 거스너가 IBM에서 거둔 모든 성공이 반드시 전략 때문이라고는 할 수 없지만 적어도 대부분의 성공은 거스너가 전략의 3C, 그의 표현을 빌리자면 "고객의 니즈, 기업의 경쟁환경, 기업의 경제적 현실"에 초점을 두었기 때문이라고 볼 수 있다. 대체로 IBM의 기사회생은 2002년에 은퇴한 거스너의 공으로 본다. 후에 그는 사모투자 회사에 합류했는데, 이 점은 이 책에서 말하고자 하는 전략 컨설턴트 출신들의 인생궤적에 정확히 부합한다.

거스너의 사례는 또한 증명되진 않았고 증명하기도 힘들지만 전략이 사회에 영향을 끼쳤다는 가설을 뒷받침한다. 전략이 사회에 끼친 영향은 기업의 최고경영자 자리가 갈수록 불안해졌고 나아가 최고경영자와 바로 밑에 있는 직급 간의 격차가 훨씬 크게 벌어지게 됐다는 점이다. 위기에 처한 기업을 살리기 위해 새 최고경영자가 임명됐다는 기사가 거의 매일 신문에 실리는 지금, 이런 현상이 꽤 최근에 등장한 현상이라는 점을 상상하기란 쉽지 않다. 약 20년 전만 해도 어지간한 명성을 지닌 기업들은 수십 년에 걸쳐 갈수록 힘든 업무에 배치하면서 새로운 리더를 육성했고 그중에서 최고경영자를 임명했다는 점을 자랑스럽게 여겼다.

하버드의 쿠라나 교수는 2002년 저서 《기업의 구세주를 찾아서 : 위대한 CEO에 대한 비이성적 탐닉(Searching for a Corporate Savior : The Irrational Quest for Charismatic CEOs)》에서 '최고경영자 해고율'이 현저하게 높아졌다면서 1990년대 상반기에 임명된 대기업 최고경영자들은 1980년대에 임명된 최고경영자들과 비교해서 동일한 성과를 내고도 해고될 가능성이 세 배나 높다고 지적했다. 쿠라나에 따르면 이런 변화는 이사회가 경영에 더욱 적극적으로 관여하면서 시작됐는데 이사회가 그럴 수밖에 없었던 이유는 이사회도 주주에게 더 큰 수익을 돌려줘야 한다는 기관투자자들 압박에 시달렸기 때문이었다. 임원전문 헤드헌팅 회사들이 설쳐대면서 이런 현상은 더욱 심화됐고 이사회는 갈수록 카리스마 있는 외부인사로 눈을 돌렸다. 이사회는 외부에서 영입한 최고경영자가 더 쉽게 회사에 변화를 일으킬 수 있을 것이라고 믿었는데, 그 이유는 외부 출신이라면 기존에 있던 직원들이나 경영방식에 그다지 연연하지 않을 것이라고 생각했기 때문이었다.

나는 이사회가 새로 뽑는 수장의 카리스마만큼 전략가로서의 능력도 중시했다고 본다. 새로운 리더에게 성공의 법칙을 도출하고 실행에 옮길 능력이 있는가를 따진 것이다. 실제로 자신이 이끄는 기업에 대한 이해를 체계화하고 이러한 이해를 직원들과 이사회에 전달하는 데 있어 전략은 가장 효과적인 수단이었다. 이사회는 임원급 인사일 경우 "일을 완수할 수 있는 뛰어난 운영자" 정도면 만족했다. 하지만 최고 수장의 자리, 최고경영자 자리는 그보다 더 큰 뭔가가 필요했다. 비전, 카리스마는 수익으로 환산할 수 없다는 점에서 성과를 측정하기가 힘든 자질이었다. 하지만 전략은 주주가치 증대라는 분명하고도 깔끔한 목적이 있었고 주가라는 즉각적인 측정수단은 새로운 최고경영자의 성과를 쉽게 가늠해줄 수 있었다. 한마디로 전략은 최고경영자에게 가장 중요한 자질이었던 것이다. 쿠라나는 이사회 입장에서 새로운 수장이 기업에 변화를 가져올 수 있는지가 최소한의 자격조건이었다면, 오늘날 기업에서 이러한 변화를 일으키는 유일한 수단은 앞에서도 살펴봤듯 새로운 전략을 도출하는 능력이라고 지적했다.

그렇다면 모토롤라에서 코닥으로 옮겨간 조지 피셔나, 최고경영자 사관학교로 알려진 GE에서 홈 디포로 간 로버트 나델리나 사례처럼 외부인 사를 최고경영자로 영입할 때 과연 잃는 것은 없을까? 이런 행위가 기업 조직체계에 위협을 가하지는 않을까? 그 답은 임원들이 실제로 어떻게 성공적으로 일을 처리하는가에 대한 최고의 연구이자 존 코터가 1986년에 발간한 책 《고위관리자들(The General Managers)》에서 찾을 수 있다.

하버드 경영대학원 교수인 코터는 회사에서 고성과자로 인정받는 13명의 고위임원들을 자세히 관찰했다. 그들의 하루 일과를 추적하면서 코터가 발견한 점은 고성과를 내는 임원들이 명령을 내리거나 부하직원들에게 일장연설을 해서 성과를 내는 것이 아니라는 사실이었다. 오히려 그들은 자신이 속한 회사 또는 자신이 몸담았던 산업에서 친분을 맺게 된 수십 명, 많게는 수백 명과 끊임없이 사소한 상호작용을 하면서(질문을 하거나 짤막한 충고를 하거나 하는 식의 활동) 성과를 냈다. 외부에서 영입한 새로운 최고경영자가 의사결정 및 대인관계에서는 대단히 뛰어날지 몰라도 그들에겐 조직 내부와 외부에 기댈 수 있는 네트워크가 없었다. 그렇다면 외부 출신 최고경영자는 어디에 기대야 했을까? 일부는 이전 직장에서 알던 이들을 데리고 와서 그들에게 의존했다. 하지만 그들은 동시에 포부, 자신감, 명쾌함, 희망이 구체적으로 표현된, 다름 아닌 전략에 의존했다.

372

제15장

인간중심 전략
인간과 전략을 통합하다

미국경제가 1990년대 거품을 뚫고 21세기에 접어들면서 프로세스 중심 전략은 흉포화된 자본주의에 자리를 내주기 시작했다. 기업들은 갈수록 3C에 더 집착했다. 최근까지 BCG 파트너였던 마크 블랙실은 이런 현상에 대해 "기업들이 리엔지니어링 열풍 때처럼 시간기반 경쟁에 휩쓸렸다"고 한탄한다. 나아가 무자비한 비용절감은 시간기반 경쟁 유행이 지나간 뒤에도 계속됐다.

기업들은 톰 피터스의 목소리를 이제서야 들은 것처럼 고객들에게 더 신경쓰기 시작했고, 적어도 확장된 테일러주의에 발맞춰 등장한 새롭고 더 분석적인 개념에 주의를 기울이기 시작했다. 1996년에 베인앤컴퍼니의 프레드 라이히헬드는 《로열티 효과》라는 책을 발간했는데, 이 책 제목은 기업의 모든 부분에서 고객들 충성도가 떨어지는 것을 체감하고 있던 당시 경영자들 눈을 단박에 사로잡았다. 경영자들은 이 책에서 고객

가치를 고객이 마지막으로 상품을 구매했던 가치로 계산하기보다는 고객의 평생가치로 계산하는 방법을 배웠다. 소프트웨어 회사들은 시장에 이른바 고객관계관리(CRM) 솔루션을 내놓았고 그 결과 기업들은 고객들과의 모든 사소한 거래까지 추적할 수 있게 됐다. 인터넷은 고객의 의식과 지갑에 다다르기 위한 새롭고도 넓은 길로 각광받았다.

하지만 경쟁자가 누구이고 어디에서 출현하는지는 갈수록 오리무중이었고 혼란스러워져만 갔다. 컨설턴트들은 "산업 간의 경계가 점차 허물어지고 있다"고 말했다. 전혀 예상치 못한 분야에서 출현한 경쟁자로 인해 전통적인 강자가 궁지에 몰리는 경우도 갈수록 흔해졌다. 실제로 백과사전 출판사는 마이크로소프트 앞에 무릎을 꿇을 수밖에 없었고 음반 회사들은 애플의 아이팟 때문에 궁지에 몰렸다.

비록 마이클 포터가 기업들이 차별화할 수 있는 요소를 선택해야만 한다고 주장했지만, 어디서 차별화 요소를 찾아야 할지 그리고 만약 찾는다 해도 과연 그것이 얼마나 지속될지는 의심스러웠다. 이런 모든 상황들은 과연 지속가능한 경쟁우위라는 것이 있기나 한 건지를 의심토록 하기에 충분했다.

오늘날 거의 모든 경영서적에는 다음과 같은 문장이 담겨 있는데, 게리 하멜의 가장 최근 저서에는 이렇게 적혀 있다. "L. G. 토머스와 리처드 다베니의 최신 연구(다베니가 1994년에 발표한 《하이퍼컴피티션(Hypercompetition)》의 미발표 후속작)에 따르면, 산업 내에서 선두기업 자리는 갈수록 자주 바뀌고 있고 경쟁우위는 이전보다 훨씬 빠르게 사라지고 있다." 이와 관련해서 베인앤컴퍼니의 크리스 주크가 쓴 전략에 대한 3부작 서적 중 2008년에 발표된 마지막 권에는 이렇게 쓰여 있다. "2004년에 전 세계 259명의 기업임원들을 대상으로 실시한 성장에 대한 설문조사에서 60퍼센트는 핵심

사업에서의 경쟁우위가 급속하게 사라지고 있다고 응답했고, 65퍼센트는 핵심 고객들을 대상으로 제공해왔던 비즈니스 모델을 근본적으로 재설계해야 한다고 대답했으며, 72퍼센트는 현재 주요 경쟁자가 5년 후에는 전혀 다른 기업들로 대체될 것이라고 응답했다." 《공산당 선언》에 있는 자본주의에 대한 아주 멋진 표현을 빌리자면, 모든 확실한 것은 공기 속으로 사라지기 마련이며 경쟁우위도 분명 그중 하나였다.

그렇다면, 모든 확실한 것이 사라지는 상황에서 기업은 전략 기반이 될 수 있는 견고한 경쟁력을 어디서 찾아야 하는가? 그에 대한 한 가지 대안은 갈수록 더 중요한 의미를 지니게 된, 맥킨지가 주장했던 '매매할 수 있는 특권자산'(브랜드, 특허, 상표권)이었다. 특권자산은 팔 수도 있었지만 더욱 중요한 점은 살 수도 있었다는 점이다. 일부 전문가들은 특권자산 개념을 확대해서 "지적 자본이 기업의 새로운 부의 원천"이라고 주장했는데, 이런 주장은 톰 스튜어트가 쓴 《지적 자본(Intellectual Capital)》의 부제이기도 하다. 그러나 재무적 자본과는 달리 지적 자본을 측정하거나 분석하고 또는 제대로 정의하기란 거의 핵심역량만큼이나 어려웠다.

만약 기존의 경쟁우위가 계속해서 사라질 수밖에 없다면 그에 대한 유일한 실천적 대안은 새로운 경쟁우위 창출, 그러니까 경쟁상품을 아예 무용지물로 만들어버릴 새로운 제품을 개발하거나 이전에는 존재하지 않았던 새로운 시장을 창출하는 것이 아닐까?

게다가 소위 지적 자본을 육성하는 시시한 업무인 지식경영 같은 것보다는 혁신이나 기업가정신이 덜 따분했고 훨씬 매력적이었다. 대중들 눈에 비친 영웅은 더 이상 듀퐁이나 제너럴모터스처럼 대기업을 이끄는 최고경영자들이 아니었다. 오히려 대중들은 애플 컴퓨터(1976년 설립), 마이크로소프트(1978년), 아마존닷컴(1994년), 이베이(1995년), 구글(1998년) 같은 기업들 설립자들에 더욱 열광했다.

혁신과 성장의 가장 중요한 요소로서 인간에 집중하게 된 점은 우리가 이번 장에서 살펴볼 인간중심 전략을 이해하는 세 가지 관점 중 하나다. 이 세 가지 관점은 처음에는 아주 작은 나무줄기로 시작했지만 이후에는 꽤 두꺼운 가지로 뻗어나갔다. 인간중심 전략의 두 번째 관점은 네트워크라는 개념을 사용해서 개인 간의 상호작용 방식을 분석하고 이를 경쟁우위 기반으로 이해하려는 시도다.

가장 놀라운 것은 세 번째 관점인데, 바로 사모투자 회사 그리고 사모투자 회사가 인수한 사업을 대상으로 취하는 조치가 전략의 이상적인 모습이라는 주장이다. 이런 관점은 사모투자 회사가 대체로 고전적인 전략에 근거한 전술을 사용한다고 주장한다. 나아가 이 관점은 사모투자 회사의 일처리 방식이 미래 기업, 특히나 미래가 불분명한 오래된 기업들이 갖춰야 할 일상적인 형태를 보여준다고 주장한다. 사모투자 회사가 대형 전략 컨설팅 회사들의 가장 큰 고객이 된 것은 결코 우연이 아니다. 아울러 비록 최근의 전 세계 금융위기로 인해 주춤하긴 했지만 전략 컨설팅 회사 파트너들이 사모펀드 회사에 들어가는 것도 결코 우연이 아니다. 전략 컨설턴트들이 실제로 회사를 경영할 경우 그 모습이 어떨지를 보고 싶다면 사모투자 회사들이 소유한 사업들을 보라. 그 모습이 바로 현재 어떤 일이 벌어지고 있는지를 정확히 보여준다.

인간중심 전략 역사에 대한 논의는 아직 끝나지 않은 상태이고, 이 논의는 결국 아무런 결론도 도출하지 못한 채 끝날 수도 있다. 인간중심 전략 역사는 일천하며 아직 완성되지 않았고 지금도 계속 진행 중이다. 전략의 다음 단계에서 인간이 중심이 될 것이라는 주장은 오늘날 많은 전략의 대가들이 동의하는 바다. 한 전략 컨설팅 회사의 고위 파트너는

"나는 직원들로 대표되는 지적 자본과 사회적 자본이 미래 경쟁우위의 핵심적인 열쇠라는 데 절대 공감한다"라는 틀에 박힌 듯한 의견을 내놓았다. 하지만 이런 단언에도 불구하고 여전히 "전략은 인간이다"라는 말이 무엇을 의미하는지에 대해선 의견이 분분하다.

그럼에도 인간중심 전략이란 수수께끼를 푸는 것은 전략의 미래에 매우 중요하다. 전략의 이후 발전 단계에서 새로운 패러다임이 도래하려면 전략은 융이 말한 그림자와 어떤 식으로든 화해해야만 한다. 물론 융의 이론을 신뢰하는 심리학자들 말처럼 그림자와 화해하기란 결코 쉽지 않지만, 더욱 성장하고 더욱 완전해지기 위해선 이것이 유일한 방법이기도 하다.

기업가정신의 유혹

20세기가 끝나갈 무렵이 돼서야 하버드 경영대학원은 마침내 MBA 학생들에게 경영 중에서 어떤 분야를 필수적으로 가르쳐야 하는지를 깨달았다. 마이클 포터가 오래된 경영정책I과 II를 완전히 뒤바꿔놓은 후로 어느 누구도 경영정책II를 대체할 만한 종합적인 상급 필수과정을 만들어내지 못했다. 21세기가 시작되면서 학장을 비롯한 대부분의 교수들은 그에 대한 해답이 바로 기업가정신, 좀 더 구체적으로 표현하자면 '기업가적 경영자'라고 이름붙인 과목이라고 결론내렸고 2000년부터 이 과목을 MBA 과정의 필수과목으로 지정했다.

이런 변화는 기업가정신 과정을 가르치던 교수들 입장에선 대단한 승리이자 20년간 미국경제 전반에 걸쳐 벌어지던 현상을 반영하려던 노력의 결실이었다. 사실 하버드 경영대학원은 기업가 과정을 설립 초기부터 제공하려 했지만 1970년대에 이르면서 이런 시도마저 사라져버렸다. 하지만 1980년대에 하워드 스티븐슨과 빌 살먼은 존 맥아더 지원에 힘입어 기업가정신 과정을 개설했고 갈수록 많은 학생들을 끌어모았다.

기업가정신 과정을 가르치던 교수들이 내세운 기치는 〈Inc.〉나 〈패스트컴퍼니〉 같은 잡지들의 주장과 동일했는데, 바로 '신경제'가 등장하면서 구경제를 대체할 것이라는 주장이었다. 기업가정신 과정 교수들은 〈포춘〉 선정 500대 기업은 잊어버리라면서 이런 기업들이 기껏해야 구조조정, 리엔지니어링, 직원해고만 하고 있다고 부르짖었다. 나아가 고용창출과 부의 창출은 결국 막 생겨나던 신생기업에 달려 있다고 주장했는데, 실제로 1980년대는 미국에서 역사적으로도 놀라운 수치인 150만 개 신생기업들이 등장한 시대였다. 비록 이런 신생기업들은 여전히 규모가 작았지만 그중 일부는 전체 산업판도를 뒤바꿀 정도로 성장했는데, 암젠이나 페더럴 익스프레스, MCI, 뉴코, 오라클, 스테이플스 같은 기업들이 스티븐슨이 손꼽는 사례였다.

스티븐슨을 비롯한 교수들은 기업가정신에 대한 자신들 견해를 기존 견해와 차별화시키려 노력했다. 기존에는 기업가가 특별한 성향을 지닌 이들이라는 전통적인 견해가 강했는데, 이 견해에 따르면 기업가는 권위주의를 싫어하고 자신 뜻대로 일을 처리하려는 성향이 강한 이들이었다. 스티븐슨은 기존 견해를 부인했다. 오히려 기업가적 경영은 '기업을 경영하는 특별한 방식'으로서 안정적인 대기업이나 '관료적 기업'에서 통용되는 경영방식과는 차별화된 것이라고 주장했다(그렇다고 해서 기존의 안정적인 기업을 비난한 것은 아니다). 스티븐슨은 기업가정신이 "현재 활용가능한 자원을 넘어서면서까지 사업기회를 추구하는 것"이라고 정의하면서 적어도 여섯 가지 측면에서 기존의 일반적인 경영방식과는 다르다고 주장했다. 여섯 가지 측면 중에는 전략적 지향점이 포함됐는데, 기업가정신을 지닌 회사들은 "사업기회에 따라 움직인 반면 관료적 기업들은 현재 지닌 자원에 맞춰 움직였다"는 측면에서 서로 달랐다. 나아가 전략적 실험이란 측면에서도 서로 달랐는데, 신생기업들이 "혁신적인 변화를 이루기 위해 단기간에 모든 것을 사업기회에 쏟아부은 반면" 오래된 기업들은 장기간에 걸쳐 서서히 개선하는 데 만족했다.

아무튼 중요한 것은 기업가적 경영이 가르치고 배울 수 있는 주제였다는 점이다. 필수과목이 된 기업가정신 과정은 경영의 다양한 분야를 모두 포괄했으니, 사업기회 포착은 마케팅 영역이었고 자원 조달은 재무 영역이었으며 기업가 조직 경영은 조직행동론의 변형된 형태라고 볼 수 있었다. 나아가 주주가치의 창출과 환원도 포함됐는데, 상장과 같은 유동성 확보를 통한 금전적 보상은 모든 기업가들이 바라는 소망이었다.

하버드 경영대학원에서 전략을 가르치던 일부 교수들은 기업가정신 과정을 무시하면서 결국 기업가정신 과정이 현금순환을 관리하는 방법(현금을 조달하고 사용하고 인출하는 방법)을 가르치는 데 불과하다고 주장했다. 하지만 이런 견해는 어쩌면 전략의 오래된 맹점을 드러낸다고 볼 수 있는데, 기업가정신 과정의 핵심은 과거나 지금이나 사람에 초점을 두고 있었고, 여기에는 기업가 자신뿐만 아니라 그의 네트워크, 그가 속한 팀, 그와 관계를 맺은 협력자들이 모두 포함됐기 때문이다. 주요한 사업기회는 종종 이런 네트워크를 통해 포착되는 법이고, 금전적 또는 기타 자원의 확보와 신생기업을 이끌어갈 인재들도 마찬가지로 이런 네트워크를 통해 이뤄지기 마련이다. 1997년에 빌 살먼은 수천 개가 넘는 사업계획서를 읽어본 경험을 바탕으로 〈하버드비즈니스리뷰〉에 〈위대한 사업계획서 쓰는 법(How to Write a Great Business Plan)〉이란 인기 있는 논문을 발표했다. 그는 재무계획 부분을 장황하게 쓰지 말라고 조언하면서 모든 사업계획서에는 회사가 창업 3년째에 5000만 달러 매출을 달성할 것이라고 쓰여 있다고 비꼬았다. 그는 경험 많은 벤처 캐피털리스트가 그러하듯, 재무계획은 건너뛰고 '창업팀'을 소개하는 부분으로 곧장 넘어가라면서 창업멤버들 임무가 무엇이고 그들의 과거 이력이 어떠한지를 자세히 기술하라고 조언했다.

1990년대 중반이 되자 기업가정신으로 창업한 지 수십 년이 지난 기업들은 더욱 성장하려면 신생기업처럼 움직여야 한다는 압박을 느끼기 시작했다. 이에 맞춰 《고객기반 성장(Customer-Centered Growth)》《성장을 추구하라(Go for Growth!)》《좋은 기업을 넘어 위대한 기업으로》 같은 거창한 제목이 붙은 경영서적이 쏟아져나왔다. 이런 경영서적들은 약속이라도 한 듯 비용절감이나 리엔지니어링만으로는 주주가치를 창출하지 못한다고 주장했다. 주주가치를 창출하려면 비용을 낮추는 것과 동시에 매출도 증가시켜야만 했다. 그리고 수많은 기업들이 이를 달성하지 못하고 있다는 점을 보여주는 통계자료는 모든 경영서적에 실리는 내용이 됐다. 예를 들자면 1983년부터 93년까지 〈포춘〉 선정 1000대 기업 중에서 연간매출이 10퍼센트 이상 늘어난 기업은 고작 30퍼센트 정도에 불과했다. 이후로도 크리스 주크나 리처드 포스터의 조사처럼 꾸준한 매출성장을 달성한 대기업 비중에 대한 조사가 있었는데, 결과는 더욱 참담했다.

이런 경영서적에 담긴 조언은 전략혁명을 공부한 학자들 입장에서 보면 그다지 놀랄 만한 내용이 아니었으니, 그것은 바로 고객을 세분화하라는 것이었다. 고객을 자세하게 들여다보면 전체 수익의 60퍼센트에서 많게는 80퍼센트가 20퍼센트 고객으로부터 나왔다. 따라서 그 고객층에 집중하고 그들이 요구하고 원하는 것들을 더욱 자세하게 파악하고 그들에게 더 많은 양의, 더 다양한 제품을 판매하는 방법을 도출해야 했다.

또는 마이크로소프트가 DOS 운영체제를 활용해서 PC 시장을 지배했던 것처럼 시장에 대한 지배력을 확보함으로써 시장이 성장할 때 함께 성장할 수도 있었다. 또는 델이 초기에는 전화로, 나중에는 온라인으로 컴퓨터를 판매한 것처럼 고객에게 제품을 전달하는 방식을 새롭게 디자인하는 것도 또 다른 방법이 될 수 있었다. 인터넷 사용이 폭발적으로 증가하면서(한 조사에 따르면 인터넷 사용률은 1995년부터 1996년에 1000퍼센트 증가했고 이후로는 매년 100퍼센트 정도씩 증가했다) 전통적인 기업들이 온라인을 새로운 판매경로로 활용해야 한다는 외침은 거의 신경질적인 비명이 돼버렸다. 컨설팅 회사들(전략 컨설팅 회사를 비롯해서 신생 컨설팅 회사건 오래된 컨설팅 회사건 모두)은 전통적인 기업들이 이런 상황에 대처할 수 있도록 도움을 줄 만반의 준비를 이미 갖추고 있었다. 1990년대가 끝나갈 무렵에 이르자 일부 BCG 사무소들의 경우 컨설팅 프로젝트의 거의 절반 정도는 신기술에 관한 것이었다.

성장에 대한 최고의 조언을 담은 경영서적들은 성공적인 기업가 벤처 사례를 드는 것에 그치지 않고 기존 대기업들이 새롭게 성장하기 위한 기반이 어디에 있는지를 제시했다. 크리스 주크는 2001년에 발표한《핵심에 집중하라》를 시작으로 세 권의 책에 걸쳐 기업의 '핵심사업'에 종종 숨은 잠재력이 있으며 기업들은 이런 잠재력을 활용함으로써 아무 관련 없는 사업을 매입하는 것보다 더 크게 성장할 수 있다고 주장했다. 주크는 핵심사업을 구성하는 요소에 대한 판단기준으로 베인앤컴퍼니의 전략 부문을 이끌었던 인물다운 답변을 제시했다. 핵심사업은 대체로 경쟁우위, 충성도 높은 고객, '특별한 스킬'('기업역량'과 같은 의미로 보면 된다)에 기반한 월등한 수익성을 지니고 있었다. 주크가 자신의 주장을 뒷받침하기 위해 제시했던 사례 중에는 사모투자 회사였던 베인캐피털도 있었는데, 베인캐피털은 문어발 기업으로부터 비핵심사업을 매입한 뒤 독립된 회사로서 핵심사업을 키우도록 해서 큰 성과를 거뒀다.

혁신, 성장, 기업변화의 원천이 인간이라고 대놓고 주장하는 목소리도 있었다. 이런 주장은 톰 피터스와 밥 워터맨이 오래전부터 부르짖던 것으로 두 사람이 《초우량 기업의 조건》을 쓴 뒤 각자 발표한 이후 저서에서 더욱 구체적으로 드러난 주장이었다. 1995년 11월, 〈패스트컴퍼니〉 창간호는 표지에서 "일이 곧 사람이고 컴퓨팅이 곧 공동체이며 지식이 곧 힘이다. 모든 것을 바꾸자"고 선언했다. 그리고 창설편집인들은 창간호 안에 실린 '비즈니스혁명지침'이라는 선언문을 통해 "영리한 회사에서 일하는 영리한 사람들은 스스로 미래를 창조할 수 있다…… 가능성은 무한하다"라고 선포했다. 창설편집인들은 "비즈니스혁명 가치 그리고 비즈니스혁명을 실천하는 기업을 가꾸는 이들의 가치를 보여줄 것"이라고 약속하면서 비즈니스혁명이 "경제적 성장과 사회적 정의의 융합이자 민주적 참여와 포기할 줄 모르는 실행의 결합이며 폭발적인 기술혁신과 전통적인 개인 헌신의 동반"이라고 설명했다.

곧 이어 전략의 대가들도 비즈니스혁명 대열에 참여하기 시작했다. 지면을 통해 수개월간 포터의 논문 〈전략이란 무엇인가〉를 비난하던 게리 하멜은 1996년에 〈혁명으로서의 전략(Strategy as Revolution)〉이란 논문을 〈하버드비즈니스리뷰〉에 발표했다. 하멜은 논문에서 대부분의 회사가 수립하는 전략기획이 "소수 엘리트만의 전유물로서 겉치레가 심하고 지나치게 시각이 좁으며 특수한 사례를 일반화하고 너무 단순하며 오로지 포지셔닝에만 집착한다"면서 자신의 오랜 주장을 반복했다. 하지만 그는 또한 기업들이 과거와 결별하고 산업과 전략을 속박하는 오래된 관점을 버려야만 한다고 주장했다.

하멜은 '산업혁명에 이르는 아홉 가지 경로'를 제시했는데 여기에는 "고객에게 가치를 제공하는 방식을 대폭 개선"하고 "기업의 공급망을 단축"하며 "컨버전스를 추진"하는 것 등이 포함됐다. 하지만 논문과 이에 기반해 출간된 책의 핵심 주장은 전략수립 과정이 민주화돼야 한다는 점이었다. 기업들은 젊은 직원들, 회사 내에서 주류에 속하지 않는 이들, 그리고 "산업 내에 깊게 뿌리내린 통념에 물들지 않은" 새로운 직원들 내에서 혁명가를 찾아야만 했다. 나아가 하멜은 "경영자는 절대 소수 엘리트 직원들이나 전략 컨설팅 회사에서 '빌려온 두뇌집단'으로 하여금 전략을 수립하게 해선 안 된다"고 주장했다. 사실 하멜이 주장한 이상적인 행태라면 모든 기업들은 맥킨지가 전성기 때 추구했던 아이디어의 민주화를 구현해야만 했다.

하멜은 2000년에 발표한 저서 《꿀벌과 게릴라(Leading the Revolution)》에서도 동일한 경고를 했다. 하멜은 닷컴열풍의 위험에 대해 사전에 경고했다는 점에서 선견지명이 있었지만 《꿀벌과 게릴라》에서는 그렇지 못했다. 왜냐하면 책에서 기업 내부혁신의 가장 중요한 성공사례로 실렸던 엔론이 책이 출간된 지 단 몇 달 만에 법을 어길 만큼 지나치게 혁명적이었다는 점이 밝혀졌기 때문이었다(엔론이 매년 1000만 달러 비용을 지불하면서 맥킨지에서 '빌려온 두뇌집단'을 활용했다는 점은 굳이 언급하고 싶지 않다).

하멜은 이 점에 대해 크게 낙담하지 않았다(이후 책의 재판부터는 엔론 대신 UPS가 등장한다). 그리고 하멜은 2008년에 발표한 《경영의 미래(The Future of Management)》에서 미묘한 차이가 있긴 하지만 동일한 주장을 반복했다. 하멜은 이번에는 혁신이란 불로 정결하게 거듭나야 하는 것이 바로 전통적인 상하계층적 조직에서 수행되는 경영이라고 주장했다. '융통성이라고는 찾아볼 수 없는 자원배분', 구시대적 사고방식, 그리고 오직 소수의 선택된 이들에게만 전략혁명가 자질을 발휘하도록 허락하는 '창조성을 차별하는 태도'는 사라져야만 했다. 대신 자유, 평등, 그리고 '하나의 동일한 목적을 지닌 공동체'를 구현하려는 노력은 고취돼야만 했다.

이런 이상적인 주장에 반박할 직원들이 과연 있겠는가? 더더구나 한때는 이상적인 세상을 만들려 했지만 이제는 회사에 얽매여버린 나이든 베이비붐 세대 직장인들에게서 이런 주장을 반박하는 목소리를 찾기란 매우 힘들었다. 초우량 기업이 되고 싶은 기업, 위대한 기업으로 변모하고 싶은 기업, 나아가 포터가 주장했던 차별적 포지셔닝을 확보하고 싶은 기업들에게 던져진 진정한 질문은 과연 이런 전통적인 기업들이 그 험난한 여정을 헤치고 끝까지 나아갈 수 있겠느냐는 점이었다. 《경영의 미래》를 비판하는 이들은 책에 주요사례로 실린 세 기업(홀푸즈, WL고어, 구글)이 오늘날 그 위치에 오른 이유가 3개 회사 모두 고통스러워도 혁신이란 가치를 의도적으로 실천해온 데 있다고 지적한다. 반면 하멜이 주장하는 민주화된 이상적인 기업의 직원들이 이런 고통을 감내하면서까지 위대한 기업 위치에 오를 수 있을지는 의문이다.

네트워크와 전략에 대한 새로운 철학의 필요성

인터넷이 가져온 변화는 적어도 몇몇 BCG 컨설턴트들로 하여금 전략에 대한 철학적 탐구를 하게 했다. 이들은 특히나 리눅스 사례에 흥미를 느꼈는데, 그들이 흥미를 느낀 점은 금전적인 보상이 거의 없음에도 불구하고 온라인에서 자발적으로 거대한 협업이 벌어지면서 마이크로소프트 제품에 필적하는 소프트웨어가 개발됐다는 점이었다. 1999년에 발표된 베스트셀러이자 인터넷이 어떻게 기존 산업과 전략을 '해체'하는지를 다룬 《기업 해체와 인터넷 혁명(Blown to Bits)》의 공저자인 필립 에반스는 리눅스 사례에서 영감을 얻은 뒤 새로운 영역(자동구성 네트워크, 일반적인 소셜 네트워크에 대한 분석, 거래비용, 위키스Wikis, 블로그, 냅스터, 프렌드스터, 기타 소셜 네트워킹 웹사이트)을 연구하게 된다.

내가 만난 전략사상가들 중에서 전략의 존재론(전략이 전제로 하는 존재에 대한 철학적 사고)과 인식론(전략이론이라는 지식의 본질로서 이 경우에는 경쟁우위를 달성하기 위한 지식)에 대해 말하는 이는 에반스가 유일하다. "포터는 구조경제학의 렌즈로 산업을 들여다봤다." 에반스는 주장한다. "산업이 무엇인가? 매우 유사하면서, 내부적으로는 협력하고 외부적으로는 경쟁하는 소수의 조직들을 말한다. 이런 조직들은 경쟁시장을 통해 서로 연결돼 있고 위쪽으로는 공급자와, 아래쪽으로는 고객과 연결돼 있다. 만약 구조적 경쟁우위를 인식론이라고 할 수 있다면 존재론은 참여자의 상황이라고 할 수 있다." 여기서 참여자란 결국 기업들을 말한다. "브루스 헨더슨과 포터는 결국 이런 전제 위에서 움직였다고 할 수 있다."

하지만 전략은 진화했다. 에반스는 다음과 같이 주장한다. "기업역량의 등장과 함께 전략에 대한 인식론이 바뀌면서 이런 반론이 등장했다. '천만에, 경쟁우위는 구조적 차이를 포착하는 것이 아니라 기업역량을 포착하는 것이다.' 이렇게 인식론은 바뀌었지만 기업들이 산업 내에서 서로 경쟁한다는 존재론은 전혀 바뀌지 않았다." 하지만 존재론도 언젠가는 바뀌어야만 했다. "논리가 해체되면 존재론도 도전을 받을 수밖에 없다"고 에반스는 주장한다. "이런 질문이 제기된다. '그런데 애당초 비즈니스나 기업, 산업이란 개념 자체가 존재하는가?'" 에반스는 그런 뒤 이제 막 해체될 지경에 처한, 자신이 오랜 시간 컨설팅해왔던 산업을 예로 든다. "현재 미디어 산업은 과연 무엇을 말하는가? 블로그? 미디어 산업에서 고객은 누구이고 공급자는 누구인가? 만약 고객들이 직접적으로 서로 정보를 제공하기 시작한다면 여기서 누구를 공급자로 봐야 하는가?"

그러면서 에반스는 다음과 같이 자신의 핵심주장을 설명한다. "경쟁우위 단위가 과거에 생각했던 것과는 달리 기업이 아니라고 본다면…… 그건 마치 생물학에서 경쟁에 대한 인식이 동물 간의 경쟁에서 유전자 간의 경쟁으로 전환된 것과 마찬가지라고 할 수 있다. 지금 우리가 막 다루기 시작한 전략적 사고는 전략에 대한 기존의 존재론에 정면으로 도전하는 것이다. 새로운 전략적 사고는 전략에서 더 이상 축소할 수 없는 가장 작은 단위가 인간, 그러니까 고객, 직원, 또는 경영자라고 인식한다. 새로운 전략적 사고에서 거래에 관여하는 이는 결국 사람이다. 폭넓게 본다면 이런 상황은 경쟁하는 관계일 수도, 협업하는 관계일 수도 있지만 어쨌건 여기서 바로 네트워크가 등장하게 되는 것이다. 기술이 거래비용을 낮춰주고 거리적, 제도적 한계를 없애면서 이런 네트워크는 갈수록 활발해진다."

에반스에 따르면 새롭게 등장하는 이런 세계에서 "경쟁우위를 달성하는 핵심은 기업이 추구하는 목적을 달성할 수 있도록 기업의 생태환경을 디자인하는 것이다. 기업의 생태환경을 디자인한다는 말은 나 자신의 행동양식을 바꾸고 같은 회사에서 일하는 동료들의 행동양식을 바꾸며, 회사는 다르지만 나와 협업하는 이들의 행동양식을 바꾸고, 나아가 나와 경쟁하는 이들의 행동양식을 바꾸는 것을 의미한다."

독자들도 이미 눈치챘겠지만 이런 사상을 갖고 팔릴 만한 컨설팅 제품을 만들어낸다는 건 쉽지 않다. 에반스도 그 점을 인정한다. 그의 말에 따르면 심지어 동료들조차 그가 이전보다 더 이론에만 치중한다고 느낀다. 하지만 진취적인 사고를 지닌 소수의 BCG 직원들은 전략 수립에서 네트워크의 중요성을 분석하려고 열심히 노력하고 있다. 비록 이들 연구가 에반스의 연구보다 더 고차원적이거나 더 세밀하지는 않지만 말이다. 소수의 학자, 전문가, 컨설턴트들로 구성된 이런 집단은 규모가 갈수록 커져가고 있고 네트워크 분석이론을 비즈니스에 적용할 방법을 연구하고 있다.

얼마 전까지 BCG 보스턴 사무소에서 파트너로 근무했던 마크 블랙실은 2000년대에 BCG에서 차세대 거대 전략 아이디어를 발굴하기 위한 노력을 총괄했던 인물이다. 그도 리눅스 사례에서 등장한 오픈소스 소프트웨어를 이해하는 것이, 일본 제조업을 이해하는 것이 프로세스 혁명을 이끌었던 것처럼 새로운 전략 아이디어를 도출하는 열쇠라고 생각했다. 블랙실은 한때 협업했던 에반스와 갈라선 뒤 경쟁에서 네트워크의 중요성을 연구하면서 "리눅스가 마이크로소프트에 위협적인 요인이 무엇인가"라는 전형적인 질문에 집중했다. 그에 대한 대답 중 일부를 소개하자면 이렇다. 새로운 환경에 맞춰 시스템을 변화시키고 적용하는 데 있어 리눅스는 마이크로소프트보다 훨씬 빨리 움직일 수 있었다.

그는 지적재산권 문제가 매우 광범위한 문제이며(그는 '인도, 중국, 저작권 침해, 냅스터'를 예로 들었다), 지금 벌어지고 있는 기업경쟁을 이해하려면 지적재산권에 대한 이해가 필수적이고 종종 지적재산권이 공격수단이나 방어수단으로 사용될 수 있다고 결론지었다(지적재산권의 중요성에 대한 이견이 블랙실과 에반스가 갈라선 이유 중 하나였다). 블랙실이 보기에 지적재산권 관리는 전략 영역에 속했다. 그는 리눅스를 더욱 자세히 관찰하고 개발자들의 온라인 소셜 네트워크가 어떤 식으로 움직이는지를 살펴본 뒤 다음과 같은 사실을 발견했다. "패턴이 존재했다. 개발자들이 자발적으로 협업하는 이유는 친목 때문도 아니었고 모두에게 공짜 소프트웨어를 제공하기 위한 것도 아니었다. 개발자의 협업 네트워크에는 구체적으로 명시된 것은 아니지만 상하계층적 구조가 존재했고 형식화된 조직구조가 있었다." 블랙실은 동기부여라는 사안을 더 파고들길 원했다. 왜 사람들이 공짜로 리눅스 개발에 참여했는지를 연구하고 싶었다. 심지어 개인의 창조성에 대해서도 연구하고 싶었다. 하지만 그는 그러기엔 시간이 부족했고 BCG도 이런 분야의 연구를 지원하려 하지 않았다. 그는 "BCG 내에서 반발이 있었다"고 말한다. 2006년에 블랙실은 BCG를 떠나 3LP 어드바이저란 회사를 설립했고 전략, 지적재산권, 혁신의 교차점에 대해 연구하기 시작했다.

블랙실이 BCG를 떠나기 전까지 그는 BCG 파트너 중에서 네트워크 이론에 기반한 전략 컨설팅 프로젝트를 고객에게 판매하는 데 성공한 유일한 인물이었다. 하지만 이후로 상황은 바뀌었는데, 왜냐하면 현재 BCG가 수행하는 네트워크 분석 프로젝트를 통해 개발된 내용이 BCG 컨설팅 부문에서 활용되고 있기 때문이다. BCG의 제품 브로셔에는 네트워크 분석이 고객으로 하여금 "의료 연구와 연구결과 발표에 쓰이는 네트워크를 구축하고 분석"할 수 있게 도와주고, 또는 "특허 데이터 간의 관계에 대한 네트워크를 시각화하고 분석"할 수 있다고 적혀 있다. BCG가 지적재산권과 관련해서 제공하는 컨설팅 서비스는 갈수록 네트워크 분석에 의존하고 있다. 하지만 블랙실과 에반스가 인정한 바대로 현재 BCG의 네트워크 분석 연구는 전략에 있어 리눅스 모델의 중요성을 완전히 밝혀내기엔 아직 한참 부족하며 나아가 인간과 전략을 통합하는 새로운 전략이론을 도출하기에는 더욱 요원하다.

사모투자와 인간중심 전략

비록 약간은 특정 산업에 편향되긴 했지만 사모투자 회사의 운영방식은 전 세계 금융위기가 닥치기 전까지 전략혁명 역할에 대해 거의 완벽한 사례를 보여준다. 나아가 전략혁명이 향후 어떤 식으로 전개될지도 보여준다. 사모투자 회사 사례는 또한 인간중심 전략의 한 변형이라고 할 수 있는데, 차이가 있다면 이 사례는 매우 소수의 특정 인간들에 기반한 전략이라는 점이다. 그들은 바로 사모투자 회사 파트너들과 파트너들이 매입한 회사 경영을 위해 고용한 일부 경영자들, 그리고 사모투자 회사에 컨설팅을 제공하는 컨설턴트들이다.

하나의 산업이란 관점에서 보면 사모투자는 과거의 차입매수 사업을 현대화하고 거기에 약간의 품위를 더한 것이라고 할 수 있다. 그리고 사모투자 회사는 과거 차입매수 회사들에 비해 전 세계 경제에 더 큰 발자취를 남겼는데, 특히 2008년 이전까지 그 영향력은 엄청났다. 일부 사모투자 회사는 1970년대의 차입매수 회사에서 출발했으며 그중 가장 유명한 회사가 바로 콜버그크래비스로버츠다. 사모투자 회사들은 투자자들로부터 자본을 끌어모은다. 투자자들은 연기금, 대학기금 같은 기관투자자들이 대부분이지만 이른바 거대 개인자산가들도 있다. 모집된 자본은 일련의 펀드로 나뉘며 펀드는 대체로 5년 또는 7년 만기이고 사업을 매입하는 데 쓰인다. 전체 사업을 통째로 매입하는 경우도 있고 대기업에서 일부 사업만을 매입하는 경우도 있다.

사모투자의 목표는 매입한 사업의 가치를 증가시켜 상장하거나 다시 매각하는 것인데, 이 모든 과정은 펀드 만기가 도래하기 전에 이뤄져야 했고, 수익은 모든 이들 특히 사모투자 회사에게 큰 보상이 주어질 만큼 커야만 했다. 대체로 사모투자 회사는 운영하는 펀드액수의 2퍼센트를 수수료로 투자자에게 부과했다. 나아가 투자수익이 실현될 경우 이익금의 20퍼센트를 수취했다. 사모투자는 대체로 투자자들에게 주식을 할당해주지 않는다는 점에서 주주의 부를 창출했다기보다는 회사 소유주의 부를 창출했다고 해야 더 정확한 표현인데, 무엇보다도 기능향상성 약물을 투여한 막대한 부의 창출 방식이라고 볼 수 있다.

2009년 여름 무렵 사모투자는 사모투자산업 역사상 세 번째 하향주기를 타고 있었는데, 그 하향주기는 이전처럼 매우 가파르게 아래로 향하고 있었다(미국기업들이 차입매수 거래에 쓴 금액은 첫 하향주기 때였던 1989년부터 1991년까지는 80퍼센트가 감소했고, 두 번째 하향주기 때였던 1995년부터 2002년까지는 35퍼센트가 감소했다). 하지만 사모투자산업은 매번 산업주기 때마다, 특히나 가장 최근의 산업주기 때에는 정점을 찍었다. 가장 정확한 예측에 따르면 2007년에 전 세계 사모투자 회사가 투자한 자금은 7000억 달러에 달했으며, 당시 사모투자 회사는 유럽에서 이미 확고히 자리잡은 뒤 아시아와 중동으로 한창 진출하고 있었다. 가장 큰 사모투자 회사들(예를 들어 KKR이나 블랙스톤그룹)은 단 하나의 펀드에 100억 달러를 모을 수 있다는 것을 몸소 보여줬다. 크레딧스위스퍼스트보스턴의 2007년 분석에 따르면 사모투자 산업 전체의 투자금액 규모는 미국과 유럽에 있는 시가총액 300억 달러 미만인 기업들의 5분의 1을 매입하기에 충분한 규모였다.

사모투자 회사들이 급성장하면서(상대적으로 컨설팅 회사들 성장은 미미했다), 이른바 거대인수합병 붐이 일어났던 2005년부터 2007년까지 일부 인수건의 규모도 엄청나게 커졌고, 그 결과 사모투자산업은 기업환경을 새롭게 바꿔놓을 만큼 막대한 영향력을 발휘하기 시작했다. 텍사스 주에 있는 에너지 기업들의 지주회사인 TXU는 440억 달러에 매입된 후 상장철회를 통해 사유화됐다. 호스피털코퍼레이션오브아메리카는 330억 달러에,

카지노 회사인 해라스엔터테인먼트는 180억 달러에 사유화됐다.

사모투자산업에서 전략 컨설턴트들 역할은 큰 주목을 받지 못했지만, 사모투자산업에 통일된 사고방식, 분석적 성향, 공동의 이윤추구라는 가치를 심어놓은 이들은 바로 전략 컨설턴트들이었다. 사모투자 역사의 초기 20년 동안, 그리고 비록 비중은 작아졌지만 지금까지도 사모투자 회사들을 운영하는 이들은 대체로 재무공학과 인수합병에 미쳐 있는 재무 전문가들이다(사모투자 회사는 남자직원들이 대부분이고 여자직원은 거의 없다). 하지만 전략 컨설팅 출신들은 사모투자 회사로 천천히 진입하기 시작했다. 우리는 앞에서 1983년에 빌 베인이 미트 롬니를 내보내서 베인캐피털을 설립하게 했던 일화를 살펴봤다. 이후 오랫동안 베인앤컴퍼니의 사모투자 계열사인 베인캐피털은 주로 베인앤컴퍼니에서 인재를 영입했으며 최고로 검증된 인재만을 뽑아갔다. 사모투자 회사 클레이튼두빌리에 최고경영자는 맥킨지 파트너 출신인 돈 고겔이다. 마찬가지로, 클레이튼두빌리에서 매입한 사업의 운영을 돕는 고위 파트너인 척 에임스도 오랫동안 맥킨지에서 근무했던 인물이다. 이런 현상은 태평양 건너편도 마찬가지다. 로널드 코헨 경은 런던에서 두 번째로 큰 사모투자 회사인 에이팩스파트너스 설립을 도왔는데, 그도 맥킨지 출신이다. 적어도 월스트리트에 금융위기가 닥치기 전까지 맥킨지 출신 중에서 3명 중 한 명은 사모투자나 다른 금융서비스 분야(예를 들자면 헤지펀드)에 종사하는 것으로 추측됐다.

컨설턴트들이 사모투자 회사에 매력을 느낀 이유는 컨설턴트로서는 기대할 수 없는 큰돈을 벌 수 있다는 점도 있었지만 동시에 실제로 기업을 직접 운영해볼 수 있다는 점도 있었다. 한편 수년 동안 분석과 컨설팅을 통해 기업 성과를 개선해본 컨설턴트들의 전문성은 사모투자 회사에겐 도움이 됐다. 대형 전략 컨설팅 회사들이 고객인 사모투자 회사에게 제공했던 것도 바로 이런 전문성이었다. 컨설턴트들은 사모투자산업이 성장하고 신규진입자들이 증가하면서 한때 인수합병 거래를 설계하는 데 필요한 전문성이 매우 보편화됐고 그에 따른 경쟁우위도 사라졌다고 주장한다. 일부 사모투자 회사들도 이 점에 수긍한다. "MBA 학위가 있는 사람이라면 누구라도 이틀 정도면 우리가 활용하는 재무기법을 모두 이해할 수 있다"고 TPG(과거 텍사스퍼시픽그룹) 공동설립자인 짐 콜터는 말한다. 다른 사모투자 전문가들도 비슷한 이야기를 한다. 큰 수익을 벌어들여야 하는 게임에서 승자와 패자를 결정하는 요소는 결국 매입한 기업들의 성과를 최대한 끌어올려서 매각가격을 최대한 높이는 데 있었다. 사람들의 일반적 생각과는 달리 실제로 사모투자 회사 중에는 패자가 꽤 많았다. 베인앤컴퍼니 예측에 따르면 2007년에 위험수준을 감안한 자본비용에도 못 미치는 수익을 낸 사모투자 회사는 75퍼센트에 달했으며 이 수치는 최근 금융위기로 인해 더욱 악화됐다.

3대 전략 컨설팅 회사 모두 사모투자 회사에게 컨설팅 서비스를 제공하지만 그중에서도 선두주자는 베인앤컴퍼니다. 여기에는 베인앤컴퍼니가 역사적으로 베인캐피털과 관계를 맺어온 것 말고도 더 큰 이유가 있다. 베인앤컴퍼니는 1990년대에 파산 직전까지 갔다가 살아나온 뒤 얼마지나지 않아서 사모투자에 대한 컨설팅을 시작했다. 파산 경험을 통해 몸을 사리게 된 직원들은 사모투자 컨설팅을 심하게 반대했다. 하지만 사모투자 컨설팅은 '결과물'에 집착하던 베인앤컴퍼니의 전통적인 성향, 그리고 기업에 확장된 테일러주의를 적용해서 성과를 높이는 데 일가견이 있던 베인앤컴퍼니에 딱 들어맞는 히트상품이 됐다. 초기에 사모투자 컨설팅 부문을 이끌었던 댄 하스는 "사모투자 컨설팅이 베인앤컴퍼니가 하기에 가장 적합한 일이었다'고 말한다. "그 이유는 사모투자 컨설팅이 곧 가치창출을 의미했기 때문이다. 게다가 사모투자 회사들의 경영진은 강력한 동기부여가 있었고, 성공이냐 실패냐에 따른 결과는 모든 이에게 매우 막중했다. 베인앤컴퍼니는 언제나 컨설팅을 통해 고객의 성과를 확 끌어올리려고 했고 그런 면에서 사모투자 회사는 가장 좋은 고객이었다." 하스의 말에 따르면 2007년 사모투자가 정점을 이뤘을 때 사모투자 회사와 사모투자 회사가 소유한 기업들을 대상으로 한 컨설팅 매출은 회사 전체 매출의 25퍼센트에 달했고, 고객 중에는 베인캐피털보다 더 큰 사모투자 회사도 있었다. 하스는 현재 대형 사모투자 회사의 80퍼센트가 베인앤컴퍼니 또는 다른 전략 컨설팅 회사의 고객이라고 추측한다. 나아가 베인앤컴퍼니 파트너들에게 조직에 대한 헌신은 반드시 베인앤컴퍼니에 대한 충성만을 의미하지 않았다. 하스는 "지난 7년간 베인앤컴퍼니는 세후수익금에서 4억 달러가 넘는 돈을 고객사의 사모투자 거래와 펀드에 투자했다"면서 "고객의 성과를 높여야만 실제로 투자한 돈에 대한 보상도 얻을 수 있는 구조인 셈"이라고 말한다.

베인은 크게 두 가지 형태로 사모투자 고객에게 컨설팅 서비스를 제공한다. 사모투자 고객이 특정 회사를 매입하기 전에 베인앤컴퍼니는 '전략적 실사'라는 서비스를 제공하는데, 그 내용은 공급자부터 고객에 이르기까지 전체 가치사슬에 걸쳐 산업과 경쟁자를 분석해주는 것이다. 전략적 실사의 목적은 하스가 2002년에 〈하버드비즈니스리뷰〉에 '투자타당성'에 대한 내용을 담은 논문에 잘 실려 있다. 바로 3년이나 5년 내에 매입한 사업의 가치를 증가시킬 방법을 도출하는 것이었는데, 여기에는 매입한 사업 중 어떤 부분을 매각할지도 포함돼 있었다. 매입이 완료되면 베인앤컴퍼니는 사모투자 고객과 함께 초기 1년과 2년에 특히 집중해서 성과개선 계획을 수립했다. 이 계획에는 재무목표와 같이 구체적인 목표치가 종종 월별로 제시됐고 달성방법도 자세히 적혀 있었다.

나는 성과개선 계획을 '전략적 체질개선 방안'이라고 표현하고 싶은데, 베인앤컴퍼니의 고객이 아닌 다른 사모투자 회사들도 매입할 기업을 대상으로 이런 힘든 과정을 수행했다. 대부분의 대형 사모투자 회사에서 수행하는 업무는 아마도 전략이론의 발전과정을 연구한 이들에겐 매우 친근하게 느껴질 것이다. 사모투자 회사들은 인수한 자산의 레버리지 효과를 증대하기 위해 부채를 적극적으로 활용했으며, 하스는 그것을 '대차대조표 개선하기'라고 표현했다. 사모투자 회사들은 오직 몇 가지 경영지표에만 집중했는데, 가장 중요시한 것이 현금흐름이었고 그 밖에 쓸데없는 경영지표는 무시했다. 비용 또한 가차 없이 쳐냈다.

사모투자 회사는 매 순간마다 매입한 사업을 얼마 동안 보유하고 있어야 할지를 고민했고 그 사업을 지금 당장 매각해야 할지, 매각한다면 누구에게 매각해야 할지를 고민하면서 가장 좋은 소유주가 누구인지를 고심했다. 하스는 HBR 논문에서 사모투자 회사들이 "만약 좋은 기회가 온다면 즉각 보유한 사업을 매각하거나, 만약 해당 사업이 계획대로 성과가 나오지 않으면 언제든지 청산하려고 했다"는 자신의 주장을 뒷받침하기 위해 TPG의 콜터가 한 말을 인용했다. "매입한 사업을 매각하지 않은 채 보유하고 있다는 것은 결국 암묵적으로 매입결정을 내리는 것과 마찬가지다." 나아가 사모투자 회사들은 투자타당성을 높이기 위해 대체로 인수대상 회사가 이미 경쟁력을 확보한 사업분야를 중심으로 전략을 수립했고 경쟁력이 없는 사업분야는 매각했다.

전략적 체질개선을 거치면서 나아진 성과는 실제 사업이 다시 매각된 이후에도 지속된다는 장점이 있었다. 하버드 경영대학원의 조쉬 레너 교수와 보스턴 대학 캐롤 경영대학원의 제리 카오 교수가 2006년에 발표한 유명한 연구결과에 따르면 사모투자 회사가 보유하면서 1년 넘게 체질개선 작업을 거친 후에 상장시킨 기업들은 다른 신규상장 회사나 전체 주식시장에 비교해서 3년 또는 5년간 더 나은 성과를 냈다.

물론 매입한 회사들의 결과가 언제나 좋았던 것만은 아니었다. 사모투자 회사들은 피인수 회사 경영자들에게 막대한 금전적 보상을 약속함으로써 그들로 하여금 인수 후에도 회사에 머물면서 적극적으로 체질개선에 동참하게 했다고 자랑스럽게 말한다. 하지만 인수작업이 완료되자마자 이전 사업적 실패의 책임을 물어 기존 경영자를 내쫓은 경우도 부지기수였다.

나아가 매입한 회사에 속한 직원들의 고용 여부는 최근 경제위기가 불거지기 전부터 많은 논란이 됐다. 사모투자 회사들은 인사와 같은 일부 기능이 아웃소싱이 가능하다고 봤다. 사모투자 회사들은 자신들이 단지 자산을 떼어 파는 대량해고 주범에 불과하다는 비난에 대해 적어도 영국에서만큼은 인수한 기업들의 고용규모 증가율이 다른 상장회사에 비해 훨씬 빨리 증가한다는 연구조사를 내밀면서 반박한다. 이에 대해 학자들은 그 사실을 좋게만 해석할 수는 없다고 주장하지만, 동시에 어느 누구도 사모투자 회사에 인수되는 것이 이미 기업에선 일반화된 직원해고보다 더 가혹한 직원해고라는 확실한 증거는 제시하지 못한다.

사모투자를 칭송하는 이들은 사모투자 산업이 정점에 달했던 2007년에 사모투자가 경제적으로 가장 합리적인 소유주가 기업을 경영할 수 있도록 하기에, 사모투자가 미래에 더욱 보편화될 자본주의의 새로운 형태라며 찬사를 보냈다. 실제로 일부 사모투자 종사자들은 사모투자 운영방식이 경영자와 기업자산에 있어 새로운 표준을 제시했다고 여긴다.

TPG의 콜터가 나에게 말했듯이, "언제든 시대를 선도해서 길을 개척하는 조직이나 조직형태가 있기 마련이다. 1990년대는 잭 웰치가 이끌던 GE가 그랬다. 지금은 우리 같은 사모투자 회사들이 그렇다."

전략의 역사를 공부했다면 마이클 젠슨이 차입매수가 각광받던 1989년에 비슷한 말을 했다는 것을 기억할 것이다. 최근에는 이런 용감한 발언이 전 세계 금융위기로 인해 수그러들었다. 더불어 사모투자 인수 건수도, 새로운 사모펀드에 앞다투어 투자하던 열기도, 무엇보다 기꺼이 사모투자 거래에 자금을 대출해주려던 은행들도 줄어들었다(2007년에 한 사모투자 회사의 고위 파트너는 나에게 놀랄 만큼 겸손한 태도로, 차입매수에서 부채제공자가 은행이기에 "사모투자를 움직이는 원동력도 은행"이라고 말했다).

전통적인 베테랑 전략 컨설턴트들, 그러니까 전략 역사상 초기 30년을 겪었던 이들은 사모투자 회사들이 현재 큰 어려움에 처한 것을 그다지 동정하지 않는다. 오히려 약간은 고소하다는 말투로, 사모투자 회사들이 부채를 지나치게 활용해서 매입한 회사들을 파산시키거나 파산 지경에 처하게 한 것에 대한 당연한 벌이라고 지적한다. 이들은 매입한 회사로부터 확보한 현금을 건전하게 재투자하기보다는 자신들 몫으로 차지하는 사모투자 회사들의 탐욕을 비난한다. 나아가 사모투자 회사들이 매입한 회사의 미래와는 상관없이 그저 단시간 내에 큰돈을 버는 데에만 집착한다고 주장한다. 이들 주장에 따르면 그런 식의 접근방식은 장기적 경쟁우위 확보라는 전략의 본질을 정면으로 위배하는 것이다.

사모투자 회사들도 자신들이 현재 극심한 어려움에 처해 있다는 점에 동의한다. 새로운 투자에 필요한 재원을 조달하기도 힘든 상황에서 향후 수년 이내에 기존 투자건에 투입된 수십억 달러 부채도 재조정해야 하는 것이다. 또한 여전히 부채가 많은 피인수 기업들을 이끌고 급변하는 경제상황을 헤쳐가야만 한다. 심지어 일부는 사모투자 시장이 이미 성숙기에 접어들었고 대형 사모펀드 회사들이 새로운 인수대상을 찾아 치열하게 경쟁하는 지금 상황에서 지속적으로 높은 수익을 거두기가 힘들다는 점을 인정한다.

그렇다고 해서 아직은 사모투자 모델이 끝났다고 단정할 수 없다고 지지자들은 말한다. 사모투자 모델은 기업의 모든 발전단계에 적용될 수는 없는 것으로 대체로 어느 정도 성숙한 기업에만 적용 가능한 모델이다. 신생기업의 경우, 또 다른 형태의 극히 합리적인 투자자인 벤처캐피털이 곧 사모투자 모델이라고 할 수 있다. 하지만 막상 사모투자 모델이 적용될 경우 매우 큰 효과를 볼 수 있는데, 특히나 기존 경영자들이 성과를 내지 못하는 기업일수록 더욱 그렇다. 나아가 자본주의 횡포가 극심한 세상은 사람을 매우 지치게 한다. 사모투자 대가들은 좋은 때를 기다리며 계속해서 자본을 모으고 있다. 그리고 그들은 미래에도 사모투자 기회가 충분히 많을 것이라고 생각한다.

제16장

글로벌 금융위기 때
전략은 무엇을 했는가

전략 덕분에 기업들은 더욱 경쟁적이 되었고 외부환경에 깨어 있게 됐으며 보다 탄력적으로 변모했다. 그렇다면 기업들은 이렇듯 전략에 흠뻑 빠져 있었는데도 불구하고 왜 2008년 말에 전 세계 금융위기 덫에 걸려들었던 것일까? 왜 일부 기업들은 금융위기를 유발했다는 비난을 받은 걸까? 전략이란 아이디어 자체가 잘못됐던 것일까? 전략 컨설턴트들이 대형은행과 금융서비스 기업들을 잘못된 길로 인도한 것일까? 일정 수준 거리를 두고 이 사안을 바라본다면, 그리고 만약 분노와 실망에 찬 시각으로 사안을 바라본다면, 이런 비난은 상당히 근거가 있는 것처럼 보인다.

일단 컨설턴트들이 글로벌 금융위기에 얼마나 밀접하게 연루돼 있었는지를 먼저 살펴보자. 컨설턴트들은 글로벌 금융시스템에 빨간 불이 들어올 때 실제로 그곳에 있었다. 글로벌 금융시스템이 정점을 이뤘던 2007년 당시, 은행들과 기타 금융서비스 회사들은 BCG의 가장 큰 고객군으로 전체 매출액의 30퍼센트를 차지했다. 맥킨지의 금융 컨설팅 부문은 매출액 면에서 BCG보다 더 컸는데, 2002년에 맥킨지는 전 세계 120대 금융서비스 회사 중에서 80개가 자신들 고객이라고 발표한 적이 있다. 만약 여기에 사모투자 회사들까지 더한다면 베인앤컴퍼니가 해당 부문에서 벌어들이는 매출액 규모는 BCG와 거의 같은 규모였다.

이 3대 전략 컨설팅 회사들 말고도 금융서비스 회사들에 컨설팅을 제공했던 회사들은 많았다. 1984년에 금융서비스 기업들에 전문적으로 컨설팅 서비스를 제공하기 위해 설립된 올리버와이먼은 2003년에 연매출이 3억 달러에 달할 만큼 성과가 좋았고 덕분에 마쉬앤맥레넌에 인수됐다. 4년 뒤 마쉬는 모든 컨설팅 부서(여기에는 오래된 전략 컨설팅 부서도 포함됐다)를 와이먼이란 브랜드 아래 하나의 부서로 통합했다. 통합된 컨설팅 부서는 이전처럼 금융서비스 및 리스크 매니지먼트와 관련된 전문 컨설팅을 제공했고, 컨설팅업계 내에서 가장 빨리 성장하는 대형 컨설팅 회사가 됐다.

어쩌면 컨설팅 회사들은 금융시장에서 흘러나오는 높은 수익성에 편승했다고 볼 수 있다. 금융시장 폭락 이전부터 우려의 목소리가 있긴 했지만 21세기에 들어서면서 은행, 투자은행, 보험사 및 기타 금융서비스 기업들이 거둬들이는 수익은 매우 크게 증가했고, 그 결과 전체 미국기업들로부터 창출되는 수익에서 차지하는 비중도 커져갔다. 1980년대 초반, 금융기업들이 거둬들이는 수익은 전체 미국기업 수익의 15퍼센트 정도였다. 그러던 것이 1990년대에 경제가 호황을 누리면서 전체 미국기업 수익에서 금융서비스 부문 수익이 차지하는 비중은 종종 30퍼센트에 달했다. 그리고 금융서비스 기업들이 최고의 성공을 누리던 2007년 무렵 그 비중은 41퍼센트로 증가했다.

전략이 오명을 떨치다

전략의 역사를 연구하는 이들은 21세기 초반 금융서비스 부문에서 창출된 거대한 수익을 보면서, 어쩌면 이런 상황에서 가장 큰 혜택을 누린 기업들은 단지 전략의 가르침을 따른 것뿐이며 그에 상응하는 열매를 맛본 것이라고 결론지을 수도 있다. 대형 금융기업들, 예를 들어 AIG, 뱅크오브아메리카, 메릴린치가 오래전부터 전략 컨설팅을 받아왔다는 점도 이런 결론을 뒷받침한다.

다른 분야 기업들처럼 은행을 비롯한 여러 금융서비스 기업들도 전략적 사고를 수용함으로써 오랜 기간 여러 외부환경적 위협(여기에는 기업 종말의 4대 기수도 포함된다)과 싸워왔다고 할 수 있다. 1930년대부터 1980년대까지 금융산업을 안정적으로 이끌어왔던 과거의 금융서비스는 대량예금이 머니마켓 뮤추얼펀드로 흘러들어가고 대출을 받으려는 대기업들도 채권시장으로 눈을 돌리면서 점차 붕괴했다. 모기지, 자동차 대출금, 신용카드 대금 등의 증권화(securitization), 그러니까 자산을 묶어서 판매하기 쉬운 형태로 재조합한 뒤 투자자들에게 판매하는 방식이 보편화되면서 수십억이 넘는 자금이 은행으로부터 빠져나갔다. 컴퓨터와 인터넷 같은 신기술은 규모의 경제를 가능하게 했고, 그 결과 전국적 네트워크를 지닌 대형 금융기업들은 지역 금융기업들보다 더 큰 경쟁력을 확보할 수 있었다.

그 결과 금융시장의 광범위한 통합이 일어났는데, 전략 컨설턴트들은 이런 시장통합을 지지했고 많은 경우 실제로 그 과정에 일조했다. 금융시장의 통합은 브루스 헨더슨이 말했던 시장점유율 증대를 위한 규모의 경제를 확보하려는 시도로 볼 수 있다. 예를 들어 2009년에 시가총액이 1720억 달러에 달했던 JP모건체이스는 사실 17년에 걸쳐 케미컬뱅크,

매뉴팩처러스하노버, 체이스맨해튼뱅크, JP모건, 뱅크원, 퍼스트시카고, 내셔널뱅크오브디트로이트 같은 수많은 회사들이 합쳐지면서 탄생한 것이다. 그리고 1990년대 당시 이 기업들의 시가총액을 모두 합한 금액은 고작 190억 달러에 불과했다. 현재의 뱅크오브아메리카도 유사한 인수합병 과정을 거쳐 탄생했고 그 정도는 덜하지만 시티그룹도 마찬가지다.

1980년대부터 전략이론을 선도했던 이들은 이전보다 더 큰 목소리로 혁신이야말로 경쟁우위의 핵심이라고 주장했다. 금융기업들도 이런 주장에 깊이 공감했다. 금융기업들은 메릴린치가 랩어카운트 상품(말하자면 "아주 적은 연간수수료에 수많은 종류의 펀드에 투자해드립니다"라는 상품)을 개발한 것처럼 다양한 신규 상품을 개발했고, 또는 시티뱅크가 신용카드를 완전히 새로운 상품으로 활용했던 것처럼 전통적인 상품의 서비스 범위를 놀랄 만큼 확대했다. 특히나 금융기업들은 테크놀로지를 활용해서 고객들이 새로운 방식으로 자신들과 금융거래를 할 수 있도록 하는 데 주력했다. 자동화된 전화응답 시스템이나 가장 최근의 유비쿼터스 현금인출기가 그 예다.

또 다른 형태의 혁신은 조직 혁신이었는데, 이 점은 전 세계 금융위기 이후 많은 비판을 받았다. 미국 금융기업들은 "시장에 맡기면 된다"라든지 "규제를 반대한다"라는 자유시장 경제에 편승했고 로비스트들을 활용해서 주(州) 간 은행거래(Interstate banking)를 규제하는 법안 또는 금융지주회사가 참여할 수 있는 사업을 제한하는 법안 등을 서서히 제거해갔다. 시티그룹이나 뱅크오브아메리카 같은 거대 금융기업들은 '고객의 지갑에 대한 점유율'을 높인다는 목표 아래 기존 은행 업무 이외에도 뮤추얼펀드, 주식거래, 보험처럼 더 많은 금융상품들을 제공하기 시작했다.

글로벌 금융위기 이후 "이런 사업을 영위했던 경험이 없는 이들에게 이런 사업을 하도록 허용한 이는 누구인가"라는 비난의 목소리가 고개를 들었다. 하지만 전략을 연구하는 이들이 기억해야 할 점은 맥킨지의 존 스틱키가 기업의 특별한 능력이라고 제시한 목록 중에 '규제기관에 대한 영향력 확보'가 포함돼 있다는 점이다.

당연히 전략 컨설턴트들은 위에서 언급한 형태의 사업확대나 혁신이 금융시스템 붕괴를 가져온 주요 원인이 아니라고 말한다. 많은 전문가들과 마찬가지로 BCG의 필립 에반스는 금융위기 원인이 '세계적인 경제 불균형 때문'이라면서, 특히 미국 무역적자로 인해 달러가 넘쳐났기 때문이라고 주장한다. 나아가 1997년에 금융위기를 겪은 아시아 국가들이 미국 국채를 지속해서 사들인 점을 지적한다. 2000년에 닷컴 버블이 붕괴되면서 주택시장은 큰돈을 벌 수 있는 유일한 투자처가 됐는데 미국 연방준비제도는 이런 현상을 오히려 부추겼다. 경기회복을 위해 2000년 5월 6.5퍼센트에 달했던 이자율을 2001년 12월 1.75퍼센트까지 낮춘 것이다. 그 결과 주택시장에 광풍이 몰아쳤다. 기존 주택 가격이 상승했고 신규 주택 건축도 늘어났으며 주택소유자들은 상승한 주택가치를 담보로 돈을 써대기 시작했다.

한편 금융시장 규제가 철폐되면서, 특히 은행의 증권업무를 금지했던 글래스스티걸 법이 철폐되면서 인수합병이 물밀듯 일어났고 은행, 투자은행, 보험사들은 서로의 전통적인 시장에 앞다투어 진입하기 시작했다. 특정 금융분야를 규제하는 기관이 어디인지도 갈수록 불분명해졌다. 그러면서 금융기업들은 입맛에 맞게 가장 호의적인 규제기관을 고를 수 있었고 규제기관은 규제는 뒤로 미룬 채 자유시장에 모든 것을 맡겼다. 이런 모든 상황 덕분에 재무상품 설계자들은 고수익 상품을 설계한 뒤 저

금리 시대에 일반적인 채권상품에서 얻을 수 있는 수익보다 더 큰 수익에 혈안이 된 투자자들에게 판매할 수 있었다. 부채담보부증권으로 재포장된 주택저당채권이 판매됐고 신용부도스왑(Credit default swap) 상품도 판매됐다. 2007년 무렵이 되자 규제가 미치지 않는 미심쩍은 금융시스템 규모가 크게 성장하면서 적어도 서류상 자산만 60조 달러에 달했는데 이 수치는 미국 국내총생산의 네 배에 달하는 규모였다.

여기에 매우 문제가 많은 보수체계와 에반스가 말한 '금융가들의 어리석음'이 더해지면서 불에 기름을 끼얹는 꼴이 됐다. 대출기관들이 저당 잡았던 주택담보는 즉각적으로 매각돼 증권화됐기에 지역 주택담보 대출기관들은 주택담보대출을 많이 해줄수록 더 이득이었고, 대출금이 상환될지에 대해선 거의 신경쓸 필요가 없었다. 월스트리트와 런던의 기발한 재무설계자들은 갈수록 복잡한 신용파생상품을 만들어냈다. 그들이 받는 막대한 성과급은 판매하는 상품이 회사에 장기적으로 얼마나 수익 또는 손실을 안겨주느냐가 아니라 상품을 판매하는 해의 연간수익에 얼마나 기여했는가에 따른 단기성과로 결정됐다.

하지만 2008년 9월이 되면서 힘차게 굴러가던 금융시스템의 바퀴가 빠지기 시작했다. 수많은 서브프라임 주택담보대출의 성과가 지독히 나쁘다는 것이 밝혀진 것이다. 이미 하향세로 돌아선 주택시장은 바닥을 쳤다. 주택담보대출에 기반한 증권상품을 보유했던 회사들은 파산했거나(리먼브라더스) 또는 정부구제를 받아 회생해야만 했다. 아울러 전 세계 주식시장도 폭락했다. AIG의 신용부도스왑 사업이 거대한 거래상대방 위험에 노출돼 있다는 점이 만천하에 드러났고 AIG가 채무변제 능력이 없다는 사실도 밝혀졌다. 신용시장 경색과 함께 자금이 막히면서 신용이 좋은 이들마저 대출을 받을 수 없었다. 강대국들 경제는 불황에 빠져들었고 이미 불황을 겪고 있던 경우에는 더 깊은 불황에 빠져들었다.

전략 컨설턴트들은 대체로 자유시장 경제에 대해선 맹신하면서 정부 역할에 대해선 비관적이다(고객들이 자유시장경제에 잘 적응하도록 도와주는 게 전략 컨설턴트들 일이기도 하다). 그리고 전략 컨설턴트들은 금융위기 주범이 정부의 부적절한 대응 또는 방관에 있다고 본다. 그들은 정치인들이 금융부문을 안정화할 수 있었던 규제를 철폐했고, 연방정부가 금리를 너무 낮게 설정했으며, 미국 증권거래위원회가 자기자본 대비 부채비율을 30대 1, 많게는 40대 1까지 늘릴 수 있도록 허용했고, 정부가 후원하는 주택담보대출 기관인 패니매(Fannie Mae)와 프레디 맥(Freddie Mac)이 2006년까지도 서브프라임 대출을 계속해서 확대해왔다고 비난했다. 무엇보다도 전략 컨설턴트들은 금융위기가 닥친 뒤 정부가 내놓은 금융기관 구제안을 비난했다. 그들은 좋았던 시기에는 금융기관들이 모든 혜택을 누리다가 이제 상황이 나빠지자 국민들 혈세로 금융기관들이 초래한 손실을 메워준다고 비난했다.

금융위기 주범이 누구인지에 대해선 여러 추측이 가능하지만 지나치게 정부 역할을 비난하는 전략 컨설턴트들 의견은 너무 편향적이고 모순으로 가득하며 단기 기억상실증에 걸린 것처럼 보인다. 그들은 일부 정부기관들(정부의 이자율 책정과 정부후원 대출기관들)에 대해선 지나치게 시장에 개입했다고 비난하면서 동시에 다른 기관들에 대해선 지나치게 시장을 수수방관했다고 비난한다(미국 증권거래위원회, 신용파생상품에 대한 헐거운 규제, 연방정부의 감독 소홀이 후자의 예다). 금융위기가 닥치기 전까지만 해도 금융산업에 대한 전략 컨설턴트들 논문에는 정부규제 확대를 주장하는 목소리를 찾기 힘들다. 나아가 컨설턴트들은 어리석은 금융가들과 느슨한 주택담보대출 기관에 대해선 짧게만 언급했을 뿐 금융위기를 초래한 기업들 역할이나 지나치게 많은 돈을 대출해준 기업들 잘못에 대해선 지적하지 않았다. 대출기관들이 새로운 증권상품을 지나치게 쏟아내고 부채를 너무 많이 늘렸으며 유례없이 높은 리스크를 감수했다고 비난하지도 않았다. 그렇다면 막상 금융위기가 닥쳤을 때 도대체 컨설턴트들은 어디서 무엇을 하고 있었단 말인가? 그들의 전략 아이디어는 금융위기 도래에 어떤 역할을 했는가?

일부 사례는 전략의 일반개념이 금융위기 초래에 일조했음을 분명히 보여준다. 코니 브럭은 〈뉴욕커〉에 실린 기사에서 컨트리와이드파이낸셜그룹 경영진이 시장점유율에 지나치게 집착했다고 보도했다. 최고경영자 앤젤로 모질로를 비롯해 이 주택담보대출 기관의 경영진은 회사가 주식시장에서 저평가돼 있다고 믿었다. 2002년에 열린 전략수립 회의에서 이 회사 컨설턴트이자 UCLA 대학의 앤더슨 경영대학원 교수였던 에릭 프렘홀츠는 산업이 성숙하면 대체로 최상위 기업이 40퍼센트 시장을 점유하고 차상위 기업이 20퍼센트를, 세 번째로 큰 기업이 10퍼센트를 점유하며 나머지는 난립한 소규모 기업들이 채운다고 조언했다. 아마 이 대목에서 브루스 헨더슨은 저세상에서 고개를 끄덕였을지도 모른다. 당시 컨트리와이드의 시장점유율은 10퍼센트였고 시장점유율 1위 기업의 점유율은 고작 13퍼센트였다.

모질로를 비롯한 경영진은 컨트리와이드가 5년 이내에 시장점유율 30퍼센트를 달성하겠다는 목표를 세웠다. 최고경영자 모질로는 2003년에 이 목표를 외부에 공표함으로써 동료들을 당혹시켰다. 한 술 더 떠서 2008년까지 업계 1위가 되겠다는 야심을 드러냈다.

브룩은 기사에서 당시 상황을 직접 겪었던 많은 이들의 진술을 인용하면서 새로운 목표가 컨트리와이드의 대출방식에 즉각적인 영향을 미치면서 대출방식을 치명적으로 바꿔놓았다고 보도했다. 컨트리와이드는 대출자들에게서 거둬들이는 이자가 높기만 하면 무조건적으로 대출을 해줬다. 나아가 경쟁회사가 제공하는 대출상품은 무조건 따라서 제공했다. 서브프라임 대출을 포함해서 대출자 신용에 따라 대출금을 제한하는 기준은 거의 사라졌다.

비록 컨트리와이드는 시장점유율 목표를 달성하진 못했지만(2005년 시장점유율은 14퍼센트였는데 회사는 30퍼센트 시장점유율을 달성하려면 예상보다 더 긴 시간이 걸릴 거라는 점을 인정했다) 상품군이 지나치게 증가하면서 결국 회사는 모든 대출상품의 재원을 마련하지 못하는 지경에 이르렀다. 2005년부터 이자율이 올라가기 시작했고 주택 판매와 신축도 부진했으며 서브프라임 대출 부도가 증가했다. 2007년 여름이 되자 투자자들은 주택담보증권 매입을 중단했고 주택담보대출 시장은 무너져내렸다.

2008년 1월, 청산을 눈앞에 둔 컨트리와이드는 위기를 모면하고자 뱅크오브아메리카에 회사를 매각했는데, 당시 은행들은 여전히 인수합병을 계속하고 있었다. 매각 당시 컨트리와이드 주가는 최고점의 6분의 1 수준으로 평가됐다(컨트리와이드 주가는 경영진이 장담했던 대로 시장점유율 확대를 목표로 한 뒤에 2002년 주당 10달러에서 2007년 주당 45달러로 상승했다. 2005년 모질로의 연간 보수는 1400만 달러가 넘었지만 당시에는 그가 창출했던 주주가치를 고려할 때 큰 금액이 아니라고 여겨졌다). 후에 컨트리와이드 인수는 괜찮은 투자로 판명됐다. 2009년 여름에 이르러 경기가 회복되면서 컨트리와이드의 손실이 뱅크오브아메리카에 거대한 손실을 입힐 것이라는 전문가들의 예상과는 달리 컨트리와이드의 주택담보 사업은 뱅크오브아메리카의 가장 수익성 좋은 사업 중 하나로 자리잡는다.

더욱 수치스런 사실

전략을 연구하는 입장에서 금융시스템 붕괴의 잔해를 자세히 들여다보면 전략이론이 일부 금융기업들로 하여금 정도에서 벗어나게 만든 사례는 그다지 놀라운 일이 아니다(성장점유율 매트릭스를 적용하려다가 파멸을 자초한 기업들을 생각해보라). 오히려 놀라운 점은 금융위기를 초래한 재난 이야기에 전략과 전략 컨설턴트들이 이상하리만치 적게 등장한다는 점이다. 그리고 그 이유는 고객들 비밀을 절대로 누설하지 않는 컨설턴트들의 오랜 전통 때문만은 아니다.

기록을 살펴보고 컨설팅업계를 옹호하는 이들과 대화를 나눠보면 전략 컨설턴트들이 금융위기 초래라는 거대한 범죄와는 무관하다는 점을 알 수 있다. 하지만 한편으론 이 점이 더욱 수치스럽다고 할 수 있다. 사실 금융위기가 닥치기 전까지 전략 컨설턴트의 목소리는 그다지 금융서비스 기업들의 주목을 끌지 못했다. 금융기업들의 최고경영자들은 전략 옹호자들 목소리에 전혀 귀를 기울이지 않았고, 대형 금융기업들은 전략 컨설팅을 그다지 우선순위가 높은 작업으로 여기지 않았다. 오히려 가장 흥미롭고 새로운 혁신은 기존의 전략 컨설턴트들과는 전혀 다른 부류인 '퀀트(Quant)'라고 불리는 계량분석과 재무공학 귀재들로부터 나왔다.

월스트리트 금융회사들은 전통적으로 전략 컨설턴트들을 그다지 필요로 하지 않았다. 왜냐하면 금융회사들은 거래성사에 목숨을 거는 '거래에 능숙한' 이들로 가득했기 때문이다. 윌리엄 코핸은 베어스턴스의 파산을 다룬 책 《카드로 만든 집(House of Cards)》에서 21세기가 열리면서 어떻게 베어스턴스가 "성장과 비용절감을 촉진하기 위해" 맥킨지에게 '프로젝트 엑셀(Project Excel)'을 맡기던 과거 관행에서 벗어나게 됐는지를 설명했다. 코핸은 베어스턴스의 한 임원 말을 인용했다. "맥킨지 컨설턴트들이 회사에 와서 하는 거라곤 비용을 쳐내는 것뿐이었다. 매출증대 방안은 하나도 없었다." 베어스턴스가 정보기술에 투자하려던 예산 중에 서 수천만 달러가 삭감됐고 출납계 직원들이 대량으로 해고됐지만 임원 보수체계는 전혀 손도 안 댔다. 그 임원은 컨설팅 프로젝트에 5000만 달 러를 지불했는데도 "회사가 돌아가는 방식은 이전과 조금도 변한 게 없 었다"면서 "컨설팅이 진행되던 2년 동안은 내게 아무런 의미가 없는 시 간이었다"고 결론내렸다.

너무나 덩치가 커서 금융위기 때 망하도록 내버려둘 수 없었던 많은 금 융지주회사들과 증권회사들은 1980년대와 90년대 성장기 동안 전략 컨 설팅을 많이 받았던 회사들이다. 하지만 금융시장 붕괴가 다가오던 무렵, 이런 회사들의 최고위직은 새로운 세대의 리더들이 차지하고 있었다. 그 리고 이들은 어쩌면 이전 최고경영자와는 거리를 두고자 하는 마음에 전 략 컨설턴트들을 회사에서 내쫓았다. 뱅크오브아메리카는 전신이었던 노 스캐롤라이나내셔널뱅크 시절부터 맥킨지의 큰 고객이었는데, 그 시절 최고경영자는 인수합병을 지속적으로 추진했던 휴 맥콜이었다. 하지만 2001년에 맥콜 뒤를 이어 최고경영자가 된 케네스 루이스는 맥킨지의 자 문에 대한 필요성을 못 느꼈다. 이와 유사한 상황은 메릴린치에서도 벌어 졌다. 데이비드 코맨스키가 메릴린치를 이끌던 당시, 경영진은 전략 컨설 턴트들 목소리에 귀를 기울였다. 하지만 스탠리 오닐이 2001년부터 코맨 스키와 함께 최고경영자 자리를 두고 벌인 싸움에서 마침내 승리해 최고 경영자 자리에 오르면서 맥킨지의 자문 역할도 끝났다.

심지어 2000년에 시티그룹 일인자가 된 샌포드 윌은 자신이 몰아냈던 공동경영자이자 은행사업 부문 수장이었던 존 리드와는 달리 전략 컨설 턴트에 대해 혐오감을 지니고 있었다. 샌포드 윌 밑에서 일을 배웠고 지금은 JP모건체이스 수장이 된 제이미 다이먼도 마찬가지다. 1997년부터 2005년까지 모건스탠리의 최고경영자를 역임했던 필립 퍼셀은 맥킨지 파트너 출신이면서 맥킨지 역사상 가장 젊은 나이에 사무소를 이끈 인물이기도 하다. 그는 투자은행 최고권력자로서 전략 컨설팅 시절에 얻었던 지식에 기반해서 회사를 이끌었지만 그 결과는 그다지 좋지 못했다. 반면 그의 후임은 정반대였다.

전략의 힘을 신뢰하는 이들은 21세기에 들어서면서 대형 금융회사들이 전략 컨설팅을 더 이상 필요로 하지 않게 된 이유가 이미 이런 회사에서 전략의 핵심원칙들이 매우 훌륭하게 뿌리내렸기 때문이라고 생각할수도 있다. 하지만 안타깝게도 전략 전문가들은 그렇지 않다고 지적한다. "우리가 은행들을 대상으로 전략을 성공적으로 안착시켰다고는 생각하지 않는다"고 한 전략 컨설팅 회사의 고위 파트너는 말한다. 그리고 그의 목소리에는 20년 동안이나 은행의 전략 컨설팅 프로젝트를 수행했는데도 전략을 뿌리내리는 데 실패했다는 회한이 짙게 깔려 있다. "나는 1980년대 초부터 수요곡선과 공급곡선을 그려가며 은행에 전략 컨설팅을 수행해왔다"고 그는 회상한다. "그 이후론 그런 광경을 못 본 것 같다. 신용부도스왑 사업에서 그런 식의 분석이 수행될 리가 없지 않은가? 과연 수요나 공급곡선을 그려가면서 분석을 하는 투자자들이 있기나 하겠는가?"

그렇다면 대형 금융회사를 상대하던 전략 컨설턴트들은 어떤 일을 했을까? 베어스턴스 사례에서 알 수 있듯 전략 컨설턴트들은 대부분 비용절감에 집중하면서 고객들이 확장된 테일러주의를 구축하도록 도와줬다. 이런 업무는 종종 '조달(Sourcing)' 부문에서 이뤄졌다. 1980년대에 이미 전략 컨설턴트들은 금융사업의 수익성을 낮추는 요인이 저축에 지불하는 이자비용이 아니라 새 지점을 개설하고 ATM 기계나 컴퓨터 시스템처럼 신기술에 쓰이는 비용에 있다는 점을 밝혀냈다.

이 분야에서 수백만 달러에 달하는 컨설팅 프로젝트를 수행했던 한 컨설턴트는 이런 작업이 어떻게 진행되는지를 다음과 같이 설명한다. "우리는 은행이 지불해야 할 비용 목록을 하나하나 살펴봤고 공급업체별로 지급되는 비용을 따져봤다. 예를 들어 한 사업부서는 IBM에 데스크톱 컴퓨터 비용으로 얼마를 지급했고, 또 다른 부서는 IBM의 또 다른 부서에 메인프레임 비용으로 얼마를 지급했는가 하는 식이었다. 우리는 은행의 최고정보기술 임원에게 IBM에서 정말 가장 좋은 가격에 서비스를 공급받고 있냐고 물었는데, 그러면 그는 '당연하다. IBM은 우리에게 가장 낮은 가격을 보장한다'고 답했다. 하지만 은행이 IBM에 지급하는 모든 비용을 더하면 그 액수는 정말 컸는데, 은행은 그 액수를 제시함으로써 훨씬 낮은 가격에 서비스를 공급받을 수 있었다." 어디선가 들어본 이야기 같지 않은가? 자신의 비용을 제대로 파악조차 못하는 이런 고객은 왠지 전략혁명 초기에 등장하던 기업들과 닮은 것 같지 않은가?

새로운 비즈니스 천재 퀀트의 등장

컨설턴트들이 수백만 달러 비용을 절감하도록 도와주긴 했지만 거대 금융회사들이 새로운 부를 창출하는 데 있어 가장 멋지고 복잡하면서도 나중에는 큰 피해를 준 기반을 구축했던 이들은 전략 컨설턴트와는 전혀 다른 부류의 천재들이었는데, 이들이 바로 퀀트였다. 21세기가 시작되면서 두 학문 분야가 경영 사상을 지배하게 된다. 하나는 전략이고 다른 하나는 재무였다(이 두 과목이 1980년대부터 경영대학원 교과과정에서 가장 중요한 과목이었다는 쿠라나 교수의 주장을 기억할 필요가 있다). 비록 두 과목은 모두 경제학에 기반을 두고 있지만 각기 다른 식으로 발전돼왔다. 전략은 응용 미시경제학과 경쟁에 대한 연구에 바탕을 둔 반면 재무는 기업의 자금조달과 유가증권 분석에서 발전한 학문이었다. 둘 중에서 2000년 초반까지만 해도 재무가 전략보다 더욱 맹위를 떨쳤다.

비록 전략 전문가와 재무 전문가는 공통점이 있었지만(둘 다 MBA 출신인 경우가 많았다), 양쪽 부류를 모두 잘 아는 리처드 포스터는 이 둘이 "전혀 다른 별개의 부류"였다고 말한다. 전직 맥킨지 출신에 따르면 퀀트는 핵심 관심분야와 접근방식에 따라 거의 30개가 넘는 부류로 나눌 수 있는데 이 점은 여기서 다루지는 말기로 하자. 전략 컨설팅 회사에서 근무하는 이상적인 인재는 당연히 어느 정도 정량적 분석에 능하면서 동시에 다방면에 걸쳐 MBA 출신다운 스킬을 지니고 있었다. 반면 일반적인 퀀트는 대인관계에는 재능이 부족했을지 몰라도 대신 수학이나 물리에서 석사나 박사학위를 가지고 있었고 그중에서 최고 인재들은 골드만삭스나 JP모건체이스 연구원으로 근무했다.

물론 신용부도스왑처럼 퀀트들이 고안해낸 신규금융상품을 이해하는 경영자들도 있긴 했다. 2005년에 여든 살 나이로 AIG 최고경영자 자리에서 쫓겨난 모리스 그린버그의 일하는 모습을 목격했던 일부 전략 컨설턴트들은 만약 그가 계속 최고경영자 자리에 머물렀다면 AIG 금융상품 부서가 결코 신용스왑상품 시장에 무모하게 뛰어들어 재난을 초래하진 않았을 것이라고 생각한다. 하지만 일반적으로 퀀트 분야는 젊은 세대들 차지였고 기껏해야 20년 정도의 기간 동안 발전한 이론이 현실에 적용됐던 분야였다.

이런 점은 금융 회사에서 전략수립을 하던 임원들(이런 이들은 대체로 고위 경영자였고 나이도 많았다)의 입지를 좁혔고, 특히나 전략수립 임원들은 신규

금융상품에 내재된 리스크를 판단하는 데 애를 먹었다. 포스터의 추측에 따르면 거대 금융회사의 전략을 수립할 수 있는 경험과 함께 가장 복잡한 신규금융상품을 이해할 수 있는 능력을 함께 갖춘 경영자는 많아야 50명 정도였다. 게다가 이런 복잡한 금융상품의 리스크를 판단하는 데 있어 전략 컨설턴트의 도움도 거의 기대할 수 없었다.

물론 전략 컨설턴트들도 오래전부터 리스크 분석을 해온 건 맞다. 앨런 제이컨이 웨이어하우저의 컨설팅을 수행하면서 목재회사들이 상대적으로 운영리스크가 작기에 더 많이 부채를 보유해도 된다는 점을 보여준 것이 그 예라고 할 수 있다. 하지만 세월이 흐르면서 전략 컨설턴트들은 리스크보다는 전략의 다른 주제에 관심을 쏟았다. 또는 오로지 특정 컨설팅 프로젝트에 한해서 리스크를 심각하게 고민했는데, 예를 들면 광산회사나 석유회사가 새로운 매장지를 발견하기 위해 막대한 투자를 해야 하는가를 결정해야 할 때 정도였다. 컨설턴트들은 이런 분석을 수행하는 데 있어 정해진 의사결정 방법론을 활용해서 여러 대안을 가늠해볼 수도 있었고 옵션 이론을 적용할 수도 있었다. 하지만 컨설턴트들은 Y2K 문제와 9·11 테러로 리스크 관리에 대한 기업들 관심이 고조됐는데도 리스크 관리를 여전히 고객사의 '위험관리 총괄책임자'에게 맡겼는데, 이들은 대체로 CFO 하급자로 근무하면서 회사 전략을 논의하는 자리에는 끼지 못하는 이들이었다.

글로벌 금융위기에 전략 컨설턴트들이 일조했거나 수수방관했던 부분을 꼽아보라는 요청을 하면 컨설턴트들은 대체로 리스크, 특히 전체 금융시스템 붕괴를 가져올 리스크에 대해 충분히 경고하지 못한 점을 든다. 퀀트들이 리스크를 수많은 투자자들과 금융서비스 기업에 골고루 분산시킴으로써 리스크를 감소시킬 수 있다고 믿었던 것처럼 전략 컨설턴트들도 자신들의 분석기법이 세계를 측정가능한 크기로 잘게 분해했기에 매우 믿을 만하다고 확신했다. 하지만 이 작은 조각들이 갑자기 기능을 멈추면서 금융을 마비시키고 신용시장을 얼어붙게 만들며 일거에 리스크가 발생하도록 할 거라곤 결코 예상하지 못했다. "우리는 전체 금융시스템이 일거에 붕괴할 거라곤 생각조차 못했다." 한 베테랑 컨설턴트는 이 점을 인정하면서도 "그런데 누구도 예측하지 못하지 않았던가"라고 덧붙였는데, 이것이 꼭 과장된 말은 아닌 것이다.

전략 컨설턴트들이 금융시스템 붕괴를 예측하지 못했던 이유는 금융위기를 초래했던 신규 금융상품들이 전략 컨설턴트들이 이전에는 겪어보지 못했던 형태였기 때문이기도 하다. 예를 들어 제지 회사나 시리얼 제조회사는 신상품을 만들어내려면 기존 설비를 고치든가 새로운 공장을 세우든가 새로운 회사를 인수해야 했는데, 이런 활동들은 하나같이 시간이 소요되는 일이었다. 신상품 출시는 수개월이 걸리기 일쑤였고 고객들 반응을 알아보기 위해 전국적인 판매에 앞서 일부 도시에서만 시험판매가 진행되기도 했다.

이와는 대조적으로 신규 금융상품(서브프라임 주택담보대출, 신용부도스왑 등)은 월스트리트 천재들이 설계해내는 것과 거의 동시에 상품화될 수 있었고 금융상품 판매회사들은 이런 신규금융상품들을 하루 만에 전 세계에 걸쳐 판매할 수 있었다. 유럽은행들이 앞다투어 미국의 주택담보대출 상품을 사려 했던 점을 기억할 필요가 있다. 이런 모든 점을 고려해보면 어떻게 금융산업이 미국경제에서 그리도 큰 비중을 차지하게 됐는지를 알 수 있다. 나아가 각광받는 신규시장으로의 진입은 가급적 다른 경쟁자들이 지배적인 위치를 확보하기 전에 최대한 빨리 진행될수록 좋았는데, 이 또한 전략혁명에서 기업들이 배운 교훈이다. 메릴린치는 주택대출자금을 담보로 한 다계층증권 시장에 거의 진입하지 못할 뻔하다가 뒤늦게 간신히 진입했는데, 안타깝게도 그때는 이미 시장이 하향세로 돌아서던 참이었다. 신규시장으로의 신속한 진입은 결국 잠재 리스크를 충분히 고려할 시간이 부족하다는 점을 의미했다. 심지어 금융회사들은 잠재 리스크를 분석하기 위해 퀀트들이 고안해낸 컴퓨터 모형에 의존했으며 대신 실제 시장에서 테스트 과정을 생략하는 경우가 허다했다.

금융 분야 혁신이 지나치게 급하게 일어난다고 경고한 이들 중에는 학자들과 언론인들이 포함돼 있었지만 전략 컨설턴트들이 포함돼 있었다는 증거는 거의 없다.

이쯤 되면 전략이론과 전략 컨설턴트가 비록 세계 금융위기에 직접적인 원인을 제공하진 않았다 해도 결코 금융위기를 막지도 못했다는 결론에 도달할 수 있다. 폐허가 돼버린 2008년과 2009년의 세계경제를 살펴보며 전략의 역사를 공부하는 이들은 아마도 다음과 같은 주장에 동의하고픈 마음이 들지도 모르겠다. "도대체 전략이 무슨 도움이 되는가? 전략의 대가들, 전략의 사상을 계승한 컨설턴트들과 경영자들, 그리고 그들이 했던 모든 일들은 오히려 재앙이 아니었던가."

'만약 전략이 없었다면'

제발, 이렇게 결론내리는 건 너무 성급하다. 대공황 시대 이후 가장 큰 금융재난이 일어나면서 겪어야 했던 고통은 이해하지만 그래도 너무나 쉽게 전략 컨설턴트들을 비난하거나, 그들이 오랜 기간에 걸쳐 기여했던 공로를 잊지는 말자. 일례로 비록 전략 컨설턴트들이 금융위기에 일조하긴 했지만, 소위 주가라고 부르는 주주가치를 가장 중요하고 절대적인 지표로 만든 건 그들이 아니라 바로 월스트리트였다. 그리고 월스트리트를 부추긴 건 투자자산이나 연기금의 가치가 연간 10퍼센트 이상씩 증가하길 바라는 우리의 탐욕이다. 물론 금융위기가 발생한 배경은 이보다 훨씬 방대하고 복잡하며 정확히 누구의 잘못이라고 꼬집어 말할 수는 없다. 탐욕의 화신이라고 비난받는 사모투자의 귀재들조차 사모투자에 투자하는 자금 대부분이 당신 자녀가 다니는 대학의 기금이거나 당신 부모님이 지급받는 연금을 관리하는 연기금에서 나온 것이라는 점을 강조한다. 그렇다면 사모투자 회사들이 좀 더 많은 수익을 거두길 바라는 게 인지상정 아닌가?

물론 기업들에게 보다 효율적이고 보다 경쟁력을 갖출 수 있는 지식을 심어준 건 전략과 전략 컨설턴트들이다. 하지만 중국인들, 인도인들, 그 밖에 기업가정신이 투철한 다른 나라 국민들이 앞다투어 자본가 대열에 합류하고 전 세계에 걸쳐 자본주의화가 더욱 심화되는 상황에서 회사들이 더 효율적이고 더 경쟁력 있기를 바라는 게 과연 잘못된 것인가?

반대 경우를 고려해보자. 미국의 3대 자동차 제조업체인 제너럴모터스, 포드, 크라이슬러는 전략 컨설팅을 받아왔지만 이 세 회사의 컨설팅을 맡았던 이들은 하나같이 불만을 토로한다. 한 BCG 파트너는 포드의 컨설팅을 수행하면서 차를 제조하기보다는 차량 구매대금을 융자해주는 것이 더 수익이 좋다는 점을 포드에게 조언해줬던 일화를 들려준다. "나는 차량 제조의 경쟁우위가 지속되지 않을 것이라고 말해줬다. 아무리 제너럴모터스가 멍청하다고 해도 결국에는 포드를 따라잡을 거라고 조언했다. 그리고 비록 2년이란 시간이 걸리긴 했지만 실제로 그렇게 됐다."

디트로이트의 거인이었던 3개 자동차업체들은 너무나도 교만했고 폐쇄적이었으며 무기력했기에 컨설턴트들의 강력한 조언에도 불구하고 전

략의 3C에 콧방귀조차 뀌지 않았다. 이전에 대형 전략 컨설팅 회사 수장
으로 근무했던 한 인물은 자동차업체의 핵심 운영 프로세스에 대해 "아예
손도 못 댔다"고 후회스럽게 말했는데 그건 그가 이끌던 컨설팅 회사뿐만
아니라 경쟁 컨설팅 회사들도 마찬가지였다. 컨설턴트들이 고객을 언급
하면 자동차업체들은 "어떤 고객을 말하는 건가? 미국의 모든 주에서 자
동차 제조업체가 직접 개인에게 자동차를 판매하는 건 법으로 금지돼 있
네"라고 답했다. 따라서 판매는 자동차업체들이 자신들의 실질적인 고객
으로 여겼던 대리점을 통해서 진행됐는데, 그 결과는 언제나처럼 그저 그
런 예측가능한 수준을 벗어나지 못했다. 그다음으로 비용을 언급하면, 자
동차업체들은 이렇게 대답했다. "전미자동차노조의 심기를 건드려서 좋
을 건 없네, 차 한 대를 만드는 데 빌어먹을 외국 경쟁자들보다 비용이 수
천 달러 더 들더라도 말이지." 그렇다면 경쟁자들은? 헨리 포드 2세가 쓴
저서 머리말에는 이렇게 적혀 있다. "'똥차'(그의 표현이다)나 찍어내는 외
국 회사들이 진정한 자동차 제조에 대해 쥐뿔이나 알겠는가?"

　전략과 전략 컨설턴트들이 없었더라면 수많은 미국 산업이 자동차 산
업 경우처럼 세계적인 경쟁력을 갖추지 못했을 것이다. 예를 들어 일본
경제가 자동차와 소비자 가전제품 분야를 제외하고는 많은 산업분야에
서 경쟁력을 갖추지 못한 것처럼 말이다. 자본주의의 흉포화는 결코 사
라지지 않을 것이고 오히려 갈수록 강력해질 것이다. 이에 대응하기 위
해 전략 전문가들은 잠재적 위협에 더욱 민감하게 반응할 수 있어야 하
고, 수익에 눈이 멀어 맡은 임무를 태만히 함으로써 전체 금융시스템 붕
괴를 예측하지 못했던 과거의 실수를 반복해선 안 된다. 앤디 그로브의
명언을 새롭게 되새긴다면, 지금 시대에서 살아남을 수 있는 기업은 오
로지 진정한 편집광뿐이다. 여기에 윌리엄 버로의 의견도 더해야 하는

데, 편집증은 가끔은 단지 현실을 철저하게 인식하는 것을 의미한다. 전략과 그 부산물인 확장된 테일러주의는 기업들이 현실을 더욱 잘 파악할 수 있도록 해야 한다. 이 모든 일을 하려면 기업의 사고방식부터 바꿔야 할지도 모르지만, 전략이 미래를 정면으로 직시하고 있기에 이런 노력도 이미 진행 중에 있다고 할 수 있다.

무궁무진한 가능성이 전략의 미래다

전 세계 금융시스템이 막 얼어붙던 무렵 보스턴컨설팅그룹은 전 세계 20개 대기업들(인도, 일본, 유럽 및 미국의 대기업들)을 대상으로 전략에 대한 최근 생각을 조사했는데, 적어도 두 개 이상 기업이 "전략을 아예 수립하지 않는다"고 답했다.

전략의 역사를 깊게 살펴본 사람이라면 이런 답변이 놀랍지는 않을 것이다. 그리고 마이클 포터가 1990년대 초반에 기업들이 일시적으로 유행하는 경영사상을 따르려다 전략을 소홀히 한다고 우려했던 것을 기억할 것이다. 또는 1980년대 초반 전략계획 수립이 예상했던 성과를 내지 못하자 기업들이 회사 내 기획자들을 감축했던 사실을 기억할 것이다.

실제로 BCG 컨설턴트들은 기업들 응답에 대한 배경을 조사해본 뒤 그 이유가 20년이나 30년 전에도 들을 수 있었던 전략에 대한 불만족임을 밝혀냈다. 그 내용은 이랬다. 이렇게 빨리 변하는 세계에서 어떻게 미래를 예측한단 말인가? 오래된 전략이론과 프레임워크로는 넘쳐나는 데이터를 이해하지 못한다. 어차피 구석에 처박아놓을 텐데 수많은 전략계획이 무슨 소용이란 말인가? 진정한 경쟁우위는 결국 실행에서 나오는 게 아닌가?

더 흥미로웠던 점은 BCG 컨설턴트들이 경제 데이터를 분석하면서 발견해낸 트렌드였는데, 대부분의 트렌드는 이미 우리가 앞에서 살펴본 것처럼 자본주의가 날로 흉포화되고 있음을 보여줬다. 기업이 경쟁우위가 지속될 거라고 기대할 수 있는 기간은 1960년대부터 꾸준하게 줄어들었는데, 이 점은 컨설턴트들이 '선두업체 위치의 심한 변동성'이라고 표현한 현상에 그대로 반영됐다. 심지어 일부 기업들은 많은 국가들의 정부보다 더 큰 규모로 성장했지만 대부분의 산업에서 규모가 가장 크다고 해서 가장 수익성이 높은 것은 아니었다. 기업들은 가치사슬 분석을 통해 갈수록 많은 활동을 아웃소싱하려 했고, 아웃소싱하는 활동은 IT, 인사뿐만 아니라 조달과 물류업무로까지 확대됐다. 그리고 특히나 아이러니한 점은 기업들이 미래에는 직원들이 성공적인 전략의 핵심이라는 점을 인식하면서도 다른 한편으로는 주주가치를 창출하려는 압박으로 인한 장시간 근무와 고용 불안정성 증가가 직원들 사기를 저하시키고 권리를 박탈한다는 점이다.

그렇다면 전략은 이런 최근 문제에 대응하기 위해 어떻게 변모해야 할까? 이 질문을 BCG, 베인앤컴퍼니, 맥킨지를 비롯한 여타 전략 컨설턴트들에게 묻는다면 그들 입에서는 동일한 답이 흘러나올 텐데, 바로 전략이 이전보다 더욱 높은 적응성을 지녀야 한다는 주장이다. 그런데 이미 우리가 앞에서 살펴봤듯 전략은 언제나 적응성이 높았던 것으로 기업들이 매 시기마다 가장 골머리를 썩던 문제들을 해결해주기 위한 일련의 개념이 아니었던가? 그렇다면 이제 와서 다시 적응성을 주장하는 게 뭐가 새롭단 말인가?

전략은 역사상 대체로 지혜로웠으며 적어도 영리했다. 그리고 결코 겸손하지 않았다. 그런데 지금 컨설턴트들이 주장하는 전략의 미래는 왠지 확실성이 결여된 것 같고, 특히나 완전히 새롭고 급변하는 기업환경을 정확하게 판단한 뒤 그 모든 상황에 공히 적용될 수 있는 이론처럼 보이지 않는다.

전략을 연구하는 BCG 내부조직인 전략연구소에서 근무하는 마틴 리브스와 그의 동료들은 적응적 전략(Adaptive strategy)이 실제로 기업에서 수행될 경우 어떤 형태를 띨지에 대한 구체적인 아이디어를 가지고 있다. 기업 본사가 '분석, 예측, 추론'에 따른 전략을 독단적으로 이끌어가는 것은 먼 옛날 이야기다. 오히려 지금의 목표는 "적응적 또는 발전적 과정을 통해 우수한 전략을 지속적으로 도출해내는 최상의 조건"을 만들어내는 것이다. 구체적으로 표현하자면 이 방식은 기업의 '주변부'에 있는 직원들, 그러니까 일상적으로 고객, 경쟁자, 변화하는 시장환경을 접하는 직원들에게 전략수립에 대한 권한을 더욱 많이 부여하는 것을 의미한다. 기업은 종종 실패를 감내하면서도 이런 직원들이 더 깊이 파고들고 더 많은 실험을 해보도록 권장해야 하며 그들이 파악한 내용이 지속적으로 본사로 유입돼 전략에 반영되도록 해야 한다. BCG 전략연구소 컨설턴트들이 아직 출간하지 않은 백서에서 지적한 것처럼, 적응적 전략은 기업에게 독특한 역량 특히나 매우 뛰어난 역량을 요구한다. 컨설턴트들은 백서에서 이를 특별히 강조문체를 써서 표기했는데, 바로 "산업 전반에 걸쳐 학습하는 방법을 배우는 역량"이다.

기업이 학습조직(Learning organization)이 돼야만 한다는 주장은 이미 친숙한 주장이다. 이런 주장은 피터스와 워터맨부터 시작해서 여러 분야에서 들려왔는데, 아마도 그중에서 가장 주목할 만한 목소리는 바로 피터 센게의 《제5경영(The Fifth Discipline)》일 것이다. 어쨌건 최근의 이런 주장이 꽤나 흥미로운 까닭은 그 주장이 전략의 역사에서 인간이란 측면에 그다지 관심을 보이지 않았던 보스턴컨설팅그룹에서 나왔기 때문이다. 그런데 오직 BCG만이 전략과 직원을 동일시하는 것이 갈수록 중요하다고 주장하는 이들은 아니다. 베인앤컴퍼니의 크리스 주크는 주변부 직원들에게 권한을 줘야 한다고 주장하지는 않는다. 그보다는 직원들의 기업가적 시도가 회사에서 수립한 전략적 가이드라인에서 정해진 범위 내에서 수행돼야 한다고 주장한다. 하지만 그도 조직과 전략이 갈수록 "더욱 밀접하게 통합"되고 있음을 인정한다. "조직이 곧 새로운 전략인지는 나도 모르겠다. 아니면 전략이 새로운 조직일 수도 있다. 어쨌건 둘 중에 하나는 맞는 것 같다."

기업들은 향후 전략의 모습에 대한 정확한 입장정리를 할 필요가 있다. 이 점은 전략의 미래를 창출해야 하는 전략가, 컨설턴트, 학자들도 마찬가지다. 전략의 역사를 보면 기업들은 특히 네 가지 사안을 중심으로 전략을 고민해야 한다. 처음 세 가지는 리스크, 사업의 경계선, 기업의 목적이다. 마지막은 적응적 전략을 주장하던 이들이 말한 것처럼, 21세기를 대비해서 어떻게 직원들의 에너지와 상상력을 극대화해서 전략의 원동력으로 삼을지를 알아내는 것이다.

전략의 초기부터 전문가들은 불확실한 미래를 어떤 식으로 예측해야 할지를 고민해왔다(다시 한 번 앨런 제이컨이 웨이어하우저의 컨설팅을 했던 사례를 떠올려보라). 종종 불확실한 미래에 대한 고민은 부채의 활용, 나아가 더 많은 부채의 활용이라는 처방책으로 이해됐다. 최근 전 세계 금융위기

사례에서 볼 수 있듯 리스크 감안은 전 세계 경제의 진화에 발맞춰 지속적으로 재검토돼야 하며 새로운 형태의 불안요소도 고려돼야 한다. 그리고 오직 재무적 리스크만 감안돼서도 안 된다. 먼 나라의 경제붕괴, 인터넷 거품 붕괴, 테러 위협, 나아가 갈수록 슬림화돼가는 공급망까지 기업 수장들은 이러한 상황에 대한 대응방법을 어떻게 전략에 반영할 것인지를 고민해야만 한다.

현재 수행되는 컨설팅 프로젝트는 '모델 개발'이 중심이 된다. 이른바 소프트웨어를 활용해서 상황변수들을 도출해내고 그 변수들이 상호 어떤 영향을 미치는지를 밝혀내며, 그리고 최종결과를 알아내기 위해 반복적으로 테스트하는 과정이다. 이런 과정은 1960년대의 컨설턴트였다면 감히 상상도 못할 일이다. 하지만 이 모든 정량화된 정확한 예측에도 불구하고 애당초 모델이 아예 잘못됐다면 어쩔 것인가? 실제로 최근 은행, 사모투자 매니저들, 파생상품 개발자들, 퀀트, 그리고 기타 재무의 귀재들 경우가 그랬다. 모델 개발에서 전략이 직면한 도전은 수치 이외에 경영자들 의사결정에 필요한 전략적 고려사항을 제시하는 것이다.

초기 50년에 걸쳐 전략은 경계의 문제를 지속적으로 다뤄왔다. 시장이나 시장계층을 정의하는 가장 올바른 방법은 무엇인가? 이 사업부에는 어떤 기업활동들이 포함돼야 하는가? 가치사슬을 고려함에 있어 범위를 어디까지 한정할 것인가?

앞으로는 이런 질문에 답하기가 갈수록 어렵거나 애매해질 것이며 동시에 더욱 중요해질 것이다. 확장된 테일러주의에서 도출된 분석법은 '일인 시장(Markets of one)'의 포착을 가능케 하며, 기업은 이 한 명의 소비자로부터 많은 것들을 알아낼 수 있다. 또 다른 부분에서 세계화는 국내사업과 국제사업을 구분하던 미국인들의 전통적인 시각을 없애버렸다. 그렇다면 전 세계를 당신 상품을 판매할 시장으로 삼지 못할 이유가 뭐란 말인가?

전략적 제휴 전문가들은 현재 대기업의 매출 중 약 20퍼센트가 협력사업에서 나온다고 본다. 따라서 기업의 지배적인 행위가 '경쟁'이 아닌 '협력을 통한 창출'로 변모한 21세기에 전략은 그에 맞는 도움을 제공해야만 한다.

앞에서 봤듯 전략은 단지 주주 자본주의를 가속화시켰을 뿐 결코 주주 자본주의의 핵심 원동력은 아니다. 과거에 전략 전문가들은 기업의 존재목적과 주주 제일주의 간의 관계에 대해 말을 아꼈지만 이 사안에 대한 고민부족 때문에 결국 전혀 예상치 못한 방면에서 비난의 목소리가 들려오게 됐다. 2008년 마이클 해머가 사망하자 〈뉴욕타임스〉 부고 기사 말미에는 리엔지니어링의 아버지가 한 말 치고는 매우 놀랄 만한 발언이 실렸다. "기업이 소유주에게 더 많은 부를 창출해주기 위해 존재한다는 말은 슬프고 안타까운 말이다. 그것은 절대로 기업의 존재목적이 될 수 없다. 그러기엔 기업은 그보다 훨씬 가치 있고 명예로우며 중요한 존재다."

세계 금융위기 또한 주주가치 창출을 기업활동의 유일한 목적으로 보는 관점에 대한 비난의 목소리를 가중시켰다. 2009년 3월, 잭 웰치는 〈파이낸셜타임스〉 기사에서 "주주가치 창출이 정말 멍청한 생각이라는 건 한눈에도 알 수 있다"고 말했다. 한때 주주가치 창출의 모범적 사례로 꼽혔던 그는 이렇게 덧붙였다. "주주가치는 결과이지 결코 전략이 아니다." 그는 심지어 "기업의 핵심 구성요소는 직원, 고객, 제품이다"라고 말했다.

한때 주주 제일주의를 강력하게 주장했던 이는 한 술 더 뜬다. 주주가 자본주의 먹이사슬 꼭대기에 있다고 주장했던 리처드 포스터는 금융시스템 붕괴 후에 생각을 바꿨다. 이제 그는 금융위기를 통해 효율적 시장가설이 완전히 틀렸다는 점이 증명됐다고 믿는다. 즉 기업의 가치는 주식시장이 가장 정확하게 평가한다는 이론적 근거 자체가 무너져버린 것이다. 나아가 금융위기는 포스터가 자신의 저서 《창조적 파괴》에서 제시했던 주장을 더욱 확신하게 만들었는데, 경영진의 활동이 기업 주가를 결정하는 요인 중에서 기껏해야 20에서 30퍼센트 정도만 차지한다는 주장이었다. 따라서 주주가치가 성공적인 전략의 잣대가 될 수 없다면 기업은 어떤 기준에서 경영돼야 하는가? 리처드 포스터는 '안정성과 성장'이라고 답한다. 그리고 아마 켄 앤드류스도 이 대답에 동의했을 것이다.

포스터의 바뀐 관점은 매우 극단적이라고 할 수 있다. 하지만 적어도 전략 컨설턴트들의 공통된 의견이자 잭 웰치가 말하고자 했던 점은, 주주가치에 대한 최근의 격렬한 비난이 의미하는 바가 따로 있다는 점이다. 즉 주주가치란 매 분기마다, 심지어 주식시장의 개장과 폐장 때마다 따져야 할 것이 아니라는 것이다. 오히려 주주가치는 적어도 5년 정도의 장기간에 걸쳐 완성된다. 그리고 이 점은 전략 전문가들이 주장하던, 장기적 관점에서 접근하라는 메시지와 일맥상통한다.

대부분의 전략 전문가들은 기업의 존재목적에 대한 논의를 이 정도에서 멈춘다. 그들은 기업의 존재목적이란 질문이 매우 폭넓은 주제라는 점을 안다. 그리고 최근의 금융위기는 기업의 존재목적에 대한 논의에 불을 지폈다. 가장 중요한 논점은 기업이 창출한 부, 그리고 종종 기업활동이 초래한 고통을 어떻게 공평하게 나눌 것인가이다. 지난 20년 동안 전략이 제 역할을 해내면서 기업의 수익은 지속적으로 증가했고, 더불어 전체 경제에서 수익이 차지하는 파이의 크기도 커졌다. 그 결과 주가가 뛰면서 탐욕스런 주주들(당신과 나를 비롯해서 주식시장에 투자한 모든 이들)에게

424

만족을 안겨줬다. 더 높은 수익에 대한 집착은 또한 집요할 정도로 비용을 낮추도록 했다. 그리고 여전히 많은 기업의 재무제표에서 가장 큰 비용을 차지하는 항목은 인건비였다. 전략으로 인해 고용자와 종업원 간의 오래된 사회적 협약은 이미 사라져버린 지 오래였다. 1990년대 일부 기업의 고위임원 머릿속에는 이런 생각이 있었다. "비용 파악을 마친 후, 우리 비용이 경쟁자와 비교해서 어떤 위치를 점하고 있는지를 파악하고 나니 도저히 직원들에게 관대한 보상을 하고 엄청난 인건비를 지불할 수가 없었다. 게다가 비용을 더 낮추지 못한다면 우리 회사는 다른 기업에게 매각되고 말 것이다."

지난 10년간 세계화는 이런 현상을 더욱 심화시켰고, 그 결과 소득 분배도 심각하게 편중됐다. 최고경영자들, 인수합병 전문가들, 전략 전문가들과 같은 이들의 수입은 갈수록 늘어난 반면 이른바 중산층이라고 불리던 이들의 수입은 갈수록 줄어들었다. 기업의 번영이 사회 전반의 번영과 여유 있는 소비자층의 증가를 의미했던 1950년대나 60년대와는 달리 이제 대부분의 사람들은 기존의 소비수준을 유지하려면 더 많은 부채를 짊어져야만 한다. 신용카드를 더 많이 쓰고 더 많은 주택대출을 받아야만 하는 것이다. 그로 인해 가계부채 규모는 기록적인 수준에 도달했다. 어떤 면에서 소름끼치는 점은 이런 현상이 전략이 기업들에게 제시했던 교훈을 따른다는 점인데, 바로 부채를 더 많이 활용하라는 교훈이다.

지금 우리 사회는 공공의 선을 위해 시장원리에 기반하던 우리 사고방식을 바꿀 준비가 돼 있는가? 우리는 부와 빈곤의 극심한 편중을 해소하기 위해 기업수익의 일정 정도를 희생할 준비가 돼 있는가? 만약 기업의 가장 큰 목적이 주주가치의 극대화가 아니라면 기업의 올바른 목적은 무엇인가? 그리고 직원들을 쥐어짜는 현상을 멈추기 위해 회계장부상에 직원들 기여도가 정확히 반영되도록 할 수는 없는 것인가? 이런 질문들이 전략과 밀접한 관계가 있음에도 불구하고 전략 전문가들은 지금까지 이런 질문들을 굳이 다루려 하지 않았다.

그 밖에도 전략이 다뤄야 할 질문들은 많다. 금융위기 이후에도 자본주의 흉포화는 당분간 계속될 것으로 보인다. 여전히 전 세계 많은 이들이 자유시장의 막강한 힘에 노출돼 있고 자유시장은 더 많은 부를 약속하면서 다른 한편으로는 경쟁을 더욱 심화시키고 있다. 비록 많은 전략 컨설턴트들(필립 에반스도 그중 한 명이다)이 향후 수년간 저성장을 경고하고 있긴 해도 2009년 여름을 기준으로 세계경제는 대공황과 같은 수준의 대재앙은 피했다. 경제구조의 근간을 새롭게 고민해야 한다는 목소리는 잠잠해졌고 오히려 '경제회복의 싹'들이 보인다는 목소리가 그 자리를 대신했다.

나아가 인구학적 변화도 전략이 결국 융의 그림자와 화해하도록 할 것이다. 유럽과 일본의 인구는 고령화되고 있고 미국의 베이비붐 세대들은 점차 은퇴하고 있다. 앞으로는 지금보다 더 고도화된 기능을 인도나 중국으로 아웃소싱하고 자국의 노동시장을 이민자들에게 개방할 수도 있다. 하지만 전 세계 곳곳에서 노동인구의 수적 감소는 결국 기업들이 합리화를 통해 더 적은 인력으로 기업활동을 영위할 수 있는 능력을 뛰어넘어 진행될 것이다.

당연히 기업들은 기업활동의 합리화를 통해 필요노동력의 감소를 강력하게 추진할 것이다. 확장된 테일러주의는 일상에서 노동자들 활동을 더욱 철저하게 분석할 것이고, 관련된 데이터는 갈수록 세분화될 것이다. IBM이 직원처럼 활용할 수 있는 모델을 설계하려는 시도도, 이른바

인적자본 관리시스템을 활용해서 가장 작은 업무까지 시간을 측정해서 그에 맞게 인력을 배치하려는 시도도 이런 사례의 일부라고 할 수 있다. 이런 방식은 비즈니스 지식화의 또 다른 형태인데, 재무와 전략에 활용되는 컴퓨터 모델도 마찬가지다. 이런 현상은 또한 확장된 테일러주의가 결국은 원래의 전통적인 테일러주의로 회귀하는 것을 의미하며, 차이가 있다면 스톱워치 대신 컴퓨터 알고리즘이 사용된다는 것뿐이다.

하지만 컴퓨터 시스템은 사업에 생명을 불어넣는 기업가적 열정이나 상상력, 이른바 케인스가 말했던 '야성적 충동'을 포착해내지 못한다. 나아가 컴퓨터 시스템은 직원들이 스스로 생각하고 기존 업무 방식을 새로운 것으로 대체하려는 의지를 아예 말살시킬 수도 있다. 이런 요소들이야말로 역사적으로 전략이 이론에 반영하지 못했던 요소들이다. 앞으로도 전략이 계속 기업에게 유용하려면, 방법을 찾아야만 한다.

기업의 존재목적, 수준급의 분석법, 그리고 직원들 열망이 성공적으로 조화된 조직 형태는 바로 전략의 이론적 구조를 설계해낸 3대 전략 컨설팅 회사에서 찾을 수 있다. BCG, 베인앤컴퍼니, 맥킨지는 회사 경영에 있어 고객에게 컨설팅을 할 때와 똑같은 수준의 경험적 지식과 엄밀한 논리를 적용한다. 이들 3개 회사는 브루스 헨더슨이 그랬던 것처럼 직원을 고용하는 데 많은 신경을 쓰고, 나아가 다른 회사들보다 훨씬 체계적이다. 컨설턴트들은 매번 컨설팅 프로젝트가 끝날 때마다 평가를 받으며 컨설팅 팀 팀원들은 팀장을 평가한다. 회사는 파트너로 승진하지 못하는 대상자들에게 여러 차례 경고를 한 뒤 종종 다른 회사로 옮기도록 조치한다 (3개 회사의 가장 중요한 자산 중 하나는 바로 이들 회사 출신임을 자랑스럽게 여기는 동문들이다). 파트너들은 고객을 확보하는 능력을 포함한 여러 측면에서 서로를 평가한다. 파트너들은 또한 회사 수장을 선출하는데, 수장은 정해진 임기 동안만 근무하고 과도한 선거운동을 하는 것은 금지된다.

이런 과정을 통해 대부분의 직원들이 회사로부터 공정하게 대우받는다고 느낄 수 있는 조직이 생겨나게 된다. 그리고 이런 조직 절차는 모든 21세기 기업들이 바라는 것이다. 전 세계 최고 인재들에게 개방돼 있는 민주적인 엘리트 조직(사실 전략 컨설팅 회사들이야말로 가장 세계화를 잘 실천한 조직이다), 나아가 상관의 명령을 받는 것을 싫어하는 직원들조차 만족할 수 있는 자율경영 시스템이 바로 그것이다.

무엇보다도 이런 조직 형태는 직원들이 호기심, 상상력, 기업가적 열정을 쫓아 미지의 영역으로 나아갈 수 있도록 권장한다. 나는 이런 새로운 형태의 지식노동자들과 대화를 나누면서 반복적으로 들은 말이 있다. "우리가 회사를 좋아하는 이유는 회사가 우리들이 그런 일을 하도록 내버려두기 때문이다." 여기서 '그런 일'이란 새로운 아이디어를 쫓고, 고객과의 관계에서 새로운 접근방식을 시도하며, 또는 스톡홀름이나 서울과 같은 새로운 지역에 사무소를 세우는 것 등을 말한다.

브루스 헨더슨은 자신의 유산이 이런 형태로 끊임없이 계승되고 있다는 점에 기뻐할 것이다. 그가 진정으로 소망했던 것이 바로 이런 조직형태에 내포돼 있는 무궁무진한 가능성 아니겠는가.

지구상의 모든 사무실과 공장에서는 매일 수많은 이들이 자신들이 속한 기업의 전략을 수립하고 실행에 옮기기 위해 엄청난 노력을 한다. 30년간 나는 이런 이들 중 많은 사람들과 얘기를 나누는 혜택을 누렸다. 그들은 자신들이 하는 일과 자신들이 배운 교훈에 대해 들려줬다. 나는 그들과 그들이 하는 일에 경의를 표한다. 한 관찰자가 위트 있게 지적한 것처럼 과거 15세기 유럽에서 가톨릭교회가 그랬던 것처럼 비즈니스가 지배적 위치를 차지하고 있는 현대 세계에서 이들이야말로 인류 번영을 위한 전 세계적 노력의 중대한 역할을 수행하는 성직자들이라고 할 수 있다.

하지만 이 책은 이들의 이야기가 아니다. 이 책에서 이들은 어쩌면 응당 받아야 할 관심을 받지 못했다. 특정 기업들에 대해 쓰여진 기사나 책을 보면 이런 기업들에서 기업전략이 어떻게 탄생했고 수립됐는지에 대한 이야기는 여전히 다뤄지지 않고 있다. 이 책도 비록 그 부분에서는 모자란 부분이 있지만, 나는 적어도 이 책이 전략이 탄생하게 된 실제 이야기를 자세하게 다루는 지적 노력의 첫걸음이 되길 바란다.

할리우드와 영화산업에 대한 풍자소설인 《플레이어(The Player)》에서 마이클 톨킨은 마법 같은 작가의 솜씨를 보여준다. 하지만 그는 배우들, 감독들, 프로듀서들, 엑스트라들로 구성된 세계에서 에이전트를 아예 빼버렸다. 에이전트는 이야기에 전혀 등장하지 않는다. 나는 혹시나 나도 이 책에서 기업에서 일하는 사업기획자를 대상으로 똑같은 죄를 범한 게 아닌가 두렵다. 비록 기획자들 지위가 전략혁명 과정에서 상승과 하강을 거듭했지만, 많은 기획자들은 가장 뛰어난 전략사상가이다. 그들은 종종 아이디어와 실행의 교차점에 서 있었다. 그리고 종종 아이디어와 실행이 서로 활발히 교류할 수 있도록 했다. 그리고 그들 이야기는 별도의 책 한 권으로 다룰 만한 가치가 있다.

프랜시스 오토 매티슨 하에서 미국문명에 대한 연구가 최고조에 달했을 때, 사람들은 이 하버드 대학교수가 가르친 주제가 하버드 대학을 벗어나지 못할 정도로 매우 편협했다는 농담 섞인 비난을 했다. 어쩌면 이 책도 전략연구에 대한 학계 기여를 논하는 데 있어 지나치게 하버드 대학 사례만을 다뤘다는 비난을 받을지도 모르겠다. 내 책은 사실 미국 전략경영학회(Strategic Management Society) 창립회장인 퍼듀 대학의 댄 쉔델 같은 이들과의 인터뷰에서 많은 도움을 받았다. 나는 이런 이들과 인터뷰를 하면서 전략에 대한 중요한 연구가 여러 대학에서 진행되고 있다는 사실을 깨달았다. 비록 학계에서 전략연구에만 매진하는 정교수 수가 실제 증가하고 있는지에 대해선 의견이 분분하지만 말이다. 나는 이 책에 그들 사상을 더 많이 소개하지 못한 점이 안타깝다.

전략의 역사에 대한 조사는 판카즈 게마와트의 전공논문인 〈경쟁과 사업전략의 역사적 측면〉과 그가 펴낸 교재에서 출발했다. 그가 매우 혼란스런 상황, 특히나 전략의 초기 역사에 대해 매우 잘 정리해놓은 덕분에 이 책의 나머지 부분을 쓰기가 훨씬 수월했다. 그 점에 감사를 표하며, 아울러 그가 이전에 하버드 경영대학원에서 근무했을 때, 그리고 이후 바르셀로나에 위치한 IESE 경영대학원에 근무하는 동안 내게 장시간을 할애해서 인터뷰에 응해준 점도 감사드린다.

전략의 대가들, 그리고 전략을 비판하는 대가들 모두 고맙게도 내게 많은 시간을 허락해줬고, 이 책에서 볼 수 있듯 자신들의 기억을 공유해줬다. 인터뷰에 응해줬던 파트너들, 컨설턴트들, 전략 컨설팅 회사 모두에게 감사를 드린다. 그들 이름을 모두 언급하기엔 지면이 너무 부족할 듯하다. 이런 '행동하는 지식인들'은 늘 전 세계를 누빈다. 실제로 한번은 내가 인터뷰를 하기로 했던 3명의 인물들이 각각 런던, 베트남, 그리고 폴란드에 있었던 적도 있다. 이처럼 왕성하게 움직이는 이들과 인터뷰 스케줄을 잡으려면 매우 뛰어난 기술이 필요했다. 한때 브루스 헨더슨과 직접 일했던 BCG의 케이 모셔는 수개월, 아니 수년에 걸쳐 이루 말할 수 없이 소중한 도움을 줬다. 이 책에 소개된 헨더슨의 모습이 그녀가 보기에 정확하고, 적절하며, 그와 함께 있을 때 느꼈던 흥분을 제대로 포착해냈기를 바란다. BCG의 오랜 파트너이자 수년간 내부관리를 맡았던 짐 드레서는 내가 BCG 사업에 대해 이해하는 데 매우 큰 도움을 줬다. 베인앤컴퍼니의 웬디 밀러와 하이디 멀리니는 인터뷰 스케줄을 잡고 이동하는 데 놀랄 만한 도움을 제공했다. 맥킨지의 마이클 스튜어트와 다이앤 윌슨도 마찬가지다.

내 출판 에이전트인 케이시 로빈스는 이 책의 모든 과정에 걸쳐 초기 아이디어의 도출과 원고 완성까지 내게 필요한 상상력과 의지, 지원을 제공했다. 나와 같은 네브래스카 출신이자 좋은 동료인 할리스 하임바우치는 이 책의 최초 편집자이자 하버드비즈니스퍼블리싱측 조력자로 나를 도왔다. 그녀가 콜린스비즈니스 발행인으로 자리를 옮긴 후 쉽지 않은 일을 너무 잘 맡아준 이가 제프 케호다. 그는 사려 깊고 친절하면서도 매우 엄격했는데, 이 책이 한층 읽기 쉬운 책이 된 것도 그 덕분이다. 하버드비즈니스프레스의 제니퍼 워링과 그녀 동료들은 문장이 좀 더 간결하고 명백해지도록 도움을 줬고 스테파니 핑크스는 책을 우아하게 디자인해줬다.

오랫동안 하버드비즈니스프레스에서 나와 함께 일했던 앤젤리아 허린은 이 책의 시작부터 출판까지 날카로운 편집과 저널리즘에 대한 조언을 제공했다. 내가 아는 이 중에 유일하게 맥킨지와 BCG 모두에서 뛰어난 경력을 보냈던 빌 매타쏘니는 이 책 출판에 대한 다른 컨설턴트들의 우려를 안심시켜줬다. 조엘 프라이스는 책에 대한 매우 긴 대화를 나누면서 지쳤을 텐데도 계속해서 내게 활력을 불어넣어줬다. 세계적인 사진편집자이자 수준 높은 독자인 재니스 파이키는 장시간에 걸쳐 전략대가들의 사진을 연구해줬고 그 사진들을 어떻게 활용해야 가장 좋을지에 대해 조언해줬다(책보다는 웹사이트에 게재하라고 한 것도 그의 조언이다). 이 책이 덜 딱딱하고 지나치게 편향된 시각을 지니지 않게 된 건 내 딸 줄리아, 그리고 더 가차 없는 비판을 해준 아들 너새니얼과의 대화 덕분이다.

이 책을 진정한 전략의 창시자들에게 바친다.

주석

제1장 전략혁명의 출발은 사례분석이다

1. 실제 수치는 이보다 훨씬 높을 수 있지만 맥킨지, BCG, 베인앤컴퍼니 3개 회사가 보유한 고객에 대해선 오직 신만이 알고 있다고 말할 수 있다. 나는 3개 회사로부터 중립적인 전문가에게 고객명단을 보내달라고 요청했지만 이들 회사 중에서 한 곳이 고심 끝에 요청을 거부했다. 하지만 나는 미국 대기업 중에서 전략 컨설팅 서비스를 받는 기업들의 비중이 4분의 3에 달한다는 수치를 꽤 확신하는데, 이 수치가 컨설팅 회사 파트너들과의 대화, 그리고 여러 출처를 바탕으로 산정된 것이기 때문이다. 실제로 지금 전략 컨설팅 회사 서비스를 받지 않는 대기업들은 어쩔 수 없이 눈에 띄게 마련이며, 컨설팅업계를 비난하는 이들이 이런 예외를 떠들지 않고 지나갈 리도 없다. 컨설팅 회사들은 이런 예외적인 경우를 고집 센 최고경영자의 선입견 탓으로 돌린다. 래리 엘리슨이 이끄는 오라클, 샌디 월이 이끌던 시티그룹, 그리고 "모든 컨설턴트들을 쫓아낸" 빌 포드가 이끄는 포드자동차가 그 예다.

제12장 재무 귀재들, 전략의 진정한 목적을 밝혀내다

1. 베인과 기네스 간의 일화는 비록 약간의 오류는 있지만 제임스 오셔어와 찰스 매디건이 쓴 《위험한 동반자(Dangerous Company)》에 아주 흥미진진하게 실려 있다. 책 제목은 컨설턴트들에 대한 저자들 시각을 핵심적으로 보여준다. 이 책에서 나는 이 두 저자가 이미 자세히 소개한 기네스와 베인의 일화를 재탕할 생각은 없다. 하지만 베인앤컴퍼니가 전략혁명에서 수행한 역할을 설명하고 강조하기 위해 이 일화의 일부는 다룰 것이다.

제13장 역량은 어떻게 전략의 핵심이 되었는가

1. 자원기반 관점의 창시자 중에는 잘 알려지진 않았지만 여성들도 있다. 1950년대에 기업성장을 연구했던 에디스 펜로즈가 바로 그 주인공인데, 미국 태생의 영국 경제학자였던 그녀의 연구는 자원기반 관점 연구자들이 많이 인용했다. 베너펠트와 함께 미시간 대학에서 근무했던 신시아 몽고메리(그녀는 베너펠트와 결혼했다)는 자원기반 관점에 대해 지속

적인 학술적 기여를 하고 있다. 실제로 그녀는 자원기반 관점에 대한 가장 뛰어난 교재의 공저자이기도 하다. 마이클 포터는 1989년 당시 노스웨스턴 대학 켈로그 경영대학원에서 재직 중이던 그녀를 하버드 경영대학원으로 영입했고, 현재 그녀는 전략과목을 총괄하고 있다. 남편인 베너펠트도 가까운 곳에 있는데, 바로 강 건너편에 있는 MIT 슬로언 경영대학원에서 근무하고 있다.

2. 역량(Competency)의 복수형은 'Competences'와 'Competencies' 중 어떤 게 맞을까? 두 저자는 1989년에 발표한 논문에서는 전자를, 1990년도 논문에서는 후자를 썼다. 덕분에 나를 비롯한 일부 독자들은 혼란스러울 수밖에 없었는데, 그 결과 이제는 대체로 복수형보다는 그냥 단수형으로 핵심역량(Core competency)이라고 쓰는 경우가 많다.

제14장 새 시대를 연 전략혁명, 세계를 휩쓸다

1. 한 베인앤컴퍼니 직원은 3개 회사를 특성에 따라 분류하는 별명을 들려줬다. 베인의 컨설턴트들은 책에서 이미 언급했듯 베이니스(Bainese)다. 이론을 중시하는 BCG 컨설턴트들은 지나치게 머리(Brain)가 좋다는 의미로 브레이니스(Brainies)라고 불리고, 말주변이 좋고 지나치게 빼기는 맥킨지 컨설턴트들은 허영심(vain)이라는 단어를 이용해서 배이니스(Vainese)라고 불렀다.

2. 매출액은 〈컨설턴트뉴스〉를 발행하는 케네디인포메이션에서 제공한 수치다. 케네디인포메이션은 '컨설팅업계의 던앤브레드스트리트'로 불린다. 전략 컨설팅 회사들은 대체로 비상장 기업들이기에 재무제표를 공개할 의무가 없다. 케네디인포메이션이 제공한 수치는 연구조사, 특히 컨설팅 회사들에게 직접 제시한 자료를 통해 예측한 수치다.

3. 헨리 민츠버그는 《MBA가 회사를 망친다(Managers Not MBAs)》라는 저서에서 포터가 경영대학원에 가져온 변화에 대해 "전략은 어떻게 경영이 됐는가"라는 소주제로 다뤘다.

4. 최근의 UN 보고서에 따르면 전 세계 문맹률은 1970년대에 비해 절반 이상 줄어들면서 사상 최저치인 18퍼센트를 기록했다. 다른 것은 차치하고라도 경영대학원협회가 추산한 전 세계 1만 265개의 MBA 프로그램이 학생들에게 기업에 필요한 수치와 정량분석 기법과 함께 경제활동 원동력에 대한 약간의 통찰을 제공하는 것은 사실이다.

5. 그렇다고 해서 기업들이 컨설팅 회사에 지불하는 비용이 적은 건 아니다. 전략혁명 초기에 활약했던 많은 베테랑 컨설틴트들은 현재 기업 이사로 근무하는 경우가 많다. 그리고 이들은 자신들이 근무했던 컨설팅 회사들이 청구하는 비용에 놀라움을 금치 못한다. 이 중 한 명은 "BCG나 맥킨지의 컨설팅 팀을 딱 한 주만 고용하는 데도 15만 달러가 든다"고 내게 말했다. 또 다른 이는 "6개월 프로젝트에 자그마치 400만에서 500만 달러라니!"라며 놀라워했다.

6. 컨설팅 회사 출신으로 대기업 최고경영자가 된 이들을 일부 살펴보면 다음과 같다. 베인앤컴퍼니의 경우, 아메리칸익스프레스의 켄 체놀트, 델의 전직 CEO 케빈 롤린스, 얼마 전 이베이 CEO에서 물러난 메그 휘트먼이 있다(이베이는 휘트먼이 물러나자 존 도너호를 CEO로 임명했는데 그는 베인앤컴퍼니 대표이사 출신이다). BCG의 경우, 유나이티드테크놀로지에서 장기간 성공적으로 최고경영자직을 수행했던 전직 파트너 조지 데이비드, 배스앤바디웍스를 성공적으로 이끌고 있는 닐 피스크, 펩시의 최고경영자인 인드라 누이가 있다. 맥킨지의 경우, 리버티미디어의 존 말론, 보잉 CEO인 제임스 맥너니, 모건스탠리딘위터의 최고경영자였던 필 퍼셀, 엔론의 성공과 파멸을 모두 이끌었던 제프리 스킬링, 선마이크로시스템에서 최고전략임원으로 근무하다가 최고경영자가 된 조너선 슈월츠가 있다.

KI신서 3426

전략의 제왕

1판 1쇄 인쇄 | 2011년 07월 04일
1판 1쇄 발행 | 2011년 07월 15일

지은이 월터 키켈 3세 **옮긴이** 차백만 **감수** 이동현
펴낸이 김영곤 **펴낸곳** (주)북이십일 21세기북스
출판콘텐츠사업부문장 정성진 **출판개발본부장** 김성수 **경제경영팀장** 류혜정
책임편집 최진 **해외기획** 김준수 조민정 **본문디자인** 박현정
마케팅영업본부장 최창규 **영업** 이경희 우세웅 박민형 **마케팅** 김보미 김현유 강서영
출판등록 2000년 5월 6일 제1001965호
주소 (우 413-756) 경기도 파주시 교하읍 문발리 파주출판단지 518-3
대표전화 031-955-2100 **팩스** 031-955-2151 **이메일** book21@book21.co.kr
홈페이지 www.book21.com **트위터** @21cbook **블로그** b.book21.com

ISBN 978-89-509-3182-7 03320
책값은 뒤표지에 있습니다.